SOCIÉTÉ DE LECTURE DE DIJON

FONDÉE EN 1826

CATALOGUE GÉNÉRAL

DE

LA BIBLIOTHÈQUE

AU 1er JUILLET 1892

PRIX : 1 fr. 50

DIJON
IMPRIMERIE DARANTIERE
65, RUE CHABOT-CHARNY, 65

MDCCCXCII

SOCIÉTÉ DE LECTURE DE DIJON FONDÉE EN 1826

CATALOGUE GÉNÉRAL

PAR ORDRE DE MATIÈRES

SOCIÉTÉ DE LECTURE DE DIJON FONDÉE EN 1826

CATALOGUE GÉNÉRAL

PAR ORDRE DE MATIÈRES

On a suivi pour le présent catalogue général l'ordre observé dans les suppléments publiés chaque année et auquel les lecteurs sont accoutumés ; le but qu'on s'est proposé est moins, en effet, de constituer un catalogue scientifique que d'offrir aux abonnés un répertoire commode et facile à consulter des richesses de la bibliothèque. C'est pourquoi les mêmes articles ont été placés parfois en plusieurs lieux, soit parce qu'il a paru difficile de les faire rentrer rigoureusement dans telle ou telle division, soit parce qu'ils contiennent dans un même volume ou corps d'ouvrage des œuvres d'un caractère différent.

On rappelle que la Bibliothèque située dans les bâtiments du Palais des États, escalier de la tour, où elle occupe un local qui lui est accordé à titre gratuit par la ville, est ouverte tous les jours, sauf les dimanches et fêtes, de 11 h. du matin à 4 h., et qu'elle est fermée du 1er septembre au 1er octobre.

Toute personne qui désire contracter un abonnement doit adresser une demande par écrit à M. le Président de la Société et se faire présenter par deux sociétaires. Des formules imprimées et des exemplaires du règlement sont mis à la disposition du public à la bibliothèque. Le prix de l'abonnement est de 20 fr. par an payables d'avance, sans division ni répétition pour cause de décès, de départ ou de démission. L'abonnement rigoureusement personnel et limité à la seule famille vivant sous le même toit n'est ni transmissible ni cessible.

DIVISIONS DU CATALOGUE

1. Archéologie et Beaux-Arts, Arts somptuaires.
2. Histoire, Mémoires et souvenirs.
3. Histoire et morale religieuse, vie des saints, Apologétique, etc.
4. Lettres.
5. Littérature, Eloquence, Linguistique, Polygraphes.
6. Ouvrages sur la Bourgogne.
7. Philosophie, Sciences morales et politiques.
8. Poésie.
9. Polémique, Questions et Mœurs contemporaines.
10. Romans et Ouvrages d'imagination, en français ou traduits.
11. Sciences, Sciences occultes, Vénerie.
12. Théâtre.
13. Voyages, Géographie, Ouvrages descriptifs.
14. Livres en allemand.
15. Livres en anglais.
16. Livres en italien.
17. Revues et publications périodiques dont la Société possède, en tout ou en partie, les séries.
18. Supplément contenant, avec la liste des revues et publications périodiques auxquelles la société est abonnée pour l'année 1892, les ouvrages entrés à la bibliothèque pendant ou depuis l'impression du présent catalogue.
19. Errata.

20. Composition du Conseil d'Administration et personnel de la bibliothèque.

CATALOGUE GÉNÉRAL

DE LA

BIBLIOTHÈQUE

I

ARCHÉOLOGIE, BEAUX-ARTS, ARTS SOMPTUAIRES

About (Edmond). Voyage à travers l'exposition des Beaux-Arts, 1855. 1 v. Nos Artistes au Salon de 1857. 1 v.
Adeline (Jules) Lexique des termes de l'art. 1 v. ill. (Bibl. de l'Enseignement des Beaux-Arts). Les Sculptures grotesques et symboliques. 1 v. ill.
Alexandre (Arsène). A. L. Barye. 1 v. ill. (Les Artistes célèbres). Histoire de la Peinture militaire en France. 1 v. ill. Daumier, l'Homme et l'Œuvre. 1 v. ill.
Allard (Paul). L'Art païen sous les Empereurs chrétiens. 1 v.
Alone. Eugène Deveria. 1 v.
Alphabets artistiques illustrés. Habert-Dys. 1 v. François-Emile Ehrmann. 1 v. Jean Daniel Presler. 1 v. Théodore de Bry. 1 v.
Amaury Duval. L'Atelier d'Ingres. 1 v.
Art ancien (l') à l'Exposition nationale belge. 1 v. ill.
Art du Bois (les). 1 vol. ill.
Art du Feu (les). 1 vol. ill.
Art ornemental (l'). Revue hebdomadaire illustrée. 2 fasc.
Art pour tous (l'). Collection complète depuis 1861. 30 v.
Asselineau (Charles). André Boulle. 1 v. Meubles et Armures au Moyen Age. 1 v. ill.
Audley (Mme). Fr. Chopin, sa vie et ses œuvres.
Augé (Lucien). Les Tombeaux. 1 v. ill. (Bibl. des Merveilles). Voyage aux Sept Merveilles du Monde. 1 v. ill. (id.). Le Forum. 1 ill. (id.).
Babelon (E.) Manuel d'archéologie orientale. 1 v. ill. (Bibliothèque de l'Enseignement des Beaux-Arts).
Bachelin-Deflorenne, La Science des armoiries. 1 v. ill.
Ballot de Sauvot. Eloge de Lancret. 1 v.
Bapst (Germain). Etudes sur l'orfèvrerie française au XVIIIe siècle. Les Germain. 1 v. ill. Le Musée rétrospectif du métal à l'Exposition de l'Union centrale des Beaux-

Arts en 1880. 1 v. ill. Les métaux dans l'Antiquité et au Moyen Age. L'Etain. 1 v. ill.

Batissier (L.). Archéologie nationale. 1 v. ill.

Baudot (Henri). Eloge historique de Bénigne Gagneraux. 1 v. ill.

Bayet (C.). L'Art Byzantin. 1 v. ill. (Bibl. de l'Enseignement des Beaux-Arts). Précis de l'histoire de l'art. 1. v. ill.

Beauquier (Charles). La Musique et le Drame. 1 v.

Berlioz (Hector). A travers Chants. 1 v. Les Soirées de l'orchestre. 1 v.

Berty (Adolphe). Topographie historique du vieux Paris. 1 v. Région du Louvre et des Tuileries. 1 v. ill. Les Grands Architectes de la Renaissance. 1 v.

Beulé. Histoire de l'art grec avant Phidias. 1 v. L'Acropole d'Athènes. 2 v. Causeries sur l'art. 1 v. Etudes sur le Péloponèse. 1 v. Fouilles et Découvertes en Grèce, Italie, Afrique, Asie. 1 v. Fouilles à Carthage. 1 v.

Bigot (Ch.). Les Peintres français contemporains. 1 v.

Bisson (Alex.) et Th. **Lajarte.** Petite encyclopédie musicale. 1 v.

Blanc (Charles). Grammaire des arts du dessin. 1 v. ill. Grammaire des arts décoratifs. 1 v. ill. L'Art dans la parure. 1 v. ill. Les Artistes de mon temps 1 v. ill. Les Beaux-Arts à l'Exposition universelle de 1878. 1 v. ill. Ingres, sa vie et ses œuvres. 1 v. ill. Histoire des Peintres de toutes les Ecoles : Ecole française, 3 v. ill.; hollandaise, 2 v. ill. ; flamande, 1 v. ill. ; espagnole, 1 v. ill. ; vénitienne, 1 v. ill.; romaine, 1 v. ill. Histoire de la Renaissance artistique en Italie, révisée et publiée par Maurice Faucon. 2 v.

Blaze de Bury (Henry). Musiciens du Passé, du Présent et de l'Avenir. 1 v.

Blein (baron). Principes de mélodie. 1 v.

Blondel (S.). Histoire des éventails. 1 v. ill.

Boissier (Gaston). Promenades archéologiques : Rome et Pompéi. 1 v. Nouvelles promenades archéologiques. 1 v.

Boitard. L'Art de composer et de décorer les jardins. 1 v. Atlas.

Bona. Traité et Ornementation des jardins d'agrément. 1 v.

Bonnaffé (J.). Le Meuble en France au xvɪᵉ siècle. 1 v. ill. Les Collectionneurs de l'ancienne France. 1 v. Causeries sur l'Art et la Curiosité. 1 v. Les Amateurs de l'ancienne France ; le Surintendant Fouquet. 1 v.

Bonnemère (L.). Voyage à travers la Gaule. 1 v.

Bordeaux (R.). Traité de la restauration des églises. 1 v.

Bosc (Louis). Dictionnaire d'architecture. 5 v. ill. Dictionnaire de l'archéologie et des antiquités chez les divers peuples. 1 v. ill.

Boucher de Perthes. Antiquités celtiques et antédiluviennes. 1 v.

Bouchitté. Le Poussin. 1 v. Philippe de Champagne. 1 v.

Bouchot (Henri). Le Livre. 1 v. ill. (Bibliothèque de l'Enseignement des Beaux-Arts). Inventaire des dessins exécutés pour Roger de Gaignières et conservés à la Bibliothèque nationale. 2 v.

Bougot (A.). Philostrate l'ancien. Une galerie antique de 64 tableaux. 1 v. ill.

Bourassé (abbé). Abbayes et Monastères. 1 v. illustré. Les Châteaux historiques de France. 1 v. ill. Les plus belles églises du monde. 1 v. ill.

Bourges (Isaac de). Description des antiquités de Paris. 1 v.

Bournet. Rome, études de littérature et d'art. 1 v.

Boutmy. Philosophie de l'architecture en Grèce. 1 v.

Bouvier (P. L.). Manuel des jeunes Artistes et Amateurs de Peinture. 1 v.

Boyer de Sainte-Suzanne (baron). Notes d'un curieux. 1 v. Les Tapisseries françaises. 1 v. ill.

Breton (Ernest). Athènes. 1 ill. Pompéi. 1 ill.
Bromard (J.) Guide des commissaires priseurs et des Amateurs d'objets d'Art. 1. v.
Burger (W.), Les musées de Hollande. 1 v.
Burnouf (Emile). Mémoires sur l'Antiquité, l'Age de bronze. La ville de l'Acropole d'Athènes aux diverses époques. 1 v.
Burty (Ph.). Les Artistes célèbres : Bernard Palissy. 1 v. ill. (Bibliothèque de l'enseignement des Beaux-Arts). Maîtres et petits Maîtres. 1 v.
Bury. Histoire de la dentelle. 1 v. ill.
Busset. La musique simplifiée. 1 v.
Capelle. La Clé du caveau. 1 v.
Casalis de Fondouce. Allées couvertes de la Provence. 1 v. ill. Les Temps préhistoriques dans le Sud-Est de la France. 1 v. ill.
Cassagne. Guide pratique pour les différents genres de dessin. 1 v. Traité pratique de perspective. 1 v.
Castel. La Tapisserie. 1 v. ill. (Bibl. des merveilles).
Caumont (de). Abécédaire ou Rudiment d'Archéologie. 1 v. ill. Architecture civile et militaire. 1 v. Architecture religieuse. 1 v. Cours d'Antiquités monumentales. 5 v. et Atlas. Définition des termes d'Architecture. 1 v. Ere gallo-romaine. 1 v.
Cavé (Mme). Le Dessin sans maître. 1 v.
Cazalis (H.) Henri Regnault, sa vie et son œuvre. 1. v. ill.
Chabouillet. Catalogue général et raisonné des Camées et Pierres gravées de la Bibl. nationale. 1 v.
Chaillon des Barres. Les châteaux d'Ancy-le-Franc, Saint-Pargeau, Chartillux et Tanlay. 1. v. ill.
Challamel (Augustin). Histoire de la mode en France. 1 v. ill.
Champeaux (A. de). Le Meuble. 2 v. ill. (Bibl. de l'enseignement des Beaux-Arts).
Champier (Victor). L'année artistique 1879. 1 v. 1881-1882. 1 v.
Champfleury. Bibliographie de la céramique, 1 v. Henri Monnier. 1 v. ill. Les Artistes célèbres : Latour. 1 v. ill. Histoire de l'Imagerie populaire. 1 vol. Histoire de la caricature antique. 1 v. Histoire de la caricature au moyen âge. 1 v. Histoire de la caricature sous la République, l'Empire et la Restauration. 1 v. Histoire des Faïences patriotiques de la Révolution. 1 v. ill.
Champollion jeune. Système hiéroglyphique. 1 v. et atlas.
Chantre (Ernest). L'Age de Pierre et l'Age de Bronze en Troade et en Grèce. Brochure.
Charvet (J.). Description des sceaux, matrices du cabinet de M. Dongé. 1 v. ill.
Chassang (A.). Du spiritualisme et de l'idéalisme dans l'Art. 1 v.
Chateau (L.). Histoire de l'architecture en France. 1. vol.
Chenevières (Mis de). Recherches sur la vie et les ouvrages de quelques peintres provinciaux. 3 v.
Chesneau (Ernest). La peinture anglaise. 1 v. ill (Bibl. de l'enseignement des Beaux-Arts). Le Sculpteur Carpeaux. 1 v. ill. L'Art et les Artistes modernes. 1 v. La Peinture française au xixe siècle et les chefs d'école. 1 v.
Child (Théodore). Les peintres de la jeunesse. 1 v. ill.
Choisy. L'Art de bâtir chez les Romains. 1 v. ill.
Clarac (comte de). Musée de sculpture. Texte 6 v. planches 6 v.
Claretie (Jules). Peintres et Sculpteurs. 2 v. ill.
Clément (Charles). Etudes sur les Beaux-Arts en France. 1 v. Géricault. 1 v.

Michel-Ange, Léonard de Vinci, Raphaël. 1 v. Prudhon. 1 v. Léopold Robert d'après sa Correspondance. 1 v.

Clément (Félix). Les Musiciens célèbres. 1 v. ill.

Clément (Félix) et **Larousse** (Pierre). Dictionnaire des opéras. 1 v.

Coindet (J). Histoire de la peinture en Italie. 1 v.

Collignon (Max.). Manuel d'archéologie grecque. 1 v. ill. (Bibl. de l'enseignement des Beaux-Arts).

Colomb (Casimir). La Musique. 1 v. ill. (Bibl. des merveilles).

Colomb (L. C.) Habitations et Edifices. 1 v. ill.

Commettant (Oscar). Un Petit Bien tout neuf. 1 v. La Musique, les Musiciens et les Instruments de musique. 1 v.

Congrès archéologique de France 1851. 1 v. ill.

Corot (Henry). Notice sur l'emploi des hachettes celtiques comme amulettes et talismans. 1 v. ill.

Corroyer (Ed.). L'Architecture romane. 1 v. ill. (Bibliothèque de l'enseignement des Beaux-Arts).

Costumes français du XVIIIe siècle. Album.

Cotteau (G.) Le Préhistorique en Europe. 1 v.

Courajod (Louis). Alexandre Lenoir, son journal et le Musée des monuments français. 3 v.

Cournault (Charles). Les Artistes célèbres. Ligier Richier. 1 v. ill.

Crafty. Les Chiens. Album.

Crosnier (Mgr). Iconographie chrétienne. 1 v.

Daremberg et **Saglio**. Dictionnaire des antiquités grecques et romaines. 1 v. ill. et 3 fascicules (en publication).

Daudet (Mme Alphonse). Impressions de nature et d'art. 1 v.

Davestés de Pontès. Etudes sur la peinture vénitienne. Notice sur les femmes artistes. 1 v.

David (Emeric). Histoire de la Peinture au Moyen Age. 1 v. Histoire de la Sculpture antique. 1 v. Histoire de la Sculpture française. 1 v. Notices historiques sur les chefs-d'œuvre de la Peinture moderne. 1 v. Vies des artistes anciens et modernes. 1 v.

Davillier (baron). Les Origines de la porcelaine en Europe. 1 v. ill. Les Porcelaines de Sèvres de Mme du Barry. 1 v. Une Vente d'actrice sous Louis XVI. 1 v.

Decharme. Mythologie de la Grèce antique. 1 v. ill.

Deck (Théodore). La Faïence. 1 v. ill. (Bibl. de l'enseignement des Beaux-Arts).

Deheurle (Victor). Essai sur l'Expression de la musique. 1 v.

Delaborde (Vicomte-Henri). La Gravure. 1 v. ill. (Bibl. de l'enseignement des Beaux-Arts). Le Département des Estampes à la Bibliothèque nationale. 1 v. Etudes sur les Beaux-Arts. 1 v. Ingres, sa vie et ses travaux. 1 v. ill.

Delecluze (G. J.) Les Beaux-Arts dans les deux mondes. 1 v. Louis David et son école. 1 v. Vie et Ouvrages de Léopold Robert. 1 v.

Delestre (J. B.). Gros, sa vie et ses ouvrages. 1 v. ill.

Demmin (Aug.). Guide de l'Amateur de Faïence et de Porcelaine. 1 v. Guide des Amateurs d'Armes et Armures anciennes. 1 v. Encyclopédie des Beaux-Arts. 5 v. ill. Souvenirs et Causeries d'un Collectionneur en Allemagne. 1 v.

Desbassins de Richemont (comte). Nouvelles études sur les Catacombes romaines. 1 v.

Desgranges. Le vitrail d'appartement. 1 v.

Desor (E.). Les Palafites, constructions lacustres du lac de Neufchatel. 1 v.

Des Vergers (Noël). L'Etrurie et les Etrusques. 2 v. et atlas.
Deville (A.). Histoire du verre dans l'antiquité. 1 v. Histoire de la verrerie dans l'Antiquité. 1 v.
Diderot. Les Salons (dans ses œuvres choisies). 1 v.
Didot (Ambroise-Firmin). Essai sur la gravure sur bois. 1 v. Essai sur la typographie. 1 v. Etudes sur Jean Cousin. 1 v.
Didron. Manuel d'Epigraphie chrétienne. 1 v.
Doré (Gustave). Catalogue de ses dessins exposés au Cercle de la Librairie. 1 v.
Draner. Costumes du xviiie siècle. Album.
Du Barry de Merval. Etudes sur l'architecture égyptienne. 1 v.
Du Cleusiou (H.). De la Poterie gauloise. 1 v.
Dufeu. Découverte de l'âge et de la destination des Pyramides d'Egypte. 1 v.
Duméril (Edelestand). Etudes archéologiques et littéraires. 1 v.
Dumesnil (M.-A.-J.). Histoire des plus célèbres amateurs étrangers. 1 vol. Id. français. 1 vol. Id. italiens. 1 v.
Duplessis (Georges). Histoire de la gravure en France. 1 v.
Dupont (E.). Les Temps préhistoriques en Belgique. 1 v.
Durand. Leçons d'architecture. 1 v.
Durande (Amédée). Joseph, Carle et Horace Vernet. 1 v.
Dussieux (L.). Le Château de Versailles. 2 v. ill. Les Artistes français à l'Etranger. 1 v.
Dutert. Le Forum romain. 1 v. ill.
Duval (Mathieu). L'Anatomie artistique. 1 v. ill. (Bibl. de l'Enseignement des Beaux-Arts).
Eichoff. Etudes sur Ninive. 1 v.
Ephrussi (Charles). Paul Baudry, sa vie et ses œuvres. 1 v. ill.
Eudel (Paul). Collections et Collectionneurs. 1 v. La Vente Hamilton. 1 v. L'Hôtel Drouot et la Curiosité. 1881. 1 v. 1883-1884. 1 v. 1885-1886. 1 v. 1886-1887. 1 v. 1887-1888. 1 v. Le Truquage. 1 v.
Evans (John). Les Ages de la pierre. 1 v. ill. L'Age du bronze. 1 v. ill.
Exposition universelle de 1889. Catalogue illustré de l'Exposition des Beaux-Arts. 1 v.
Exposition universelle de Vienne en 1873 (l'). 1 v. ill.
Falbe. Recherches sur Carthage. 1 v. et atlas.
Fallet (Mme). Les Princes de l'Art. 1 v.
Fau (le D^r). Anatomie artistique du corps humain. 1 v. ill.
Fétis (F.-J.). Histoire générale de la Musique. 1 v. La Musique mise à la portée de tout le monde. 1 v. Curiosités historiques de la Musique. 1 v. Biographie universelle des Musiciens, et Bibliographie générale de la Musique. 5 v. Supplément et Complément publié sous la direction de M. A. Pougin. Tome Ier.
Feuillet de Conches. Léopold Robert, sa vie et ses œuvres. 1 v. Les Causeries d'un curieux. 4 v.
Figaro-Exposition 1889. 1 v. ill.
Fontenay (J. de). Manuel de l'amateur de jetons. 1 v.
Fontenay (E.). Les Bijoux anciens et modernes. 1 v. ill.
Fortoul (H.). De l'Art en Allemagne. 2 v. Etudes d'archéologie et d'histoire. 2 v.
Frœhner. Les Médaillons de l'Empire romain. 1 v. ill.
Fromentin (Eugène). Les Maîtres d'autrefois. 1 v.
Galichon (Emile). Etudes critiques sur l'Administration des Beaux-Arts en France. 1 v.

Gallerie der Dekoration Hinrst. 1 v. ill.

Garnier (Charles). Le Théâtre. 1 v.

Garnier (Ed.). Histoire de la Céramique. 1 v. ill. Histoire de la Verrerie et de l'Emaillerie. 1 vol. ill.

Gauckler. Le Beau et son Histoire. 1 v.

Gauthier (Pierre). Les Artistes célèbres. Prudhon. 1 v. ill.

Gautier (Th.). Les Beaux-Arts en Europe. 2 v. Caprices et Zig-Zags. 1 v. Fusains et eaux-fortes. 1 v. Guide de l'amateur au Musée du Louvre. 1. v. Tableaux à la plume. 1 v.

Gay (Victor). Glossaire archéologique du Moyen Age et de la Renaissance. 4 fascic. ill.

Gerspach. La Verrerie. 1 v. ill. (Bibl. de l'Enseignement des Beaux-Arts). La Mosaïque. 1 v. ill. (id.).

Gigoux (Jean). Causeries sur les artistes de mon temps. 1 v.

Glucq. Album de l'Exposition 1889. 1 v. ill.

Godard (abbé). Cours d'archéologie sacrée. 1 v.

Goncourt (Edmond de). La Maison d'un Artiste. 2 v.

Goncourt (Edmond et Jules de). L'Art au xviiie siècle. 3 v. ill. Saint-Aubin, Watteau, Prudhon, Boucher. 1 v. Prudhon. 1 v. Gavarni, l'Homme et l'Œuvre. 1 v. ill. Catalogue de l'Œuvre de Watteau. 1 v.

Gonse (Louis). L'Art Japonais. 1 v. ill. (Bibl. de l'Enseignement des Beaux-Arts). Eugène Fromentin. 1 v. ill. L'Art gothique. 1 v. ill.

Goschler. Mozart. 1 v.

Goupil. Manuel général de peinture à l'huile. 1 v.

Gourdon de Genouillac. L'Art héraldique. 1 v. ill. (Bibl. de l'Enseignement des Beaux-Arts). Grammaire héraldique. 1 v.

Graesse (Th.). Guide de l'Amateur de porcelaines et de poteries. 1 v. ill.

Grand-Carteret (John). Raphael et Gambrinus. 1 v. ill.

Gregorovius (P.). Les Tombeaux des Papes romains. 1 v.

Grevin. L'Esprit des femmes. Album.

Gruyer. Raphael et l'Antiquité. 2 v. Les Vierges de Raphael. 3 v.

Guide à la Manufacture de Sèvres 1874. 1 v.

Guiffrey (Jules). La Tapisserie de la chaste Suzanne. 1 v. ill. Notes et Documents sur les expositions au xviiie siècle. 1 v.

Guigard (Joannès). Nouvel Armorial du bibliophile. 2 v. ill.

Guillaume (Eugène). Etudes d'art antique et moderne. 1 v.

Guizot (François). Etudes sur les Beaux-Arts. 1 v.

Halevy (Joseph). Rapport sur une mission archéologique dans le Yemen. 1 v.

Hanno (Georges). Les Villes retrouvées. 1 v. ill. (Bibl. des Merveilles).

Havard (Henry). Dictionnaire de l'ameublement et de la décoration. 4 v. ill. L'Art dans la maison. 1 v. ill. L'Art à travers les mœurs. 1 v. ill. Histoire de la peinture hollandaise. 1 v. ill. (Bibl. de l'Enseignement des Beaux-Arts). Histoire de la faïence de Delft. 1 v. ill.

Havard (Henry) et **Marius Vachon.** Les Manufactures nationales. 1 v. ill.

Hélène (Maxime). Le Bronze. 1 v. ill. (Bibl. des Merveilles).

Hennin Manuel de numismatique. 1 v.

Hermant (Achille). De l'influence des arts du dessin sur l'Industrie. 1 v.

Holbein (Hans). L'Alphabet de la mort. 1 v. ill.

Houdoy. Les Tapisseries de haute lisse. 1 v.

Houssaye (Arsène). L'Art français. 1 v.
Humboldt (Alexandre de). Monuments américains. 2 v.
Ideville (comte Henri d'). Gustave Courbet. 1 v. ill.
Inventaire général des richesses d'art de la France, Paris. Monuments religieux. 1 v. Monuments civils. 1 v. Province. 1 v.
Jacquemart (A.). Histoire du mobilier. 1 v. ill. Les Merveilles de la céramique. 3 v. ill. (Bibl. des Merveilles.)
Jacquemart (A.) et **Leblant**. Histoire de la porcelaine. 1 v. ill.
Jacquemin (Louis). Monographie de l'amphithéâtre d'Arles. 2 v.
Jacquemond (baron). Description de l'abbaye d'Hautecombe. 1 v.
Jametel (Maurice). Souvenirs d'un collectionneur. 1 v. La Chine inconnue. 1 v. Le Japon pratique. 1 v.
Japon artistique (le). 3 v. ill.
Jean-Jean. L'Homme et les Animaux des cavernes des Cévennes.
Joly (N.). L'Homme avant les métaux. 1 v.
Jouin (Henri). Esthétique du sculpteur. 1 v. Antoine Coyzevox. 1 v. ill. David d'Angers et ses relations littéraires. 1 v.
Jullien de la Boullaye. Etude sur la vie de Jean Duvet et sur son œuvre. 1 v. ill.
Labarthe (Jules). Histoire des arts industriels au Moyen Age et à l'époque de la Renaissance. 4 v., et 2 de planches.
Laborde (Léon de). Etudes sur les Beaux-Arts. 2 v. Athènes aux xv, xvi et xviie siècles. 1 v. Documents inédits sur l'histoire et les antiquités d'Athènes. 1 v.
Laboulaye (Ch.). L'Art industriel. 1 v. ill. Dictionnaire des arts et manufactures. 3 v.
Lacombe (Paul). Les Armes et les Armures. 1 v. (Bibl. des Merveilles).
Lagrange (Léon). Pierre Puget. 1 v. Joseph Vernet. 1 v.
Lagrèze (de). Pompéi, les Catacombes et l'Alhambra. 1 v. ill.
Lahalle. Essai sur la musique. 1 v.
Lalanne (Ludovic). De l'Archéologie et des Beaux-Arts. 1 v.
Lalanne (Ab.). Traité de la gravure à l'eau-forte. 1 v. Le Fusain. 1 v.
Laloux (V.). L'Architecture grecque. 1 v. ill. (Bibliothèque de l'enseignement des Beaux-Arts).
Lambert (Eugène). Chiens et Chats, album. 1 v.
Lance (Adolphe). Dictionnaire des architectes français. 2 v.
Langlois et **Laquerière**. Description historique des maisons de Rouen. 1 v.
Lanzi (abbé). Histoire de la peinture en Italie. 5 v.
Laprade (V. de). Contre la musique. 1 v.
Lasteyrie (F. de). L'orfèvrerie. 1 v. ill. (Bibl. des Merveilles). Causeries artistiques. 1 v.
Lavice. Revue des musées de France. 1 v.
Lavoix (H.). Histoire de la musique. 1 v. ill. (Bibl de l'Enseignement des Beaux-Arts).
Lebégue (Albert). Recherches sur Delos. 1 v.
Lecoy de la Marche. Les Manuscrits et la Miniature. 1 v. ill. (Bibl. de l'Enseignement des Beaux-Arts). Les Sceaux. 1 v. ill. (id.).
Lefebure (Ernest). Broderies et dentelles. 1 v. ill. (Bibliothèque de l'Enseignement des Beaux-Arts).
L. F. D. Manuel héraldique. 1 v.
Lefebvre (André). Les Merveilles de l'Architecture. 1 v. ill. (Bibl. des Merveilles). Les Parcs et les Jardins. 1 v. ill. (id.).

Lefebvre (J.). Traité élémentaire de numismatique. 1 v.
Lefort (Paul). Les Artistes célèbres. Velazquez. 1 v. ill.
Lemaitre (A.). Le Louvre, monument et musée. 1 v.
Lenoir (Alexandre). Catalogue du Musée des monuments français. 1 v.
Lenormant (Charles). Beaux-Arts et Voyages. 1 v.
Lenormant (François). Les Monnaies et les Médailles. 1 v. ill. (Bibl. de l'Enseignement des Beaux-Arts). Les Antiquités de la Troade. 1 v.
L'Epinois (Henri de). Les Catacombes de Rome. 1 v.
Lesbazeilles. Les Colosses anciens et modernes. 1 v. ill. (Bibl. des Merveilles).
Lessing. Du Laocoon. 1 v. Le même tr. par Hallberg. 1 v.
Lostalot (Alfred). Les Procédés de la gravure. 1 v. ill. (Bibl. de l'Enseignement des Beaux-Arts).
Louvre (Musée National du). Notice des Tableaux des Ecoles allemande, flamande et hollandaise. 1 v. De l'Ecole française. 1 v. Notice des Tableaux des Écoles d'Italie et d'Espagne. 1 v. Notice supplémentaire des Tableaux. 1 v. Notice des Tableaux de la collection Lacaze. 1 v. Notice des dessins, cartons, pastels, miniatures et émaux. 1re partie : Ecoles d'Italie, Ecoles flammande et hollandaise. 1 v. 2me partie : Ecole Française. 1 v. Notice de la Sculpture antique, 1re partie. 1 v. La Colonne Trajane. 1 v. Cartes et Gravures. Notice des Bronzes antiques. 1 v. Description des Sculptures modernes. 1 v. Gemmes et Joyaux. 1 v. Don de M. et Mme Phil. Lenoir. 1 v. Notice des Faïences françaises. 1 v. Notice des Émaux et de l'Orfévrerie. 1 v. Notice des Ivoires. 1 v. Notice des Monuments égyptiens. 1 v.
Lubbock (Sir John-William). L'Homme avant l'Histoire. 1. v. Etat primitif de l'Homme. 1 v.
Lübke (U.). Essai sur l'Histoire de l'art. 1 v. ill.
Lucas (Charles). Le Palais d'Ulysse à Ithaque. 1 v. ill. Procès de l'Histoire des Beaux-Arts. 1 v.
Magne (Lucien). L'Architecture française du siècle. 1 v. ill. Les Vitraux de Montmorency et d'Ecouen. 1 v. ill.
Maindron (Maurice). Les Armes. 1 v. ill. (Bibl. de l'Enseignement des Beaux-Arts).
Maitres (les) de la Caricature française au xixe siècle. 1 v. ill.
Mallarmé (L.). Les Dieux antiques, nouvelle mythologie illustrée. 1 v. ill.
Mareschal. Iconographie de la faïence. 1 v.
Marquelets de Vasselot. Histoire des Sculpteurs français. 1 v.
Martha (Constant). La Délicatesse dans l'art.
Martha (J.). Manuel d'Archéologie grecque et romaine. 1 v. ill. (Bibl. de l'Enseignement des Beaux-Arts). L'Art étrusque. 1 v. ill.
Martigny (abbé). Dictionnaire des Antiquités chrétiennes. 1 v. ill.
Marx (Roger). Les Artistes célèbres. Henri Regnault. 1 v. ill.
Maspero (G.). L'Archéologie égyptienne. 1 v. ill. (Bibl. de l'Enseignement des Beaux-Arts).
Masserani (Tullo) et Eugène **Guillaume**. Charles Blanc et son œuvre. 1 v.
Mauduit. Découvertes dans la Troade. 1 v.
Mayeux (Henri). La Composition décorative. 1 v. ill. (Bibl. de l'Enseignement des Beaux-Arts).
Maze-Lesieur (Alph.). Le Livre des collectionneurs. 1 v. ill.
Mazois (F.). Le Palais de Scaurus. 1 v. ill.
Menant (Joachim). Ninive et Babylone. 1 v. ill. Babylone et la Chaldée. 1 v.

Menard (Louis). Tableau historique des Beaux-Arts depuis la Renaissance. 1 v. De la Sculpture ancienne et moderne. 1 v. Hermés-Trismegistes. 1 v.
Menard (René). Histoire des Beaux-Arts. 1 v. ill. De la Mythologie dans l'art ancien et moderne. 1 v. ill.
Mendès (Catulle). Richard Wagner. 1 v.
Mercey (F. de). Etudes sur les Beaux-Arts. 3 v.
Mercuri (P.). Costumes historiques des XII, XIII, XIV et XVe siècles, avec texte de Bonnard. 3 v. ill.
Mérimée (Prosper). Etudes sur les Beaux-Arts au Moyen Age. 1 v. L'Architecture et la Peinture en Europe depuis le IVe siècle jusqu'à la fin du XVIe siècle. 1 v. L'Art flamand dans l'Est et le Midi de la France. 1 v.
Millin. Abrégé des Antiquités nationales. 3 v. ill.
Molinier (Emile). Les Arts du métal. 1 v. ill.
Montaiglon (Anatole de). Michel-Ange et les Statues de la Chapelle des Médicis, brochure.
Montalembert (comte de). Mélanges d'art et de littérature. 1 v.
Monteluis. Antiquités suédoises. 1 v. La Suède préhistorique. 1 v.
Mont-Royal (A. de). Les Glorieuses antiquités de Paris. 1 v.
Moreau (jeune). Le Monument du Costume. 1 v. ill.
Morillot (abbé L.). Etude sur l'emploi des clochettes chez les Anciens. 1 v. ill.
Mortillet (Gabriel de). Le Préhistorique, ancienneté de l'homme. 1 v. ill. Promenades au Musée de Saint-Germain. 1 v. Promenades à l'Exposition de 1867. 1 v. Du Signe de la Croix avant le Christ. 1 v.
Muller (Emile). Habitations ouvrières et agricoles. Atlas.
Müntz (Eugène). Les Précurseurs de la Renaissance. 1 v. ill. Raphaël, sa vie, son œuvre, son temps. 1 v. ill. La Tapisserie. 1 v. ill. (Bibl. de l'Enseignement des Beaux-Arts). Les Beaux-Arts à la Cour des Papes. 1 v. La Renaissance en Italie et en France. 1 v. ill. Histoire de l'Art pendant la Renaissance. Italie, les Primitifs. 1 v. ill.
Musée des Archives nationales. 1 ill.
Nadaillac (le marquis de). Mœurs et Monuments des temps préhistoriques. 1 v. ill. L'Ancienneté de l'homme. 1 v. Les Premiers hommes et les Temps préhistoriques. 1 v. ill.
Nicard (P.). Manuel complet d'archéologie. 3 v. et atlas.
Noël (Edouard) et Edmond **Stoullig**. Les Annales du théâtre et de la Musique, 1882. 1 v. 1889. 1 v. 1885. 1 v. 1886. 1 v. 1887. 1 v. 1888. 1 v.
Nuitter (Charles). Le Nouvel opéra. 1 v. ill.
Ollivier (Emile). Une visite à la Chapelle de Médicis. 1 v.
Oppenheim (Ancel). Connaissances nécessaires à un amateur d'objets d'art et de curiosité. 1 v.
Ortigue (Jacques d'). La Musique à l'église. 1 v.
Paléologue (M.). L'Art chinois. 1 v. ill. (Bibliothèque de l'Enseignement des Beaux-Arts).
Palustre (Léon). La Renaissance en France, ouvrage en cours de publication. 14 fascicules ill.
Paris (Pierre). La Sculpture antique. 1 v. ill. (Bibliothèque de l'Enseignement des Beaux-Arts).
Passavant. Raphaël d'Urbin et son père Giovanni Santi. 2 v.
Peccant (Elie) et Ch. **Baudi**. L'Art. 1 v.

Peligot (Eugène). Le Verre, son Histoire, sa Fabrication. 1 v.
Penguilly. Catalogue du Musée d'artillerie. 1 v.
Perkins. Les Sculpteurs italiens. 2 v. et album.
Perrot (Georges) et Charles **Chipiez**. Histoire de l'Art dans l'antiquité. 1 v. ill. (Ouvrage en cours de publication).
Pesquidoux (Léonce de). Voyage artistique en France). 1 v.
Petit (Victor). Habitations champêtres dans tous les styles. 1 v. ill. Parcs et Jardins des environs de Paris. 1 v. ill.
Pfnor (Rodolphe). L'Ornementation usuelle. 1 v. ill.
Pierre (Victor). Coup d'œil sur les antiquités scandinaves. 1 v. ill.
Pierret (Paul). Dictionnaire d'archéologie égyptienne. 1 v.
Plon (E.). Thorwaldsen. 1 v. ill.
Poisot (Charles). Histoire de la musique en France. 1 v.
Poulet-Malassis. Les Ex-Libris français. 1 v. ill.
Provost-Blondel. Voyelles et consonnes. 1 v. ill.
Pugin. Specimen of the architectural antiquities of Normandy. 1 v. ill.
Quatremere de Quincy. Histoire de la Vie et des Ouvrages de Michel-Ange. 1 v. Canova et ses Ouvrages 1 v. ill. Vies et Ouvrages des Architectes modernes. 2 v. ill.
Quesneville. Secrets des Arts. 2 v.
Racinet (L.). L'Ornement polychrome. 2 v. ill.
Ramée (Daniel). L'Architecte et les Constructions. 1 v. Histoire de l'Architecture. 2 v.
Raphaël. Les Fresques de la Villa Magliana, gravées et publiées par Grüner. 1 v.
Ravaisson-Mollien (Charles). La Critique des sculptures antiques du Louvre. 1 v.
Rayet (Olivier). Etudes d'archéologie et d'art. 1 v. ill.
Regamey (Félix). Le Japon pratique. 1 v. ill.
Reiset (comte de). Modes et Usages au temps de Marie-Antoinette. 1 v. Livre-Journal de Mme Eloffe. 2 v. ill.
Renan (Ary). Le Costume en France. 1 v. (Bibliothèque de l'Enseignement des Beaux-Arts).
Renouvier (Jules). Histoire de l'Art pendant la Révolution. 2 v. 2e Essai de Critique générale. 1 v.
Reveil. Galerie des Arts. 8 v. ill. manquent 1 et 2. Musée religieux. 4 v. ill. Œuvres choisies de Canova. 1 v. ill.
Reyer (E.). Notes de Musique. 1 v.
Ribeyre (Félix). Cham, sa vie et son œuvre. 1 v. ill.
Rich (Antonin). Dictionnaire des Antiquités grecques et romaines. 1 v. ill.
Rio (A. P.). De l'art chrétien. 4 v. Appendice à l'art chrétien. 1 v.
Ris (comte Clément de). Les Musées de Province. 2 v. Le Musée royal de Madrid. 1 v.
Ris-Paquot. Dictionnaire des marques des orfèvres. 1 v. ill. Le peintre céramiste amateur. 1 v. La céramique. 1 v. ill.
Robello. Les Curiosités de Rome. 1 v.
Robida. Mesdames nos aïeules. Dix siècles d'élégance. 1 v. ill.
Robinson. Antiquités grecques. 2 v.
Roger-Ballu. Le Salon illustré. 1889. 1 v. ill.
Roosvelt (Blanche). La Vie et les Œuvres de Gustave Doré. 1 v. ill.
Rossignol (P. J.). Les Métaux dans l'Antiquité. 1 v.

Rouaix (Paul). Dictionnaire des arts décoratifs. 1 v. ill.
Rougemont (de). L'âge de Bronze ou les Lémites en Occident. 1 v. Le Peuple primitif. 1 v.
Royer (Alphonse). Le nouvel Opéra. 1 v.
Sand (Georges). Questions d'art et de littérature. 1 v.
Sansonnetti (de). La Tente de Charles le Téméraire. 1 v. ill.
Sarcus (vicomte de). Etude sur le Développement artistique et littéraire de la société moderne. 1 v.
Saulcy (F. de). Histoire de l'art judaïque. 1 v. Numismatique de la Terre-Sainte. 1 v. Système monétaire de la République romaine 1 v.
Sauzay (A.). La Verrerie. 1 v. ill. (Bibl. des merveilles).
Scheltma. Rembrandt. 1 v.
Schliemann (dr Henri). Ilios. 1 v. ill. Antiquités troyennes. 1 v. Ithaque, le Péloponèse, Troie. 1 v. Mycènes. 1 v. ill.
Scudo (P.). Critique et Littérature musicale. 1 v.
Sculpture décorative (la). Album.
Silvestre (Théophile). Histoire des Artistes vivants. 1 v.
Soil (Eugène). Recherches sur les anciennes porcelaines de Tournay. 1 v. ill.
Soultrait (comte de). Armorial historique et archéologique de la Nièvre. 2 v. ill.
Spencer et Browlow. Rome souterraine, résumé des découvertes de M. de Rossi dans les Catacombes. 1 v.
Spencer-Northcote. Les Catacombes romaines. 1 v.
Stapfer (Paul). Les Artistes Juges et Parties. 1 v.
Stendhal (de). Vie de Rossini. 1 v. Haydn, Mozart et Metastase. 2 v. Histoire de la Peinture en Italie. 1 v.
Stendhal (l'Art et la Vie de). 1 v.
Sterling (William). Velasquez et ses œuvres, tr. de l'anglais par Bruner. 1 v.
Straffort. Histoire de la Musique. 1 v.
Sully-Prudhomme. L'expression dans les Beaux-Arts. 1 v.
Sutter (David). Nouvelle Théorie simplifiée de la Perspective. 1 v.
Taine (Hte). De l'Idéal dans l'Art. 1 v. Philosophie de l'Art en Grèce. 1 v.
Thausing. Albert Dürer. 1 v. ill.
Thénot (J. P.). Traité de perspective pratique. 1 v. ill.
Théophile (moine). Essais sur différents Arts, texte latin et trad. 1 v.
Thérion. Les Adam et les Clodion. 1 v. ill.
Timbal (Et.). Notes et causeries sur l'art et les artistes. 1 v.
Tonnelli (Alfred). Fragments sur l'Art et la Philosophie. 1 v.
Topffer (Rodolphe). Réflexions et menus-propos d'un peintre genevois. 1 v.
Waagen. Manuel de l'Histoire de la Peinture. 3 v. ill.
Vachon (Marius). Les artistes célèbres. Philibert Delorme. 1 v. ill.
Vaffier (L.). Histoire de la Statuaire antique. 1 v.
Wagner (Richard.) Musiciens, poètes et philosophes. 1 v.
Vallée (L.-L.). Traité de la Science du dessin. 1 v. atlas.
Valmy (de). Le Génie des Peuples dans les Arts. 1 v. Le Passé et l'Avenir de l'Architecture. 1 v.
Vardot (Louis). Les Merveilles de la Peinture. 3 v. (Bibl. des Merveilles). Les Musées d'Allemagne. 1 v. Les Musées d'Angleterre, de Belgique, de Hollande et de Russie. 1 v. Les Musées d'Espagne. 1 v. Les Musées de France. 1 v. Les Musées d'Italie. 2 v.
Véron (Eugène). Supériorité des arts modernes. 1 v.

Wilder (T.). Mozart : l'homme et l'artiste. 1 v. Beethoven, sa vie et ses œuvres. 1 v.
Winckelmann. Histoire de l'art chez les anciens. 3 v.
Vinet. L'art et l'Archéologie. 1 v.
Viollet-le-Duc (E.). Dictionnaire raisonné de l'Architecture française du XIe au XVIe siècle. 10 v. ill. Dictionnaire raisonné du mobilier français de l'époque carlovingienne à la Renaissance. 6 v. ill. La Cité de Carcassonne. 1 v. ill. Entretiens sur l'Architecture. 2 v. ill. et atlas. Comment on devient un dessinateur. 1 v. ill. De la décoration appliquée aux édifices. 1 v. ill.
Vitet (L.). Etudes sur les Beaux-Arts. 1 v. Etudes sur l'Histoire de l'Art. 1 v.
Wolff (Albert). Figaro Salon 1887, 1888, 1889, 1890, 1891. 5 v. ill.
Youssoupoff (prince N.). Histoire de la musique en Russie. 1 v.
Ziégler (Jules). Etudes céramiques. 1 v. ill.

II

HISTOIRE, MÉMOIRES ET SOUVENIRS

Abdurhaman. L'Occupation française en Egypte. 1 v.
About (Edmond). Alsace, 1870-1871. 1 v.
Abrantès (duchesse d'). Histoire contemporaine. 2 v. Mémoires sur la restauration. 6 v. Histoire des Salons de Paris. 6 v.
Achard (Amédée). Souvenirs d'émeute. 1 v.
Adam (Adolphe). Souvenirs d'un musicien. 1 v. Derniers Souvenirs d'un musicien. 1 v.
Adhemar d'Antioche (le comte). Deux Diplomates, le comte Raczinski et Donoso Cortès. 1 v. Changarnier. 1 v.
Agardh (C. A.). La Suède depuis son origine jusqu'à nos jours. 1 v.
Agoult (Mme d'). Mes Souvenirs. 2 v.
Aignan. Histoire du Jury. 1 v.
Albanès (Havard d'). Voltaire et madame du Chatelet. 1 v.
Alembert (d') Mémoires, discours, philosophie, correspondance. 1 v.
Alix (le ch^r d'). Dictionnaire de la Commune et des Communeux. 1 v.
Allain (l'abbé E.). L'Instruction primaire avant la Révolution. 1 v.
Allaire (Etienne). Le Duc de Penthièvre. 1 v.
Allard (Albéric). Histoire de la Justice criminelle au XVIe siècle. 1 v.
Allard (général Nelzir). Souvenirs. 2 v.
Allard (Paul). Les Esclaves chrétiens. 1 v.
Alonso (don). Mémoires d'une Institutrice à Constantinople. 1 v.
Alton-Shée (comte d'). Mes Mémoires. 2 v.
Allen. Histoire du Danemarck. 2 v.
Almanach de Gotha, 1877. 1 ill.
Alone. Les Vaincus victorieux. 1 v.
Alsace (l') et l'Empire germanique. 1 v.
Amador de los Rios. Etudes historiques, politiques et littéraires sur les Juifs d'Espagne. 1 v.
Amanton (Ferdinand). Récit historique de l'Etablissement de la commune. 1 v.
Amaury-Duval. Souvenirs. 1 v.
Ambert (le général baron). Le Connétable Anne de Montmorency. 1 v. Le Pays de l'honneur. 1 v. La Guerre de 1870-71. 1 v. Le Chemin de Damas. 1 v. L'Héroïsme de Soudan. 1 v.

Amiel (Henri). Les 28 jours d'un Réserviste. 1 v.
Amiel (Emile). Un Libre-penseur au xvie siècle. Erasme. 1 v. L'Eloquence sous les Césars. 1 v.
Ampère (André-Marie). Journal et Correspondance. 1 v.
Ampère (J.-J. Antoine). L'Empire romain à Rome. 2 v. L'Histoire romaine à Rome. 4 v.
Ancelot (Mme). Un Salon de Paris, 1864. 1 v. Les Salons de Paris. 1 v.
Ancien fonctionnaire (Un). Histoire anecdotique du second Empire. 1 v.
Andlau (colonel d'). Metz, Campagnes et Négociations. 1 v.
Andrieux. Souvenirs d'un Préfet de police. 2 v.
Angeberg (comte d'). Le Congrès de Vienne et les Traités de 1815. 2 v.
Andryane (Alexandre). Souvenirs de Genève, 2 v. Mémoires d'un prisonnier d'Etat. 4 v.
Anne-Marie (comtesse de Hautefeuille). Jeanne d'Arc. 2 v.
Annuaire-Bulletin de la société de l'Histoire de France. 4 v.
Anquez (Léon). Des Assemblées politiques des réformés en France, 1622. 1 v. Un Nouveau Chapitre de l'histoire politique des réformés en France. 1 v.
Arago (François). Notices biographiques. 2 v.
Arago (Jacques). Histoire de Paris moderne. 2 v.
Arana (Diego Barros). Histoire de la Guerre du Pacifique. 2 v.
Arbanère (E.-G.). Analyse de l'Histoire romaine. 4 v. Histoire universelle : Asie, Grèce. 2 v. Moyen Age. 2 v.
Arbois de Jubainville (H. d'). Recherches sur l'origine de la propriété foncière et des noms de lieu habités en France. 1 v. Les premiers habitants de l'Europe. 1 v. L'Administration des intendants. 1 v. Histoire des ducs et des comtes de Champagne. 6 v. Le Livre des vassaux des comtes de Champagne et de Brie. 1 v.
Argenson (Mis d'). Mémoires. 5 v.
Argenson (René d'). Notes. 1 v.
Armaillé (Comtesse d'). La comtesse d'Egmont, fille du maréchal de Richelieu. 1 v. Catherine de Bourbon. 1 v. Marie-Thérèse et Marie-Antoinette. 1 v.
Armandi. Histoire militaire des éléphants. 1 v.
Arsac (d'). Eugène Laurent. 1 v. Les Frères des écoles chrétiennes pendant la guerre. 1 v. Les Jésuites. 1 v.
Arvor (d'). Mémoires du marquis de Champas. 1 v.
Assailly (d'). Les Chevaliers poètes. 1 v. Albert le Grand. 1 v.
Asseline (L.). Histoire de l'Autriche. 1 v.
Asselineau (Charles). Vie de Claire Clémence, princesse de Condé. 1 v.
Astié. Histoire de la République aux Etats-Unis. 1 v.
Aubé (Th.). Entre deux campagnes, notes d'un Marin. 1 v.
Aubertin (Charles). Sénèque et saint Paul. L'Esprit public au xviiie siècle. 1 v.
Aubineau (L). De la Révocation de l'édit de Nantes. 1 v.
Aucoc. Le Conseil d'Etat. 1 v.
Audebrand (Philibert). Alexandre Dumas et la Maison d'Or. 1 v.
Audibert (H.). Indiscrétions et confidences. 1 v.
Audiganne (Armand). Mémoires d'un ouvrier de Paris. 1871-1872. 1 v.
Audin. Histoire de Henri VIII 2 v. Histoire de Léon X. 2 v. Histoire de la Saint-Barthélemy. 1 v. Histoire de la Vie et des Ecrits de Luther. 2 v. Histoire de la Vie et des Ouvrages de Calvin. 2 v.
Audley (Mme). Schubert, sa Vie et ses Œuvres. 1 v.
Augeard (J. M.). Mémoires secrets, 1 v.

Augustin (saint). Confession. 1 v.
Aulnoy (Mme d'). La Cour et la Ville de Madrid à la fin du xviie siècle. 2 v.
Aulu-Gelle. Œuvres, texte et trad. 2 v. (Bibl. Panckoucke).
Aumale (duc d'). Campagnes de l'armée d'Afrique, 1835-1839. 1 v. Histoire des Princes de la maison de Condé. 6 v.
Aussy (Legrand d'). Histoire de la Vie privée des Français. 1 v.
Auton (Jean d'). Chroniques publiées par le Bibliophile Jacob. 4 v.
Autriche (l') et son Avenir 1863. 1 v.
Avenel (G. d'). Les Evêques et Archevêques de Paris. 2 v.
Avesne (E. d'). Devant l'Ennemi. 1 v. ill.
Azeglio (Massimo d'). L'Italie de 1847 à 1863. 1 v. Mes Souvenirs. 2 v.
Azibert (F.). Les Sièges célèbres. 1 v. ill.
Babeau (Alfred). Paris en 1789. 1 v. La France et Paris sous le Directoire. 1 v. Les Bourgeois d'autrefois. 1 v. La Ville sous l'ancien régime. 1 v. Le Village sous l'ancien Régime. 1 v. La Vie rurale dans l'ancienne France. 1 v. La Vie militaire sous l'ancien régime, les officiers. 1 v. ill. La Vie militaire sous l'ancien régime, les soldats. 1 v. ill. Les Artisans et les Domestiques d'autrefois. 1 v. L'Ecole du village pendant la Révolution. 1 v.
Babou (H^te). Les Femmes vertueuses du grand siècle. 1 v. Les Amoureux de madame de Sévigné. 1 v. Les Payens innocents. 1 v.
Bachaumont. Mémoires secrets. 1 v.
Bacourt (de). Souvenirs d'un diplomate. 1 v.
Bader (Mme). La Femme biblique. 1 v. La Femme dans l'Inde antique. 1 v. Les Femmes grecques. 2 v. La Femme romaine. 1 v. La Femme dans les temps modernes. 1 v.
Badin (Ad). Marie Chassang. 1 v.
Badin (Alphonse). Duguay-Trouin. 1 v.
Baguenault de Puchesse. Histoire du Concile de Trente. 1 v.
Baillon (comte de). Henriette-Marie de France, reine d'Angleterre. 1 v. Lord Walpole et la Cour de France, 1723-1730. 1 v.
Bailly (A). Histoire financière de la France. 1 v.
Bailly (Sylvain). Mémoires. 3 v.
Bainvel. Souvenirs d'un écolier en 1815. 1 v.
Balbo (comte Oscar). Histoire d'Italie. 2 v.
Balleydier (Alphonse). Histoire de l'Empereur Nicolas. 2 v. Histoire de la guerre de Hongrie 1848-1849. 1 v. Histoire du Peuple de Lyon. 3 v. Histoire de la Révolution de Rome jusqu'en 1851. 2 v. Histoire des Révolutions de l'Empire d'Autriche, etc.
Bamberger (Louis). Vie de Bismark. 1 v.
Barante (baron de). Etudes littéraires, historiques et biographiques. 4 v. Histoire des Ducs de Bourgogne de la maison de Valois. 13 v. Histoire de la Convention nationale. 6 v. Histoire du Directoire. 3 v. Le Parlement et la Fronde. La Vie de Mathieu Molé 1 v. La Vie politique de Royer-Collard. 1 v.
Barbé (Benjamin). L'Inconsolée. 1 v.
Barbe (Mme). Blanche de Castille. 1 v.
Barbé-Marbois. Histoire de la Louisiane. 1 v.
Barbier (avocat). Journal de la régence et du règne de Louis XV. 8 v.
Barbier (A.). Souvenirs personnels. 1 v.
Barbou (Alfred). Victor Hugo et son temps.

Barchou de Penhoen. Essai d'une philosophie de l'histoire. 2 v. Histoire de l'Empire anglais dans l'Inde. 6 v.
Bardoux (A.). Etudes d'un autre temps. 1 v. La Bourgeoisie française. 1 v. Madame de Custine. 1 v. La Comtesse de Beaumont. 1 v. Le Comte de Montlosier et le Gallicanisme. 1 v. Les Légistes, leur influence sur la société française. 1 v.
Bapst (E). Le Mariage de Jacques V. 1 v.
Barault-Roullon. Origine et Progrès de la Puissance russe. 1 v.
Barine (Arvède). Princesses et Grandes dames. 1 v. Portraits de femmes. 1 v.
Barrau (J.-J.). Histoire politique des peuples musulmans. 2 v.
Barrere (B.) Mémoires. 2 v.
Baudrillart (Henri). Histoire du luxe public et privé. 4 v.
Bash (L.). Maximilien au Mexique. 1 v.
Baunard (abbé). Histoire du cardinal Pie. 1 v.
Barrot (Odilon). Mémoires. 4 v.
Barthélemy (Charles). Erreurs et mensonges historiques. 2 v.
Barthélemy (Edouard de). La marquise d'Huxelles et ses amis. 1 v. Une nièce de Mazarin, la Princesse de Conti. 1 v. Les Amis de la Marquise de Sablé. 1 v. La comtesse de Marne. 1 v. Journal d'un Curé ligueur de Paris. 1 v. Les Filles du Régent. 2 v. Mesdames de France, filles de Louis XV. 1 v. La Confession de Fréron, 1719-1776. 1 v.
Barthelot (major). Journal et correspondance. 1 v.
Basch (S.). Maximilien au Mexique. 1 v.
Baschet (Armand). Les Comédiens italiens à la Cour de France. 1 v. Le Roi chez la Reine. Histoire secrète du mariage de Louis XIII. 1 v. Les Princes de l'Europe au xvi⁰ siècle d'après les relations des Ambassadeurs vénitiens. 1 v. Les Archives de Venise. 1 v. Histoire de la Chancellerie secrète. 1 v.
Bassanville (comtesse de). Les Salons d'autrefois. 1 v.
Bassompierre (maréchal de). Mémoires. 3 v.
Bast (Amédée de). Origines judiciaires. 1 v.
Bastard (Georges). La Défense de Bazeilles. 1 v.
Bastard d'Estang (vicomte de). Les Parlements de France. 2 v.
Bataillard (Ch.). De l'Origine des Bohémiens, brochure. Les Origines de l'Histoire des Procureurs et des Avoués, 1421-1483. 1 v.
Bataille (A.). Causes criminelles et mondaines de 1887-1888. 1 v.
Batjin. Histoire complète de la Noblesse en France 1789-1862. 1 v.
Baudicourt (Louis de). Histoire de la Colonisation de l'Algérie. 1 v.
Baudrillard (Henri). Bodin et son Temps. 1 v. Histoire du Luxe public et privé. 4 v. Philippe V et la Cour de France. 2 v.
Baumstark (Reinhold). Philippe II roi d'Espagne. 1 v.
Bavelier (Adrien). Essai historique sur le Droit d'élection et sur les anciennes Assemblées représentatives de la France. 1 v. Dictionnaire de Droit électoral. 1 v.
Bavoux (Evariste). Voltaire à Ferney. 1 v.
Bawr (Mme de). Mes Souvenirs. 1 v.
Bazancourt (de). L'Expédition de Crimée. 2 v. La Campagne d'Italie de 1859. 2 v.
Bazaine (maréchal). L'armée du Rhin. 1 v.
Bazin (A.). Histoire du Règne de Louis XIII. 2 v. Histoire de France pendant le ministère du Cardinal Mazarin. 2 v. Notes historiques sur la vie de Molière. 1 v.
Beauchamp. Guerre de la Vendée. 3 v.
Beauchesne (de). Histoire de Louis XVII. 2 v. Madame Elisabeth. 2 v.
Beaucourt (G. du Fresne de). Histoire de Charles VII. 5 v.

Beauffort (comte de). Histoire de l'Invasion des Etats Pontificaux. 1 v. Histoire des Papes. 4 v.
Beaufort (L. de). Dissertation sur l'Incertitude des cinq premiers siècles de l'Histoire romaine. 1 v.
Beaumont-Vassy (comte de). Grande Bretagne. 2 v. Histoire de mon temps. 4 v. Mémoires secrets du xixe siècle. 1 v. Papiers curieux d'un homme de Cour. 1 v. Histoire des Etats Européens. 4 v. Les Salons de Paris sous Louis-Philippe. 1 v. ; sous Napoléon III. 1 v.
Beaune (Henri). Les Avocats d'autrefois. 1 v. Un procès de presse au xviiie siècle. Voltaire contre Travenot, *brochure*. Voltaire au Collège. 1 v. Des distinctions honorifiques et de la Particule. 1 v.
Beaune (H.) et **d'Arbaumont**. Les Universités de la Franche-Comté. 1 v.
Beauvau (maréchale princesse de). Souvenirs et mémoires. 1 v.
Beauvois (E.). En colonne dans la Kabylie, 1871. 1 v.
Becdelièvre (de). Souvenirs de l'armée pontificale. 1 v.
Becq de Fouquières. Les Jeux des Anciens. 1 v. Aspasie de Milet. 1 v.
Bedarride (J.). Les Juifs en France, en Italie et en Espagne. 1 v.
Begin (Emile). Histoire de Napoléon. 5 v.
Belgiojoso (princesse). Histoire de la maison de Savoie. 1 v.
Belin (Ferdinand). La Société française au xviie siècle, d'après les sermons de Bourdaloue. 1 v.
Belin (Léon). Le Siège de Belfort. 1 v.
Belleval (René de). Souvenirs d'un Chevau-Léger, 1788-1789. 1 v.
Belloguet (baron Roget de). Ethnogénie gauloise. 4 v.
Belloy (marquis de). Physionomies contemporaines. 1 v.
Belot (Emile). Histoire des chevaliers romains. 2 v.
Benazet. Règne de Louis XI. 1 v.
Benedetti. Ma mission en Prusse 1870. 1 v.
Benoît (Charles). Chateaubriand, sa Vie et ses Œuvres. 1 v.
Béranger (J.-P. de). Ma Biographie. 1 v.
Bergerat. Théophile Gautier. 1 v.
Berlier. Guerre des Gaules. 2 v. Précis historique de la Gaule sous la Domination romaine. 1 v.
Berlioz (Hector). Mémoires. 2 v.
Bernard (A.). De l'origine de l'Imprimerie en Europe. 2 v.
Bernardaht (Mlle Sarah). Mémoires d'une chaise. 1 v. ill.
Bernis (Cardinal de). Mémoires et Lettres. 2 v.
Bersier (Eug.). Coligny avant les guerres de Religion. 1 v.
Bertha (de). L'Archiduc Rodolphe. Le Kronprinz. L'écrivain. **1 v.**
Berthe (le R. P.). Garcia Moreno, président de l'Equateur. 1 v.
Bertin (Ernest). La Société du Consulat et de l'Empire. 1 v.
Bertin (Horace). Les Marseillais. 1 v.
Bertrand (abbé). Récits historiques sur les Martyrs musulmans. **1 v.**
Bertrand (Général). Campagne d'Egypte. 2 v. et atlas.
Bertrand (Léon) Au fond de mon carnier. 1 v.
Bertrand (L. A.). Mémoires d'un Mormon. 1 v.
Besancenet (de). Le Portefeuille d'un général de la République. **1 v.** Un Officier royaliste au service de la République. **1 v.**
Besson (Mgr). Vie du Cardinal Mathieu. 2 v. M. de Montalembert en Franche-Comté. **1 v.**

Beugnot (comte A.). Histoire de la Destruction du Paganisme en Orient. 2 v.
Beugnot (comte J.-C.). Mémoires. 2 v.
Beulé. Auguste, sa famille et ses amis. 1 v. Tibère et l'héritage d'Auguste. 1 v. Le Sang de Germanicus. 1 v. Titus et sa dynastie. 1 v. Le drame du Vésuve. 1 v.
Bibesco (prince G.). Combat et retraite des six mille. 1 v. ill.
Bignon (baron). Histoire de France. 14 v. Souvenirs d'un diplomate. 1 v.
Bigot (Charles). Un témoin de la Restauration. Edmond Géraud. 1 v.
Bimbenet (Eugène). Fuite de Louis XVI à Varennes. 1 v.
Biographie universelle de Michaud. 52 v. Nouvelle édition. 45 v.
Biographie des 300 Sénateurs 1876. 1 v. Biographie des 534 Députés. 1 v.
Biornsterna. Tableau de l'Empire anglais dans l'Inde. 1 v.
Biot (Edouard). Abolition de l'Esclavage en Occident. 1 v.
Biré (Edmond). Victor Hugo avant 1830. 1 v. Victor Hugo après 1830. 1 v.
Bixio (Beppa). La Vie du général Nino Bixio. 1 v.
Blanc. Souvenirs d'un vieux zouave. 1 v.
Blanc (capitaine). Généraux et Soldats d'Afrique. 1 v.
Blanc (Henri). Ma captivité en Abyssinie. 1 v.
Blanc (Louis). Histoire de la Révolution française. 12 v. Histoire de dix ans. 5 v. Histoire de la Révolution de 1848. 2 v. Pages d'histoire. 1 v. Dix ans de l'histoire d'Angleterre. 8 v.
Blampignon (abbé). Massillon d'après des documents inédits. 1 v.
Blanchecotte (Mme). Les Impressions d'une femme. 1 v.
Blavignac. Histoire des Enseignes d'hotelleries, d'auberges et de cabarets. 1 v.
Blaze de Bury (Henri). Souvenirs et récits des campagnes d'Autriche. 1 v. Salons de Vienne et de Berlin. 1 v. Les Femmes et la société au temps d'Auguste. 1 v.
Bloqueville (marquis de). Le Maréchal Davout. 1 v. Les soirées de la villa des Jasmins. 4 v.
Boissier (Gaston). La Religion romaine d'Auguste aux Antonins. 2 v. Cicéron et ses amis. 1 v. L'Opposition sous les Césars. 1 v.
Boissière (Gaston). L'Algérie romaine. 1 v.
Boissonnas (Mme). Une famille pendant la guerre. 1 v. Un vaincu. 1 v.
Boissy (marquis de). Mémoires 1798-1866. 2 v.
Boiteau (Paul). Etat de la France en 1789. 1 v.
Bombonnel. Le Tueur de Panthères. 1 v.
Bonaparte prince de Canino (Lucien). Révolution de Brumaire. 1 v.
Bonhomme (Honoré). Le Dernier Abbé de cour. 1 v. Louis XV et sa Famille. 1 v. Madame de Maintenon et sa Famille. 1 v. Le Duc de Penthièvre. 1 v.
Bonnal (Ed.). Manuel et son temps. 1 v.
Bonnard (Mgr). Le Général de Sonnis d'après ses papiers et sa correspondance.
Bonnassieux (P. de). La Réunion de Lyon à la France. 1 v.
Bonneau (Alfred). Madame de Beauharnais de Miramion. 1 v.
Bonneau-Avenant. La Duchesse d'Aiguillon. 1 v.
Bonnechose (Emile de). Histoire d'Angleterre. 4 v. Les quatre conquêtes de l'Angleterre. 2 v. Les Réformateurs avant la réforme : Jean Hus, Gerson et le concile de Constance. 2 v. Lazare Hoche. 1 v. Montcalm et le Canada. 1 v.
Bonnefon (J. de). Drame impérial. 1 v.
Bonnefons. Les Hôtels historiques de Paris. 1 v.
Bonnemère (E.). Histoire des Camisards. 1 v. Histoire des paysans. 2 v. La France sous Louis XIV, 1643-1715. 2 v. Le Roman de l'avenir. 1 v.
Bonnet (Jules). Procès criminels révisés depuis François Ier. 1 v.

Bonneval. Paris au temps de saint Vincent de Paul. 1 v.
Bonneville de Marsangy (Louis). Madame de Beaumarchais. 1 v. Journal d'un volontaire de 1791. 1 v.
Bonnières (Robert de). Mémoires d'aujourd'hui. 2 v.
Bonvalot (Edouard). Le Tiers-Etat d'après la charte de Beaumont. 1 v.
Bordenave. Histoire du Bearn et de la Navarre. 1 v.
Bordier (H.) et Edouard **Charton.** Histoire de France d'après les documents et les monuments de l'art. 2 v. ill.
Bordone. Garibaldi, Dôle, Autun, Dijon. 1 v.
Borel d'Hauterive. Annuaire de la noblesse depuis 1873. 5 v. Les sièges de Paris. 1 v.
Borhstœdt (colonel). Campagne de la Prusse contre l'Autriche 1866. 1 v.
Bosc (L.) et **Bonnemère.** Histoire des Gaulois sous Vercingétorix. 1 v.
Bossuet. Histoire universelle. 1 v.
Bouchard (Léon). Administration des finances de l'Empire romain. 1 v.
Bouchard (Léon). Administration des finances de l'empire romain. 1 v.
Bouché-Leclercq. Histoire de la divination. 3 v. Les Pontifes de l'ancienne Rome. 1 v. Manuel des Institutions romaines. 1 v. Giacomo Leopardi. 1 v.
Boucher de Molandon. La Première Expédition de Jeanne d'Arc. 1 v.
Bouchot (Auguste). Histoire du Portugal et de ses colonies. 1 v.
Bouchot (Henri). Les Femmes de Brantôme. 1 v. ill.
Bougaud (Mgr). Histoire de saint Vincent de Paul. 1 v.
Bougeart (Alfred). Danton. 1 v.
Bouillé (comte de). Les Drapeaux français de 504 à 1872. 1 v.
Bouillé (René). Histoire des ducs de Guise. 4 v.
Bouilly. Mes récapitulations. 3 v.
Boullée. Histoire des Etats-Généraux. 2 v.
Boulmier (J.). Etienne Dolet, sa vie, ses œuvres, son martyre. 1 v.
Bourbaki (le général), par un de ses anciens officiers d'ordonnance. 1 v.
Bourelly. Le Maréchal Fabert. 1 v.
Bourgades. Les Soirées de Carthage. 1 v.
Bourgeois (Aug.). Valentin Conrart. 1 v.
Bourgoin (François de). Histoire diplomatique de l'Europe pendant la Révolution française. 1 v.
Bourgoin (baron Paul de). Souvenirs d'histoire contemporaine. 1.
Bournand (François). La terreur à Paris. 1 v.
Bourrée (le P.). Vie de madame Fevret et de madame la présidente Boivault. 1 v.
Bousquet. Histoire du clergé de France. 4 v.
Boussingault (R. P.) et Pierre **de la Ville.** Histoire de la vie et du règne d'Iwan III, empereur de Russie. 1 v. (Bibl. russe-polonaise).
Boutaric (Edgard). La France sous Philippe le Bel. 1 v. (Donné par M. le Ministre de l'Instruction publique). La France sous Philippe le Bel. 1 v. Institutions militaires de la France avant les armées permanentes. 1 v. Saint Louis et Alphonse de Poitiers. 1 v.
Bowdon. Vie du révérend Faber. 1 v.
Boyer de Sainte-Suzanne. Le Personnel administratif sous l'ancien régime. 1 v.
Brantôme. Œuvres complètes. 6 v.
Brasseur (abbé). Histoire des nations civilisées du Mexique et de l'Amérique centrale avant Christophe Colomb. 4 v.
Bremond d'Ars (Vte Gui de). Jean de Vivonne. 1 v.

Bresson (J.). Histoire financière de la France. 2 v. Des ordres de chevalerie. 1 v.
Bricard (Journal du canonnier). 1 v.
Brillée (abbé). Vie du père Muart. 1 v.
Broglie (le duc Albert de). L'Eglise et l'Empire romains au IVe siècle. 6 v. Frédéric II et Marie-Thérèse. 1 v. Frédéric II et Louis XV. 1 v. Marie-Thérèse impératrice. 2 v. Maurice de Saxe et le marquis d'Argenson. 2 v. Le Secret du roi. Correspondance secrète de Louis XV avec ses agents diplomatiques. 2 v. Le Procès et l'Exécution du duc d'Enghien. 1 v. Histoire et diplomatie. 1 v. Agents diplomatiques. 1 v.
Broglie (Emmanuel de). Fénelon à Cambrai d'après sa correspondance. 1 v. Mabillon et la société de l'abbaye de Saint-Germain des Prés à la fin du XVIIIe siècle. 1 v.
Broglie (le duc Victor de). Souvenirs. 4 v.
Broglie (V. de). Le fils de Louis XV, Louis, Dauphin de France. 1 v.
Brotonne (F. P. de). Civilisation primitive. 1 v. Filiation et Migration des Peuples. 1 v.
Brougham (lord Henri). Voltaire et Rousseau. 1 v.
Brugnier-Roure. Les Constructeurs de ponts au moyen âge. 1 v.
Brugsh (Henri de). Histoire d'Egypte. 2 v.
Brunel. Biographie d'Aimé Bompland. 1 v.
Brunet de Presles. De la succession des dynasties égyptiennes. 1 v.
Buchez et Roux. Introduction à la science de l'histoire. 1 v. Histoire parlementaire de la Révolution française. 24 v.
Buchon (J. A. C.). Collection des mémoires nationaux français. 47 v.
Buckle (H. Th.). Histoire de la civilisation en Angleterre. 5 v.
Buet (Charles). La Papesse Jeanne. 1 v.
Bulau (Fr.). Personnages énigmatiques. 3 v.
Bulletin de la République de 1848, brochure.
Bulwer (sir Henry-Litton). Etudes sur Talleyrand. 1 v. La France sociale. 2 v.
Burckard (J.). La Civilisation en Italie au temps de la Renaissance. 2 v.
Burdmeister (H.). Histoire de la Création. 1 v.
Burke (Ed.). Réflexions sur la Révolution française. 1 v.
Busch (Moritz). Le Comte de Bismark et sa suite pendant la campagne de France. 1 v.
Bussières (vicomte de). L'Empire mexicain, histoire des Tolteques, des Azteques et de la conquête espagnole. 1 v. Le Pérou. 1 v.
Bussy-Rabutin (comte de). Mémoires. Histoire amoureuse des Gaules. 2 v.
Buvat (Jean). Journal de la Régence. 2 v.
Byron (lord) jugé par les témoins de sa vie. 1 v. Sa jeunesse, par l'auteur de Robert Emmet. 1 v. Ses dernières années, par le même. 1 v.
Caboche (Ch.). Les Mémoires et Histoire de France. 2 v.
Cadalvène. Deux années de l'Histoire d'Ouest 1838-1839. 2 v.
Cadoudal (G. de). Faits et Récits contemporains. 1 v.
Caillet. L'Administration de la France sous Richelieu. 2 v.
Calandrau (André). Ravaillac. 1 v.
Callery et Ivan. L'Insurrection en Chine. 1 v.
Calmon. Histoire des Finances. 1 v.
Calmon (Robert). Trois journées à Moscou. 1883. 1 v.
Campan (Mme). Mémoires. 2 v.
Canler Mémoires. 2 v.

Canonge (Frédéric). Histoire militaire contemporaine, 1852-1871. 2 v. Les Hérétiques d'Italie. 1 v. Histoire de Cent Ans, 1750-1850. 4 v. Histoire des Italiens. 12 v.
Cantrel (Emile). Nouvelles à la main sur la comtesse Dubarry. 1 v.
Cantu (César). Les Trente dernières années. 1 v. Histoire universelle. 19 v. La Réforme en Italie, les Précurseurs. 1 v.
Capefigue. Aspasie et le Siècle de Périclès. 1 v. Histoire philosophique des Juifs. 1 v. Les Quatre premiers siècles de l'église chrétienne. 4 v. Charlemagne. 2 v. Les Cours d'amour. 1 v. Philippe-Auguste. 4 v. De Philippe-Auguste à Louis XI. 4 v. Histoire de la réforme, de la ligue et du règne de Henri IV. 8 v. Adélaïde de Savoie, duchesse de Bourgogne. 1 v. Les Reines de la Main droite : Catherine de Médicis. 1 v. Elisabeth d'Angleterre. 1 v. Marie de Médicis. 1 v. Anne d'Autriche. 1 v. Marie-Thérèse. 1 v. Le Reines de la main gauche : Agnès Sorel. 1 v. Diane de Poitiers. 1 v. Gabrielle d'Estrée. 1 v. La Duchesse de Porstmouth. 1 v. Mademoiselle de la Vallière. 1 v. La Comtesse de Parabere. 1 v. La Marquise de Pompadour. 1 v. La Comtesse Dubarry. 1 v. La Grande Catherine. 1 v. L'Europe pendant la Révolution. 4 v. Histoire de la Restauration. 10 v. La Baronne de Krudener et l'Empereur Alexandre au congrès de Vienne. 1 v. La Favorite du roi de Prusse, la comtesse de Lichténin. 1 v. La Marquise du Chatelet. 1 v. Les Déesses de la Liberté. 1 v. L'Europe depuis l'avènement de Louis-Philippe. 1 v.
Capo de Feuillide. Histoire des Révolutions de Paris. 2 v.
Carette (Mme), née Bouvet. Souvenirs intimes de la cour des Tuileries. 3 v.
Carlier. Histoire du peuple américain. Etats-Unis. 2 v.
Carlyle (Th.). Histoire de la Révolution française. 3 v.
Carné (Louis de). Les Etats de Bretagne. 2 v. Les Fondateurs de l'Unité française. 2 v. Du Gouvernement représentatif en France. 2 v. Intérêts nouveaux en Europe. 2 v. La Monarchie française au XVIIIe siècle. 1 v. Souvenirs de ma Jeunesse au temps de la Restauration. 1 v.
Carnot (Lazare). Mémoires publiés par son fils. 2 v.
Carnot (lieutenant). Le Drapeau du 27e régiment d'Infanterie. 1 v. ill.
Caro (E.). Mélanges et Portraits. 2 v. La Fin du XVIIIe siècle. 2 v. George Sand. 1 v.
Caron. L'Administration des États de Bretagne, 1493-1790. 1 v.
Carrel (Armand). De la Contre-Révolution en Angleterre. 1 v.
Cartwrigt (W. C.). De la Constitution des conclaves pontificaux. 1 v.
Casanova de Seingalt (Jacques). Mémoires. 8 v.
Casenave. Etude sur les tribunaux de Paris. 1 v.
Castellane (Mis de). Gentilshommes démocrates. 1 v.
Castil-Blaze. Chapelle, musique des rois de France. 1 v.
Castille (Hippolyte). Parallèle entre César, Charlemagne et Napoléon. 1 v.
Cathelineau (général de). Le Corps de Cathelineau pendant la guerre. 2 v.
Catherine II. Mémoires. 1 v.
Catineau-Laroche. La France et l'Angleterre. 1 v.
Caussidière. Mémoires du 24 février au 25 août 1848. 2 v.
Caussin de Parceval. Histoire des Arabes avant l'Islamisme. 1 v.
Cauvain (Henry). Un grand vaincu. Dernière année du marquis de Montcalm au Canada. 1 v.
Caylus (madame de). Souvenirs. 1 v.
Celliez (Mlle). Les Impératrices. 1 v. Les Reines d'Angleterre. 1 v. Les Reines d'Espagne. 1 v. Les Reines de France. 1 v.

Cellini (Benvenuto). Mémoires, tr. Leclanché. 2 v.
Cenac-Moncaut. Aquitaine et Languedoc. 2 v. Histoire du caractère et de l'esprit français. 2 v. Histoire de l'Amour dans l'Antiquité. 1 v.
Cerfber de Medelsheim. Histoire d'un village. 1 v.
César. Commentaires, texte et trad. 3 v. (Bibl. Panckoucke).
Césare (Raphaël de). Le Conclave de Léon XIII. 1 v.
Chabas (de). Etudes sur l'Antiquité.
Chaillou des Barres. L'Abbaye de Pontigny. 1 ill.
Chaix (abbé). Saint Sidoine Apollinaire et son Siècle.
Chaix (Paul). Histoire de l'Amérique méridionale au xvie siècle, 1re partie, Pérou. 1 v.
Chalambert. Histoire de la ligue. 2 v.
Challamel (Augustin). Histoire de la Liberté en France. 1 v. Mémoires du peuple français. 8 v.
Challamet (Antoine). Les Français au Canada. 1 v.
Chamborant (de). L'Armée de la Révolution. 1 v.
Champagny (comte de). Les Césars. 4 v. Les Antonins 3 v. Les Césars du IIIe siècle. 3 v. Rome et la Judée au temps de la chute de Néron. 1 v. La Charité chrétienne dans les premiers temps de l'Eglise. 1 v. Le Chemin de la Vérité. 1 v.
Champfleury. Souvenirs et portraits de Jeunesse. 1 v.
Champion. Les inondations en France depuis le VIe siècle. 1 v.
Channing. Sa Vie et ses Œuvres avec préface par Ch. de Rémusat. 1 v.
Chanonie (G. de la). Mémoires politiques et militaires du général Mercier, 1770-1816. 1 v.
Chantal (les deux filles de sainte). 1 v.
Chantelauze (R.). Marie Stuart. 1 v. Le Cardinal de Retz et l'affaire du Chapeau. 2 v. Le Cardinal de Retz et ses missions diplomatiques à Rome. 1 v. Louis XIV et Marie Mancini. 1 v. Louis XVII, son enfance, sa prison et sa mort au Temple. 1 v. Les derniers chapitres de mon Louis XVII. 1 v.
Chantrel (J.). Histoire contemporaine. 1 v. Histoire populaire des Papes. 2 v. Pie VII et la Révolution 1 v.
Chanzy (général). La deuxième armée de la Loire.
Chapus (Eugène). Les chasses princières en France. 1 v.
Charnacé (G. de). Aventures et Portraits. 1 v.
Charnay (Désiré). Une Princesse indienne avant la conquête. 1 v.
Charras (colonel). Histoire de la Campagne de 1815. 2 v. et atlas. Histoire de la Guerre de 1813 en Allemagne).
Charrière. Mémoires d'un Seigneur russe. 1 v.
Charveriat. Histoire de la guerre de Trente Ans. 2 v.
Chasles (Emile). Michel Cervantes, sa vie et son temps. 1 v.
Chasles (Philarete). Virginie ou l'Intérieur d'un couvent de femmes. 1 v. Mémoires. 1 v.
Chassang (A.). Apollonius de Tyane. 1 v.
Chassin (Ch. L.). Les Cahiers des curés en 1789. 1 v.
Chastel (Et.). Histoire de la destruction du paganisme dans l'empire d'Orient. 1 v.
Chastellain (sir Georges). Choix de chroniques et mémoires. 1 v.
Chastenay (Jacques de), seigneur de Puysegur, mémoires. Les Guerres de Louis XIII et la Minorité de Louis XIV.
Chateaubriand. Le Congrès de Vérone. 2 v. Mémoires sur la vie et la mort du duc de Berry 1 v. Mémoires d'Outre-Tombe. 12 v. Vie de Rancé. — Œuvres historiques diverses dans ses œuvres complètes.

Chaudordy (comte de). La France à la suite de la guerre de 1870-1871. 1 v.
Chauffour-Kestner. Etudes sur les réformateurs au xvɪᵉ siècle. 2 v.
Chauveau. Souvenirs de l'école Sainte-Geneviève. 2 v.
Chénier (Gabriel de). Histoire de la vie politique, militaire et administrative du maréchal Davout. 3 v.
Chenu (A.). Les Conspirateurs. 1 v. Le Mémorial de Napoléon III. 1 v.
Cherbuliez (Victor). L'Allemagne politique depuis la paix de Prague. 1 v. L'Espagne politique. 1 v.
Cherest (Aimé). La Chute de l'ancien Régime. 3 v.
Cheron (François). Mémoires inédits. 1 v.
Cherrier (de). Histoire de la lutte des papes et des empereurs. 3 v. Histoire de Charles VIII. 2 v.
Cheruel. Histoire de la France pendant la minorité de Louis XIV. 4 v. Histoire de France pendant le ministère de Mazarin. 3 v. Dictionnaire historique des institutions, mœurs et coutumes de la France. 2 v. Histoire de l'Administration monarchique en France. 2 v. Mémoires sur la vie publique et privée de Fouquet. 2 v. Saint-Simon considéré comme historien de Louis XIV. 1 v.
Chevalier (E.). Histoire de la Marine française pendant la guerre de l'Indépendance. 1 v. La Marine française et la Marine allemande pendant la guerre de 1870-1871. 1 v.
Chevalier (Pierre). Histoire de la guerre des Cosaques contre la Pologne. 1 v. (Bibl. russe polonaise).
Chevé (C. F.). Histoire complète de la Pologne. 2 v.
Chocarne (R. P.). La Vie du père Lacordaire. 1 v.
Choiseul-Gouffier (comtesse de). Réminiscence sur l'empereur Alexandre I et l'empereur Napoléon. 1 v.
Chopin. Révolutions des peuples du Nord. 4 v.
Christian (P.). Histoire du Clergé de France. 2 v. Histoire de la Terreur. 2 v. Souvenirs du maréchal Bugeaud. 2 v.
Christophe (abbé). Histoire de la Papauté pendant le xɪvᵉ siècle. 3 v.
Chronique du bon duc Loys de Bourbon. 1 v.
Chronique des quatre premiers Valois publiée par Simon Luce, 1327-1393. 1 v.
Chronique de Saint Martial de Limoges. 1 v.
Chuquet (Arthur). La Première Invasion prussienne. 1 v. Valmy. 1 v. La Trahison de Dumouriez. 1 v.
Cimber et Danjou. Archives curieuses de l'histoire de France depuis Louis XI jusqu'à Louis XVIII. 1 v.
Clair (le Père Charles). Le Père Olivaint. 1 v.
Clairon (Mˡˡᵉ) et autres artistes dramatiques, Mémoires. 1 v.
Clamageran. Histoire de l'Impôt en France. 3 v.
Clarendon (lord). Dix années d'Impérialisme. 1 v.
Claretie (Jules). Camille Desmoulin, Lucile Desmoulins et les Dantonistes. 1 v. Les derniers Montagnards. 1 v. Histoire de la Guerre de 1870-71. 2 v. La France envahie. 1 v. Paris assiégé. 1 v. Journées de Vacances. 1 v.
Claudin (Gustave). Mes souvenirs et les boulevards de 1840 à 1871. 1 v.
Clément (Pierre). Trois drames historiques : Enguerrand de Marigny, Semblançay, le chevalier de Rohan. 1 v. M. de Silhouette, Bouret et les derniers Fermiers-Généraux. 1 v. Colbert et son administration. 1 v. Colbert, Lettres, Instructions et Mémoires. 1. v. Etudes sur le Gouvernement de Louis XIV. 1 v. Gabrielle de Rochechouart, une Abbesse au xvɪɪᵉ siècle. 1 v. Histoire du Système protecteur en

France. 1 v. Jacques Cœur. 1 v. La police sous Louis XIV. 1 v. Portraits historiques. 1 v.
Clerc (E.). La Franche-Comté à l'époque romaine. 1 v.
Clerce. Histoire du suffrage universel. 1 v.
Cloquet (J.). Souvenirs de la vie de Lafayette. 1 v.
Cohen (G.). Etudes sur l'empire d'Allemagne. 1 v.
Coignet (Les cahiers du capitaine). 1 v.
Colbert, marquis de Torcy (J.-B.). Journal inédit pendant les années 1709, 1710 et 1711. 1 v.
Collet (Mme Louise). Les derniers Abbés en Italie. 1 v.
Colmet-Daage. Histoire d'une vieille maison de province. 1 v.
Colombey (Emile). Ninon de Lenclos. 1 v.
Combes. Histoire des invasions germaniques en France. 1 v. Les libérateurs des nations. 1 v.
Combes (L.). Episodes et curiosiosités révolutionnaires. 1 v.
Combes (P.). L'entrevue de Bayonne en 1565. 1 v.
Commynes (Philippe de). Mémoires, édition Chantelauze. 1 v. ill.
Connop. Histoire de la Grèce ancienne. 1 v.
Consalvi (cardinal). Mémoires publiés par Cretineau-Joly. 2 v.
Constant (L.). Louis XVI. 1 v. Le duc d'Enghien. 1 v.
Constant, valet de chambre de Napoléon. Mémoires. 6 v.
Contades (comte de). Souvenirs de Coblenz et de Quiberon. 1 v.
Coquerel fils (Athanase). Jean Calas et sa famille. 1 v.
Coquille. La royauté française. 1 v. Les légistes, leur influence politique et religieuse. 1 v.
Corlieu (docteur). La mort des rois de France depuis François Ier jusqu'à la révolution. 1 v.
Corne (Hyacinthe). Le cardinal Mazarin, 1644-1661. 1 v.
Cornelius-Népos. Œuvres, texte latin et traduction. 1 v. (Bibl. Panckouke).
Cornewal-Lewis (sir G.). Histoire gouvernementale de l'Angleterre de 1770 à 1830. 1 v.
Correard (P.). Vercingétorix. 1 v.
Cosnac (Daniel de). Souvenirs du règne de Louis XIV. 8 v.
Costa de Beauregard (marquis). Un homme d'autrefois. 1 v. La jeunesse du roi Charles-Albert. 1 v. La dernières années du roi Charles-Albert. 1 v.
Costet (Ferdinand). Eschine l'Orateur. 1 v.
Coudreau (H. A. de). Les Français en Amazone. 1 v.
Coulanges (O.). Mémoires et correspondance. 1 v.
Courcelles (M^ise de). Mémoires. 1 v.
Courcy (comte de). La coalition de 1701. 1 v. Les Cours princières de l'Europe. 1 v.
Courier (Paul-Louis). Mémoires. 2 v.
Courson (de). Histoire du peuple breton. 2 v.
Courtet (J.). Les révolutionnaires. 1 v.
Courtois (Aphonse). Histoire de la banque de France. 1 v.
Cousin (Alcibiade). Les chevaliers de l'Arquebuse. 1 v.
Cousin (Jules). Le comte de Clermont, sa cour et ses maîtresses. 1 v.
Cousin (Victor). La société française au xviiie siècle d'après le grand Cyrus. 1 v. Madame de Chevreuse et madame de Hautefort. 1 v. Madame de Hautefort. 1 v. Madame de Longueville. 1 v. La jeunesse de Mazarin. 1 v. Madame du Sablé. 1 v. Jacqueline Pascal. 1 v.

Coville (Alfred). Les Cabochiens et l'ordonnance de 1413. 1 v.
Craon (Princesse de). Thomas Morus. 2 v.
Craven (Augustus). Le prince Albert de Saxe-Cobourg-Gotha. 2 v.
Craven (Mme Augustin). Lord Palmerston. 1 v. Georgina Fullerton. 1 v. Le père Damien. 1 v. La jeunesse de Fanny Kemble. 1 v. Le récit d'une Sœur. 2 v. La sœur Nathalie Narischkine. 1 v. Le comte de Montalembert. 1 v. Reminiscences. 1 v.
Creange (Gaston). Histoire de Russie.
Crequi (marquise de). Souvenirs. 10 v. reliés en 5.
Crestin. Recherches historiques sur la ville de Gray. 1 v.
Cretineau-Joly. Bonaparte et le concordat de 1801. 1 v. L'Eglise romaine en face de la Révolution. 2 v. Histoire de la Compagnie de Jésus. 6 v. Histoire de Louis-Philippe d'Orléans et de l'Orléanisme. 2 v. Histoire du Sonderbund. 2 v. Histoire des trois derniers princes de la maison de Condé. 2 v. Histoire de la Vendée militaire. 4 v.
Creux. La libération du territoire en 1818. 1 v.
Cristian. Mémoires d'un enfant russe. 1 v.
Cucherat. Cluny au xie siècle. 1 v.
Cucheval.Clarigny. Lord Beaconsfield et son temps. 1 v.
Cunat. Histoire de Surcouf. 1 v.
Custine (de). L'Espagne sous Ferdinand VII. 4 v. La Russie en 1839. 2 v.
Cuvier (Georges). Eloges historiques. 3 v.
Cuvillier-Fleury. Etudes historiques et littéraires. 4 v. Etudes et portraits. 1 v. Historiens, Poètes et Romanciers. 2 v. Portraits politiques et révolutionnaires. 1 v. Posthumes et revenants. 1 v.
Daguin (Arthur). Les évêques de Langres. 1 v. ill.
Damas (M.-P. de). Souvenirs de Crimée. 1 v.
Damiron. Souvenirs de vingt années d'Enseignement. 1 v.
Dangeau (Mis de). Journal avec les additions inédites de Saint-Simon. 19 v. Mémoires sur Louis XIV et sa cour. 4 v.
Daniel (André). L'année politique 1878-79-80-81-82-83-84-85-86-87-88-89-90. 13 vol.
Daniel (H.). Histoire des classes rurales en France. 1 v. La révolution française et la féodalité. 1 v.
Danielo (Julien). Les Conversations de M. de Chateaubriand. 1 v.
Dantier (Alphonse). L'Italie, Etudes historiques. 2 v.
Dareste (E). Histoire de France. 9 v.
Dareste de Chavanne (A). Histoire de l'Administration en France. 2 v. Histoire des classes agricoles en France. 1 v. Histoire de France. 8 v.
Dareste (E.). Histoire de la restauration. 2 v.
Dargaud. Histoire de Jeanne Grey. 1 v. Histoire de Marie Stuart. 2 v.
Darimon (Alfred). Les Cent-Seize et le ministère du 2 janvier. 1 v. Les irréconciliables sous l'empire. 1 v. Histoire d'un jour : La journée du 12 juillet 1870. 1 v. Notes pour servir à l'histoire de la guerre de 1870. 1 v. L'opposition libérale. 1 v. Histoire de douze ans. 1 v.
Darmesteter et Hatzfeld. Le xvie siècle en France. 1 v.
Daru. Histoire de la République de Venise. 7 v.
Daryl (P.). Les Anglais en Irlande. 1 v.
Daschkoff (princesse). Mémoires. 1 v. (Biblioth. Russe-Polonaise).
Dauban (C.-A.). La démagogie en 1793. 1 v. Etude sur madame Roland. 1 v.

Paris en 1794 et en 1795. 1 v. Fin du règne de Louis-Philippe et de la République. 1 v. Le fond de la société sous la commune. 1 v.

Daudet (Alphonse). Les Femmes d'artistes. 1 v. Souvenirs d'un homme de Lettres. 1 v. Trente ans de Paris. 1 v. ill.

Daudet (Ernest). Histoire de la restauration. 1 v. Histoire des conspirations royalistes du midi de la France. 1 v. La Terreur blanche. 1 v. Le Ministère Martignac. 1 v. Le procès des ministres. 1 v. Les Bourbons et la Russie pendant la révolution française. 1 v. Souvenirs de la présidence du Maréchal de Mac-Mahon. 1 v. Mon frère et moi. 1 v.

Daunou. Cours d'études historiques. 20 v.

Dœllinger. La Réforme des développements et ses résultats. 3 v.

Deberle (Alfred). Histoire de l'Amérique du Sud. 1 v.

Debidour (A.). Histoire diplomatique de l'Europe depuis l'ouverture du Congrès de Vienne jusqu'à la clôture du Congrès de Berlin, 1814-1878. 2 v.

Dechelette (abbé). Vie du cardinal Caverot, archevêque de Besançon. 1 v.

Decrue (Francis). Anne de Montmorency, connétable et pair de France. 1 v. ill.

Delaborde (H. François). L'expédition de Charles VIII en Italie. 1 v. ill.

Delacroix. Histoire d'Abd-el-Kader. 1 v.

Delacroix (abbé). Histoire de Fléchier. 1 v.

Delahante (Adrien). Une famille de finance au xviiie siècle. 2 v.

Delahodde (Lucien). Histoire des sociétés secrètes. 1 v. Naissance de la République. 1 v.

Delaplace (le père). La R. M. Javouhay. 2 v.

Delaunay (Ferdinand). Moines et Sibylles. 1 v.

Delaville le Roux (J.). La France en Orient au xive siècle. 2 v.

Delcrot (E.). Versailles pendant l'occupation. 1 v.

Delecluze (E.-J.). Souvenirs de soixante années. 1 v. Roland et la Chevalerie. 1 v. Grégoire XII, Saint François et Saint Thomas. 1 v.

Delidour (A.). L'Impératrice Théodora. 1 v.

Delloye (Ernest). Rome pendant la captivité sous le Pontificat de Pie IX. 1 v.

Delmas (abbé). De Freschwiller à Paris. 1 v. Un prêtre et la Commune de Paris. 1 vol.

Deloche (Max). La Trustis et l'Antrution royale. 1 v.

Delolme. Constitution de l'Angleterre. 2 v.

Delord (Taxile). Histoire des Détentions à la Bastille. 3 v. Histoire du second Empire. 6 v.

Delvau (Alf.). Histoire anecdotique des cafés et cabarets de Paris. 1 v.

Demersay. Histoire du Paraguay. 2 v.

Deminuid (Abbé). Pierre le Vénérable. 1 v. Jean de Salisbury. 1 v.

Demolins (Ed.). Le mouvement communal et municipal au Moyen Age. 1 v.

Denis (Ernest). Hus et la guerre des hussites. 1 v.

Depping (Guillaume). Histoire des expéditions des Normands et de leur établissement en France. 1 v.

Dernier des Napoléon (le). 1 v.

Des Cars (duc). Mémoires. 1 v.

Deschanel (P.). Les courtisanes grecques. 1 v. Christophe Colomb. 1 v. Orateurs et hommes d'Etat. 1 v.

Deschaumes (Edmond). La retraite infernale. 1 v. ill.

Des Echerolles (Alexandrine). Une famille noble sous la Terreur. 1 v.

Des Etangs. Du suicide politique en France depuis 1789 jusqu'à nos jours. 1 v.

Desforges (Etienne). Notice historique sur le château de Saint-Germain-en-Laye. 1 v. ill.
Des Houx (Henri). Souvenirs d'un journaliste français à Rome. 1 v. Ma prison. 1 v.
Desjardins. Le petit Trianon. 1 v. ill.
Desjardins (Albert). Les cahiers de 1789 et la législation criminelle. 1 v.
Desjardins (G.). Recherches sur les Drapeaux français. 1 v.
Desmaze (Ch.). Le Châtelet de Paris, son Organisation et ses Privilèges. 1 v. Curiosités des anciennes Justices, d'après leurs Registres. 1 v. Les Communes et la Royauté. 1 v. Les Pénalités anciennes. 1 v. Le Parlement de Paris et les autres Parlements de France. 1 v. L'université de Paris. 1 v.
Desnoiresterres (Gustave). La jeunesse de Voltaire. 1 v. Voltaire au château de Cirey. 1 v. Voltaire à la Cour. 1 v. Voltaire et Rousseau. 1 v. Voltaire et Frédéric. 1 v. Voltaire, son retour et sa mort. 1 v. Gluck et Piccini. 1 v. Grimod de la Reynière et son groupe. 1 v. Epicuriens et Lettrés. 2 v.
Despois (Aug.). Le Vandalisme révolutionnaire. 1 v.
Destombes. La Persécution religieuse en Angleterre sous Elisabeth. 1 v.
Deville (A.). Essai sur l'exil d'Ovide. 1 v.
Diaz del Castillo (Bernal). Histoire véridique de la Conquête de la Nouvelle Espagne. 1 v.
Dick de Lonlay. Les Marins français. 1 v.
Dictionnaire des Familles qui ont changé de nom depuis 1803 jusqu'à 1867. 1 vol.
Didier (Charles). Caroline en Sicile. 4 v.
Dieulafoy (Mme Jeanne). Suse. Journal des fouilles. 1 v. ill.
Dilke (sir Charles-Wentworth). L'Europe en 1887. 1 v.
Diodore de Sicile. Bibliothèque historique, tr. par Hœfer. 4 v.
Diogène de Laerce. Vie des Philosophes. 1 v.
Documents relatifs à l'état de la Grèce, 1826. 1 v.
Dolgoroukow (prince). La vérité sur la Russie. 1 v. (Bibl. russe-polonaise).
Domenget. Fouquier-Tinville. 1 v.
Doniol (H.). Histoire des classes rurales en France. 1 v. La Révolution française et la féodalité. 1 v.
Doré. Histoire dramatique et caricaturale de la sainte Russie. 1 v.
Doreau (dom V. M.). Henri VIII et les martyrs de la Chartreuse de Londres. 1 v. ill.
Dossier russe (le), par un ancien diplomate. 1 v.
Double (Lucien). L'empereur Claude. 1 v.
Doublet (Jean). Journal du corsaire Jean Doublet de Honfleur publié par Ch. Breard. 1 vol.
Douet d'Arcq. Comptes de l'hôtel des rois de France. 1 v.
Dreyfous (M.). Les trois Carnot. 1 v. ill.
Drohojowska (comtesse). Les Femmes illustres de la France. 1 v.
Droz (Joseph). Histoire du règne de Louis XVI. 3 v.
Dubarry (Armand). Une Allemande. 1 v.
Du Bled (Victor). Histoire de la Monarchie de juillet. 2 v. Le prince de Ligne et ses contemporains. 1 v.
Dubois (l'abbé). Histoire de l'Abbaye de Morimond. 1 v. ill. Histoire de l'Abbé de Rancé et de sa Réforme. 2 v.
Dubois de Jancigny. Histoire de l'Inde ancienne et moderne. 1 v.

Dubois-Guchan. Tacite et son siècle. 2 v.
Dubosc de Pesquidoux. Flavien, étude. 1 v.
Du Bouzet. La Jeunesse de Catherine II. 1 v.
Du Boys. Histoire du droit criminel de la France. 2 v. Manque le t. 1.
Du Camp (Maxime). L'attentat de Fieschi. 1 v. Expédition des deux Siciles, souvenirs personnels. 1 v. Souvenirs de 1848. 1 v. Souvenirs littéraires. 1 v. Les convulsions de Paris : la Commune à l'Hôtel de Ville. 1 v. Les prisons sous la Commune. 1 v. Les sauvetages pendant la Commune. 1 v. Episodes de la Commune. 1 v.
Ducasse. Histoire anecdotique de l'ancien théâtre français. 1 v. Le général Vandamme. 1 v.
Du Casse (baron A.). Souvenirs d'un aide de camp du roi Jérôme. 1 v. Les rois frères de Napoléon 1. 1 v.
Du Cellier. Histoire des classes laborieuses en France. 1 v.
Ducis (l'abbé). Le passage d'Annibal. 1 v.
Duclos (abbé). Madame de la Vallière et Marie-Thérèse. 2 v.
Ducrot (le général). La journée de Sedan. 1 v. La défense de Paris. 4 v.
Ducuin (F.-R.). La conspiration de Didier. 1 v.
Duesberg. Histoire du commerce, de la géographie et de la navigation. 1 v.
Dufau (Mme). Souvenirs d'une aveugle. 1 v.
Dufort (J.-N.), comte de Cheverny. Mémoires sur les règnes de Louis XV, de Louis XVI et sur la révolution. 2 v.
Dufour (P.). Histoire de la prostitution chez tous les peuples 6 v. ill.
Duguet (Alfred). Paris, guerre de 1870-1871. 1 v.
Du Lac (le R. P. Henri). France. 1 v.
Dulaure. Histoire des différents cultes. 2 v. Histoire civile et morale de Paris. 10 v. ill. Histoire civile et morale des environs de Paris. 7 v. Histoire de Paris et de ses monuments, complétée par Batissier. 1 v.
Dumas père (Alexandre). Louis XIV et son siècle. 9 vol. Louis XVI. 5 v. Les Médicis. 1 v. Mémoires d'une aveugle. 2 v. Les confessions de la marquise (suite). 2 v. La route de Varennes. 1 v. Souvenirs dramatiques. 1 v. Mes mémoires. 10 v. Mémoires de Garibaldi. 2 v. Histoire de mes bêtes. 1 v.
Dumas (Mathieu). Souvenirs de 1770 à 1836. 3 v.
Dumax (abbé). Album généalogique de la Maison de Bourbon. 1 v.
Duméril (A.). Etudes sur Charles-Quint. 1 v.
Dumesnil (M. A. J.) Histoire de Sixte-Quint. 1 v. Histoire de Jules II. 1 v.
Dumesnil (Alexis). Histoire de l'esprit public en France. 1 v. Les mœurs politiques xixe siècle. 2 v.
Du Mesnil-Marigny. Histoire de l'économie politique des anciens peuples. 1 vol.
Dumont (Ed.) La papauté et les premiers empereurs chrétiens. 1 v.
Dumont. Un souvenir de Solférino. 1 v.
Dumont de Bostaquet. Mémoires, 1688 à 1693. 1 v.
Dumouriez. Vie, mémoires et correspondance. 6 v.
Duncker (Max). Histoire de l'antiquité. 1 v.
Dunoyer. La Révolution de février. 1 v.
Dunoyer de Noirmont. Histoire de la chasse en France. 3 v.
Duparc (Henry), et Henry **Cochin.** Expulsion des congrégations religieuses. 1 v.
Dupin (aîné). Mémoires. 4 v.
Dupin (baron). Histoire administrative des communes de France. 1 v.

Dupont (Léon). La commune devant la justice. 1 v.
Dupont (Léonce). Tours et Bordeaux. 1 v. Histoire de l'imprimerie. 2 v.
Du Pontavic de Heussey (Robert). L'inimitable Boz, étude historique et anecdotique sur la vie et les œuvres de Charles Dickens. 1 v. ill.
Dupré-Lassalle. Michel de l'Hôpital. 1 v.
Duprez (G.). Souvenirs d'un chanteur. 1 v.
Duquet (A.). Les grandes batailles de Metz. 1 v. Les derniers jours de l'armée du Rhin. 1 v. Paris, le 4 septembre et Châtillon. 1 v.
Durand (générale). Mémoires sur Napoléon et Marie-Louise. 1 v.
Duras (duchesse de). Journal des prisons de mon père. 1 v.
Duruy (Albert.) L'armée royale en 1789. 1 v. L'instruction publique avant 1789. L'instruction publique et la révolution. 1 v.
Duruy (Georges). Le cardinal Carlo Carafa. 1 v.
Duruy (Victor). Histoire des Grecs. 3 v. ill. Histoire sainte. 1 v. Histoire des Romains. 3 v. La même illustrée. 7 v. Etat du monde romain vers le temps de la fondation de l'empire. 1 v. Histoire de France. 2 v.
Dussieux (L.). Notices historiques sur les généraux et marins du XVIIIe siècle. 1 v. L'histoire de France racontée par les contemporains. 4 v.
Dutasta (H.). Le capitaine Vallée ou l'armée sous la Restauration. 1 v.
Dutems. Histoire de la Navigation intérieure. 2 v.
Du Tillot. Mémoire pour servir à l'histoire de la Fête des fous.
Duval (Jules). Histoire de l'Emigration au XIXe siècle. 1 v.
Duvergier de Hauranne. Histoire du Gouvernement parlementaire en France. 1814-1848. 10 v.
Egger. Mémoires d'Histoire ancienne et de Philosophie. 1 v.
Elliot (Mme). Mémoires sur la Révolution française. 1 v. Journal, mémoires relatifs à l'histoire de France pendant le XVIIIe siècle. 1 v.
Elstein (G. d'). L'Alsace-Lorraine sous la domination allemande. 1 v.
Empis. Les Six femmes de Henri VIII. 1 v.
Enquête sur l'Election de la Nièvre. Rapport Savary. 1 v.
Enquête sur l'Insurrection du 18 mars. 1 v.
Enquête parlementaire sur les Actes du Gouvernement de la Défense nationale. Dépositions de témoins. 5 v. Rapports. 9 v. Pièces justificatives. 2 v.
Epinay (Mme d'). Mes moments heureux. 1 v. Mémoires. 2 v.
Ernouf (baron). Les Français en Prusse. 1 v. Maret, duc de Bassano. 1 v. Nouvelles études sur la Révolution française. 2 v. Souvenirs d'un officier polonais. 1 v. Souvenirs militaires d'un jeune abbé, soldat de la République, 1795-1801. 1. v.
Escudier (Marie et Léon). Rossini, sa vie et ses œuvres. 1 v. Vies et aventures des cantatrices célèbres. 1 v.
Estournel (comte d'). Derniers souvenirs, 1 vol.
Etat-Major allemand (le grand). La guerre franco-allemande. 10 fascicules avec cartes et plans.
Etex (Antoine). Souvenirs d'un Artiste. 1 v. ill.
Eugène (le prince). Mémoires et Correspondances. 1 v.
Faber (J.). Une Ambassade russe à la Cour de Louis XIV. (Bibl. russe polonaise). 1 vol.
Fabre (Ad.). Les Clercs du Palais. 1 v. De la Correspondance de Fléchier avec madame Deshoulières et sa fille. 1 v.
Fabre (Joseph). Procès de réhabilitation de Jeanne d'Arc. 2 v.

Fabre-Massias. L'Algérie, souvenirs militaires. 1 v.
Faesser. Histoire des Anabaptistes de Munster. 1 v.
Faidherbe (le général). Le Sénégal, la France dans l'Afrique occidentale. 1 v. Campagnie de l'armée du Nord, 1870-1871. 1 v.
Fain. Manuscrit de 1813. 2 v.
Falloux (comte de). Augustin Cochin. 1 v. Histoire de Louis XVI. 1 v. Histoire de Pie V. 2 v. Madame Swetchine, sa vie et ses œuvres. 1 v. Mémoires d'un royaliste. 2 v. Etudes et Souvenirs. 1 v. L'évêque d'Orléans. 1 v.
Fallue (Léon). Un Peu de Tout et mes Souvenirs pour servir à l'histoire. 1 v.
Farcy (C.). Le Rhin français. 1 v. La Guerre sur le Danube, 1877-1878. 1 v.
Fassy (Paul). Louise de Savoie, princesse de Lamballe. 1 v.
Faucher (Léon). Etudes sur l'Angleterre. 2 v.
Faure (Félix). Histoire de saint Louis. 2 v.
Faure (Fernand). Essai historique sur le préteur romain. 1 v.
Fauriel (C.). Histoire de la Gaule méridionale. 4 v. Les derniers jours du Consulat. 1 v.
Favre (Jules). Le Gouvernement de la Défense nationale. 3 v. Rome et la République française. 1 v.
Favre (Louis). Etienne-Denis Pasquier, 1767-1862. 1 v.
Favrot (docteur). Histoire des Inhumations chez les peuples anciens et modernes. 1 v.
Fay (le général). Souvenirs de la guerre de Crimée. 1 v.
Feillet (Alph.). La Misère au temps de la Fronde et Saint Vincent de Paul. 1 v.
Fermé (Alb.). Procès de Strasbourg. 1 v. Procès de Boulogne. 1 v.
Ferrand (J.). Les Institutions administratives en France et à l'étranger. 1 v.
Ferrari (J.). Histoire des Révolutions d'Italie. 4 v. Vico et l'Italie. 1 v.
Ferrer. Histoire de la deuxième légion du Rhône. 1 v.
Ferret (abbé). Le Cardinal du Perron. 1 v.
Ferry (Gabriel). Les dernières années d'Alexandre Dumas. 1 v. Balzac et ses amies. 1 v.
Feugère (A.). Bourdaloue, sa Prédication et son Temps. 1 v.
Feuilleret. Les Successeurs de Franklin. 1 v.
Feuillet de Conches. Les Salons de conversation au XVIIIe siècle. 1 v. Léopold Robert, sa vie et ses œuvres. 1 v.
Féval (Paul). Les Etapes d'une Conversion. 1 v. Le Coup de Grâce. 1 v. Jésuites ! 1 v.
Feydau (Ernest). Théophile Gautier, Souvenirs intimes. 1 v.
Fézensac (comte de Montesquiou). Journal de la campagne de Russie. 1 v. Souvenirs militaires. 1 v.
Fichte. Considération sur la Révolution française. 1 v.
Fidus. Souvenirs d'un impérialiste, journal de dix ans. 2 v.
Fieffé. Histoire des troupes étrangères au service de France. 2 v. ill.
Fiévée (A.). Les légendes militaires. 1 v.
Figuier (Louis). Vie des savants illustres du Moyen Age, de la Renaissance et du XIXe siècle.
Filleul. Histoire du siècle de Périclès. 1 v.
Filon (A.). Histoire de l'Europe au XVIe siècle. 2 v. Histoire de la Démocratie athénienne. 2 v.
Finot (Jules) et **Roger Galmiche-Bouvier.** Une mission militaire en Prusse 1786. 1 v.

Fischbach. Le Siège et le Bombardement de Strasbourg. **1 v.**
Flammermont (Jules). Le chancelier Maupeou et les Parlements. **1 v.**
Flandin (Eugène). Histoire des chevaliers de Rhodes. 1 v.
Flassan (de). Histoire de la diplomatie française. 7 v.
Flavius-Josephe. Œuvres. 1 v.
Fléchier. Les Grands Jours tenus à Clermont. 1 v.
Flechter. La Russie au XVIe siècle. 1 v.
Flers (marquis de). Le comte de Paris. 1 v. ill. Le roi Louis-Philippe. 1 v.
Fleury (de la Comédie française). Mémoires. 6 v.
Fleury (Amédée). Saint Paul et Séneque. 1 v.
Fleury (Edouard). Camille Desmoulins et Roch Marcandier. **2 v. Saint-Just. 2 v.** Babeuf et le Socialisme, 1796. **1 v.**
Fliche (Mgr). Mémoire sur la vie, les malheurs et les vertus de Marie-Félicité des Ursins, épouse du duc de Montmorency. 2 v.
Flint (Robert). La Philosophie de l'histoire en France. 1 v. La Philosophie de l'Histoire en Allemagne. 1 v.
Floquet (A.). Bossuet précepteur du Dauphin. 1 v. Etudes sur la vie de Bossuet. 3 v.
Florus. Texte latin et trad. 1 v. (Bibl. Panckouke).
Flourens (P.). Eloges historiques. 2 v.
Foisset (Th.). Le Comte de Montalembert. 1 v. Le Père Lacordaire. 1 v. Le Président de Brosses. 1 v.
Fonblanque (A. de). L'Angleterre, son gouvernement, ses institutions. 1 v.
Foncin. Essai sur le ministère de Turgot. 1 v.
Fontaine de Resbecq. La Sainte et Noble famille de Lille, 1686-1793. **1 v.**
Fontoulieu (de). Les Eglises de Paris pendant la Commune. 1 v.
Forgues (E. D.). Histoire de Nelson. 1 v.
Forneron (Henri). Histoire de Philippe II. 4 v. Les Ducs de Guise et leur époque. 2 v. Histoire générale des émigrés pendant la Révolution française. 3 v. Louise de Keroualle, duchesse de Portsmouth. 1 v. Histoire des Débats du Parlement anglais depuis la Révolution de 1688 jusqu'à nos jours. 1 v.
Foster-Kirck. Histoire de Charles le Téméraire. 2 v. Ouvrage non terminé.
Foucart (P.). Campagne de Prusse, 1806. 1 v.
Foucaud. Les Artisans illustres. 1 v.
Foucher (Paul). Les Sièges héroïques. 1 v.
Foucher de Careil. Descartes et la princesse palatine. 1 v.
Foulon (Mgr). Histoire de la Vie et des Œuvres de Mgr Darboy, archevêque de Paris. 1 v.
Fouquier (A.). Causes célèbres. 7 v. ill.
Fourier. Notice biographique. 1 v.
Fournel (Victor). Le Vieux Paris. 2 v. ill. Les rues du vieux Paris. 1 v. ill.
Fournier (Edouard). Histoire des enseignes de Paris. 1 v. ill. Chroniques et légendes des rues de Paris. 1 v. Enigmes des rues de Paris. 1 v. Histoire de la butte des Moulins. 1 v. Histoire du Pont-Neuf. 2 v. Variétés historiques et littéraires. 2 v. Le Vieux Neuf. 1 v. Les Prussiens chez nous. 1 v. Russie, Allemagne et France. 1 v.
Foy (général). Histoire de la guerre de la Péninsule. 1 v.
France (Hector). Sous le burnous. 1 v.
France (la) et son armée en 1870, par un officier général de l'armée de Metz. 1 v.
France maritime (la). 1834-1837. 3 v.

Francklin (A.). Ameline du Bourg. 1 v. Histoire de la bibliothèque du Roi. 1 v. Les sources de l'histoire de France. 1 v. La vie privée d'autrefois : la mesure du temps. 1 v. ill. La cuisine. 1 v. ill. Comment on devenait patron. 1 v. ill. L'hygiène. 1 v. ill. Variétés gastronomiques. 1 v. ill. Les médicaments. 1 v.
Francklin (Benjamin). Mémoires. 2 v.
Francœur (Thimothée). Guerre de la Prusse contre l'Eglise catholique. 1 v.
Frantin. Annales du Moyen Age. 8 v. Grégoire VII et Henri IV. 1 v. Louis le Preux et son siècle. 2 v.
Franz (Robert). Souvenirs d'une Cosaque. 1 v.
Frédéric II. Mémoires publiés par Boutaric et Campardon. 2 v.
Fregier. Histoire de la police de Paris. 2 v.
Freycinet (de). La guerre en Province. 1 v.
Fricasse (le sergent). Journal de marche d'un volontaire de 1792. 1 v.
Friedlander. Les mœurs romaines au temps d'Auguste. 4 v.
Froissart. Chroniques. 5 v. Chroniques, éd. abrégée par Mme de Witt. 1 v. ill.
Frolois du Ludre. Dix années à la Cour de Georges II. 1 v.
Fuentez (Manuel de). Esquisses historiques, commerciales et morales, 1866. 1 v. ill.
Furley (John). Les épreuves d'un volontaire neutre. 1 v.
Fustel de Coulanges. Recherches sur certains problèmes d'histoire. 1 v. La cité antique. 1 v. Histoire des institutions politiques de l'ancienne France. 1 v.
Fuzet (l'abbé). Les Jansénistes au XVIIe siècle. 1 v.
Gaberel (J.). Voltaire et les Genevois. 1 v.
Gabriac (Père Al.). Le R. P. Al. de Pontlevoy. 1 v.
Gachard. Don Carlos et Philippe II. 1 v. Jeanne la folle, *brochure*.
Gaffarel (Paul). Histoire ancienne des Peuples de l'Orient. 1 v. La défense nationale en 1792. 1 v. Les campagnes de la première république. 1 v. ill. Les campagnes du consulat et de l'empire. 1 v. L'Algérie conquise depuis la prise de Constantine. 1 v. De l'origine du mot Amérique. 1 v. Le Vinland et la Norombega. 1 v. ill. Les Irlandais en Amérique avant Colomb. 1 v. Histoire du Brésil français. 1 v. Histoire de la Floride française. 1 v. Etudes sur les rapports de l'Amérique et de l'ancien Continent avant Christophe Colomb. 1 v. Le capitaine Peyrot-Montluc. 1 v.
Gagarin. Concession d'une dame russe. 1 v.
Gaillard (Léopold de). Histoire de l'expédition de Rome en 1849. 1 v.
Gaillardin (C.). Histoire du règne de Louis XIV. Récits et tableaux. 5 v.
Galerie des Contemporains. 10 v.
Galibert (Léon). L'Algérie ancienne et moderne. 1 v. ill.
Galitzin (Prince). Mélanges sur la Russie. 1 v. La Russie au XVIIIe siècle. 1 v. Un missionnaire russe en Amérique. 1 v.
Gallet. Le Czar Nicolas et la Sainte-Russie. 1 v.
Gallier (Anatole de). La vie de province au XVIIIe siècle. 1 v.
Gallois. Histoire des journaux de la révolution française. 2 v.
Gandar. Lettres et souvenirs d'enseignement. 1 v.
Ganneron (Emile). L'amiral Courbet. 1 v.
Garasse (Père François). Mémoires. 1 v.
Garnier (J.). Les volontaires du Génie à l'armée de l'Est. 1 v.
Garnier-Pagès. Histoire de la révolution de 1848. 10 v. Un épisode de la révolution de 1848 : l'impôt des 45 centimes. 1 v.
Garraud (l'abbé). Armorial des évèques de Saint-Claude. 1 v. ill.

Gaskel (Mrs). Vie de Charlotte Brontë (Currer-Bell). 1 v.
Gasparin (Comte Agénor de). Les Etats-Unis en 1861.
Gastineau (Benjamin). Les femmes des Césars. 1 v.
Gatin et Besson. Histoire de la ville de Gray. 1 v.
Gaudry (J.). Histoire du barreau de Paris. 3 v.
Gaulot (Paul). Rêve d'empire. 1 v. L'empire de Maximilien. 1 v. Fin d'empire. 1 v.
Gautier (Léon). La Chevalerie. 1 v. ill. Benoît XI. 1 v. Etudes et controverses historiques. 1 v. Portraits contemporains. 1 v. Vingt nouveaux portraits. 1 v.
Gautier (Jules). Histoire de Marie Stuart. 1 v.
Gautier (Théophile). Ménagerie intime. 1 v. Tableaux du siège de Paris. 1 v.
Gay (Mme Sophie). Marie de Mancini, 2 v. Marie-Louise d'Orléans. 2 v.
Gebhart (E.). De l'Italie. 1 v. Rabelais, la Réforme et la Renaissance. 1 v. L'Italie mystique 1 v. Les origines de la renaissance en Italie. 1 v.
Geffroy (A.). Madame de Maintenon d'après sa correspondance. 2 v. Gustave III et la cour de France. 2 v. Histoire des Etats scandinaves. 1 v. Rome et les barbares, Etude sur la Germanie de Tacite. 1 v.
Genlis (Mme de). Mémoires. 1 v.
Genty de Bussy. De l'établissement des Français dans la régence d'Alger. 1 v.
Geoffroy de Grand-Maison. La congrégation, 1801 à 1830. 1 v.
Georges (Etienne). Histoire du Pape Urbain IV. 1 v.
Gérando (A. de). Origine des Hongrois. 1 v.
Géraud. Les livres dans l'Antiquité. 1 v.
Gerin (Charles). Recherches historiques sur l'Assemblée de 1682. 1 v.
Gervinus. Introduction à l'histoire du XIXe siècle. 1 v. Histoire du XIXe siècle. Suite. 22 v.
Gfrarer (docteur A.). Histoire primitive du genre humain, tr. de l'allemand. 1 v.
Gibbon. Histoire de la Décadence et de la Chute de l'empire romain. 13 v.
Giraldo. Histoire des sorciers. 1 v.
Girard (Paul). L'éducation athénienne aux Ve et IVe siècles av. J.-C. 1 v.
Girodeau. Précis historique du Poitou. 1 v.
Glais-Bizoin. Dictature de cinq mois. 1 v.
Gleichen (baron de). Souvenirs. 1 v.
Gobineau (comte de). Les religions et les philosophes dans l'Asie centrale. 1 v. Histoire des Perses. 2 v. La renaissance. 1 v.
Godefroy (Fr.). La mission de Jeanne d'Arc. 1 v. ill.
Gœthe (W.). Mémoires. 2 v.
Gœtz. Opérations du corps du Génie allemand. 1 v.
Golowine (Yvan). Mémoires d'un prêtre russe. 1 v.
Golowine (Yvon). La Russie sous Nicolas. 1 v.
Gollut. Mémoires historiques de la République séquanaise.
Goncourt (E. et J. de). Madame de Pompadour. 1 v. ill. Histoire de la société française pendant la Révolution. 1 v. ill. Histoire de la Société française pendant le Directoire. 1 v. Histoire de Marie-Antoinette. 1 v.
Goncourt (Journal des). Première série. 3 v. Deuxième série. 1 v.
Goncourt (Edmond de). Mademoiselle Clairon d'après sa correspondance. 1 v.
Goncourt (Jules de). Le mors aux dents. 1 v.
Gonneville (de). Souvenirs militaires. 1 v.
Gontaut (duchesse de). Mémoires. 1 v.
Goumy (Edouard). La France du Centenaire. 1 v.
Gouraud (Charles). Histoire de la politique commerciale de la France. 2 v.

Gourdault (Jules). La jeunesse du Grand Condé. 1 v. Sully et son temps. 1 v.
Gourdon de Genouillac. Dictionnaire historique des ordres de chevalerie. 1 v. illustré.
Gozlan (Léon). Georges III. 1 v. Les châteaux de France. 2 v. Balzac intime. 1 v.
Grammay (de). Madame en Vendée. 1 v.
Grammont (duc de). Onze mois de Sous-Préfecture en Cochinchine, 1863. 1 v.
Grammont (Duc de). La France et la Prusse avant la guerre 1870. 1 v.
Grand-Carteret (John). Les mœurs et la caricature en France. 1 v. ill. La caricature en Allemagne. 1 v. ill. Bismarck en caricature. 1 v. ill. Crispi et Bismarck en caricature. 1 v. ill.
Grandcolas (A.). Introduction à l'histoire contemporaine. 1 v.
Granier de Cassagnac. Histoire des classes ouvrières, bourgeoises, nobles et anoblies. 2 v. Histoire des causes de la Révolution française. 3 v. Histoire des Girondins et des massacres de Septembre. 2 v. Histoire du directoire. 2 v. Histoire de la chute de Louis-Philippe et du rétablissement de l'empire. 2 v. Souvenirs du second empire. 2 v.
Grasset. Madame de Choiseul et son temps. 1 v.
Gratry (père). Henri Perreyre. 1 v.
Gravier (Ch.) Le Canarien, Livre de la conquête des Canaries par Jean de Bethencourt. 1 v.
Gravier (G.). Cavelier de la Salle de Rouen. 1 v. Découverte et établissements de Cavelier de la Salle dans l'Amérique du Nord. 1 v. Découverte de l'Amérique par les Normands au xe siècle. 1 v.
Grégorovius (F.). Lucrèce Borgia. 2 v. Les tombeaux des Papes romains. 1 v.
Grenville-Murray. Les hommes de la troisième République. 2 v. Les hommes du Septennat. 1 v.
Grivel (abbé). La prison du Luxembourg sous le règne de Louis-Philippe. 1 v.
Grote. Histoire de la Grèce tr. de l'anglais par Sayous. 19 v.
Guadet (J.). Les Girondins, leur vie privée et leur vie publique. 2 v.
Güell y Renté. Philippe II et Don Carlos devant l'histoire. 1 v.
Guepratte (abbé). Vie de Berthe Bizot. 1 v.
Guérard. Essai sur le système des divisions territoriales de la Gaule. 1 v.
Guérin. Histoire maritime de la France. 2 v.
Guérin (Eugénie de). Journal. 1 v.
Guérin (Maurice de). Journal. Lettres et Poëmes. 1 v.
Guérin (Edmond de). Milton, sa vie et ses œuvres. 1 v.
Guerle (Edmond). Milton, sa vie et ses œuvres. 1 v.
Guers (le chanoine E.). Les soldats français dans les prisons d'Allemagne. 1 v. ill.
Guichardin. Histoire de l'Italie de 1492 à 1522. 1 v.
Guigue. Topographie historique du département de l'Ain. 1 v.
Guilbert (Aristide). Histoire des villes de France. 6 v. ill.
Guilhermy (baron de). Papiers d'un émigré, mis en ordre par le colonel de Guilhermy. 1 v.
Guillemin (J.-J.). Histoire ancienne. 1 v.
Guillemot (Paul). Monographie historique du Bugey. 1 v.
Guillon (Aimé). Mémoires pour servir à l'histoire de Lyon pendant la Révolution. 3 v.
Guillon (E.). La France et l'Irlande pendant la révolution. 1 v.
Guizot (François). Cours d'histoire moderne : histoire de la civilisation en Europe. 1 v. Histoire de la civilisation en France. 4 v. Histoire de la révolution d'Angle-

terre. 6 v. Histoire de France racontée à mes petits enfants. Première partie jusqu'en 1789. 5 v. ill. Deuxième partie. Depuis 1789. 2 v. ill. Essais sur l'histoire de France. 1 v. Histoire d'Angleterre racontée à mes petits enfants. 2 v. ill. Etudes sur les principaux personnages de la révolution d'Angleterre. 1 v. Monck. 1 v. Mémoires et vie de Washington. 5 v. avec atlas. Origine du gouvernement représentatif. 1 v. Mélanges biographiques et littéraires. 1 v. Mélanges politiques et historiques. 1 v. La vie de quatre grands chrétiens français. 1 v. Sir Robert Péel. 1 v. Mémoires pour servir à l'histoire de mon temps. 8 v.

Guizot (M. et Mme). Abélard et Héloïse, suivi des lettres d'Abélard et d'Héloïse. 1 vol.

Guyho (Corentin). Les hommes de 1852. 1 v. Les beaux jours du second empire. 1 vol.

Halevy (Fromental). Souvenirs et Portraits. 1 v. Derniers souvenirs et portraits. 1 vol.

Halevy (Ludovic). Notes et souvenirs, 1871-1872. 1 v.

Hallam. Histoire constitutionnelle de l'Angleterre. 5 v. L'Europe au moyen âge. 4 vol.

Halt (Robert). Papiers sauvés des Tuileries. 1 v.

Hamel (Charles). Histoire de l'abbaye et du collège de Juilly. 1 v.

Hamel (Ernest). Précis de l'histoire de la Révolution française. 1 v. Histoire de la République française sous le Directoire et le Consulat. 1 v. Histoire de Robespierre. 2 v. ill.

Hamilton. Mémoires de Grammont. Contes. 1 v.

Hammer. Histoire de l'empire ottoman. 18 v. et atlas. Histoire de l'ordre des assassins. 1 v.

Hamont. L'Egypte sous Méhémet-Ali. 2 v.

Hamont (Tibulle). Lally-Tollendal. 1 v. Dupleix. 1 v.

Hans (Albert). Souvenirs d'un volontaire versaillais. 1 v.

Hans (Ludovic). Second siège de Paris. 1 v.

Hardy (E.). Origine de la tactique française. 2 v. ill.

Hatin (Eugène). Histoire littéraire et politique de la presse en France. 1 v. La Gazette de Hollande et la presse clandestine aux XVIIe et XVIIIe siècles. Théophraste Renaudot. 1 v.

Haureau. Bernard Délicieux. 1 v. Charlemagne et sa cour. 1 v. François Ier et sa cour. 1 v. Singularités historiques et littéraires. 1 v.

Haussonville (comte d'). L'Eglise romaine et le premier empire. 5 v. Etudes historiques et littéraires. 1 v. Histoire de la réunion de la Lorraine à la France. 4 v. Sainte-Beuve. 1 v. Souvenirs et mélanges. 1 v. Ma jeunesse, 1814-1830. 1 v. Prosper Mérimée, Hugh Elliot. 1 v.

Haussonville (vicomte d'). Le salon de Mme Necker. 2 v.

Havard (Henry). Les femmes en France. 1 v. ill.

Hedouin (Alfred). Gœthe, sa vie et ses œuvres. 1 v.

Heeren. Manuel historique. 2 v. Manuel de l'histoire ancienne. 1 v.

Héfélé (Mgr). Le cardinal Ximénès. 1 v.

Heilly (G. d'). Extraction des cercueils royaux de Saint-Denis en 1793. 1 v. Rachel d'après sa correspondance. 1 v.

Heine (Henri). De l'Allemagne. 1 v. De la France. 1 v.

Heinrich. Les Invasions germaniques en France. 1 v.

Hello. Philosophie de l'histoire de France. 1 v. Le régime constitutionnel en France. 1 vol.

Hénault (le président). Abrégé chronologique de l'histoire de France, continué par Michaud jusqu'en 1830. 1 v. Mémoires. 1 v.
Hennebert (lieutenant-colonel). L'Autriche en 1888. 1 v. Comtes de Paris. 1 v.
Hennequin. Introduction historique à l'étude de la législation française. 2 v.
Henri V et la Monarchie. 1 v.
Henriot (Eugène). Mœurs juridiques et judiciaires de l'ancienne Rome. 3 v.
Hepp (Edgard). Wissembourg au début de l'invasion. 1 v.
Hequet (Gustave). Madame de Maintenon. 1 v.
Héricault (Charles d'). La révolution de Thermidor. 1 v. La révolution. 1 v. ill.
Hérisson (comte d'). Journal d'un interprète en Chine. 1 v. Journal de la campagne d'Italie. 1 v. La légende de Metz. 1 v. Autour d'une révolution. 1 v. Journal d'un officier d'ordonnance. 1 v. Nouveau journal d'un officier d'ordonnance. 1 v. La commune. 1. v. Le prince impérial. 1 v. Le cabinet noir. 1 v. Les responsabilités de l'année terrible. 1 v. La chasse à l'homme. 1 v. Mes tiroirs. 1 v. Un Constituant. 1 v.
Héroard (Jean). Journal de l'Enfance et de la jeunesse du roi Louis XIII. 2 v.
Hérodote. Histoire, tr. Larcher. 2 v.
Hertzen. Le monde russe et la révolution. 2 v.
Hezecques (comte d'). Souvenirs d'un page de la cour de Louis XVI. 1 v.
Higginson (Th. Wentworth). Histoire des Etats-Unis. 1 v.
Hildebrand (M.-F.). Etudes historiques et littéraires. Etudes italiennes. 1 v. La Prusse contemporaine. 1 v.
Himly. Histoire de la formation territoriale des Etats de l'Europe centrale. 2 v.
Hinstin (Gustave). Les Romains à Athènes avant l'Empire. 1 v.
Histoire de la colonisation française au Canada. 3 v.
Histoire d'Eudoxie, première épouse de Pierre le Grand. 1 v. (Bibl. russe-polonaise).
Histoire de l'esprit révolutionnaire des nobles en France. 2 v.
Histoire de la première légion du Rhône. 1 v.
Histoire du pontificat de Pie VII. 1 v.
Histoire de la vie, du règne et du détrônement d'Iwan III. 1 v. (Bibl. russe-polonaise).
Histoire populaire de France. 1 v.
Hivert. Histoire des institutions judiciaires de la France. 1 v.
Hœlli et **Yen-Thsong**. Histoire de la vie et des ouvrages de Hiouen-Thsang. 1 vol.
Hogendorp (général Dirk). Mémoires. 1 v.
Holland (lord). Souvenirs. 1 v.
Holte (Frédéric.) L'Europe militaire et diplomatique au xixe siècle. 4 v.
Hongrie (la) ancienne et moderne, 1 v.
Honoré. Histoire de la vie privée d'autrefois. 1 v.
Houel. Histoire du cheval chez tous les peuples. 1 v.
Houssaye (l'abbé). Le père de Bérulle et l'Oratoire. 1 v. Mgr de Bérulle et les carmélites. 1 v. Le cardinal de Bérulle et le cardinal de Richelieu. 1 v.
Houssaye (Arsène). Mademoiselle de la Vallière. 1 v. Philosophes et comédiens. 1 v. Princesses de comédie. Déesses d'opéra. 1 v. Notre-Dame de Thermidor. 1 v. La Régence. 1 v. Confessions. 4 v.
Houssaye (Henry). Histoire d'Alcibiade et de la République athénienne. 2 v. Histoire d'Apelles. 1 v. Athènes, Rome et Paris. 1 v. Aspasie, Cléopâtre, Théodora. 1 v.

Houzé (A.). Etude sur la signification des noms de lieux en France. 1 v.
Hozier (Ch. d'). Etat présent de la noblesse française. 1 v. Edition. Bachelin-Deflorenne. 2. vol. Armorial général de France : Franche-Comté. 1 v.
Hozier (Fr. d'). L'impôt du sang ou la noblesse en France sur les champs de bataille. 4 v.
Hubaine. Le gouvernement temporel des papes jugé par la diplomatie. 1 v.
Hubault et **Marguerie**. Les grandes époques de la France, xviie et xviiie siècles. 1 v.
Hübner (baron de). Sixte-Quint. 3 v. Une année de ma vie. 1848-1849. 1 v.
Hudson Lowe (sir). Histoire de la captivité de Napoléon à Sainte-Hélène, publiée par W. Forsyth. 4 v.
Hugo (Charles). Les hommes de l'exil. 1 v.
Hugo (Victor). Choses vues. 1 v. Histoire d'un crime. 2 v.
Hugonnet (Fr.). Souvenirs d'un chef de bureau arabe. 1 v.
Huguenin. Histoire du royaume mérovingien d'Austrasie. 1 v.
Hugues (Edm.). Histoire de la restauration du protestantisme en France au xviiie siècle. 2 v.
Hugues (Gustave d'). Une province romaine sous la république. 1 v.
Humbert-Bazile. Buffon, sa famille, ses collaborateurs et ses familiers. 1 v.
Humboldt (Alexandre de). Essai politique sur le Royaume de la Nouvelle-Espagne. 4 v.
Hume (David). Histoire d'Angleterre jusqu'à Georges IV. 16 v.
Hyde de Neuville (baron). Mémoires et souvenirs. 2 v.
Ideville (comte Henry d'). Les petits côtés de l'Histoire. 1 v. Le comte Pellegrino Rossi. 1 v. Le maréchal Bugeaud. 2 v. Les châteaux de mon enfance. 1 v. Journal d'un diplomate. 3 v. Vieilles maisons et jeunes souvenirs. 1 v.
Imbert de Saint-Amand. Les femmes des derniers Valois. 1 v. Les femmes de Versailles à la cour de Louis XIV. 1 v. La dernière année de Louis XV. 1 v. Les femmes à la cour de Louis XVI. 1 v. Les beaux jours de Marie-Antoinette. 1 v. La dernière année de Marie-Antoinette. 1 v. La jeunesse de l'Impératrice Joséphine. 1 v. La citoyenne Bonaparte. 1 v. La Femme du premier consul. 1 v. La cour de l'Impératrice Joséphine. 1 v. Les beaux jours de l'Impératrice Joséphine. 1 v. Les dernières années de l'Impératrice Joséphine. 1 v. Les beaux jours de l'Impératrice Marie-Louise. 1 v. Marie-Louise, l'île d'Elbe et les cent jours. 1 v. Marie-Louise et le duc de Reichstadt. 1 v. La jeunesse de la duchesse d'Angoulême et les deux restaurations. 1 v. La duchesse de Berry et la cour de Louis XVIII. 1 v. La duchesse de Berry et la cour de Charles X. 1 v. La duchesse de Berry et la révolution de 1830. 1 v. La captivité de la duchesse de Berry. 1 v. Les dernières années de la duchesse de Berry. 1 v. La jeunesse de la Reine Marie-Amélie. 1 v. La reine Marie-Amélie et la cour de Palerme. 1 v. Portraits de grandes dames. 1 v. L'abbé Deguerry. 1 v. Madame de Girardin. 1 v.
Intrigues (les) de Molière. 1 v.
Irving (Washington). Histoire des voyages et de la vie de Christophe Colomb. 4 v. Histoire des compagnons de Christophe Colomb. 3 v.
Isambert. Histoire de Justinien. 2 v.
Iung (Th.). La vérité sur le masque de Fer. 1 v. Bonaparte et son temps. 3 v. Lucien Bonaparte et ses mémoires. 2 v. Dubois-Crancé. 2 v.
Jacobi. Histoire de la Corse. 2 v.
Jacquemon (M.-F). La campagne des zouaves pontificaux 1870-1871. 1 v.
Jacquinot (Alfred). Le doyen Nicolas Guyot. 1 v. Le général Etienne Guyot. 1 v.

Jager (l'abbé). Histoire de l'Eglise en France pendant la révolution. 3 v. Histoire du pape Gregoire VII. 1 v. Histoire de Photius, Patriarche de Constantinople. 1 v.
Jal (A.). Dictionnaire critique de géographie et d'histoire. 1 v.
Jamison. Bertrand Duguesclin et son époque. 1 v.
Jamson (Jean). L'Allemagne à la fin du moyen âge. 1 v.
Jancigny (A. de). Histoire de l'Inde. 1 v.
Janet (Paul). Histoire de la révolution française. 1 v. ill.
Janin (Jules). Paris et Versailles il y a cent ans. 1 v. La Bretagne. 1 v. ill.
Janzé (vicomtesse Alix de). Les financiers d'autrefois. 1 v. Souvenirs intimes. 1 v. Berryer. 1 v.
Jaubert (Mme C.). Souvenirs, lettres et correspondance. 1 v.
Jay. Ministère du cardinal de Richelieu. 1 v.
Jazet (Paul). Histoire de l'école de Saint-Cyr. 1 v. ill.
Jeanneret. Vie de la très haute, très puissante et très illustre dame Loyse de Savoie. 1 v.
Jérôme (le roi). Mémoires et correspondance. 4 v.
Jobez (Alphonse). La France sous Louis XV, 6 v. Turgot. 1 v.
Jocelyn. Campagne de la Chine. 1 v.
Joinville (Jehan sire de). Œuvres publiées par Natalis de Wailly. 1 v. Edition rapprochée du français moderne. 1 v. ill.
Joinville (le prince de). Etudes sur la marine et récits de guerre. 2 v.
Jomini (le général). Précis de la campagne de 1815. 1 v. Vie politique et militaire de Napoléon. 4 v.
Joseph (R. père). La captivité d'Ulm. 1 v.
Joseph (le roi). Mémoire et correspondance. 10 v.
Jouault (Alphonse). Georges Washington. 1 v.
Joubert et **Mornand**. Tableau historique et politique de la Turquie et de la Russie. 1 v.
Jourdain (Charles). Histoire de l'université de Paris. 2 v. Excursions historiques et philosophiques à travers le moyen âge. 1 v.
Journal militaire de Henri IV. 1 v.
Journal officiel de la commune. Réimpression in-extenso. 1 v.
Jouveaux (Emile). Histoire de quatre ouvriers anglais. 1 v.
Julien (Félix). Un marin, le Contre-Amiral Grivel. 1 v. L'amiral Bouet-Willaumez et l'expédition de la Baltique. 1 v. Les commentaires d'un marin. 1 v. L'amiral Courbet. 1 v.
Jullien (Adolphe). La cour et l'opéra sous Louis XV. 1 v. ill. La comédie à la cour. 1 v. ill. Paris dilettante au commencement du siècle. 1 v. ill. Histoire du costume de théâtre en France. 1 v. ill.
Jurien de la Gravière (le vice-amiral). Les marins du xve et du xvie siècles. 2 v. Souvenirs d'un amiral. 2 v. La station du levant. 2 v. La marine des Anciens. La bataille de Salamine. 1 v. La guerre du Péloponèse. 1 v. La revanche des Perses. 1 v. Les tyrans de Syracuse. 1 v. Le drame macédonien. 1 v. L'héritage de Darius. 1 v. La conquête de l'Inde et le Voyage de Néarque. 1 v. L'Asie sans maître. 1 v. Le démembrement de l'empire. 1 v. La marine des Ptolémées et la marine des Romains. 1 v. La marine d'autrefois. 1 v. La guerre de Chypre et la bataille de Lépante. 2 v. Les chevaliers de Malte. 1 v. L'amiral Baudin. 1 v. Les corsaires barbaresques. 1 v. Les derniers jours de la marine à rames. 1 v. Le siège de la Rochelle. 1 v. Les Anglais et les Hollandais dans les mers polaires et dans les mers des Indes. 2 v.

Justin. Texte latin et trad. (Bibl. Panckouke). 1 v.
Karamsin (M.). Histoire de l'empire de Russie. 11 v.
Karr (Alphonse). Le livre de Bord. 2 v.
Keller (E.). Le général Lamoricière, sa vie politique et religieuse. 2 v.
Kératry (comte de). A travers le passé. 1 v. L'élévation et la chute de l'empereur Maximilien. 1 v.
Kerther (l'abbé). Vie de Jean Fisher, tr. de l'allemand. 1 v.
Kervan (de). Voltaire. 1 v.
Kervyn de Lettenhove (baron). Marie-Stuart, 1585-1587. 2 v.
Khim. La vie de Jésus au point de vue de la science. 1 v.
Kœnigswarter (Louis). Histoire de l'organisation de la famille en France. 2 v.
Klaczko (Julien). Les préliminaires de Sadowa. 1 v. Deux chanceliers. 1 v.
Klinckowstrœm (baron de). Le comte Fersen et la cour de France. 2 v.
Krasinski. Histoire religieuse des peuples slaves. 1 v.
Kubalski. Recherches sur les peuples d'origine slave. 1 v.
Kruth (Godefroy). Les origines de la civilisation moderne. 2 v.
L. (Pauline). Le livre d'une mère. 1 v. ill.
Labedollière (E. de). Histoire de la vie privée des Français. 2 v. Histoire des environs du nouveau Paris. 1 v.
Labitte. De la démocratie chez les prédicateurs de la ligue. 1 v.
Laborde (L. de). Athènes aux xve, xvie et xviie siècles. 1 v. Documents inédits ou peu connus sur l'histoire des antiquités d'Athènes. 1 v.
La Borderie. Le camp de Conlie et l'armée de Bretagne. 1 v.
La Bouree (comtesse de). Souvenirs. La guerre de Vendée. 1 v.
La Briere (L. de). A Rome, lettres d'un zouave pontifical. 1 v.
Lacepede (le comte de). Histoire physique et morale de l'Europe. 1 v.
Lacombe. Histoire de la Papauté. 1 v.
Lacombe (Charles de). Le comte de Serre, sa vie et son temps. 1 v. Profils parlementaires. 1 v.
Lacroix (Paul), Bibliophile Jacob. Mœurs et Usages du moyen âge. 2 v. ill. Vie militaire et religieuse au moyen âge et à l'époque de la Renaissance. 1 v. ill. Sciences et Arts au moyen âge et à l'époque de la renaissance. 1 v. ill. Le xviiie siècle. Première partie, Institutions, Mœurs, Costumes ; deuxième partie, Lettres, Sciences et Arts. 1 v. ill. Paris ridicule et burlesque au xviie siècle. 1 v. Le Livre d'or des Métiers : Histoire de l'imprimerie, de la Charpenterie, de la Coiffure. 1 v. Histoire des Hôtelleries et Cabarets. 2 v. Directoire, Consulat et Empire. 1 v. ill. Madame de Krudener, ses lettres et ses écrits. 1 v.
Lacretelle (H de). Lamartine et ses amis. 1 v.
Lacretelle (J. C. D. de). Histoire du Consulat et de l'Empire. 6 v. Histoire de France depuis la Restauration. 4 v.
La Fare (marquis de). Mémoires. 1 v.
La Faye (J. de). Histoire du général de Sonnis. 1 v.
Lafayette (général). Mémoires et Correspondance. 6 v.
La Ferrière (H. de). Henri IV, le Roi, l'amoureux. 1 v. Les projets de mariage d'Elisabeth. 1 v. Marguerite d'Angoulême. 1 v.
Lafforgue (P.). Histoire de la ville d'Auch. 2 v.
Lafond (Edmond.) Un médecin sous la Terreur. 1 v.
Lafontaine (H.) Thérèse ma mie, souvenirs de théâtre. 1 v.
Lage (marquise de). Souvenirs de l'émigration 1793-1794. 1 v.
Lagrange (abbé). Vie de Mgr Dupanloup. 3 v.

Lagrèze (C. D. de). Les Normands dans les deux mondes. 1 v.
La Gueronnière (comte Alfred de). Les hommes d'Etat de l'Angleterre au xixe siècle. 1 v.
La Gueronnière (vicomte Arthur de). Portraits politiques contemporains. 1 v.
Laguette (Mme de). Mémoires. 1 v.
Lair (J.). Nicolas Fouquet. 2 v. ill. Louise de la Vallière et la jeunesse de Louis XIV. 1 vol.
Lalanne (Ludovic). Curiosités historiques. 1 v. Curiosités biographiques. 1 v. Curiosités anecdotiques. 1 v. Curiosités militaires. 1 v. Dictionnaire historique de la France. 1 v.
La Madeleine (H. de). Le comte de Raousset-Boulbon. 1 v.
La Marche (Olivier de). Traité du duel judiciaire. 1 v.
Lamarque (général). Les cent jours. Mémoires et Souvenirs. Lettres. Vie du prince Maurice de Nassau. 3 v.
La Marmora (général Alphonse de). Un peu plus de lumière sur les événements politiques et militaires de 1866. 1 v. Les secrets d'état sur le Gouvernement anti-constitutionnel. 1 v.
Lamarre. De la milice romaine depuis la fondation de Rome jusqu'à Constantin. 1 vol.
Lamartine. Confidences et nouvelles confidences. 2 v. Le manuscrit de ma mère. 1 v. Histoire des Constituants. 4 v. Histoire des Girondins. 8 v. Histoire de la restauration. 8 v. Histoire de la Révolution de 1848. 2 v. Histoire de la Russie. 2 v. Histoire de la Turquie. 6 v. Vie d'Alexandre le Grand. 2 v. Mémoires inédits. 1 v.
Lambert (Michel). Son histoire. 1 v.
Lambinot. Origine de l'Imprimerie. 2 v.
Lamennais (H. F. R. de). Affaire de Rome. 1 v.
Lanfrey. Histoire politique des Papes. 1 v. Etudes et portraits politiques. 1 v. L'église et les philosophes au xviiie siècle. 1 v. Histoire de Napoléon. 5 v.
Langeron (Ed.). Grégoire VII. 1 v.
Langlois (J. A.). L'Homme et la Révolution. 2 v.
Lanoye (Ferdinand de). Ramsès le Grand. 1 v.
Lantoine. Histoire de l'Enseignement secondaire en France aux xviie et xviiie siècles. 1 v.
Larchey (Lorédan). Histoire du gentil seigneur de Bayart composée par le loyal serviteur, édition rapprochée du français moderne. 1 v. ill. Les mystifications de Caillot-Duval. 1 v. Gens singuliers. 1 v.
Larcy (de). Des vicissitudes politiques de la France. 1 v. Louis XVI et les états généraux. 1 v.
La Rive (W. de). Le comte de Cavour. 1 v.
La Rochefoucauld (duc de). Mémoires et Œuvres complètes. 2 v.
La Rochejacquelein (marquise de). Mémoires. 1 v.
La Rochère (comtesse de). Les récits de la marquise. 1 v.
La Roncière le Noury (vice-amiral). La marine au siège de Paris. 1 v. et atlas.
Las-Cases (comte de). Mémorial de Sainte-Hélène. 8 v.
Lasserre (Henri). Bernadette. 1 v.
Lasteyrie (J. de). Histoire de la liberté politique en France. 1 v.
Lasteyrie (Mme de). Vie de madame de Lafayette. 1 v.
Latour-d'Auvergne. (Prince de). Waterloo, étude sur la campagne de 1815. 1 vol.

La Tour du Pin Chambly (Cte de). L'armée française à Metz. 1 v.
Laugel (Auguste). La réforme au xvie siècle. 1 v. Lord Palmerston et lord Russell. 1 v. Grandes figures historiques. 1 v. Les Etats-Unis pendant la Guerre. 1 v.
Laurent de l'Ardèche. La maison d'Orléans devant la légitimité et la démocratie. 1 v.
Laurentie. Episode de l'émigration française. 1 v.
Lavallée (J.). Espagne, Iles Baléares et Pithyuses. Sardaigne, Corse. 1 v. ill. (Univers pittoresque).
Lavallée (Th.). Histoire des Français. 5 v. Complément par Block. 1 v. Histoire de la Turquie. 2 v. Jean sans Peur. 1 v. La famille d'Aubigné et l'enfant de Mme de Maintenon, suivi des mémoires inédits de Languet de Gergy. 1 v. Madame de Maintenon et la maison royale de Saint-Cyr. 1 v. Histoire de Paris. 1 v.
La Vallière (duchesse de). Confessions corrigées par Bossuet. 1 v.
La Varenne (Charles de) Les Autrichiens et l'Italie. 1 v.
La Vausserie (de). Histoire anecdotique de la guerre de 1870-1871 et de la commune de Paris. 1 v ill.
Lavergne (A. de). Châteaux et ruines historiques de France. 1 v.
Lavergne (L. de). Les Assemblées provinciales sous Louis XVI. 1 v.
Lavergne (Mme Julie). Légendes de Fontainebleau. 1 v. Légendes de Trianon, Versailles et Saint-Germain. 1 v.
Lavisse (Ernest). Etude sur les origines de la monarchie prussienne. 1 v. La jeunesse du grand Frédéric. 1 v. Trois empereurs d'Allemagne, Guillaume I, Frédéric III, Guillaume II. 1 v. Vue générale de l'Histoire politique de l'Europe. 1 v.
Lavollée. Channing, sa vie et sa doctrine. 1 v. Portalis, sa vie et ses œuvres. 1 v.
Lazarre. La légende des rues de Paris. 3 v. Dictionnaire historique des rues de Paris. 1 v.
Lebailly. Madame de Lamartine 1 v.
Lebas (P. H.). Etats de la confédération germanique. 1 v. ill. (Univers pittoresque).
Leber. De la fortune privée au Moyen Age. 1 v. Collection de documents relatifs à l'histoire de France. 20 v.
Le Berquier. Le barreau moderne. 1 v.
Lebeuf (abbé). Histoire de la ville et de tout le diocèse de Paris. 3 v.
Lebon (André). L'Angleterre et l'émigration. 1 v.
Lebon (docteur Gustave). La civilisation des Arabes. 1 v. ill.
Leclerc (D. H.). Tableau statistique des pertes des armées allemandes 1870-1871. 1 v.
Leclerc (V.). Des Journaux chez les Romains. 1 v.
Lecoy de Lamarche. La société au xiiie siècle. 1 v. Le roi René. 2 v.
Ledieu (abbé). Mémoires et Journal sur la vie et les ouvrages de Bossuet. 4 v.
Lée-Child (Edouard). Le général Lée. 1 v.
Lefebvre (Armand-Edouard). Histoire des cabinets de l'Europe, 1800 à 1815. 3 v.
Lefeuve (Charles). Les anciennes maisons de Paris sous Napoléon III. 2 v.
Legeay (Urbain). Histoire de Louis XI. 2 v.
Legentil. Essai historique sur les preuves dans l'Antiquité.
Leglay (Edward). Histoire des comtes de Flandre. 1 v.
Legouvé (E.). Fleurs d'hiver, Fruits d'hiver. 1 v. Soixante ans de souvenirs. 2 v. M. Samson et ses élèves. 1 v.
Legrand (L.). Senac de Meilhan et l'intendance de Hainaut et de Cambrésis sous Louis XVI. 1 v.

Legrand d'Aussy. Histoire de la vie privée des Français. 3 v.
Legrand de Lyrage. Notes historiques sur la nation ammonite. 1 v.
Legué (Dr. Gabriel). Urbain Grandier et les possédés de Loudun. 1 v.
Lehuërou. Institutions mérovingiennes et carlovingiennes. 1 v.
Leindeau (Paul). Richard Wagner. 1 v.
Lejean (Guillaume). Théodoros. Le nouvel Empire d'Abyssinie, 1866. 1 v.
Lemasson. Venise en 1848 et 1849. 1 v.
Lemer. Dossier des Jésuites et des libertés de l'église gallicane. 1 v. Le charnier des innocents. 1 v.
Lemoinne (John). Etudes critiques et biographiques. 1 v. Nouvelles études critiques et biographiques. 1 v.
Lemontey. Histoire de la régence sous Louis XV. 2 v.
Lenormant (Charles). Introduction à l'Histoire de l'Asie occidentale. 1 v. Questions historiques. 2 v.
Lenormant. (François). Manuel de l'histoire ancienne de l'Orient. 3 v. et atlas. Quatre femmes au temps de la révolution. 1 v. Les premières civilisations, études d'archéologie et d'histoire. 2 v. Les origines de l'histoire. 1v. Les sciences occultes en Asie. 1 v.
Lenormant (Mme). Coppet et Weimar, Madame de Staël et la grande duchesse Louise. 1 v.
Leouzon-Leduc. Voltaire et la Police. 1 v. Les Cours et les Chancelleries. 1 v. Etudes sur la Russie et le Nord de l'Europe. 1 v. Les Couronnes sanglantes : Gustave III. 1 v. L'Empereur Alexandre II.
L'Epinois (Henri de). Le gouvernement des papes et les révolutions dans les états de l'Eglise. 1 v Histoire de la restauration. 1 v. Les pièces du procès de Galilée. 1 v. Critique et réfutation de M. Henri Martin et de son histoire de France. 1 v.
Leris (G. de). Madame de Verrue et la cour de Victor-Amédée II. 1 v.
Leroi (J. A.). Curiosités historiques sur les cours de Louis XIII, Louis XIV, Louis XV, etc. 1 v.
Leroy-Beaulieu (Anatole). L'empire des Tsars et la Russie. 3 v. Un empereur, un roi, une restauration. 1 v.
Leroy-Beaulieu (Paul). Recherches historiques et statistiques sur les guerres contemporaines 1853-1866. 1 v.
Lesbros (abbé). Mademoiselle de la Charce. 1 v.
Lescure (de). La princesse de Lamballe. 1 v. Les maîtresses du Régent. 1 v. Les amours de Henri IV. 1 v. Napoléon et sa famille. 1 v. Les amours de François. 1 v. ill. La vraie Marie-Antoinette. 1 v. L'amour sous la Terreur. 1 v. Les mères illustres. 1 ill. Rivarol et la société française. 1 v.
Lestrade (comte de). L'empire russe. 1 v.
Levallois (J.). L'Année d'un ermite. 1 v.
Levasseur (E.) Histoire des classes ouvrières en France depuis la conquête de Jules César jusqu'à la révolution. 2 v. Id. depuis 1789 jusqu'à nos jours. 2 v.
Leveneur de Tillère. Mémoires inédits sur la cour de Charles I. 1 v.
Lévêque (Alfred). Du droit nobiliaire en France. 1 v. Recherche sur l'origine des Gaulois. 1 v.
Levesque. Etude de l'histoire ancienne. 5 v. Histoire de Russie. 8 v.
Leymarie (M. A). Histoire du Limousin. 2 v. Histoire des paysans en France. 2 v.
Libert. Histoire de la chevalerie en France. 1 v.
Liégeard (Stephen). Trois ans à la chambre. 1 v.
Lingard (J.). Histoire d'Angleterre. 16 v.

Littré (E.). La Mort d'Alexandre, la Mort de César. 1 v.
Loch. Dictionnaire de l'Ancien Paris. 1 v.
Lockhart (William). Vie d'Antonio Rosmini Serbati. 1 v.
Locmaria (Cte de). Les Guérillas. 2 v.
Lods (Armand). Bernard de Saintes. 1 v.
Loir (Maurice). L'escadre de l'amiral Courbet. 1 v.
Loiseleur (J.). Les Crimes et les Peines dans l'antiquité et les Temps modernes. 1 v. Ravaillac et ses complices. 1 v. Les Points obscurs de la vie de Molière. 1 v.
Loiseleur (J.) et **Baguenault de Puchesse**. L'Expédition du Duc de Guise à Naples. 1 v.
Lomenie (de). La comtesse de Rochefort et ses œuvres. 1 v. Beaumarchais et son temps. 2 v. Les Mirabeau. 2 v. Esquisses historiques et littéraires. 1 v.
Lothrop-Motley. Histoire de la fondation de la République des Provinces-Unies, tr. Guizot. 4 v.
Loti (Pierre). Le roman d'un enfant. 1 v. Madame Chrysanthème. 1 v. ill. Propos d'exil. 1 v. Japoneries d'automne. 1 v. Le Livre de la Pitié et de la Mort. 1 v.
Louandre (Charles). La sorcellerie. 1 v. La noblesse française sous l'ancienne monarchie. 1 v.
Loudun (E.). Journal d'un Parisien pendant la Révolution de Septembre et la Commune. 2 v. La Vendée. 1 v. Les Nouveaux Jacobins. 1 v.
Louis XIV. Mémoires pour servir à l'instruction du Dauphin. 2 v.
Louis XVI Réflexions sur mes entretiens avec le duc de la Vauguyon. 1 v.
Louville (marquis de). Mémoires secrets sur l'établissement de la maison de Bourbon en Espagne. 2 v.
Loyson (abbé). L'assemblée du clergé de France en 1682. 1 v.
Lucas (Alphonse). Les clubs, les clubistes et les comités électoraux depuis 1848. 1 vol.
Lucas (Hippolyte). Le portefeuille d'un Journaliste. 1 v. Histoire du théâtre français depuis son origine jusqu'à nos jours. 1 v.
Luçay (Vte de). Les assemblées provinciales sous Louis XVI.
Luce (Siméon). Jeanne d'Arc. 1 v. La France pendant la guerre de Cent ans. 1 v. Histoire de Duguesclin. 1 v.
Luchaire (Achille). Les communes françaises à l'époque des capétiens directs. 1 v.
Ludre-Frolois (de). Dix années à la Cour de Georges II. 1 v.
Lurion (R. de). Nobiliaire de Franche-Comté. 1 v.
Luther (Martin). Propos de table. 1 v. La Conférence avec le diable. Mémoires, Histoire de la religion. 1 v.
Luynes (duc de). Mémoires sur la Cour de Louis XV. 17 v.
Lyonnet (abbé). Le cardinal Fesch. 2 v.
Macaulay (lord). Histoire du règne de Guillaume III. 4 v. Histoire et critique. 1 v. Essais historiques et biographiques. 1 v.
Macé (A.-P.-L.). Des lois agraires chez les Romains. 1 v.
Macé (G.). La police parisienne : mon premier crime. 1 v.
Machiavel (N.). Histoire de Florence. 1 v.
Mackensie. Deuxième campagne de Chine. 1 v.
Magnin (Charles). Histoire des marionnettes en Europe. 1 v.
Maillard (Firmin). Histoire des Journaux et publications à Paris pendant le siège et la commune. 1 v.
Maillard de Chambure. Histoire des Templiers. 1 v.
Maindron (Ernest). Le champ de Mars, 1751-1889. 1 v. ill.

Maine (Sir Henri-Summer). Etudes sur l'histoire des institutions primitives. 1 v.
Maissiat (Jacques). Jules César en Gaule. 1 v.
Maissonneur. Histoire de la Tour d'Auvergne Corret. 1 v.
Maistre (Joseph de). Considérations sur la France. 1 v. Mémoires politiques. 1 v. Equilibre politique. 1 v. Les soirées de Saint-Pétersbourg. 1 v.
Malleson (lieutenant colonel). Histoire du français dans l'Inde, 1674-1761. 1 v.
Mallet. Histoire du Dannemarck. 9 v.
Mallet (Joséphine). Les femmes en prison. 1 v.
Mallet du Pan. Mémoires et correspondance. 2 v.
Malmesbury (lord). Mémoires d'un ancien ministre. 2 v.
Malouet (baron). Mémoires. 2 v.
Malvezin. Montaigne sa famille. 1 v.
Mangin (Arthur). Histoire des jardins. 1 v. ill.
Manstein (général comte de). Mémoires historiques, politiques et littéraires, 1727-1744. 2 v. (Bibl. russe polonaise).
Manzoni (Alexandre). Histoire de la colonne infâme. 1 v.
Maquet (Auguste). Paris sous Louis XIV. 1 v. ill.
Marais (Mathieu). Journal et mémoires, 1705-1797. 4 v.
Marbot (général baron de). Mémoires. 3 v.
Marcadé (A.). Talleyrand prêtre et évêque. 1 v.
Marcelin. Sous l'empire. 1 v.
Marcellus (comte de). Les Grecs anciens et modernes. 1 v. Chateaubriand et son temps. 1 v. Souvenirs d'Orient. 1 v.
Marchand (J.). Un intendant sous Louis XIV. 1 v.
Marchand. Rome et les noms romains. 1 v.
Marco de Saint-Hilaire (Emile). Histoire des conspirations. 4 v. ill. Histoire de la vie privée de Napoléon. 2 v.
Margry. Belain d'Ernambuc ou les Normands aux Antilles. 1 v.
Maricourt (baron Léon de). Marie-Amélie de Bourbon. 1 v. Saint-Cyr et Jérusalem. 1 v.
Marie-Amélie de Bourbon. Notes historiques et biographiques. 1 v.
Marie-Edmée (le journal de).
Mariejol. Pierre Martyr d'Anghera. 1 v.
Marmier (X.). A la maison. 1 v.
Marmontel. Mémoires. 1 v.
Marnay (de). Mémoires secrets. 1 v.
Marquardt (Joachim). Organisation de l'empire romain. trad. Weiss et Louis-Lucas. 1 v.
Martin (Henri). Histoire de France. 18 v. Histoire de France depuis 1789 jusqu'à nos jours. 5 v. La France, son génie et ses destinées. 1 v.
Martin (L.-A.). Les civilisations primitives en Orient. 1 v. Histoire morale des Gaules. 1 v. Histoire de la femme dans l'antiquité. 2 v.
Martin (R. Père). Le marquis de Montcalm. 1 v.
Marvaud (F.). Histoire des vicomtes et de la vicomté de Limoges. 1 v.
Marx (Adrien). Profils et indiscrétions parisiennes. 1 v. Les petits mémoires de Paris. 1 v.
Mary-Lafon. Pasquin et Marforio, histoire politique des papes. 1 v. Mœurs et costumes de l'ancienne France. 1 v. Histoire politique, religieuse et littéraire du midi de la France. 4 v. Rome ancienne et moderne. 1 v. ill. Cinquante ans de vie littéraire. 1 v.

Maspero (G.). Une enquête judiciaire à Thèbes au temps de la xxe dynastie. 1 v. Histoire ancienne des peuples de l'Orient. 1 v.
Masson. Mémoires inédits sur la Russie, 1806. 3 v.
Masson (Frédéric). Le département des affaires étrangères pendant la révolution. 1 v. La révolte de prairial an III à Toulon. 1 v. Les diplomates de la révolution. 1 v. Le journal Garfield. 1 v. Le marquis de Grignan. 1 v. Le cardinal de Bernis depuis son ministère. 1 v.
Matignon (R. P.). Les Morts et les Vivants. 1 v.
Maugras (Gaston). Les demoiselles de Verrières. 1 v.
Mauguy (comte de). Souvenirs du second empire. 1 v.
Maupas (E. de). Mémoires sur le second empire. 2 v.
Maupassant (Guy de). Sur l'eau. 1 v. ill.
Maurès de Malartic (comte de). Journal de ses campagnes au Canada. 1 v. illustré.
Maury (Alfred). Histoire des grandes forêts de la Gaule. 1 v.
Maximilien (l'empereur). Mémoires, souvenirs de ma vie. 2 v.
May (Thomas-Erskine). Histoire constitutionnelle de l'Angleterre. 2 v. Histoire de la démocratie en Europe. 1 v.
Maynard (abbé). Voltaire, sa vie et ses œuvres. 2 v. Saint Vincent de Paul, sa vie, son temps et son influence. 4 v.
Mazade (Charles de). La guerre de France, 1870-1871. 2 v. Cavour. 1 v. Portraits de l'Histoire morale et politique. 1 v. Lamartine, sa vie littéraire et politique. 1 v. Le comte de Serre. 1 v. Les révolutions de l'Espagne contemporaine. 1 v. Monsieur Thiers, 50 années d'histoire contemporaine. 1 v.
Mazas (Alexandre). Histoire de l'ordre royal et militaire de Saint-Louis. 3 v.
Mazères (E.). Comédies et souvenirs. 1 v.
Meaux (vicomte de). La révolution et l'empire. 1 v. Les luttes religieuses en France au xvie siècle. 1 v.
Mejan (Maurice). Les causes célèbres. 21 v.
Mello (T.). Dictionnaire littéraire et historique de la Grèce, de Rome et du Moyen Age. 1 v.
Melum (comtesse de). La marquise de Barol, sa vie et ses œuvres. 1 v.
Mémoires pour servir à l'Histoire de France. Collection Michaud et Poujoulat. 33 v.
Mémoires relatifs à l'Histoire de France, publiés par Guizot. 3 v.
Mémoires sur la Révolution française. Mme de Larochejacquelein. 1 v. Doppet. 1 v. Fréron. 1 v. Mme du Hausset. 1 v. Weber. 2 v. Tureau. 1 v. Meillan. 1 v. Rivarol. 1 v. Journiac Saint-Meard. 1 v. Mme Sapinaud. 1 v. Carnot. 1 v. Louvet. 1 v. Choiseul. 1 v. Gaudin, duc de Gaëte. 2 v. Philippe d'Orléans. 1 v. Maréchal Berthier. 1 v. Regnier. 1 v. Mme Bonchamp. 1 v. Barbaroux. 1 v. Goguelat. 1 v. Guerre des Vendéens. 6 v. Durand de Maillane. 1 v. Cléry. 1 v. Débats de la Convention. 1 v. D'Argenson. 1 v. Marquis de Bouillé. 1 v. Riouffe, mémoires sur les prisons. 2 v. Papiers de Robespierre. 3 v. Besenval. 2 v. Senard. 1 v. Mme Roland. 2 v. Sur le duc d'Enghien. 1 v. Comte de Bouillé. 1 v. Camille Desmoulins. 1 v.
Mémoires sur l'armée de Chanzy. 1 v.
Menant (Joachim). Annales des rois d'Assyrie. 1 v.
Menière (docteur Paul). La captivité de la duchesse de Berry à Blaye. 2 v.
Mennechet. Histoire de France. 1 v.
Menneval (baron). Napoléon et Marie-Louise. 1 v.
Meray Antony). La vie au temps des Trouvères. xie xiie et xiiie siècles. 1 v.

Mercier de Lacombe. Henri IV et sa politique. 1 v.
Merilhou (M. F.). Les parlements de France. 1 v.
Merimée (Henri). Une année en Russie. 1 v.
Merimée (Prosper). Portraits historiques et littéraires. 1 v. Mélanges historiques et littéraires. 1 v. Etudes sur l'histoire romaine. 2 v. Histoire de don Pedre I, roi de Castille. 1 v. Un épisode de l'histoire de Russie : Les faux Demetrius.
Merivale (Ch.). Histoire des Romains sous l'empire. 1 v.
Merlieux (Edouard). Souvenirs d'une Française captive de Sehamyl. 1 v.
Merlin (comtesse). Mémoires et Souvenirs. 4 v., le quatrième manque. — Les Loisirs d'une femme. 1 v.
Mermeix. Les Coulisses du Boulangisme.
Merson (Ernest). Confidences d'un journaliste. 1 v.
Merruau (Charles). Souvenirs de l'hôtel de ville de Paris. 1 v.
Mettais (H.). Souvenirs d'un médecin de Paris en 1865. 1 v.
Metternich (prince de). Mémoires. 8 v.
Metz-1870. Les propos du camp. : Journal d'un aide-major. 1 v.
Mezières (A.). La société française. 1 v. Vie de Mirabeau. 1 v.
Micali. L'Italie avant la domination romaine. 1 v.
Michaud (abbé). Guillaume de Champeaux et les Ecoles de Paris au xiie siècle. 1 v.
Michaud (J.). Histoire des croisades. 6 v. Notice sur Jeanne d'Arc. 1 v. Biographie universelle. 30 v.
Michel (Francisque). Histoire du commerce et de la navigation à Bordeaux. 2 v. Histoire des races maudites. 2 v.
Michel (G.). Histoire de Vauban. 1 v.
Michelet (J.). Introduction à l'histoire universelle. 1 v. Histoire romaine. République. 2 v. Histoire de France. 17 v. Histoire de la Révolution française. 7 v. Abrégé de l'histoire de France : Moyen Age. 1 v. Temps modernes. 1 v. Précis de la révolution française. 1 v. Notre France. 1 v. Origines du Droit français. 1 v. Histoire du xviiie siècle jusqu'au 18 brumaire. 1 v. Les femmes de la révolution. 1 v. Origine des Bonaparte. 1 v. La sorcière. 1 v. Mon journal. 1 v.
Michelet et **Quinet.** Des Jésuites. 1 v.
Michelet (madame). Mémoires d'un enfant. 1 v.
Michiels (Alfred). L'invasion prussienne en 1792 et ses conséquences. 1 v. Histoire secrète du Gouvernement autrichien. 1 v.
Middleton. Garibaldi, ses opérations à l'armée des Vosges. 1 v.
Midi (Henri). Le Régime constitutionnel. 1 v.
Mignard (P.). Biographie du général Testot-Ferry. 1 v. Statistique de la milice du Temple. 1 v. Eclaircissements sur les pratiques occultes des Templiers. 1 v. Etudes de l'histoire. 1 v.
Mignet (F. A.). Notices historiques. 2 v. Eloges historiques. 1 v. Nouveaux éloges historiques. 1 v. Histoire de Marie Stuart. 2 v. Histoire de la révolution française. 2 v. Charles-Quint, son abdication, sa mort. 1 v. Antonio Perez et Philippe II. Rivalité de François I et de Charles-Quint. 2 v. Vie de Franklin. 1 v.
Mill (J. Stuart). La Révolution de 1848. 1 v. Mes mémoires. 1 v.
Milleret. La France depuis 1830. 1 v.
Millet (J.). Histoire de Descartes avant 1637. 1 v.
Millet (R.). La France provinciale. 1 v.
Miot, comte de Melito. Mémoires, 1788-1815. 2 v.
Mirabeau. Mémoires. 8 v.

Mirabeau (comtesse de). Le prince de Talleyrand et la maison d'Orléans. 1 v.
Mismer (Charles). Souvenirs d'un dragon à l'armée de Crimée. 1 v.
Missionnaire (un) catholique en Angleterre sous le règne d'Elisabeth. 1 v.
Missionnaire (un) républicain en Russie. 3 v.
Mohammed ben Abi. Histoire de l'Afrique. 1 v.
Molé (Mathieu). Mémoires. 4 v.
Molinari (G. de). Les soirées de la rue Saint-Lazare. 1 v. Les clubs rouges pendant le siège de Paris. 1 v. L'abbé de Saint-Pierre. 1 v.
Mollien (comte). Mémoires d'un ministre du trésor public. 1 v.
Molmenti (P. G.) La vie privée à Venise. 1 v. ill.
Mommsen (Th.). Mémoires sur les provinces romaines. 1 v. Histoire romaine. 8 v.
Monin (H.). Essai sur l'histoire administrative du Languedoc pendant l'intendance de Basville 1685-1717. 1 v.
Moniteur universel (réimpression du) de 1789 à 1799. 30 v. ill. dont 2 de tables.
Monnard (Ch.). Biographie de Jean de Muller. 1 v.
Monnier (Francis). Vercingétorix et l'indépendance gauloise. 1 v.
Monnier (Alexandre). Histoire de l'assistance publique. 1 v.
Monnier (Marc.) La Camora, Mystères de Naples. 1 v.
Monod (Gabriel). Etudes critiques sur les sources de l'histoire mérovingienne. 1 v. Bibliographie de l'histoire de France. 1 v.
Monseignat (de). Un chapitre de la révolution française, histoire des Journaux. 1 v.
Monselet (Charles). Les originaux du siècle dernier. 1 v. Les galanteries du xviiie siècle. 1 v. Portraits après décès. 1 v. Les oubliés et les dédaignés. 1 v. Fréron ou l'illustre critique. 1 v.
Montalivet (comte de). Rien ! Dix-huit années de gouvernement parlementaire. 1 v.
Montbel. Le duc de Reichstadt. 1 v.
Monteil (Alexis). Histoire financière de la France. 1 v. Histoire des Français des différents Etats. 10 v. Matériaux historiques. 2 v.
Montgaillard (abbé de). Histoire de France. 9 v.
Montgomery-Martin. La révolte de l'Inde. 1 v.
Montholon (général de). Captivité de Napoléon. 2 v.
Montron (de). Le père Lacordaire. 1 v.
Moray (Tiburce). Un ménage royal, chronique d'Angleterre. 1 v.
Moreau de Jonnès. La Prusse. 1 v.
Morelet (Arthur). Les Maures de Constantine en 1840. 1 v.
Moret (Ernest). Quinze années du règne de Louis XIV. 1700-1715. 3 v.
Morin (Eugène). Saliens et Ripuaires. 1 v.
Mornay (Mme de). Mémoires. 2 v.
Mortiner d'Ocagne. Les grands écoles de France. 1 v.
Mortimer-Ternaux (L.). Histoire de la Terreur. 8 v.
Mossé. Don Pedro II empereur du Brésil. 1 v.
Mougeolle (Paul). Les problèmes de l'histoire. 1 v.
Mouisse (M. F. de). La convention nationale, le roi Louis XVI. 1 v.
Mourin (Ernest). Les comtes de Paris. Avènement de la troisième race. 1 v.
Mouy (Charles de). Don Carlos et Philippe II. 1 v.
Muller (C.). Les apôtres de l'agriculture. 1 v.

Muller (E). La Jeunesse des grands hommes. 1 v.
Muller (F.). Histoire de la confédération suisse. 13 v.
Mun (marquis de). Un château en Seine-et-Marne en 1870. 1 v.
Muro (Gaspard). La princesse d'Eboli. 1 v.
Mury (abbé). Précis de l'Histoire politique et religieuse de la France. 2 v.
Mury (père). Histoire de G. Malagrida. 1 v.
Musée des Archives nationales. Documents originaux sur l'histoire de France. 1 v. ill.
Muskau (prince). Mémoires, 4 v. Chroniques, lettres et journal. 2 v. De tout un peu. 1 v.
Musset (Paul de). Anne de Boleyn. 1 v. Mémoires de Ch. Gozzi. 1 v. Les originaux du xviiie siècle. 1 v. Biographie d'Alfred de Musset. 1 v.
Mutrecy (de). Journal d'une campagne en Chine. 1 v.
Nadauld (G.). Mes notes d'Infirmier. 1 v.
Nadault de Buffon. Buffon, sa famille et ses Collaborateurs. 1 v.
Napier. Histoire de la guerre de la Péninsule. 13 v. et atlas.
Napoléon I. Commentaires. 6 v. Œuvres choisies. 1 v.
Napoléon (prince). Napoléon et ses détracteurs. 1 v.
Naquet (H.). Les Impôts indirects chez les Romains. 1 v.
Narbonne (Pierre). Journal des règnes de Louis XIV et Louis XV. 1 v.
Naudé. Mémoire confidentiel adressé à Mazarin. 1 v.
Naudet. De l'administration des postes chez les Romains. 1 v. De la noblesse et des titres chez les Romains. 1 v.
Nauroy (Charles). Les derniers Bourbons. 1 v. Le secret des Bonaparte. 1 v.
Naville (Ernest). Maine de Biran, sa vie et ses pensées. 1 v.
Nervo (le baron de). Le comte Corveto. 1 v. Histoire d'Espagne. 4 v. Isabelle-la-Catholique. 1 v.
Netscher. Les Hollandais au Brésil. 1 v.
Nettement (Alf. Fr.). Vie de Marie-Thérèse de France. 1 v. Histoire de la conquête d'Alger. 1 v. Histoire de la restauration. 8 v.
Neukom (Edmond.) Guillaume II et ses soldats. 1 v.
Neuilly sous la commune. 1 v.
Neuilly (comte de). Dix années d'émigration. 1 v.
Neymarck (Alfred). Colbert et son temps. 2 v.
Nicolardot (Louis). Journal de Louis XVI. 1 v. Ménage et finances de Voltaire. 1 v. Etudes sur les grands hommes. 1 v.
Niebuhr. Histoire romaine. 7 v.
Niox (G.). Expédition du Mexique. 1 v. et atlas.
Nisard (Charles). Un valet ministre : Guillaume du Tillot. 1 v. Mémoires et correspondance. 1 v.
Nisard (de). Considérations sur la révolution française et sur Napoléon Ier. 1 v. Souvenirs et notes. 1 v. Ægri sommia. 1 v. Histoire et description des principales villes de l'Europe. Nîmes. 1 v.
Noailles (Anne-Paul-Dominique de), Marquise de Montagu. 1 v.
Noailles (duc de). Histoire de madame de Maintenon. 4 v.
Noailles (marquis de). Henri III et la Pologne en 1572. 3 v.
Nore. Coutumes et traditions de la France. 1 v.
Norvins (de). Histoire de Napoléon. 4 v.
Nourrisson. L'ancienne France et la Révolution. 1 v. Le cardinal de Berulle. 1 v. Turgot, Necker et Bailly. 1 v.

Nouveau recueil de l'argenterie des rois de France, publié par Douet d'Arcq. 1 v.
Nouvion (Victor de). Histoire du règne de Louis-Philippe. 4 v.
Oberkirch (baronne d'). Mémoires, 1770-1789. 2 v.
Obolenski (prince). Souvenirs d'un exilé en Sibérie. 1 v. (Bibl. russe-polonaise).
Obri (J.-B.-F.). Des berceaux de l'espèce humaine selon les Indiens, les Perses et les Hébreux. 1 v.
O'Connell. Mémoires sur l'Irlande. 1 v.
Oliphant (Laurence). La Chine et le Japon pendant les années 1857-1858 et 1859. 2 vol.
Ollivier (Emile). 1789 et 1889. 1 v.
Ollivier (Père). Le pape Alexandre VI et les Borgia. 1 v.
Omont (H.). Inventaire de la collection Moreau à la Bibliothèque nationale. 1 v.
One (Lord). Les vivants et les morts. 1 v.
O'Reilly (Bernard). Vie de Léon XIII. 1 v. ill.
Orélie-Antoine Ier. Relation écrite par lui-même. 1 v.
Orléans (duc d'). Récits de campagne. 2 v. Le même, 1 v. ill.
Orléans (duchesse d'). Sa biographie. 1 v.
Osmont (comte d'). Reliques, impressions, etc. 1 v.
Ouvrard. Mémoires sur sa vie. 3 v.
Ozanam (Fréd.). La civilisation au ve siècle. 2 v. Les Germains avant le Christianisme. 1 v. Le livre des malades. 1 v.
Ozaneaux (Georges) Les Romains ou tableau des institutions de la République romaine. 1 v.
Paganel (Camille). Histoire de Scanderberg. 1 v.
Pagès (marchand d'Amiens). Mémoires écrits à la fin du xviie siècle et au commencement du xviiie siècle. 5 v. Supplément. 1 v.
Paillard (A.). La transmission du Pouvoir impérial à Rome et à Constantinople. 1 v.
Pajol (comte). Kléber, sa vie et sa correspondance. 1 v.
Palat (lieutenant). Journal de route. 1 v.
Paléologue (Maurice). Alfred de Vigny. 1 v.
Palikao (général comte de). Un ministère de 24 jours. 1 v.
Palissy (Bernard). Œuvres complètes. 1 v.
Pallan. La mission de Talleyrand à Londres en 1792. 1 v. Le ministère de Talleyrand. 1 v. Ambassade de Talleyrand à Londres. 1830-1834. 1 v.
Pallu. L'expédition de Cochinchine en 1861. 1 v.
Paparrigopoulo (C.). Histoire de la civilisation hellénique. 1 v.
Papiers et correspondance de la famille impériale. 1 v.
Paquier. Histoire de l'unité politique et territoriale de la France. 1 v.
Parchappe. Galilée. 1 v.
Parieu (E. de). Histoire de Gustave-Adolphe. 1 v.
Paris à travers les âges, 14 fascicules ill. ouvrage complet.
Paris (Histoire générale de), publiée sous la direction du baron Haussmann, Ouvrage inachevé. Introduction. 1 v. ill. Topographie du vieux Paris, région du Louvre et des Tuileries. 1 ill.
Paris (comte de). Histoire de la guerre civile en Amérique. 7 v. et atlas.
Pariset (Ernest). Histoire de la soie. 1 v.
Parkman (Francis). Les Jésuites dans l'Amérique du Nord. 1 v.
Pasquier (L. M. C.). Histoire de l'Hindoustan. 1 v.
Passy (Frédéric). Stephenson, sa vie et ses œuvres. 1 v.
Passy (Louis). Frochot, Préfet de la Seine, 1789-1815. 1 v.

Pasteur. Histoire d'un savant par un ignorant. 1 v.
Pastor (Dr Louis). Histoire des papes depuis la fin du moyen âge, tr. de l'allemand, t. I et II.
Pastoret (comte de). Histoire de la législation.
Pauliat (Louis). La politique coloniale sous l'ancien régime. 1 v.
Pauthier (G.). Les îles Ioniennes pendant l'occupation française et le protectorat anglais. 1 v.
Pegot-Ogier (E.). Histoire des îles de la Manche. 1 v.
Peignot (Gabriel). Recherches sur la danse des morts. 1 v. La selle chevalière, brochure. Dépenses de Louis XIV. 1 v. Le Luxe des Romains. 1 v. Recherches sur la Danse des morts. 1 v. Choix de testaments. 1 v. Prédicatoriana 1 v.
Pelet. Histoire des Etats-Unis. 1 v.
Pélissier. Annales algériennes. 3 v.
Pellet (Marcelin). Napoléon à l'Ile d'Elbe. 1 v.
Pelletan (Eugène). Un roi philosophe, le grand Frédéric. 1 v.
Pellico (Silvio) Mes prisons. 1 v.
Pellissier (A.). Les grandes leçons de l'antiquité classique. 1 v. Les grandes leçons de l'antiquité chrétienne. 1 v.
Pellisson (Etienne). Les Romains au temps de Pline le Jeune. 1 v.
Pène (Henri de). Henri de France 1 v. ill.
Perdereau (le père Benoît). Les martyrs de Picpus. 1 v.
Perey (Lucien). Histoire d'une grande dame au xviiie siècle. 2 v. Le duc de Nivernais. 2 v.
Perey (Lucien) et Gaston **Maugras.** La jeunesse de madame d'Epinay. 1 v. Les dernières années de madame d'Epinay. 1 v. La vie intime de Voltaire. 1 v.
Perier (Casimir). Les Finances de l'Empire.
Peroz (le capitaine Etienne). Au Soudan français, souvenirs de guerre et de mission. 1 v.
Perraud (R. P. Ad.). Etudes sur l'histoire contemporaine. 2 v. L'Oratoire de France aux xviie et xviiie siècles. 1 v.
Perreciot. De l'état civil des personnes et de la condition des terres jusqu'à la rédaction des coutumes. 3 v.
Perrens (F.-T.). Etienne Marcel et le gouvernement de la bourgeoisie au xive siècle, 1356-1358. 1 v. Jérôme Savonarole. 1 v. Les mariages espagnols sous le règne de Henri IV et la régence de Marie de Médicis. 1 v. La démocratie en France au moyen âge. 2 v. Histoire de Florence (3 premiers volumes).
Perron (docteur). Les femmes arabes avant et depuis l'Islamisme. 1 v.
Pessard (Hector). Mes petits papiers. 2 v.
Petion, Buzot et **Barbaroux.** Mémoires inédits publiés par Dauban. 1 v.
Petit (Albert). Le gouvernement de septembre devant l'opinion. 1 v.
Petit (Edouard). Françoise Mignot. 1 v.
Petit (Maxime). Les sièges célèbres. 1 v. ill. (Biblioth. des merveilles).
Petit de Julleville. Histoire de la Grèce. 1 v. Histoire de la Grèce sous la domination romaine. 1 v. Les Comédiens en France au moyen âge. 1 v.
Peyrat. Histoire élémentaire et critique de Jésus. 1 v. Etudes historiques et religieuses. 1 v. La révolution et le livre de M. Quinet. 1 v.
Peyre. Napoléon. 1 v. ill.
Peyronnet (de). Histoire des Francs. 4 v.
Philippon (le docteur L.). Le pontificat de Grégoire VII. 2 v.
Picot (Georges). Histoire des Etats-Généraux. 4 v. M. Dufaure, sa vie et ses discours. 1 v.

Pichot (Amédée). Charles-Quint. 1 v. Histoire des Charles-Edouard. 2 v. Souvenirs intimes de Talleyrand. 1 v.
Pictet (Adolphe). Les origines indo-européennes. 2 v.
Piédagnel Jules Janin. 1 v.
Piépape (Léonce de). Histoire militaire du pays de Langres et du Bassigny. 1 v. Histoire de la réunion de la Franche-Comté à la France. 1 v.
Pierre (Victor). Histoire de la République de 1848. 1 v.
Piétrowski. Souvenirs d'un Sibérien. 1 v.
Pimodan (Georges de). Souvenirs des campagnes d'Italie et de Hongrie. 1 v.
Pinard (V.). Le barreau français au xixe siècle. 2 v.
Pingaud (Léonce). Les Français en Russie et les Russes en France. 1 v.
Pion des Loches. Mes campagnes. 1792-1815. 1 v.
Pitre-Chevalier. La Bretagne ancienne et moderne. 1 v. ill.
Pizard (Alfred). La vie avant 1789. 1 v.
Plauchut (Edmond). L'Egypte et l'occupation anglaise. 1 v.
Plutarque. Vie des hommes illustres, tr. Ricard. 4 v.
Pocquet (Barthélemy). Les origines de la révolution en Bretagne. 2 v.
Poirson. Histoire du règne de Henri IV. 3 v. Mémoires et documents sur la fin du xvie siècle. 1 v. Précis de l'histoire de France. 1 v. Précis de l'histoire ancienne. 1 v.
Polybe, Hérodien, Zozime. Histoire romaine. 1 v.
Pomponne (marquis de). Mémoires. 2 v.
Ponat (baron de). Histoire des variations et des contradictions de l'église romaine. 2 v.
Poncet (Charles). Pie VI à Valence. 1 v.
Poncins (Léon de). Les cahiers de 1789. 1 v.
Pontevès de Sabran (Jean de). Notes de voyage d'un hussard. 1 v.
Pont-Jest (René de). Les régicides. Fieschi. 1 v.
Pontmartin (Armand de). Mes mémoires, Enfance et Jeunesse. 1 v. Seconde jeunesse. 1 v. Souvenirs d'un vieux critique. 1 v. Histoire de la civilisation française. 1 v.
Porel (Paul) et Georges **Montal.** L'Odéon. 2 v.
Port (Célestin). La Vendée angevine. 2 v.
Porter. Progrès de la Grande-Bretagne. 1 v.
Potherat de Thou Recherches sur l'origine de l'impôt. 1 v.
Potiquet (Alfred). L'Institut national de France. 1 v.
Poujade (Eugène). Chrétiens et Turcs. 1 v. La Diplomatie du second Empire et celle du 4 septembre. 1 v. Le Liban et la Syrie en 1860. 1 v.
Poujoulat (B.). Le cardinal Maury. 1 v. Histoire de ce Temps. 2 v. Histoire de France depuis 1814. 4 v.
Poullet (P.). La campagne de l'Est. 1 v.
Praët (Van). Essai sur l'histoire politique des derniers siècles. 1 v.
Prat. Etudes sur le moyen âge. 1 v.
Prescott. Histoire de la conquête du Mexique. 3 v. Histoire de la conquête du Pérou. 3 v.
Pressensé (G. de). Les origines. 1 v.
Prévost (l'abbé). Histoire de Cicéron d'après Middleton. 2 v.
Prévost-Paradol. Elisabeth et Henri IV, 1595-1598. 1 v. La France nouvelle. 1 v. Histoire universelle. 1 v. Quelques pages d'histoire contemporaine. 1 v.
Prince Albert (le). Son caractère, ses discours, avec une introduction par Guizot. 1 v.

Procès du maréchal Bazaine. Rapport complet du général Rivière. 1 v. Audience du 1ᵉʳ conseil de guerre, compte-rendu. 2 v.
Pro nihilo. Les antécédents du procès d'Arnim. 1 v.
Proudhon (P.-J.). Confession d'un révolutionnaire. 1 v.
Proust (Antonin). Le prince de Bismarck et sa correspondance. 1 v.
Puffeney (D.). Histoire de Dôle. 1 v. ill.
Puymaigre (comte A. de). Souvenirs sur l'émigration, l'empire et la restauration. 1 v.
Puynode (G. de). Les grandes crises financières de la France. 1 v.
Quantin. Histoire de l'instruction publique dans l'Yonne avant 1789. 1 v.
Quatrebarbes (comte de). Souvenirs d'Ancône, 1860. 1 v. Une paroisse vendéenne sous la Terreur. 1 v.
Quesnoy (docteur F.). L'armée d'Afrique depuis la conquête d'Alger. 1 v. Campagne de 1870. 1 v.
Quicherat (J.). Procès de Jeanne d'Arc, en latin. 3 v. Histoire du costume en France. 1 v. ill. Adolphe Nourrit. 3 v.
Quinet (Edgard). Histoire de la campagne de 1815. 1 v. Histoire de mes idées. 1 v. Marnix de Sainte-Aldegonde. 1 v. La Révolution. 2 v. Révolution d'Italie. 2 v. Vie et mort du génie grec. 1 v.
Quinet (Mᵐᵉ Edgard). Mémoires d'exil. 2 v.
Quinte-Curce. Vie d'Alexandre le Grand, texte latin et trad. (Bibl. Panckouke.) 4 v.
Rabaud (Camille). Sirven. Etude historique. 1 v.
Raffy. Lectures historiques. 7 v.
Ragon (F.). Histoire des temps modernes. 3 v. Histoire générale du xviiiᵉ siècle. 1 v.
Raguse (maréchal duc de). Mémoires de 1792 à 1832. 9 v.
Raineville (J). Les femmes dans l'antiquité. 1 v.
Raisson. Histoire de la police de Paris. 1 v.
Rambaud (Alfred.) Histoire de la civilisation contemporaine. 1 v. Français et Russes, Moscou et Sébastopol. 1 v. Les Français sur le Rhin 1792-1804. 1 v. La domination française en Allemagne sous Napoléon. 1 v. Histoire de la Russie. 1 v.
Rameau de Saint-Père. Une colonie féodale en Amérique. 2 v.
Ramée (Daniel). Histoire des chars, carrosses, omnibus et voitures. 1 v.
Ranc (Arthur). Sous l'empire. 1 v. Une évasion à Lambèse. 1 v.
Randon (maréchal). Mémoires. 2 v.
Ranke (Léopold). Histoire de France aux xviᵉ et xviiᵉ siècles. 3 v. Histoire de la Papauté. 4 v.
Rapetti. La défection de Marmont en 1814. 1 v.
Rapin (Père). Mémoire sur l'église, la société, la cour, la ville et le Jansénisme. 1 vol.
Rasch (G.). Les Prussiens en Alsace-Lorraine. 1 v.
Rastoul (A.). L'Eglise de Paris sous la commune. 1 v. Histoire populaire de la Révolution française. 1 v.
Rathery. Le comte de Plélo. 1 v. Histoire des Etats généraux. 1 v.
Ratherg et Bouton. Mˡˡᵉ de Scudéry, sa vie et sa correspondance. 1 v.
Rattazzi et son temps. 1 v.
Rattazzi (Mᵐᵉ Urbain). Soirées d'Aix-les-Bains. 1 v.
Raudot. Mes oisivetés. 1 v. Napoléon. 1 v.
Raumer. L'Angleterre en 1853. 2 v.

Ravaisson (Félix). Archives de la Bastille. 14 v.
Raynal (Paul de). Le mariage d'un roi. 1 v. Les correspondants de Joubert.
Raynaud (Maurice). Les médecins au temps de Molière. 1 v.
Récamier (Madame). Souvenirs et correspondance. 2 v. Les amis de sa jeunesse et correspondance inédite. 1 v.
Recherches historiques sur les Templiers. 1 v.
Recueil (nouveau) des comptes de l'argenterie des rois de France. 1 v.
Regnault (Elias). Histoire de huit ans, 1840 à 1848. 1 v. Histoire du Gouvernement provisoire. 1 v. Histoire politique et sociale des Principautés danubiennes. 1 v.
Regnier (P.), de la Comédie française. Souvenirs et études de théâtre. 1 v.
Reinach (Théodore). Histoire des Israélites. 1 v.
Reinaud. Relations politiques et commerciales de l'Empire romain avec l'Asie orientale. 1 v. Du feu grégeois et des feux de guerre. 1 v.
Relave (abbé). La vie et les œuvres de Topffer. 1 v.
Remusat (comte Charles de). Abélard. 2 v. Saint-Anselme de Cantorbéry. 1 v. Bacon, sa vie et son temps. 1 v. L'Angleterre au xviiie siècle. 2 v. Channing. 1 v.
Remusat (comte Paul de). A Thiers. 1 v.
Remusat (Mme de). Mémoires. 1 v.
Renan (Ernest). Histoire du peuple d'Israël. 2 v. Les origines du Christianisme, Vie de Jésus. 1 v. Les apôtres. 1 v. Saint Paul. 1 v. L'Antechrist. 1 v. Marc-Aurèle et la fin du monde antique. 1 v. L'Eglise chrétienne. 1 v. l'Islamisme et la science. 1 v. Conférences d'Angleterre. 1 v. Souvenirs d'enfance et de jeunesse. 1 v.
Renaud (Armand). L'héroïsme. 1 v. ill. (Bibl. des Merveilles).
Rendu (Ambroise). L'Autriche dans la confédération générale. 1 v. Les avocats d'autrefois. 1 v.
Renée (Amédée). Mme de Montmorency. 1 v. Les nièces de Mazarin. 1 v. La grande Italienne : Mathilde de Toscane. 1 v.
Retz (cardinal de). Mémoires. 2 v.
Reulet (abbé). Un inconnu célèbre. Raymond de Sebonde. 1 v.
Révélations sur la Russie. 3 v.
Revue historique et nobiliaire. 17 v. Ouvrage inachevé.
Rey (E.). Les colonies françaises en Syrie aux xiie et xiiie siècles. 1 v.
Rey (Joseph). Des institutions judiciaires de l'Angleterre. 2 v.
Rey (M.). Histoire du drapeau de la monarchie française. 2 v. et atlas.
Reynald (Hermile). Louis XIV et Guillaume III. 2 v. Histoire de l'Angleterre depuis la mort de la reine Anne. 1 v. Histoire d'Espagne depuis la mort de Charles III. 1 v. Histoire de la restauration. 1 v. Mirabeau et la Constituante. 1 v.
Reynaud (Jean). L'esprit de la Gaule. 1 v. Vie et correspondance de Merlin de Thionville. 1 v.
Riancey (Henri de). Histoire du monde jusqu'au pontificat de Pie IX. 10 v.
Ribbe (Ch. de). Le Play d'après sa correspondance. 1 v. Deux chrétiennes pendant la peste de 1720. 1 v. Une famille au xvie siècle. 1 v. Les familles et la société en France avant la Révolution. 1 v.
Ribeyre (Félix). Biographie des représentants à l'Assemblée nationale de 1871. 1 v.
Ricard (Mgr). L'école menaisienne : Gerbert et Salinis. 1 v. Lacordaire. 1 v. Lamennais. 1 v. Montalembert. 1 v. Rohrbacher. 1 v.
Ricciardi. Histoire de la Révolution d'Italie en 1848. 1 v.
Richard (Charles). Les Révolutions inévitables dans le globe et l'humanité. 1 v.
Richelieu (duc de). Nouveaux mémoires publiés par de Lescure. 1 v.
Richer. Histoire de mon temps, texte et trad. 2 v.

Ring (Max de). Etablissements romains du Rhin et du Danube. 2 v. Histoire des Germains. 1 v.
Ritt (Olivier). Histoire de l'Isthme de Suez. 1 v.
Rittiez (P.). L'hôtel de ville et la bourgeoisie de Paris. 1 v.
Rivière (Armand). Trois mois de dictature, le gouvernement de la défense nationale à Tours. 1 v.
Rivière (Emile). Découverte d'un squelette humain à Menton. 1 v. ill.
Robert (du Var). Histoire de la Classe ouvrière. 4 v.
Robert (Charles). Biographie d'un homme utile : Leclaire. 1 v.
Robert-Houdin. Confidences d'un Prestidigitateur. 2 v.
Robertson. Histoire de l'Amérique. 4 v. Histoire de Charles-Quint. 4 v. Recherches historiques sur l'Inde ancienne. 1 v.
Robillard de Beaurepaire. Le tribunal criminel de l'Orne, sous la Terreur. 1 v.
Robinet de Cléry. Lasalle. 1 v. ill.
Robinson. Antiquités grecques. 2 v.
Robiou (Félix). Histoire ancienne des peuples de l'Orient. 1 v.
Robiquet (Paul). Theveneau de Morande. 1 v. ill.
Rochau. Histoire de la restauration. 1 v.
Rocquain (Félix). L'esprit révolutionnaire avant la révolution 1715-1789. 1 v. L'Etat de la France au xviii brumaire. 1 v. Napoléon I et le roi Louis. 1 v.
Rodd (Bennett). Frédéric III. Le prince Héritier. L'Empereur. 1 v.
Rogat (Albert). Les hommes du 4 septembre. 1 v.
Roger (Gustave). Le carnet d'un ténor. 1 v.
Roger de Beauvoir. Les confidences de Mlle Mars. 1 v.
Rohling. Le juif du Talmud. 1 v.
Rollin. Histoire ancienne avec notes de Letronne. 10 v. Histoire romaine. 10 v.
Romain (George). Le moyen âge fut-il une époque de ténèbres et de servitude? 2 v.
Rosalba-Carriera. Journal pendant son séjour à Paris, 1720-1721. 1 v.
Roselly de Lorgues. Christophe Colomb. 2 v.
Rosières (Raoul). Histoire de la Société française au moyen âge. 2 v.
Rossew-Saint-Hilaire. Histoire d'Espagne. 11 v. Jules César. 1 v.
Rothan (G.). L'europe et l'avènement du second empire. 1 v. La Prusse et son roi pendant la guerre de Crimée. 1 v. La politique française en 1866. 1 v. L'affaire du Luxembourg 1 v. La France et sa politique extérieure en 1867. 1 v. Souvenirs diplomatiques : l'Allemagne et l'Italie 1870-1871. 1 v.
Rothschild (Arthur). Histoire de la poste aux lettres. 1 v.
Rougebief. Histoire de la Franche-Comté. 1 v.
Roujoux (de). Histoire des Rois et des Ducs de Bretagne. 4 v.
Rousset (Camille). Histoire de Louvois et de son administration. 4 v. Le comte de Gisors. 1 v. Les volontaires de 1792. 1 v. La grande armée de 1813. La grande charte. 1 v. Histoire de la guerre de Crimée. 2 v. et atlas. La conquête d'Alger. 1 v. L'Algérie de 1830 à 1840. 2 v. et atlas. La conquête de l'Algérie, 1841-1857. 2 v. et atlas.
Roussy. La vente de Parga. 1 v.
Royer (Alphonse). Histoire de l'Opéra. 1 v. ill.
Rudesindo. Mémoires historiques sur l'Australie. 1 v.
Rulhière. Histoire de l'anarchie de Pologne. 4 v.
Russel (comte). Mémoires et souvenirs. 1 v.
Sabatier. Affaire de la Salette. 1 v.
Sachot (Octave). La France et l'Empire des Indes. 1 v.

Saim-Saim (la princesse de) au Mexique. 1 v.
Saint-Albin (Alexandre de). Les Francs-Maçons et les sociétés secrètes. 1 v. Documents relatifs à la Révolution française. 1 v.
Saint-Aulaire (comte de). Histoire de la Fronde. 3 v. Les derniers Valois, les Guise et Henri IV. 1 v.
Saint-Genis (Victor de). L'ennemi héréditaire. 1 v. Histoire de Savoie. 3 v.
Saint-Marc-Girardin. Souvenirs et réflexions d'un journaliste. 2 v. Souvenirs de voyages et d'études. 2 v.
Saint-Martin (J.). Fragments d'une histoire des Arsacides. 2 v.
Saint-Maur (de). Les mémoires d'un enfant d'ouvrier. 1 v.
Saint-Priest (de). Histoire de la chute des Jésuites au xviiie siècle. 1 v. Histoire de la Royauté. 2 v. Histoire de la conquête de Naples. 4 v.
Saint-René Taillandier. Les renégats de 1789. 1 v. Dix années de l'Histoire d'Allemagne. 1 v. — Histoire de la jeune Allemagne. 1 v. Maurice de Saxe. 1 v. La Serbie, Kara-Georges et Milosch. 1 v. Tchèques et Magyars, Bohème et Hongrie, xve et xixe siècles. 1 v. Le Roi Léopold et la Reine Victoria. 2 v.
Saint-Simon (duc de). Mémoires. 20 v. Edition Boislisle, les 7 premiers volumes. Scènes et portraits extraits de ses mémoires. 2 v. Projet du gouvernement au duc de Bourgogne. 1 v. Ecrits inédits. 6 v. Papiers inédits et mélanges 3 v.
Saint-Victor (Paul de). Barbares et bandits. 1 v. Hommes et dieux. 1 v.
Sainte-Beuve. Histoire de Port-Royal. 5 v. M. de Talleyrand. 1 v. Souvenirs et indiscrétions. 1 v. Les cahiers de Sainte-Beuve. 1 v.
Salluste (C.). Œuvres, texte et trad. 2 v. (Bibl. Panckoucke).
Salmon (Mgr de). Mémoires inédits de l'Internonce de Paris pendant la révolution. 1 v.
Salvador (J.). Histoire de la domination romaine en Judée et de la ruine de Jérusalem. 2 v.
Salvandy (de). Histoire de Pologne. 3 v.
Salvet (Mgr). Le colonel Paqueron. 1 v.
Sand (Georges). Impressions et souvenirs. 1 v. Souvenirs de 1848. 1 v. Journal d'un voyage pendant la guerre. 1 v. Dernières pages 1 v.
Sandret (C.). Louis II de la Trémouille. 1 v.
Sanson (H.). Mémoires de sept générations d'exécuteurs, 1688-1847. 6 v.
Sapey (C. A.). Etudes biographiques pour servir à l'histoire de l'ancienne magistrature française. 1 v.
Saporta (marquis de). La famille de madame de Sévigné en Provence. 1 v.
Sarcey (Francisque). Souvenirs de jeunesse. 1 v.
Sarcus (comte de). Etude sur la Philosophie de l'histoire. 1 v.
Sarrans (B.). Histoire de Bernadotte. 2 v. La Fayette et la Révolution de 1830. 2 v.
Sarrazin (C.). Récits de la dernière guerre. 1 v.
Saulcy (F. de). Les campagnes de Jules César dans les Gaules. 1 v. Les derniers jours de Jérusalem. 1 v. Histoire d'Hérode. 1 v. Sept siècles de l'histoire judaïque. 1 v.
Sayn-Wittgenstein. Une famille princière d'Allemagne. 1 v.
Sayous (P. André). Histoire générale des Hongrois. 2 v. Histoire des Hongrois, 1790-1875. 1 v.
Scherer (E.). Histoire du commerce de toutes les nations. 2 v.
Schiller. Histoire de la guerre de trente ans. 2 v.
Schlosser. Révolutions politiques et littéraires de l'Europe. 2 v.

Schmidt (Ad.). Paris sous la Révolution. 1 v.
Schmidt (B.). Essai historique sur la société civile dans le monde romain. 1 v. Histoire de la secte des Cathares ou Albigeois. 1 v.
Schnitzler (J.-H.). L'empire des Czars. 1 v. Histoire intime de la Russie sous les règnes des empereurs Alexandre et Nicolas. 2 v. La Russie en 1812, Rostopchine et Koutousof.
Schœbel (C.). Recherches sur la religion première de la race indo-iranienne. 1 v.
Schœlcher. Histoire de l'esclavage. 2 v.
Schouvalof (le père). Ma conversion et ma vocation. 1 v.
Sciout (Ludovic). Histoire de la constitution civile du clergé. 5 v.
Scott (sir Walter). Histoire de Napoléon. 9 v. Biographie des romanciers célèbres. 4 v.
Sechan (Ch.). Souvenirs d'un homme de théâtre. 1 v.
Sedillot (L. A.). Histoire des Arabes. 1 v.
Seeley (J.-B.). Courte histoire de Napoléon. 1 v.
Ségur (comte de). Galerie morale et politique. 3 v. Histoire ancienne, romaine et du Bas-Empire. 11 v. atlas. Histoire de Russie et de Pierre le Grand. 1 v. Histoire de Napoléon et de la Grande-Armée. 2 v. Vie du comte Rostopchine. 1 v. Mémoires. 3 v. Un épisode sous la Terreur. 1 v. Sabine de Ségur. 1 v.
Ségur (le général comte de). Histoire et mémoire. 7 v.
Ségur (Mme de). La Reine Marie Leczinska. 1 v.
Seignobos (Ch.). Histoire de la civilisation contemporaine. 1 v. Scènes et épisodes de l'histoire nationale. 1 v. ill.
Seilhac (comte de). Scènes et portraits de la révolution en Bas Limousin. 1 v.
Seinguerlet (E.). Strasbourg pendant la révolution. 1 v. Propos de table du prince de Bismarck pendant la campagne de France. 1 v.
Selden (Camille). Les derniers jours d'Henri Heine. 1 v. Mendelssohn. 1 v. L'Esprit moderne en Allemagne. 1 v.
Sémichon. Les réformes sous Louis XVI. 2 v.
Sepet (Marius). Le drapeau de la France. 1 v.
Serrigny (Ernest). Journal d'une expédition contre les Iroquois, par le chevalier de Baugy. 1 v.
Sicotière (D. de la). Louis de Frotté et les insurrections normandes. 3 v.
Siebecker (Edouard). Histoire de l'Alsace. 1 v.
Simon (G. Eug.). La cité chinoise. 1 v.
Simon (Jules). Mignet, Michelet, Henri Martin. 1 v. Mémoires des autres. 2 v. Les frères Nayl. 1 v. Souvenirs du 4 septembre : Origine et chute du second empire. 1 v. Le gouvernement de M. Thiers. 2 v. Une Académie sous le directoire. 1 vol.
Simonnet (Jules). Essai sur l'histoire et la généalogie des sires de Joinville. 1 v. Les parlements sous l'ancienne monarchie, brochure. Le président Fauchet, brochure.
Sismondi (S. de). Chute de l'empire romain. 2 v. Histoire des Français. 30 v. Républiques italiennes. 16 v. Histoire de la renaissance de la liberté en Italie. 1 v.
Smith (docteur). Dictionnaire de Biographie, mythologie et géographie ancienne. 1 vol.
Sociétés secrètes (les) et la Société. 3 v.
Sociétés de Louis XVIII (les). 2 v.
Soirées de Charles X (les). 2 v.
Solis (A. de). Histoire de la Conquête du Mexique. 3 v.

Sommaire de l'Histoire ancienne des peuples de l'Orient. 1 v.
Sommer-Vogel (le père P. C.). Comme on servait autrefois. 1 v.
Sorbier. Loisirs d'un magistrat : Méditations morales et études historiques. 1 v.
Sorel (Albert). Le procès de Socrate. 1 v. La question d'Orient au XVIIIe siècle. 1 v. L'Europe et la révolution française. 3 v. La chute de la Royauté. 1 v. Histoire diplomatique de la guerre de 1870-71. 2 v. Le traité de Paris en 1815. 1 v.
Sorel (Alexandre). Le château de Chantilly pendant la Révolution. 1 v. Le couvent des Carmes et le Séminaire de Saint-Sulpice pendant la Terreur. 1 v.
Soret (Henri). Histoire du conflit américain, brochure. Notes d'un volontaire. 1 v.
Soret (Victor). L'Egypte au temps des Pharaons. 1 v.
Sornay (Jacques de). Epigraphie héraldique du département de la Nièvre. 1 v.
Soulié (Eudore). Recherches sur Molière et sa famille. 1 v.
Soult (duc de Dalmatie, maréchal). Mémoires. 3 v. et atlas.
Soultrait (comte de). Armorial historique et archéologique de la Nièvre. 2 v. ill.
Sourches (marquis de). Mémoires. 11 v.
Sourdeval (de). Histoire du 5mo bataillon de chasseurs à pied. 1 v.
Soury (Jules). Etudes historiques sur la religion, les arts, la civilisation de l'Asie antérieure et de la Grèce. 1 v.
Souvenirs d'une demoiselle d'honneur de madame la duchesse de Bourgogne. 1 v.
Souvenirs de quarante ans, récits d'une dame, 1789-1830. 1 v.
Spuller (E.). Ignace de Loyola et la compagnie de Jésus. 1 v.
Stanhope (lord). William Pitt et son temps, tr. Guizot. 4 v.
Stapfer. La Palestine au temps de Jésus-Christ. 1 v.
Stapleton (Th.). Histoire de Thomas Morus. 1 v.
Steeg. Faleyrac, Histoire d'une commune rurale. 1 v.
Steenackers (L. F.). Agnès Sorel et Charles VII. 1 v. Les télégraphes et la poste pendant la guerre de 1870-1871. 1 vol.
Stendhal. Vie de Napoléon I. 1 v. Journal. 1 v.
Stendhal (L'art et la vie de). 1 v.
Stern (Daniel). Histoire de la Révolution de 1848. 2 v.
Stofflet. Stofflet et la Vendée.
Strekersen. J.-J.-Rousseau, ses amis et ses ennemis. 2 v.
Stumer (baron). Napoléon à Sainte-Hélène. 1 v.
Sturm (René). Les finances de l'ancien Régime et de la Révolution. 1 v.
Suchet, duc d'Albufera (maréchal). Mémoires. 2 v. et atlas.
Sudre (Alfred). Histoire de la Souveraineté dans l'antiquité. 1 v. Histoire du communisme. 1 v.
Suétone. Œuvres, texte et trad. 3 v. (Bibliothèque Panckouke).
Sully (duc de). Mémoires. 6 v.
Summer (Mary). Le Bouddha. 1 v.
Sven-Nilson. Les habitants primitifs de la Scandinavie. 1 v.
Swetchine (Mme). Journal de sa conversion. 1 v.
Sybel (Henri de). Histoire de l'Europe pendant la Révolution française. 6 v.
Sylvanecte (Mme Georges Craux). Profils vendéens. 1 v. La cour impériale à Compiègne. 1 v.
Sylvestre (Armand). Portraits et Souvenirs 1886-1891. 1 v.
Tacite. Œuvres complètes, texte et trad. par Panckouke. 7 v. (Bibl. Panckouke). Trad. Burnouf. 1 v.
Taillar. Affranchissement des communes. 1 v.
Taine (Hte). Les origines de la France contemporaine : l'Ancien Régime. 1 v. La

Révolution. 1 v. La conquête Jacobine. 1 v. Le gouvernement révolutionnaire. 1 v. Le régime moderne. 1 v. Un séjour en France en 1793. 1 v.

Taisey-Chatenoy (la marquise de). A la cour de Napoléon III. 1 v.

Talbot (Eugène). Histoire romaine. 1 v.

Tallemant des Réaux. Historiettes. 6 v.

Talleyrand (prince de). Mémoires, les 3 premiers volumes.

Talleyrand intime d'après sa correspondance inédite. 1 v.

Tamisey de Larroque. La reprise de la Floride. 1 v.

Tanski. L'Espagne en 1844. 1 v.

Taschereau. Histoire de la vie et des ouvrages de Molière. 1 v.

Taschet de Barneval. Histoire légendaire de l'Irlande. 1 v.

Tassin (Charles). Gianotti, sa vie, son temps et ses doctrines. 1 v.

Tchitchagoff (amiral). Mémoires, 1767-1849. 1 v.

Tenot (Eugène). Etude historique sur le coup d'Etat. 2 v. Les suspects en 1858. 1 v.

Ternaux-Compans. Collection de mémoires pour servir à l'histoire de la découverte de l'Amérique. 20 v.

Tessier (Jules). L'amiral Coligny. 1 v.

Teulet (Alexandre). Relations politiques de la France et de l'Espagne au xvie siècle. 5 v.

Texier (Edmond). Biographie des journalistes. 1 v. Chroniques de la guerre d'Italie. 1859. 1 v.

Thackeray (W.). Les quatre Georges. 1 v.

Thalès (Bernard). La Lisette de Béranger. 1 v.

Theiner (Augustin). Histoire des Concordats. 2 v.

Thérèse (Sainte), d'après sa correspondance. 1 v.

Thery (Edm.). Sous l'uniforme. 1 v.

Thibeaudeau. Mémoires sur la Convention et le Directoire. 2 v. Le Consulat et l'Empire. 10 v. Histoire de la campagne d'Italie. 3 v. Histoire de la campagne d'Egypte. 2 v. Histoire des Etats-Généraux. 2 v.

Thibout de Puisat (Jacques). Journal d'un volontaire de l'armée de Condé. 1 v.

Thiebault (Dieudonné). Frédéric le Grand. 5 v. Souvenirs de vingt années à la Cour de Berlin. 2 v.

Thierry (Amédée). Attila, ses fils et ses successeurs. 2 v. Histoire des Gaulois. 2 v. Histoire de la Gaule sous la domination romaine. 1 v. Histoire romaine aux ive et ve siècles. 1 v. Trois ministres des fils de Théodose. 1 v. Nestorius et Eutychès. 1 v. Récits de l'histoire romaine au ve siècle. 1 v. Saint Jean Chrysostome. 1 v. Saint Jérôme et la société chrétienne à Rome. 2 v. Tableau du Monde romain. 1 v.

Thierry (Augustin). Dix années d'études historiques. 1 v. Essai sur l'histoire, les progrès et la formation du Tiers-État. 1 v. Histoire de la conquête de l'Angleterre par les Normands. 4 v. et atlas. Lettres sur l'histoire de France. 1 v. Récits des temps Mérovingiens. 2 v.

Thiers (A). Histoire de la Révolution française. 10 v. Histoire du Consulat et de l'Empire. 20 v. et atlas. Histoire de Law. 1 v.

Thiessé (Léon). Essai biographique et littéraire sur saint Etienne. 1 v.

Thomas (Alexandre). Une province sous Louis XIV. 1 v.

Thomas (Frédéric). Les vieilles lunes d'un avocat. 1 v. Dernier quartier des vieilles lunes d'un avocat. 1 v.

Thouret. Révolutions de l'ancien gouvernement français. 1 v.

Thouvenel (L.). Nicolas I et Napoléon III. 1 v. Le secret de l'empereur. 2 v. La Grèce du roi Othon, correspondance de M. Thouvenel avec sa famille et ses amis. 1 v.
Thucydide. Histoire. 1 v.
Thureau-Dangin (Paul). Le Parti libéral sous la Restauration. 1 v. Royalistes et Républicains. 1 v. L'Eglise et l'Etat sous la monarchie de juillet. 1 v. Histoire de la monarchie de juillet, les 5 premiers volumes.
Tiersot (Julien). Histoire de la chanson populaire en France. 1 v.
Tirel. La République dans les carrosses du Roi. 1 v.
Tissandier (Gaston). Souvenirs et récits d'un aérostier militaire de l'armée de la Loire. 1 v. ill.
Tissandier (Gaston). Les héros du travail. 1 v.
Tissot (Joseph). Turgot, sa vie, son administration. 1 v.
Tite-Live. Texte latin et tr. 17 v. (Bibl. Panckouke).
Tocqueville (Alexis de). L'ancien régime et la révolution. 1 v. Histoire du règne de Louis XV. 1 v.
Todiere. Louis XVI, Marie-Antoinette et le comte de Provence en face de la révolution. 1 v.
Tolstoï (comte Léon). Mes mémoires. 1 v. Napoléon et la campagne de Russie. 1 v.
Topin (Marius). Le cardinal de Retz. 1 v. L'Europe et les Bourbons sous Louis XVI. 1 v. L'homme au masque de fer. 1 v. Louis XIII et Richelieu. 1 v.
Tosti. Histoire de Boniface VIII. 2 v.
Touchard-Lafosse. La Loire historique. 5 v.
Tourzel (Mme la duchesse de). Mémoires. 2 v.
Trelawney. Mémoires d'un cadet de famille. 1 v.
Trevenet (de). L'Italie au xvie siècle. 1 v.
Tripier. Constitutions qui ont régi la France depuis 1789. 1 v.
Trognon. Histoire de France. 5 v. Etudes sur l'histoire de France. 1 v. La reine Marie-Amélie. 1 v.
Troubat (Jules). Souvenirs d'un dernier secrétaire de Sainte-Beuve. 1 v.
Tuetey (A.). Les écorcheurs sous Charles VII. 2 v.
Turenne. Mémoires et précis de ses campagnes. 1 v.
Tylor (Edouard). La civilisation primitive. 1 v.
Ulbach (Louis). Les inutiles du mariage. 1 v.
Uranelt-Delaze. Réfutation de l'histoire de France de Montgaillard. 1 v.
Ursel (vicomte Ph. d'). Essai sur l'esprit public dans l'histoire. 1 v.
Vacquerie (Auguste). Les miettes de l'histoire. 1 v. Profils et grimaces. 1 v.
Vaillant (J. A.). Histoire vraie des vrais Bohémiens. 1 v.
Valbert (G.). Hommes et choses du temps présent. 1 v. Hommes et choses d'Allemagne. 1 v.
Valère-Maxime. Œuvres, texte et trad. 3 v. (Bibl. Panckouke).
Valérius-Flaccus. Œuvres, texte et trad. 1 v. (Bibl. Panckouke).
Valery. Curiosités et anecdoctes italiennes. 1 v.
Valfrey (J.). La diplomatie française au xviie siècle : Hugues de Lionne, ses ambassades en Italie, 1642-1656, d'après sa correspondance, déposée aux archives des affaires étrangères. 1 v. Histoire du traité de Francfort. 2 v. Histoire de la Diplomatie de la défense nationale. 3 v.
Vallée (Oscar de). André Chénier et les Jacobins. 1 v.
Vallein Le Moyen Age. 1 v.

Vallery-Radot. Journal d'un volontaire d'un an. 1 v.
Vallès (Jules). Les réfractaires. 1 v.
Vallet de Viriville. Histoire de Charles VII, roi de France, et de son époque, 1403-1461. 3 v. Histoire de l'instruction publique en Europe. 1 v.
Vallot, d'Aquin et Fagon. Journal de la santé du roi Louis XIV, de 1647 à 1711. 1 v.
Valroger (E. de). Les barbares et leurs lois. 1 v. Les celtes et la Gaule celtique. 1 v.
Vandal (Albert). Louis XV et Elisabeth de Russie. 1 v. Napoléon et Alexandre. 1 v. De Tilsit à Erfurt. 1 v.
Vapereau (J.). Dictionnaire universel des contemporains, 5° édition. 1 v. Supplément. 1 v.
Vast (H.). Le Cardinal Bessarion. 1 v.
Vatel (Charles). Histoire de madame Dubarry. 3 v. Vergniaud, manuscrits, lettres. 2 v.
Vatout. La conspiration de Cellamare. 1 v. Souvenirs des résidences royales : Amboise. 1 v. Compiègne. 1 v. Eu. 1 v. Fontainebleau. 1 v. Saint-Cloud. 1 v. Versailles. 2 v.
Vaubicourt (A. de). Mémoires d'un chasseur de renards. 1 v.
Vaublanc (de). La France au temps des croisades. 4 v.
Vaulabelle (Achille de). Histoire de deux Restaurations. 7 v.
Vaussay (Henri). Monseigneur Mermillod. 1 v.
Vauvilliers (Mlle). Blanche de Castille. 1 v. Jeanne d'Albret. 3 v.
Vavasseur. Coup d'œil sur les anciennes corporations. 1 v.
Vedrenne (l'abbé). Histoire de Charles X. 3 v.
Velde (Van der). Les Anabaptistes. 1 v.
Ventadour (la duchesse de), un amour chrétien au XVII° siècle. 1 v. ill.
Vérité (la) sur l'empereur Nicolas. 1 v.
Vermeil de Couchard. L'assassinat du maréchal Brune. 1 v.
Vermorel. Les hommes de 1848. 1 v. Les hommes de 1851. 1 v.
Véron (docteur). Mémoires d'un bourgeois de Paris. 6 v. Nouveaux mémoires. 1 v. Quatre ans de règne. 1 v.
Véron (Eugène). Histoire de Prusse depuis la mort de Frédéric II. 1 v.
Vertus (A. de). Le monde avant l'histoire, langage, mœurs et religion des premiers hommes. 1 v.
Vétault. (Alphonse). Charlemagne. 1 v. ill. Godefroy de Bouillon. 1 v. Suger. 1 v.
Veuillot. (Louis). Le droit du Seigneur au moyen âge. 1 v.
Vian (Louis). Histoire de Montesquieu. 1 v.
Viardot (Louis). Etudes sur l'histoire des institutions et de la littérature en Espagne. 1 v. Scènes de mœurs arabes au X° siècle. 1 v. Souvenirs de chasse en Europe. 1 v.
Vic (René de). Histoire de mon élève. 1 v.
Vico. Philosophie de l'Histoire. 1 v.
Victor Hugo raconté par un témoin de sa vie. 1 v.
Victoria (S. M. la reine). Feuillets détachés de mon journal en Ecosse. 1 v.
Vidieu (abbé). Histoire de la commune de Paris. 1 v.
Vie de l'abbé Caron, par un bénédictin. 1 v.
Vie de Mgr Emery, par un sulpicien. 1 v.
Vie du cardinal de Cheverus, archevêque de Bordeaux. 1 v.
Vie (la) politique à l'étranger publiée sous la direction de P. Lavisse. 1 v.

Viel-Castel (Louis de). Histoire de la Restauration. 20 v.
Vigée-Lebrun (Mme). Souvenirs. 2 v.
Vigny (Alfred de). Journal d'un poète. 1 v.
Villari (Pasquale). Jérôme Savonarole et son temps. 2 v.
Villefranche (J. M.). Pie IX, sa vie, son histoire et son siècle. 1 v.
Villegagnon (Nicolas Durand de). L'expédition de Charles-Quint contre Alger. 1 v.
Villele (comte de). Mémoires et correspondance. 3 v.
Villemain (A.). Histoire de Grégoire VII. 2 v. Souvenirs contemporains. 2 v. Mélanges historiques et littéraires. 3 v.
Villemessant (H. de). Mémoires d'un Journaliste. 3 v.
Villeneuve. Histoire de saint Louis. 3 v.
Villeneuve (marquis de). Charles X et Louis XIX en exil. 1 v.
Villers. Esprit de la Réformation. 1 v.
Vinoy (général). Siège de Paris. 1 v. et atlas. L'Armistice et la Commune. 1 v. et atlas.
Viollet-le-Duc. Six mois de la vie d'un jeune homme, 1797. 1 v.
Viollet-le-Duc (E.). Mémoires du siège de Paris. 1 v. ill.
Vitet (L.). L'Académie royale de peinture et de sculpture. 1 v. Le comte Duchatel. 1 v. Essais historiques et littéraires. 1 v. Le Louvre. 1 v.
Vivien Saint-Martin. Le nord de l'Afrique sous la domination romaine. 1 v.
Vogüé (vicomte Eugène-Melchior de). Le fils de Pierre le Grand. 1 v.
Voigt. Histoire de Grégoire VII tr. par Jager. 2 v.
Vysé (F. de). Marie-Antoinette, sa vie et sa mort. 1 v.
Wachter (A.). La guerre de 1870-71. 1 v.
Walknaer. Histoire de la vie et des ouvrages de Lafontaine. 1 v. Mémoires sur la marquise de Sévigné. 5 v. Vie et Poésies d'Horace. 2 v.
Wallon (Henri). Histoire de l'esclavage dans l'antiquité. 3 v. L'esclavage dans les colonies. 1 v. Jeanne d'Arc. 2 v. Saint Louis et son temps. 2 v. Richard II, rivalité de la France et de l'Angleterre. 2 v. La Terreur, études critiques sur la Révolution française. 2 v. Histoire du tribunal révolutionnaire. 6 v. Les représentants du peuple en mission et la justice révolutionnaire dans les départements. 4 v. La révolution du 31 mai et le fédéralisme en 1793. 2 v.
Walsh (vicomte). Saint Louis et son siècle. 1 v. Souvenirs historiques des principaux monuments de Paris. 1 v. Souvenirs de cinquante ans. 2 v.
Weill (Alexandre). La guerre des paysans au XVIe siècle. 1 v. Histoire du village. 1 v. Ma jeunesse. 3 v.
Weill (N.). Les campagnes des Russes dans le Khanat de Kohkand. 1 v.
Weiss (Charles). Histoire des réfugiés protestants de France. 2 v.
Welschinger (Henri). Les almanachs de la révolution. 1 v. Le duc d'Enghien. 1 v. La censure sous le premier empire. 1 v. Le divorce de Napoléon. 1 v.
Werdet (Edmond). Histoire du livre en France, depuis les temps reculés jusqu'en 1789. 6 v. Souvenirs de la vie littéraire. 1 v.
Werner (Amiral). Souvenirs maritimes. 1 v. ill.
Wey (Francis). Chronique du siège de Paris. 1 v.
Wiesemer (Louis). Marie Stuart et le comte de Bothwell. 1 v. La jeunesse d'Elisabeth, reine d'Angleterre. 1 v. Sur les Pays-Bas au XVIe siècle. 1 v.
Wille (J. G.)) Mémoires et Journal, 1745-1793. 2 v.
Willems (P.). Le sénat de la République romaine. 1 v.
Witt (Cornelis de). Histoire de Washington et de la fondation de la République des

Etats-Unis. 1 v. La société française et la société anglaise au xviiie siècle. 1 v. Thomas Jefferson, Etude historique sur la démocratie américaine. 1 v.

Witt (Mme de), née Guizot. Histoire du peuple juif. 1 v. Les Chroniqueurs de l'histoire de France. 3 v. ill. Charlotte de la Trémouille, comtesse de Derby. 1 v. M. Guizot dans sa famille et avec ses amis. 1 v. La Charité en France à travers les siècles. 1 v. ill.

XXX. Le maréchal de Moltke 1 v.

Yanoski (J.). De l'abolition de l'esclavage ancien au Moyen Age. 1 v.

Yemeniz. Souvenirs de la guerre de l'Indépendance. 1 v.

Yriarte (Charles). Un condottiere au xve siècle. Rimini. 1 v. ill. César Borgia. 2 v. La vie d'un patricien de Venise au xvie siècle. 1 v. Les Prussiens à Paris. 1 v. Les princes d'Orléans. 1 v.

Zeller (B). Le connétable de Luynes. 1 v.

Zeller (Jules). L'année historique. 1 v. Origines de l'Allemagne et de l'empire germanique. 1 v. Fondation de l'empire germanique : Charlemagne, Othon le Grand. 1 v. L'empire germanique et l'église au moyen âge, les Henri. 1 v. L'empire germanique sous les Hohenstauffen, l'empereur Frédéric Barberousse. 1 v. L'empereur Frédéric II et la chute de l'empire germanique. 1 v. Les empereurs du xive siècle. Habsbourg et Luxembourg. 1 v. Henri IV et Marie de Médicis. 1 v. Senac de Meilhan et l'intendance du Hainaut et du Cambrésis sous Louis XVI. 1 v. Les tribuns et les révolutions en Italie. 1 v.

Zevort (Edgar). Le marquis d'Argenson. 1 v.

III

HISTOIRE ET MORALE RELIGIEUSE
VIE DES SAINTS, APOLOGÉTIQUE, ETC.

Actes des Apôtres modernes (les). 3 v.
A'Kempis. Épreuves des élus. 1 v.
Ame (l') élevée à Dieu, réflexions pour chaque jour du mois. 1 v.
André (Msgr). Cours alphabétique et méthodique de Droit canon. 1 v.
Anselme (Saint). Le Rationalisme chrétien à la fin du xie siècle. 1 v.
Archinard (André). Les Origines de l'Église romaine. 2 v.
Arnaud (de l'Ariège). La Révolution et l'Église. 2 v.
Aubé. De l'Apologétique chrétienne au iie siècle, saint Justin. 1 v. Histoire des Persécutions. 1 v.
Augustin (Saint). La Cité de Dieu. 4 v.
Balmes (Jacques). Le protestantisme comparé au catholicisme. 3 v.
Barbe (abbé). L'année catéchiste. 1 v.
Barbier (L. H. Hippolyte). Histoire de Sainte Élisabeth. 1 v.
Barthélemy-Saint Hilaire. Le Bouddha et sa religion. 1 v. Mahomet et le Coran. 1 v.
Bartholomès. Histoire critique des doctrines religieuses. 2 v.
Baunard (abbé). L'apôtre Saint Jean. 1 v. La Foi et ses victoires. 1 v. Le Doute et ses victimes. 1 v. Histoire de madame Barat. 1 v. Histoire de Saint Ambroise. 1 v. Vie du cardinal Pie. 2 v.
Bautain (l'abbé). Les choses de l'autre monde. 1 v. La Chrétienne de nos jours. 2 v. La conscience. 1 v. L'esprit humain. 2 v. Philosophie des lois au point de vue chrétien. 1 v. Philosophie morale. 2 v. La religion et la liberté. 1 v.
Benoît (Les miracles de Saint). 1 v.
Bernard (abbé). Le Christ et le Césarisme moderne. 1 v. Les origines de l'église de Paris. 1 v. Les voyages de Saint Jérôme. 1 v.
Bernard (chanoine). La religion depuis Adam. 2 v.
Bernard (Saint). Œuvres complètes, texte latin et trad. 8 v. Huitième centenaire de Saint Bernard. 1 v.
Berthoud (Ch.). Saint François d'Assises. 1 v.
Bertrand (abbé). Récits historiques sur les Martyrs musulmans. 1 v.
Besancenet (de). Le bienheureux Pierre Fourrier. 1 v.
Besson (Msgr). Vie du cardinal Mathieu. 2 v. Les Sacrements. 2 v. Panégyriques et Oraisons funèbres. 1 v.

Bibliothèque chrétienne et morale. 9 en 4 v.
Bigarné (Charles). Etude sur l'origine, la religion et les monuments des Kaletes Eddes. 1 v.
Bizouard (l'abbé J. Th.). Histoire de sainte Colette. 1 v.
Blanc de Saint-Bonnet. L'unité spirituelle. 2 v.
Blanchet (A.). Exposition populaire de la vraie religion chrétienne. 1 v.
Bordas-Demoulin. Essai sur la Réforme catholique. 1 v. Les pouvoirs constitutifs de l'Eglise. 1 v.
Borrow. La bible en Espagne. 2 v.
Bossuet. Méditations sur l'évangile. 1 v. Œuvres. 4 v. manque le premier volume.
Bougaud (Mgr). Le Christianisme et les temps présents. 4 v. Sainte Monique. 1 v. Histoire de la bienheureuse Marguerite-Marie. 1 v. Histoire de madame de Chantal. 2 v. De la douleur. 1 v. Histoire de Saint Vincent de Paul. 1 v.
Bourassé (abbé). Histoire de la vierge Marie. 1 v.
Bourdaloue. Œuvres complètes. 3 v.
Bourdon (madame). Nouvelle mythologie, dédiée aux jeunes personnes. 1 v.
Bresson (abbé). Conférences. 2 v. Panégyriques, Oraisons funèbres. 1 v.
Bret (abbé). La Divinité de Jésus-Christ. 2 v.
Broglie (princesse de). Les Vertus chrétiennes. 2 v.
Brunet. Les Evangiles apocryphes. 1 v.
Bunsen (de). Dieu dans l'Histoire. 1 v.
Burnouf (Emile). Essai sur le Véda. 1 v. Histoire du Bouddhisme. 1 v. Le lotus de la bonne loi. 1 v. La Science des religions. 1 v. La légende athénienne. Etude de Mythologie comparée. 1 v. Le Catholicisme contemporain. 1 v.
Bussières. Histoire de saint Vincent de Paul. 2 v.
Cahen. La Bible tr. avec l'hébreu en regard. 1 v.
Cahier (le père Ch.). Caractéristique des Saints dans l'Art populaire. 2 v. ill.
Calvin (Jean). Institution de la Religion chrétienne. 2 v.
Cartier (E.). Vie de sainte Catherine de Sienne, par Raymond de Capoue. 2 v. Vie de Fra Angelico de Fiésole. 2 v. Vie du R. P. Besson. 1 v.
Champeau. Les Bienséances sociales au point de vue chrétien. 1 v.
Channing (W.-E.). Le Christianisme libéral. 1 v. La liberté spirituelle. 1 v.
Chantal (Sainte). Œuvres. 1 v.
Chantrel. Histoire résumée de l'Église catholique. 2 v.
Charancé (R. P. de). Sainte Marguerite de Cortone. 1 v. ill.
Chassay (l'abbé). Le Christ et l'Évangile. 1 v. Les difficultés de la vie de famille. 1 v. Histoire de la destruction du paganisme. 1 v.
Chastel (Etienne). Le christianisme et l'église au moyen âge. 1 v. Etudes historiques sur l'influence de la charité. 1 v.
Chaugy (la mère de). Sainte Chantal. 1 v.
Chevallier (abbé). Histoire de saint Bernard, abbé de Clairvaux. 2 v.
Chocarne (le R. P.). Discours pour l'inauguration de la statue du P. Lacordaire, *brochure*.
Clavel (E.). Histoire pittoresque des religions. 2 v.
Claye (baron de). L'Eglise et la révolution dans leurs rapports avec la civilisation. 1 v.
Clément (abbé). Philosophie de la Bible. 2 v.
Cochin (Augustin). Les espérances chrétiennes. 1 v.
Cohen (J.). Les déicides. 1 v.

Concile (Ce qui se passe au). 1 v.
Coquerel (Athanase). Histoire du Credo. 1 v. La Conscience et la Foi. 1 v. Des mariages mixtes. 1 v.
Coquerel (Athanase) fils. Les premières transformations historiques du christianisme. 1 v.
Corbière (abbé). L'économie sociale au point de vue chrétien. 2 v.
Creuzer. Les religions de l'antiquité. 10 v.
Crosnier (Mgr). Iconographie chrétienne. 1 v.
Cruice (l'abbé). Histoire de l'église romaine depuis l'an 192 jusqu'à 224. 1 v.
Daniel. Le mariage chrétien et le code Napoléon. 1 v.
Dantier (Alphonse). Les femmes dans la Bible. 2 v. Les monastères dans la société chrétienne 1 v. ill.
Darboy (Mgr). Les femmes de la bible. 2 v. Œuvres de saint Denis l'Aréopagite. 1 v. Saint Thomas Becket, sa vie et ses lettres. 2 v.
Darras (abbé). Histoire de l'Eglise et continuation par l'abbé Bareille et Monseigneur J. Fèvre. 43 v.
Delacouture (abbé). Observations sur le décret de la Congrégation de l'index du 22 septembre 1841. 1 v.
Delaunay (Ferd.) Moines et Sybilles dans l'antiquité judaïque. 1 v.
Delecluze (E.-J.). La première Communion. 1 v.
Deramay (abbé). L'apôtre saint Paul. 1 v.
Deschamps (V.). Le Christ et les Antechrists dans les Ecritures, l'Histoire et la Conscience. 1 v.
Desgeorges (abbé). Du demi-Christianisme. 1 v.
Didon (R. père). Jésus-Christ. 2 v. L'indissolubilité et le divorce. 1 v.
Didron. Manuel d'Iconographie chrétienne. 1 v.
Dœllinger. Origine du christianisme. 2 v. La réforme, ses développements et ses résultats. 3 v.
Drach. Du Divorce dans la Synagogue. 1 v.
Dubois (abbé). Histoire de l'abbaye de Morimond. 1 v. ill. Histoire de l'abbé de Rancé et de sa réforme. 2 v.
Duclot (abbé). Explication historique, dogmatique et morale de toute la doctrine chrétienne. 1 v.
Dupanloup (Mgr). L'Athéisme et le péril social. 1 v. Défense de la liberté de l'Eglise. 2 v. La convention du 15 septembre et l'Encyclique. 1 v. Du dimanche. 1 v. La femme chrétienne et française. 1 v. Histoire de N. S. Jésus-Christ. 1 v. Lettre au clergé d'Orléans sur l'infaillibilité. 1 v. Nouvelles œuvres choisies. 6 v. De l'éducation. 3 v. Lettres sur l'éducation des filles. 1 v. Femmes savantes et femmes studieuses. 1 v.
Dupuis. Abrégé de l'origine de tous les cultes. 1 v.
Durand (l'abbé). Les missions catholiques françaises. 1 v.
Edom. Vie et voyages de N. S. Jésus-Christ. 1 v.
Eglise chrétienne (choix de monuments primitifs de l'). Correspondance entre Pline et Trajan, Tertullien, Minutius Félix, saint Cyprien, Lactance, Materanus, etc. 1 v.
Eichthal (Gustave d'). Les évangiles. 2 v.
Essai sur la Formation du Dogme catholique. 1 v.
Etude sur les idées et leur union au sein du Catholicisme. 2 v.
Everbeck (Hermann). Qu'est-ce que la Bible d'après la nouvelle philosophie allemande? 2 v. Qu'est-ce que la religion, d'après la nouvelle philosophie allemande? 1 v.

F... (M.). Du spiritisme, peut-on être catholique et spirite ? 1 v.
Faber (Fr.-W.). Bethléem. 1 v. Le Créateur et la créature. 1 v. Progrès de l'Ame dans la vie spirituelle. 1 v. Le Saint Sacrement. 1 v. Tout pour Jésus. 1 v.
Falloux (comte de). Histoire de S. Pie V. 2 v.
Félix (le P.). Conférences, le progrès par le christianisme, années 1856, 1857, 58, 59, 60, 62, 63, 64, 65, 66, 70. L'art devant le christianisme. 1 v. Le Socialisme devant la société. 1 v.
Fessler (Mgr). La vraie et la fausse Infaillibilité des Papes. 1 v.
Feuerbach. Essence du Christianisme. 1 v.
Féval (Paul). Les étapes d'une conversion, le coup de grâce. 1 v.
Filon (A.). Du Pouvoir spirituel dans ses rapports avec l'Etat. 1 v.
Foisset (Th.). Catholicisme et Protestantisme. 1 v. Histoire de Jésus-Christ. 1 v.
Fontanes (E.). Le Christianisme moderne. 1 v.
Foucad (l'abbé C.). La vie de N.-S. Jésus-Christ. 2 v.
Foulon (Mgr J.-A.). Histoire de la vie et des œuvres de Mgr Darboy, archevêque de Paris. 1 v.
François d'Assises (Saint). 1 v. ill.
François d'Assises (Saint). Œuvres. 1 v
François de Sales (Saint). Œuvres. 16 v.
Freppel (Mgr). Les Apologistes chrétiens au IIe siècle. 1 v. Conférences sur la divinité de Jésus-Christ. 2 v. Les pères apostoliques et leur époque. 1 v. Tertullien, saint Justin, saint Irénée. 4 v.
Fullerton (lady). Vie de sainte Françoise romaine. 1 v.
G. (abbé J.). L'Archéologue chrétien. 1 v. ill.
Gaillardin (C.). Les trappistes de l'ordre de Citeaux au XIXe siècle. 1 v.
Gainet (abbé). Accord de la Bible et de la Géologie. 1 v. Histoire de l'Ancien et du Nouveau Testament par les témoignages profanes. 3 v.
Gandar. Bossuet, orateur. 1 v. Choix de sermons de la jeunesse de Bossuet. 1 v.
Garciso. L'Archéologie chrétienne. 1 v.
Gasparin (comte Agénor de). Intérêts généraux du Protestantisme français. 1 v.
Gasparin (comtesse de). Défauts des Chrétiens d'aujourd'hui. 1 v. Les horizons célestes. 1 v. Les horizons prochains, le mariage au point de vue chrétien. 1 v. Vesper. 1 v.
Gaume (l'abbé). La révolution depuis la renaissance jusqu'à nos jours. 12 v. Les trois Rome. 4 v.
Gay (abbé). Conférences aux mères chrétiennes. 2 v.
Gazan (vicomte de). Services que le catholicisme a rendus à la France. 1 v.
Gerbert (le pape Sylvestre II). Œuvres publiées par Olleris. 1 v.
Gerbet (Mgr). Esquisse de Rome chrétienne. 3 v.
Ginoulhiac (Mgr). Histoire du dogme catholique pendant les trois premiers siècles de l'église. 3 v.
Girard (J.). Le sentiment religieux en Grèce, d'Homère à Eschyle. 1 v.
Glaire (abbé). Dictionnaire universel des sciences ecclésiastiques. 1 v.
Godard (abbé). Cours d'archéologie sacrée. 1 v.
Godescard (abbé). Vie des Pères martyrs. 10 v. (Manque le Ier).
Gorini (abbé). Défense de l'Eglise contre les erreurs historiques. 4 v.
Gousset (cardinal). Principes de droit canonique. 1 v.
Grands Souvenirs (les) de l'Eglise de Lyon. 1 v.
Gratry (le Père). Commentaires sur l'Evangile. 1 v. De la connaissance de l'âme. 2 v. Etudes sur la sophistique contemporaine. 1 v. Logique. 2 v. Méditations historiques et religieuses. 1 v. La morale et la loi de l'histoire. 2 v. La philosophie du

Credo. 1 v. Réponse à M. Renan. 1 v. Les sophistes et la Critique. 1 v. Les Sources. 2 v. Œuvres posthumes. 1 v. Lettres sur la religion. 1 v. Lettres à Mgr Deschamps. 3 v.

Grégoire. Histoire des sectes religieuses. 5 v.
Grisy. Fénelon directeur de conscience. 1 v.
Guépratte (l'abbé L.). Vie de Berthe Bizot. 1 v.
Gueranger (Dom). Sainte Cécile et la Société romaine des deux premiers siècles. 1 v. ill.
Guérin (Mgr). Les Petites Bollandistes. 17 v.
Guillon (Sylvestre). Bibliothèque choisie des Pères de l'Eglise. 26 v. Strauss et Salvador sur Jésus-Christ. 1 v.
Guiraud. Philosophie catholique de l'histoire. 2 v.
Guizot (François). Méditations sur la religion chrétienne. 1 v. Méditations sur l'état actuel de la religion chrétienne. 1 v. Méditations sur l'essence de la religion chrétienne. 1 v. L'église et la société chrétienne. 1 v.
Haag. Histoire des dogmes chrétiens. 2 v.
Halloix (le R. P.). Vie de Saint Denis l'Aréopagite. 1 v.
Hamont (abbé). Vie de Saint François de Sales. 1 v.
Hase (docteur Karl). Saint François d'Assises. 1 v.
Havet. Le Christianisme et ses Origines. 2 v.
Héfélé (Mgr). Histoire des conciles, tr. de l'abbé Delarc. 12 v.
Hettinger (Fr.) Apologie du Christianisme. 5 v.
Histoire de Sainte Geneviève patronne de Paris. 1 v.
Hœnighaus. La réforme contre la réforme. 2 v.
Huet. La révolution religieuse au XIXe siècle. 1 v.
Hulst (Mgr de). Vie de Just de Bretenières. 1 v.
Hurter. Histoire d'Innocent III. 3 v. Mœurs de l'Eglise au Moyen Age. 3 v.
Isoard (abbé). Hier et aujourd'hui dans la Société chrétienne. 1 v.
Jacoillot (Louis). La Bible dans l'Inde. 1 v.
Jacquin (abbé). Dictionnaire de théologie. 1 v.
Jager (l'abbé). Histoire de l'église en France pendant la Révolution. 3 v. Histoire du pape Grégoire VII. Histoire de Photius, Patriarche de Constantinople. 1 v.
Jallabert (abbé). Le Catholicisme avant Jésus-Christ. 2 v.
Janvier (l'abbé). Histoire de saint Pierre. 1 v.
Jaugey (J.-B). Dictionnaire apologétique de la foi catholique. 1 v.
Jehan (F.). Le Christianisme dans la Gaule. 1 v.
Jenna (Marie). Elévations patriotiques et religieuses. 1 v. Nouvelles élévations patriotiques et religieuses. 1 v.
Jesse. Histoire de Jésus-Christ. 2 v.
Ketteler (Mgr von). Le Concile œcuménique. 1 v.
Krasinski. Histoire religieuse des peuples slaves. 1 v.
Krichna et sa doctrine. 1 v.
Kuenen. Histoire critique des livres de l'ancien testament. 1 v.
Laborde (L. de). Commentaire géographique sur l'Exode et les Nombres. 1 v.
La Bouillerie (Mgr de). Création animée. 1 v. Etude sur le symbolisme de la nature. 1 v.
Lacombe (François). Histoire de la Papauté. 1 v.
Lacordaire (le P.). Vie de saint Dominique. 1 v. Œuvres complètes. 8 v. 2e édition. 9 v. Conférences de Toulouse. 1 v. Sainte Marie-Madeleine. 1 v. Testament publié par Montalembert. 1 v. Pensées choisies. 1 v.

Lagournerie (Eugène de). Rome chrétienne. 3 v.
Lagrange (l'abbé). Histoire de sainte Paule. 1 v. Histoire de saint Paul de Nole. 1 v. Vie de Mgr Dupanloup. 3 v.
La Luzerne (Cardinal de). Considérations sur l'état ecclésiastique. 1 v. Considérations sur la passion de N. S. Jésus-Christ. 1 v.
Landriot (Mgr). Les péchés de la langue et de la jalousie dans la vie des femmes. 1 v. L'Eucharistie. 1 v. La sainte Communion. 1 v. Conférences aux dames du monde. 1 v. La prière chrétienne. 1 v. L'aumône. 1 v. Instructions sur l'oraison dominicale. 1 v. Promenades autour de mon jardin. 1 v. L'autorité et la liberté. 1 v. Le Christ et la tradition. 2 v. La femme pieuse. 2 v. La femme forte. 1 v. Les béatitudes évangéliques. 2 v.
Larroque (Patrice). Examen critique des Dogmes de la Religion chrétienne. 2 v. Révération religieuse. 1 v. De l'esclavage chez les Nations chrétiennes. 1 v.
Lasserre (Henri). Notre-Dame de Lourdes. 1 v. Les Serpents. 1 v.
Lassus. Eve et Marie. Philosophie du Christianisme. 1 v.
Leblanc (Ed.). Des religions et de leur interprétation catholique. 2 v. Les religions. 1 v. Etudes sur le symbolisme druidique. 1 v. Manuel d'épigraphie chrétienne. 1 v.
Le Blant (L.) Les martyrs chrétiens (brochure).
Lebrun. Cérémonies de la Messe. 1 v.
Leconte de Lisle. Histoire populaire du Christianisme. 1 v.
Lecoy de La Marche. Saint Martin. 1 v. ill.
Lefebvre (le R. P.). De la folie en matière de religion. 1 v.
Lefranc. L'Esprit moderne au point de vue religieux. 1 v.
Livres (les) sacrés de toutes les religions sauf la Bible. 1 v.
Madrolle. Le prêtre devant le siècle. 1 v.
Maistre (Joseph de). Du Pape. 2 v. De l'Eglise gallicane. 1 v. Justice divine. 1 v.
Malher (J. A.). La patrologie ou histoire littéraire des trois premiers siècles de l'église. 1 v. Athanase le Grand et l'église de son temps. 3 v. La symbolique. 2 v.
Marcadé. Etudes de science religieuse. 1 v.
Maret (Mgr). Essai sur le panthéisme dans les sociétés modernes. 1 v. Du concile général et de la paix religieuse. 2 v.
Marquigny (le R. P.). La femme forte. 1 v.
Marshal. Les missions chrétiennes. 2 v.
Martigny (abbé). Dictionnaire des antiquités chrétiennes. 1 v. ill.
Martin-Doisy (F.). L'Assistance païenne et l'Assistance chrétienne. 1 v.
Mary (abbé). Le Christianisme et le libre examen. 2 v.
Maupied. Dieu, l'Homme et le monde connus par la Genèse. 3 v.
Maury (Alfred). Croyances et Légendes de l'Antiquité. 1 v. Histoire des religions dans la Grèce antique. 3 v.
Mechin (abbé). Conférences aux jeunes filles. 1 v.
M. E. D. B. Les grands modèles de charité. 1 v.
Méditations sur la Mort et l'Eternité, publiées avec l'autorisation de S. M. la reine Victoria. 1 v.
Meignan (Mgr). Introduction et conseils aux familles chrétiennes. 1 v. Le Monde et l'Homme primitif selon la Bible. 1 v.
Menetrier (abbé). Génie de l'Eglise en politique. 1 v.
Mermillod (Mgr). De l'intelligence et du gouvernement de la vie. 1 v.
Mignard (P.). Morale chrétienne. 1 v.
Moigno (l'abbé). Les splendeurs de la foi. 1 v.
Monnin (l'abbé). Vie du curé d'Ars. 1 v.

Monsabré (le R. P.). Conférences de Notre-Dame de Paris, carême de 1872. 1 v. 1874. 1 v. 1875. 1 v. 1880. 1 v. De 1882 à 1887. 8 v.
Montalembert (comte de). Des intérêts catholiques au xixe siècle. 1 v. Les moines d'Occident. 7 v. Histoire de sainte Elisabeth de Hongrie. 1 v. ill. Le P. Lacordaire. 1. v.
Montlosier (de). Du Prêtre et de son Ministère. 1 v.
Montron (de). Le père Lacordaire. 1 v.
Muller (Max). Essai sur les Religions. 1 v. Essai de Mythologie comparée. 1 v.
Mullois (abbé). Cours d'éloquence sacrée. 1 v.
Nault. De la vérité catholique. 1 v.
Néander. Vie de Jésus. 2 v.
Newmann (le P.). Histoire du développement de la doctrine chrétienne. 1 v. De l'Anglicanisme au catholicisme. 1 v. Conférences. 1 v.
Nicolas (Auguste). L'art de croire. 1 v. La divinité de Jésus-Christ. 1 v. L'Etat sans Dieu. 1 v. Etudes sur le christianisme. 4 v. Mémoire d'un père sur la vie et la mort de son fils. 1 v. Du protestantisme et de toutes les hérésies dans leurs rapports avec le Socialisme. 2 v. La raison et l'Evangile. 1 v. La Révolution et l'Ordre chrétien. 1 v. La vierge Marie et le plan divin. 4 v.
Nicolas (Michel). Des doctrines religieuses des Juifs pendant les deux siècles antérieurs à l'ère chrétienne. 1 v. Essai de philosophie et d'histoire religieuse. 1 v. Etudes critiques sur la bible : Ancien Testament. 1 v. Nouveau Testament. 1 v. Etudes sur les évangiles apocryphes. 1 v.
Ollivier (le R. P. M. J.). La Passion, essai historique. 1 v.
Orsini (abbé). La Vierge. 2 v.
Ouvrages mystiques. Saint Augustin. Boëce. Saint Bernard. Gerson. Cardinal Bona. Tauler. Louis de Blois. 1 v.
Ozanam (Fréd.) Les poètes franciscains. 1 v. La civilisation chrétienne chez les Francs. 1 v. Dante et la philosophie catholique au xiiie siècle. 1 v.
Pagès (Léon). Histoire de la religion chrétienne au Japon. 1 v.
Parisis (Mgr). Les impossibilités ou les Libres-Penseurs. 1 v.
Pascal. Abrégé de la vie de Jésus-Christ. 1 v. Les provinciales et leur réfutation par l'abbé Maynard. 2 v.
Passaglia (le P.). Etudes sur la vie de Jésus d'E. Renan.
Pastor (dr L.). Histoire des Papes depuis la fin du moyen âge, les 2 premiers vol.
Pecci (cardinal). L'Eglise et la civilisation. 1 v.
Pecontal (Siméon). La divine odyssée. 1 v.
Périn (Charles). Les Economistes, les Socialistes et le Christianisme. 1 v. Les libertés populaires. 1 v. Les lois de la Société chrétienne. 2 v. De la richesse dans les sociétés chrétiennes. 2 v.
Perraud (R. Père Ad.). Les paroles de l'heure présente, 1870-1871. 1 v.
Perreyve (l'abbé Henri). Biographies et panégyriques. 1 v. Entretiens sur l'Eglise catholique. 2 v.
Peyrat. Histoire élémentaire et critique de Jésus. 1 v.
Philippson. L'idée religieuse dans le judaïsme, le christianisme et l'islamisme. 1 v.
Pioger (abbé). Le dogme chrétien et la pluralité des mondes habités. 1 v. La vie après la mort. 1 v.
Pontlevoy (le R. P.). Vie du R. P. Xavier de Ravignan. 2 v.
Popal-Vuh. Le Livre sacré et les Mythes de l'antiquité américaine. 1 v.
Portalis. Discours et rapports sur le Concordat de 1801. 2 v.
Potter. Histoire du Christianisme. 8 v.

Poujoulat. Les Folies du temps en matière de religion. 1 v.
Pozzy. La Terre et le récit biblique. 1 v.
Pradié. Traité des rapports de la Religion et de la Politique. 1 v.
Preller. Les Dieux de l'ancienne Rome. 1 v.
Pressensé (E. de). Le concile du Vatican. 1 v. L'Eglise et la révolution française, 1789-1802. 1 v. Jésus-Christ, son temps, sa vie, son œuvre. 1 v. Histoire des trois premiers siècles de l'Eglise chrétienne. 4 v. La liberté religieuse en Europe depuis 1870. 1 v. La vraie liberté au sens chrétien. 1 v. De la liberté religieuse en France. 1 v.
Rabbe (abbé). L'abbé Simon Foucher. 1 v.
Ragon (J. M.). La Messe dans ses rapports avec les mystères et les cérémonies de l'antiquité. 1 v.
Ratisbonne (M. Th.). Histoire de saint Bernard. 2 v.
Ravelet. Histoire du vénérable de la Salle. 1 v.
Ravignan (le R. P. de). Clément XIII et Clément XIV. 2 v. Conférences de Notre-Dame. 4 v. Entretiens spirituels. 1 v.
Receveur. Histoire de l'Eglise. 7 v.
Renan (Ernest). 1 v. Le Cantique des Cantiques. 1 v. Etudes d'histoire religieuse. 1 v. Histoire des origines du Christianisme : première partie. Vie de Jésus. 1 v. Deuxième partie : les Apôtres. 1 v. Troisième partie : Saint Paul. 1 v. Quatrième partie : l'Antechrist. 1 v. Cinquième partie : l'Eglise chrétienne. 1 v. Le livre de Job. 1 v.
Renusson. Le Christianisme et le Suffrage universel. 1 v.
Reusch. La Bible et la nature. 1 v.
Reuss. Histoire de la Théologie chrétienne. 1 v.
Reville (Albert). Etudes critiques sur l'évangile selon saint Mathieu. 1 v. Histoire du dogme de la divinité de Jésus. 1 v.
Ribadeneira (R. P.). La vie des saints et fêtes de toute l'année. 12 v. Vie de l'abbé Darras. 1 v.
Riche (abbé). Le catholicisme dans ses rapports avec la société. 1 v.
Rio (A. P.). De la poésie chrétienne. 1 v. De l'art chrétien. 4 v. Epilogue à l'art chrétien. 2 v.
Rivieres (abbé). Manuel de la science pratique du Prêtre. 1 v.
Rodrigues (H). Les origines du Sermon sur la montagne. 1 v. La justice de Dieu. 1 v. Le roi des juifs. 1 v. Saint Pierre. 1 v. Les trois filles de la Bible. 1 v.
Rohling. Le Juif du Talmud. 1 v.
Rondelet (Antonin). La Science et la Foi. 1 v.
Roselly de Lorgues. Le Christ devant le siècle. 1 v. De la Mort avant l'Homme et du Péché originel. 1 v.
Rossignol (Cl.). La Religion d'après les documents antérieurs à Moïse. 1 v. Lettres sur Jésus-Christ. 2 v.
Rouquette (abbé). L'Eucharistie est la Vie du Monde. 1 v. Sainte Clotilde et son siècle. 1 v.
Roussel (N.). Les Nations catholiques et les Nations protestantes. 2 v.
Rousselot (P.). Les Mystiques espagnols. 1 v.
Rubichon. De l'action du Clergé dans les Sociétés modernes. 2 v.
Ruelle (Ch.). De la Vérité dans l'Histoire du Christianisme. 1 v.
Sacy (Sylvestre de). Religion des Druses. 2 v.
Saint-Bonnet. De la restauration française. 1 v. De l'unité spirituelle. 3 v. De la douleur. 1 v.

Sainte Bible (la), illustrée par Gustave Doré. 2 v.
Salvador (J.). Jésus-Christ et sa doctrine. 2 v. Paris, Rome et Jérusalem, ou la question religieuse au XIX° siècle. 2 v. Institutions de Moïse. 3 v.
Savary (M.). Le Coran. 2 v.
Scæffer (Ad.). Le bonheur ou esquisse d'une apologie rationnelle du Christianisme. 1 vol.
Scherer (E.). Mélanges d'histoire religieuse. 1 v.
Sciott (Thomas). Essai sur les sujets les plus importants de la religion. 2 v.
Senac (abbé A.). Christianisme et civilisation. 1 v.
Sepp. La vie de N. S. Jésus-Christ. 2 v.
Souvenirs (les grands) de l'église de Lyon. 1 v.
Strauss (docteur Frédéric). Vie de Jésus-Christ trad. Littré. 4 v. Nouvelle vie de Jésus, trad. Dolfus. 1 v.
Summer (Mary). Les religieuses bouddhistes. 1 v. Le Bouddha. 1 v.
Tertulien. Œuvres, tr. en français. 1 v.
Thérèse (Sainte), d'après sa correspondance. 1 v.
Thomas (abbé Jules). Les temps primitifs et les origines religieuses. 2 v.
Trognon. L'apôtre saint Paul. 1 v.
Troplong. Influence du christianisme sur le droit romain. **1 v.**
Valroger (E. D.). Célébrités de l'histoire évangélique. **1 v.**
Vannier. Causes morales de la Circoncision. 1 v.
Ventura. (R. Père). Les Femmes de l'Evangile, Homélies. 1 v. Oraison funèbre de Daniel O'Connel. 1 v.
Vétu (abbé). Observations critiques sur les conférences du père Lacordaire. 1 v.
Veuillot (Louis). Pie IX. 1 v.
Vidieu (abbé). Saint Denis l'Aréopagite. 1 v. ill.
Vie des Saints de Franche-Comté. 1 v.
Viennet. Histoire de la Puissance pontificale depuis saint Pierre jusqu'à Innocent III. 2 v.
Vigoureux (l'abbé). La Bible et les découvertes modernes, Nouvelle édition. 4 v. ill. Les Livres saints et la critique rationaliste. 3 v. ill.
Vincent de Paul (Saint). Sermons. 2 v.
Vinet. Discours sur quelques sujets religieux. 1 v. Etudes évangéliques. 1 v. La liberté des cultes. 1 v. Essais de philosophie morale et religieuse. **1 v.**
Voragine (Jacques de). La Légende dorée. 1 v.
Wallon (H.). De la croyance due à l'Evangile. 1 v. La sainte Bible : Ancien Testament. Nouveau Testament. 2 v. Vie de N. S. Jésus-Christ selon les quatre Evangélistes. 1 v. Vie de Jésus et son nouvel historien. 1 v.
Weill (Alexandre). Moïse et le Talmud. 1 v. La parole de la Religion nouvelle. 1 v.
Wiseman (cardinal). La Science et la Religion. 2 v. Sermons sur Jésus-Christ et la sainte Vierge. 1 v. Conférences de Londres. 2 v. Les quatre derniers Papes. 1 v.
Yermoloff (général). Le solitaire des Alpes ou la vie religieuse devant la raison. 1 vol.

IV

LETTRES

Abélard et Héloïse. Lettres publiées par Gréard. 1 v.
About (Edmond.). Lettres d'un bon jeune homme à sa cousine. 1 v. Nouvelles lettres d'un bon jeune homme à sa cousine. 1 v.
Aïssé (Mlle). Lettres à Mme Calendrini. 1 v.
Alembert (J. d'). Mémoires, discours et correspondance. 1 v.
Ampère (J.-J. Antoine). Journal et correspondance. 2 v.
Aydie (chevalier d'). Correspondance inédite. 1 v.
Balzac (Honoré de). Correspondance. 2 v.
Barthélemy (comte de). Les correspondants de la marquise de Balleroy. 1 v.
Bashkirtseff (Marie). Lettres. 1 v.
Béranger (J. P. de). Correspondance. 4 v. Quarante-cinq lettres inédites publiées par Mme Louise Collet. 1 v.
Besson (le père Hyacinthe). Lettres. 1 v.
Bismarck (prince de). Correspondance diplomatique 1851-1859. 2 v.
Blanc (Louis). Lettres sur l'Angleterre. 1 v.
Blanqui (J. A.). Lettres sur l'exposition universelle de Londres. 1 v.
Boileau-Despréaux. Correspondance avec Brossette. 1 v.
Boré (Eugène). Correspondance et mémoires d'un voyageur en Orient. 2 v.
Brosses (le président de). Lettres sur l'Italie. 2 v.
Brulard (Nicolas). Choix de lettres inédites. 2 v.
Buffon. Correspondance inédite. 2 v.
Bussy-Rabutin (comte de). Correspondance. 6 v.
Cauchois-Lemaire. Lettres. 2 v.
Caylus (comte de). Correspondance inédite avec le père Paciaudi, 1757-1765. 2 v.
Chambord (comte de). Correspondance, 1841-1871. 1 v.
Champollion jeune. Lettres écrites d'Egypte et de Nubie. 1 v.
Chantal (sainte). Lettres. 5 v.
Chauvelot. Lettres de Louis XVI. 1 v.
Collé. Journal et correspondance. 3 v. Correspondance inédite. 1 v.
Constant (Benjamin). Lettres à madame Récamier. 1 v.
Crepet (Eugène). Le trésor épistolaire de la France. 2 v.
Cuvier (Georges). Lettres. 1 v.
Daudet (Alphonse). Lettres de mon moulin. 1 v. Lettres à un absent. 1 v.

Delacroix (Eugène). Lettres. 1 v.
Des Ursins (princesse). Lettres. 1 v.
Doudan (Ximénès). Mélanges et lettres. 4 v.
Dubuisson (commissaire). Lettres au marquis de Caumont. 1 v.
Du Châtelet (marquise du). Lettres. 1 v.
Du Deffand (Mme). Lettres à Horace Walpole et à Voltaire. 2 v. Lettres. 4 v. Correspondance, édition de Lescure. 2 v. Edition Sainte-Aulaire. 3 v. Autre édition Saint-Aulaire. 4 v.
Dufferin (lord). Lettres écrites des régions polaires, 1860. 1 v.
Duff-Gordon (lady). Lettres d'Egypte. 1 v.
Dupanloup (Mgr). Lettres publiées par l'abbé Lagrange. 2 v. Lettres au clergé d'Orléans sur l'infaillibilité. 1 v.
Dussieux. Lettres intimes de Henri IV. 1 v.
Epinay (Mme d'). Lettres à mon fils. 1 v.
Fernig (Mlle de). Correspondance. 1 v.
Feuillet de Conches. Correspondance de madame Elisabeth. 1 v. Louis XVI, Marie-Antoinette et madame Elisabeth, Lettres et documents inédits. 6 v.
Flandrin (Hippolyte). Lettres. 1 v.
Flaubert (Gustave). Correspondance, 1re série 1 v., 2e série 1850-1854, 1 v. 3e série, 1854-1865. 1 v. Lettres à Georges Sand. 1 v.
Furet. Lettres sur l'Archipel japonais et la Tartarie orientale, 1860. 1 v.
Gachard. Lettres de Philippe II à ses filles. 1 v.
Galiani (abbé). Lettres. 2 v.
Gandar. Lettres et souvenirs d'enseignement. 1 v.
Gautier (Léon). Lettres d'un catholique. 1 v.
Genoude (de). Lettres sur l'Angleterre. 1 v.
Gœthe. Correspondances avec Bettina d'Arnim. 2 v.
Goncourt (J. de). Lettres. 1 v.
Gontaut-Biron (Armand de). Correspondance inédite. 1 v.
Gratry (père). Lettres sur la Religion. 1 v. Lettres à Mgr Deschamps. 3 v.
Grimm (baron). Lettres et souvenirs, 1876. 1 v.
Grimm et Diderot. Correspondance littéraire. 16 v.
Guérin (Eugénie de). Lettres. 1 v.
Guérin (Maurice de). Journal, lettres et poèmes. 1 v.
Gueroult (Ad.). Lettres sur l'Espagne. 1 v.
Guizot (François). Lettres à sa famille et à ses amis 1 v.
Guizot (Mme). Lettres de famille. 2 v.
Hackel (Ernest). Lettres d'un voyageur dans l'Inde. 1 v.
Hageneck (d'). Lettres au baron Alstrœmer, 1779-1784. 1 v.
Heine (Henri). Correspondance. 1 v.
Héloïse et Abelard. Lettres. 1 v. V. Guizot (M. et Mme).
Herminjard (A. L.). Correspondance des Réformateurs dans les pays de langue française, 1512-1532. 4 v.
Inconnue (l'). Lettres. 1 v.
Jacquemont (Victor). Correspondance inédite (édition de 1855). 2 v. Edition de 1867. 2 v.
Junius. Lettres. 2 v.
Junius. Nouvelles lettres. 1 v.
La Brière (J. de). A Rome, lettres d'un zouave pontifical. 1 v.
Lacordaire (R. Père Henri). Lettres à Théophile Foisset. 2 v. Lettres à Mme

la baronne de Prailly. 1 v. Lettres publiées par l'abbé Perreyre. 1 v. Lettres à madame de la Tour du Pin. 1 v. Correspondance avec madame Swetchine. 1 v. Lettres inédites. 1 v.

Lamartine (A. de). Correspondance. 1 v.
Lamennais (de). Correspondance. 2 v.
Larchey (Lorédan). Correspondance d'Egypte interceptée. 1 v.
Lebeuf (abbé). Correspondance publiée par Cherest. 2 v.
Leibnitz. Œuvres. Lettres et opuscules. 1 v. Nouvelles lettres et opuscules. 1 v. (Edition Foucher de Careil).
Lespinasse (Mlle de). Lettres. 1 v.
Lesseps (F. de). Lettres, journal et document. 1 v.
Lettres d'un dragon. 1 v.
Lettres édifiantes et curieuses concernant l'Asie, l'Afrique et l'Amérique. 1 v.
Lettres portugaises. 1 v.
Louis XV. Correspondance secrète publiée par Boutaric et Campardon. 2 v. Correspondance avec le maréchal de Noailles. 2 v.
Louis XVI et Marie-Antoinette. Correspondance secrète publiée par M. de Lescure. 2 v.
Louis XVIII. Lettres au comte de Saint-Priest. 1 v.
Lucy (Armand). Lettres intimes sur la campagne de Chine. 1 v.
Maintenon (Mme de). Lettres publiées par M. Foisset. 1 v. Lettres historiques et édifiantes. 2 v. Correspondance générale publiée par Th. Lavallée. 1 v.
Maistre (Joseph de). Lettres sur l'inquisition espagnole. 1 v.
Malboissière (Laurette de). Lettres d'une jeune fille du temps de Louis XV. 1761-1766. 1 v.
Mallet du Pan. Correspondance inédite avec la cour de Vienne. 2 v.
Marie-Antoinette. Correspondance avec ses frères Joseph II et Léopold II. 1 v. Correspondance inédite publiée par d'Hunolstein. 1 v. Correspondance avec Marie-Thérèse. 1 v. Marie-Antoinette et Marie-Clotilde de France, lettres inédites publiées par M. Reiset. 1 v. Marie-Antoinette et la Révolution française. 1 v. Marie Thérèse, correspondance secrète avec le comte de Mercy-Argenteau publiée par d'Arneth et Geffroy. 3 v.
Marmier (Xavier). Lettres sur la Russie. 1 v. Lettres sur l'Amérique. 1 v. Lettres sur l'Adriatique et le Monténégro. 1 v.
Mary-Lafon. Rome, lettres d'un pèlerin. 2 v.
Matter, Lettres, pièces rares et inédites. 1 v.
Mazzini (G.). Lettres à Daniel Stern. 1 v.
Mendelssohn (Félix). Lettres inédites. 1 v.
Merimée (Prosper). Lettres à une inconnue. 2 v. Nouvelles lettres à une inconnue. 1 v. Lettres à M. Panizzi. 2 v.
Mirabeau Lettres à Sophie. 3 v. Correspondance publiée par Bacourt. 3 v.
Molinari (G. de). Lettres sur la Russie. 1 v. Lettres sur les Etats-Unis et le Canada. 1 v.
Moltke (maréchal de). Lettres sur la Russie. 1 v. Lettres sur l'Orient. 1 v.
Montalembert (comte de). Lettres à un ami de collège. 1 v. Les mêmes avec les réponses de Léon Cornudet. 1 v.
Mouy (Charles de). Lettres athéniennes. 1 v. Lettres du Bosphore. 1 v.
Mozart (W.). Lettres, édition complète. 1 v.
Napoléon I. Correspondance. 32 v.
Napoléon III. Lettre au duc de Magenta sur l'Algérie. Brochure.

Nodier (Charles). Correspondance inédite. 1 v.
Nordenskiold. Lettres. 1 v.
Oneila (Marie). Lettres d'une jeune Irlandaise, 1 v.
Orléans (duc d'). Lettres publiées par ses fils, le comte de Paris et le duc de Chartres. 1 v.
Ozanam. Lettres 1831 à 1853. 2 v. Lettres inédites. Discours. 1 v.
Palatine (la princesse). Lettres nouvelles. 1 v.
Perreyre (Abbé Henri). Lettres, 1850-1865. 1 v. Lettres à un ami. 1 v.
Piron (Alexis). Lettres inédites à l'abbé Dumay. 1 v.
Pline le Jeune. Œuvres. Bibl. lat.-fr. Panckouke. 3 v.
Pompadour (Mme de). Correspondance. 1 v.
Proudhon (P. J.). Correspondance. 14 v.
Quatrelles. Lettres à une Parisienne. 1 v. A une honnête femme. 1 v.
Racine (Jean et Louis). Lettres inédites. 1 v.
Reboul (Jean). Lettres. 1 v.
Recamier (Mme). Correspondance inédite avec Mme de Stael. 1 v.
Regnault (Henri). Correspondance. 1 v.
Rémusat (comte Charles de). Correspondance. 2 v.
Rémusat (Mme de). Lettres. 6 v.
Roland (Mme). Lettres. 2 v.
Sabran (comtesse de), et **Ch. de Boufflers.** Correspondance. 1 v.
Saint-Arnaud (maréchal de). Lettres. 2 v.
Saint-Aulaire (comte de). Lettres. 2 v.
Sainte-Beuve. Correspondance. 2 v. Lettres à la princesse. 1 v.
Saint-René Taillandier. Correspondance entre Gœthe et Schiller. 2 v.
Sand (Georges). Correspondance. 6 v. Lettres d'un voyageur. 1 v.
Sarcus (vicomte de). Lettres d'un rural, 1871 à 1878. 8 v.
Saxe (prince François-Xavier de). Correspondance. 1 v.
Ségur (comtesse de). Lettres. 1 v.
Séne (comte de). Correspondance. 1 v.
Sévigné (Mme de). Lettres à sa famille, édition de 1818. 12 v. Lettres, édition Monmerqué. 1862. 14 v. Appendice au tome 12. 1 v. Album. 1 v. Lettres inédites, édition Capmas. 2 v.
Sinesius. Lettres tr. par Lapatz. 1 v.
Sismondi. Lettres inédites. 1 v.
Sommer-Vogel (le P. C.). Une correspondance pendant l'émigration, brochure.
Stael-Holstein (baron de), et baron Brinkmann. Correspondance diplomatique, 1785-1799. 1 v.
Stanislas-Auguste (le roi) et Mme Geoffrin. Correspondance inédite. 1 v.
Stuart (Marie). Lettres, instructions et mémoires. 10 v.
Swetchine (Mme). Lettres publiées par M. de Falloux. 2 v.
Talleyrand (le prince de). Correspondance inédite avec le roi Louis XVIII pendant le congrès de Vienne. 1 v.
Tessé (maréchal de). Lettres. 1 v.
Teulet (Alexandre). Lettres de Marie Stuart. 1 v.
Thérèse (Sainte). Lettres. 3 v.
Tocqueville (Alexis de). Œuvres et correspondance inédites. 2 v. Nouvelle correspondance. 1 v.
Tracy (Victor de). Lettres sur l'agriculture. 1 v.

Turenne (Maréchal de). Correspondance inédite avec le Tellier et Louvois. 1 v.
Ubicini (A.). Lettres sur la Turquie. 2 v.
Vaudreuil (comte de). Correspondance. 2 v.
Villars (Mme de). Lettres à Mme de Coulanges. 1 v.
Vitrores (baron de). Correspondance avec Lamennais. 1 v.
Voltaire. Correspondance générale (dans les œuvres complètes). 1 v. Lettres inédites avec préface par M. Saint-Marc Girardin. 2 v. Lettres de Voltaire et du président de Brosses, publiées par M. Foisset. 1 v. Lettres publiées par M. Mandat de Grancey. 1 v. Lettres inédites, recueillies par M. de Cayeul. 2 v. Lettres à l'abbé Moussinot. 1 v.
Walpole (Horace). Lettres écrites pendant son voyage en France, 1739-1745. 1 v.

V

LITTÉRATURE, ÉLOQUENCE, LINGUISTIQUE, POLYGRAPHES

Académie de Dijon. Mémoires. 16 v.
Albert (Maurice). La littérature française. 1 v.
Albert (Paul). Histoire de la Littérature romaine. 2 v. La Littérature française au xviie siècle. 1 v. Id. au xviiie siècle. 1 v. Id. au xixe siècle. 1 v. La Poésie, conférence. 1 v.
Alembert (d'). Mémoires et œuvres diverses. 1 v.
Amiel (Emile). L'éloquence sous les Césars. 1 v. Un publiciste au xvie siècle. Juste Lipse. 1 v. Un libre penseur au xvie siècle. Erasme. 1 v.
Ampère (J.-J. Antoine). Mélange d'Histoire littéraire et de littérature. 2 v. Histoire littéraire de la France avant le xiie siècle. 3 v. Littérature, Voyages et Poésies. 1 v. Histoire de la Langue française. 1 v.
Annuaire de la Revue des deux-mondes, 1850 à 1867. 14 v.
Anthologie des prosateurs français. 1 v.
Arbois (d') de Jubainville. La déclinaison latine en Gaule, origine de la langue française. 1 v.
Artaud (N. L.). Etudes sur la Littérature depuis Homère jusqu'à l'Ecole romantique. 1 v. Fragments pour servir à l'histoire de la comédie antique. 1 v.
Aubertin (Charles). Histoire de la Langue et de la Littérature française au moyen âge. 1 v. L'Eloquence parlementaire et politique en France avant 1789. 1 v. Sénèque et saint Paul. 1 v.
Audebert de Bovet (Mme). Béranger. 1 v.
Audebrand (Philibert). Léon Gozlan, scènes de la vie littéraire. 1 v.
Aulard (F.). Les orateurs à l'Assemblée constituante. 1 v.
Aumale (duc d'). Discours à l'Académie française le 7 avril 1881. 1 v.
Ballanche. Œuvres complètes. 6 v.
Barante (baron de). Tableau de la littérature française au xviiie siècle. 1 v.
Barberet (S.). La Bohème au travail. 1 v.
Barbey d'Aurevilly (J.). xixe siècle. Les œuvres et les hommes. 1 v. Les bas bleus. 1 v.
Barbier (Alexandre). Lettres familières sur la Littérature. 1 v.
Barnave. Œuvres. 4 v.
Barine (Arvède). Bernardin de Saint-Pierre. 1 v. Essais et fantaisies. 1 v.
Baret (Eugène). De l'Amadis des Gaules. 1 v.

Barni (Jules). Napoléon Ier et son historien M. Thiers. 1 v.
Barrière (Marcel). L'Œuvre de H. de Balzac. 1 v.
Bartholomess. Chrestomathie de l'ancien français avec grammaire et glossaire. 1 vol.
Baudelaire (Charles). L'art romantique. 1 v. Curiosités esthétiques. 1 v.
Baudry (F.). Grammaire comparée des langues classiques, 1re partie : Phonétique. 1 vol.
Beaumarchais. Œuvres complètes. 6 v. Mémoires dans l'affaire Goezman. 1 v.
Bautain (abbé). L'art de parler en public. 1 v.
Becque (Henry). Querelles littéraires. 1 v.
Belèze. Dictionnaire des noms de baptême. 1 v.
Belloguet (baron Roger de). Glossaire gaulois. 1 v.
Benlœv. De l'épopée. 1 v. Essai sur l'esprit des Littératures. 1 v.
Benoît (Charles). Chateaubriand, sa vie et ses œuvres. 1 v.
Bentzon (Th.). Les derniers romanciers américains. 1 v.
Berger (Adolphe). Histoire de l'Eloquence latine. 2 v.
Bergerat (E.). Théophile Gautier. 1 v.
Bernardin de Saint-Pierre. Œuvres complètes. 12 v.
Berryer. Discours parlementaires. 5 v. Plaidoyers. 2 v.
Bersot (Ernest). Littérature et morale. 1 v.
Bertrand (Joseph). Blaise Pascal. 1 v.
Bibliophile (le livre du). 1 v.
Bismarck (prince de). Discours. 6 v.
Blaze de Bury (Henri). Les écrivains modernes de l'Allemagne. 1 v.
Boissière (P.). Dictionnaire analogique de la langue française. 1 v.
Boissonade (J.-F.). La critique littéraire sous le premier Empire. 2 v.
Bonald (Vte de) Pensées et discours. 1 v.
Bonhomme (Honoré). Œuvres posthumes de Piron. 1 v.
Bonnassies. Les spectacles forains. 1 v.
Bopp (Francis). Grammaire comparée des langues indo-européennes. 4 v. Logique de la littérature française. 1 v.
Bossert (A.). Gœthe, ses précurseurs et ses contemporains. 1 v. Gœthe et Schiller. 1 v. La Littérature allemande au moyen âge. 1 v.
Bossuet. Œuvres. 4 v., manque le 1.
Boucher (Léon). Cowper, ses poésies et sa corespondance. 1 v.
Bougeaut. Histoire des littératures étrangères. 3 v. Précis historique et chronologique de la littérature française. 1 v.
Bougot (A.) L'Iliade d'Homère. 1 v.
Bourdeille (André). Œuvres. 1 v.
Bourget (Paul). Etudes et portraits. 2 v.
Bournet. Rome, Etudes de littérature et d'art.
Boutmy (L.). Dcitionnaire de l'argot des typographes. 1 v.
Brachet (Auguste). Grammaire historique de la langue française. 1 v. Dictionnaire étymologique. 1 v.
Brifaut (Charles). Œuvres. 6 v.
Broglie (duc Albert de). Etudes morales et littéraires. 1 v. Nouvelles études morales et littéraires. 1 v.
Broglie (le duc Victor de). Ecrits et discours. 3 v.
Brunet et Deschamps. Manuel du libraire et de l'amateur de livres. 6 v. Supplément. 1 v. Le Père Duchène d'Hébert. 1 v.

Brunetière (Ferdinand). Questions de critique. 1 v. Nouvelles questions de critique. 1 v. L'évolution des genres. 1 v. Histoire et Littérature. 1 v. Le roman naturaliste. 1 v. Autre édition. 1 v.
Bujault (J.). Œuvres. 1 v.
Burnouf (Emile). Histoire de la littérature grecque. 2 v.
Captier (le R. P.). Discours et conférence sur l'Education. 1 v.
Caro (E.). Mélanges et portraits. 1 v.
Carrel (Armand). Œuvres. 5 v. Œuvres littéraires et économiques. 1 v.
Cavenagh. Science des langues. 2 v.
Cavour (comte de). Œuvres parlementaires. 1 v.
Cervantès. Voyage au Parnasse. 1 v.
Chaix d'Est-Ange. Discours et plaidoyers. 2 v.
Chapelain. De la lecture des vieux romans, brochure.
Charassin (F.). Racines et dérivés de la langue française. 1 v.
Chasles (Emile). Histoire nationale de la Littérature française. 1 v.
Chasles (Philarète). Etudes sur l'Antiquité. 1 v. L'Angleterre littéraire. 1 v. Le xviiie siècle en Angleterre. 2 v. Etudes sur l'Allemagne au xviiie siècle. 1 v. Etudes sur l'Allemagne ancienne et moderne. 1 v. Etudes sur l'Espagne. 1 v. Etudes sur le Moyen Age. 1 v. Etudes sur le xvie siècle. 1 v. Voyage d'un critique à travers la vie et les livres. 1 v.
Chassang (A.). Histoire du Roman et de ses rapports avec l'Histoire dans l'Antiquité. 1 v.
Chassant (L. Adolph.). Dictionnaire des abréviations latines et françaises. 1 v.
Chateaubriand. Œuvres. 31 v. Essai sur la littérature anglaise. 2 v.
Chauvin. Romanciers grecs et latins. 1 v.
Chenier (André de). Œuvres en prose. 1 v. Mélanges. 1 v.
Chenier (Marie-Joseph de). Œuvres. 8 v.
Cicéron. Œuvres, texte latin et traduction. 36 v. (Bibl. Panckouke).
Cochin (Henry). Boccace. 1 v.
Colombey (Emile). Chateaubriand. 1 v. L'esprit au théâtre. 1 v. L'esprit des voleurs. 1 v.
Comte (Ch.). Le Censeur. 6 v.
Constant (Benjamin). Œuvres. 15 v.
Cormenin (de). Le Livre des Orateurs. 2 v.
Correspondant (le). Tables depuis la fondation jusqu'en 1874. 1 v.
Costet (Ferdinand). Eschine l'orateur. 1 v.
Courdaveau. Eschyle, Xénophon et Virgile. 1 v.
Courier (Paul-Louis). Œuvres. 4 v.
Courrière. Histoire de la littérature contemporaine en Russie. 1 v.
Cousin (Victor). Discours. 1 v.
Craven (Mme Augustus). Lady Giorgiana Fullerton. 1 v.
Croiset (A.). La poésie de Pindare. 1 v. Xénophon. 1 v.
Crouslé. Lessing et le goût français en Allemagne. 1 v.
Cucherat. Cluny au xiie siècle. 1 v.
Damiron. Discours. 1 v.
Danielo (Julien). Les conversations de M. de Châteaubriand. 1 v.
Darmesteter (A.). La vie des mots. 1 v.
David-Sauvageot (A.). Le Réalisme et le Naturalisme dans la Littérature et dans l'Art. 1 v.
Delapalme. Le Livre de mes petits enfants. 1 v.

Delatre (Louis). La langue française dans ses rapports avec le Sanscrit. 1 v.
Delorme (Joseph). Vie, poésies et pensées. 1 v.
Deltuf (Paul). Essai sur Machiavel. 1 v.
Demogeot (J.). Histoire de la Littérature française. 1 v. Tableau de la Littérature française au xviie siècle, avant Corneille et Descartes. 1 v. Notes sur diverses questions de Métaphysique et de Littérature. 1 v.
Démosthène. Plaidoyers civils, tr. Dareste. 2 v. Plaidoyers politiques. 2 v.
Démosthène et Eschine. Œuvres complètes. 1 v.
Denis (Ferdinand), **Pinçon et Martenne.** Nouveau manuel de bibliographie universelle. 1 v.
Deschanel (Emile). Etudes sur Aristophane. 1 v. Pascal, Larochefoucault, Bossuet. 1 v. Boileau et Charles Perault. 1 v. Le romantisme des classiques, Racine. 2 v.
Des Essarts (Emmanuel). L'Hercule grec. 1 v. Origine de la Poésie lyrique en France au xvie siècle. 1 v.
Desjardins (Paul). Esquisses et impressions. 1 v.
Desnoiresterres (G.). La comédie satirique au xviiie siècle. 1 v.
Desplaces (Aug.). Galerie des poètes vivants. 1 v.
Despois (Aug.). Le théâtre français sous Louis XIV. 1 v.
Detour (F.). Les ennemis de Racine au xviie siècle. 1 v.
Deville (G.). La femme et l'amour d'après Balzac. 1 v.
Dictionnaire de la conversation et de la lecture. 16 v. Supplément. 3 v.
Dictionnaire historique de la langue française publié par l'Académie française. 1er v.
Diderot. Œuvres choisies, édition Albert. 5 v. Œuvres complètes. 7 v. Manque le 5e.
Didot (Ambroise-Firmin). Alde Manuce et l'Hellénisme. 1 v. Observations sur l'orthographe. 1 v.
Dierbach (J.-E.) Flore mythologique. 1 v.
Diez (Fr.) Grammaire des Langues romanes. 3 v.
Doudan (X.). Pensées et fragments. 1 v. Mélanges et lettres. 4 v.
Du Bled (Victor). Orateurs et tribuns. 1 v.
Du Camp (Maxime). Théophile Gauthier. 1 v.
Du Fail (Noël). Propos rustiques, balivernes, contes et discours d'Eutrapel. 1 v.
Dumas fils (Alexandre). Entractes. 3 v. Discours de réception à l'Académie et réponse de M. d'Haussonville. 1 v.
Du Méril (Edelestand). Essai philosophique sur la formation de la Langue française. 1 v. Histoire de la comédie primitive. 1 v. Histoire de la comédie antique. 1 v. Mélanges archéologiques et littéraires. 1 v. Origine latine du théâtre moderne. 1 v.
Dupin aîné. Plaidoyers et réquisitoires. 6 v.
Dupin (Charles). Discours et rapports. 1 v.
Dupin (Philippe). Plaidoyers. 3 v.
Du Pontavic de Heussey (A). L'inimitable Boz, étude historique et anecdotique sur la vie et les œuvres de Charles Dickens. 1 v. ill.
Duquesnel. Histoire des lettres. 7 v.
Durand de Laure. Erasme. 2 v.
Eckermam. Conversation de Gœthe. 2 v.
Ecrivains anglais (les) du xixe siècle. 1 v.
Edwards. Recherches sur les langues celtiques. 1 v.
Egger (E.). Histoire du livre. 7 v. Encyclopediana. 1 v.

Etienne (Henri). Conformité du Langage français avec le grec. 1 v. La Précellence du Langage français. 1 v.
Etienne (Louis). Histoire de la Littérature italienne. 1 v.
Fabre d'Olivet. Etudes littéraires et philosophiques. 1 v.
Faguet (E.). XVIIIe siècle : Etudes littéraires. 1 v. Etudes littéraires sur le XIXe siècle. 1 v.
Fallot. Recherches sur les formes grammaticales de la langue française. 1 v.
Falloux (comte de). Etudes et souvenirs. 1 v.
Fauriel. Histoire de la Poésie provençale. 1 v.
Favre (Jules). Discours. 1 v.
Fée Etude sur l'ancien théâtre espagnol. 1 v.
Feillet (Alph.). Histoire de la littérature grecque. 1 v.
Fénelon. Œuvres. 3 v.
Feugère (Léon). Les femmes poètes au XVIe siècle. 1 v. Portraits littéraires. 1 v.
Fleury (Jean). Marivaux et le Marivaudage. 1 v.
Florian. Œuvres complètes. 13 v.
Fontaine (A.). Catalogue de sa Librairie, 1877. 1 v.
Fontaine de Resbecq. Voyage littéraire sur les quais de Paris. 1 v.
Fontanes (L. de). Œuvres. 2 v.
Fontenelle. Œuvres. 1 v.
Fournel (V.). Les contemporains de Molière. 3 v. La Littérature indépendante et les écrivains oubliés. 1 v.
Fournier (Edouard). La Comédie de Labruyère. 1 v. L'Esprit dans l'Histoire. 1 v. L'Esprit des autres. 1 v. Le Roman de Molière. 1 v. Le Théâtre français avant la Renaissance. 1450-1550. 1 v.
France (Anatole). La vie littéraire. 2 v.
Frary (Raoul.) Mes tiroirs. 1 v. Essais de critique. 1 v.
Froment. Essai sur l'histoire de l'éloquence judiciaire en France avant le XVIIe siècle. 1 v. L'éloquence du Barreau dans la première moitié du XVIe siècle. 1 v.
Funck-Brentano. Les Sophistes grecs et les Sophistes contemporains. 1 v.
Garcin de Tassy. Histoire de la littérature hindoue. 3 v.
Gaucher (Maxime). Causeries Littéraires. 1 v.
Gautier (Léon). Les épopées françaises. 3 v. Portraits littéraires. 1 v.
Gautier (Théophile). Caprices et zig-zags 1 v. Histoire du Romantisme. 1 v. Les Grotesques. 1 v. Portraits et souvenirs littéraires. 1 v.
Genin (François). La chanson de Roland. 1 v. Récréations philologiques. 2 v. Variations de la langue française. 1 v.
Gidel. Histoire de la Littérature française. 1 v.
Ginguené. Histoire littéraire de l'Italie. 14 v. De l'autorité de Rabelais dans la révolution présente. 1 v.
Ginisty (Paul). L'année littéraire, 1890. 1 v.
Girard (J). Le sentiment religieux en Grèce, d'Homère à Eschyle. 1 v.
Girard (Père). De l'Enseignement régulier de la Langue maternelle. 1 v.
Girardin (Mme E. de). Œuvres complètes. 6 v.
Glaire (abbé). Principes de grammaire arabe. 1 v.
Globe (le) agricole et artistique. 1 v.
Godefroy (Fr.). Histoire de la Littérature française des XVIe et XVIIe siècles. 1 v. Poètes. 1 v. Histoire de la Littérature française du XVIe siècle jusqu'à nos jours; 5 v. Lexique comparé de la langue de Corneille et de la langue du XVIIe siècle. 2 v. Prosateurs français du XIXe siècle. 1 v. Poètes français des XVIIe, XVIIIe et

xixe siècles. 1 v. Histoire de la Littérature au xixe siècle, prosateurs. 1 v.
Gœthe (W.). Œuvres complètes, tr. Porchat. 10 v.
Goncourt (Edmond et Jules de). Les hommes de lettres. 1 v. Idées et sensations. 1 v. Pages retrouvées. 1 v.
Gramont (de). Les vers français et leur prosodie. 1 v.
Granier de Cassagnac. Histoire des origines de la langue française. 1 v.
Greard (Octave). Discours de réception à l'Académie française. Réponse de M. le duc de Broglie. Brochure.
Grimm et Diderot. Correspondance littéraire. 16 v.
Guérin (Maurice de). Reliquiæ. 2 v.
Guizot (François). Corneille et son temps. 1 v. Shakespeare et son temps. 1 v.
Guizot (Guillaume). Menandre. 1 v.
Guys (H.). Voyage littéraire de la France. 1 v.
Halevy (Ludovic). Discours de réception à l'Académie. Brochure.
Hallam. Histoire de la Littérature de l'Europe pendant les xve, xvie et xviie siècles. 4 v.
Hallberg Etudes littéraires sur Wieland. 1 v.
Haussonville (comte d'). Mme de la Fayette. 1 v.
Havet (E.). Les Pensées de Pascal. 1 v.
Hecquet (Gustave). Dictionnaire étymologique des noms propres. 1 v.
Heilly (G. d'). Dictionnaire des Pseudonymes.
Heine (Henri). De tout un peu. 1 v. Satires et portraits. 1 v.
Heinrich. Histoire de la Littérature allemande. 3 v.
Hennequin (Emile). Quelques écrivains français. 1 v.
Herder. De la Poésie chez les Hébreux. 1 v.
Hoffmann (J.-B.). Œuvres, Théâtre, Politique, Littérature, Beaux-Arts. 10 v.
Houssaye (Arsène). Galerie et portraits. 2 v. Histoire du 41e fauteuil de l'Académie française. 1 v. Le roi Voltaire. 1 v. Les hommes et les idées. 1 v.
Hovelacque. La Linguistique. 1 v.
Hugo (Victor). Avant l'Exil, Eloquence politique. 1 v.
Hurel (abbé). Les Orateurs sacrés à la Cour de Louis XIV. 2 v.
Irving (Washington). Valter-Scott et lord Byron. 1 v.
Isocrate. Discours sur lui-même. 1 v.
Jacquinet. Les Prédicateurs du xviie siècle. 1 v.
Janet (Paul). Les passions et les caractères dans la littérature du xviie siècle. 1 v.
Janin (Jules). Béranger et son temps. 2 v. Histoire de la Littérature dramatique. 1 v. La Poésie et l'Eloquence à Rome au temps des Césars. 1 v. Ponsard, 1814-1867. 1 v. Rachel et la tragédie. 1 v.
Janzé (vicomtesse de). Etude et récits sur Alfred de Musset. 1 v.
Jauffret (E.). Le Théâtre révolutionnaire 1788-1789. 1 v.
Joly (A.). Histoire de deux Fables de La Fontaine. 1 v.
Joret (Charles). Herder et la renaissance littéraire en Allemagne. 1 v.
Joubert (Léon). Essai de critique et d'histoire. 1 v.
Julien (Empereur). Œuvres complètes, tr. Talbot. 1 v.
Jung (E.). Henri IV écrivain. 1 v.
Jusserand (Jules). Le Théâtre en Angleterre depuis la conquête jusqu'aux prédécesseurs immédiats de Shakespeare. 1 v.
Klaczko (Julien). Causeries florentines. 1 v.
Labiche (E.). Discours de réception à l'Académie et réponse de M. John Lemoinne. Brochure.

Laborde (L. de). De l'organisation des bibliothèques au xvie siècle. 1 v. Glossaire français au moyen âge. 1 v.
Laboulaye (Edouard). Discours populaires. 1 v.
Lacroix (Paul), Bibliophile Jacob. Bibliographie et Iconographie de tous les ouvrages de Restif de la Bretonne. 1 v. La véritable édition originale des œuvres de Molière. 1 v.
Laharpe. Cours de littérature. 2 v.
Lalouet (H.). Les orateurs de la Grande-Bretagne depuis Charles I. 2 v.
Lamarre. Camoëns et les Lusiades. 1 v.
Lamartine. Le Civilisateur. 1 v. Lectures pour tous. 1 v. Cours familier de littérature. 13 v.
Lanson (G.). Bossuet. 1 v.
Larchey (Lorédan). Les excentricités de la Langue française. 1 v. Dictionnaire de l'Argot parisien. 1 v.
Larochefoucauld (duc de). Œuvres, édit. Regnier. 2 v.
Larroumet (Gustave). La comédie de Molière, l'auteur et le milieu. 1 v. Etudes d'Histoire et de Critique dramatiques. 1 v.
Latour. (Antoine de). Etudes littéraires sur l'Espagne. 1 v. Nouvelles études. 1 v.
Le Berquier. Le Barreau moderne. 1 v.
Lebrun (P. A.) Œuvres. 4 v.
Leclerc (V.) et **E. Renan.** Histoire littéraire de la France au xive siècle. 2 v.
Leconte de Lisle et A. Dumas fils. Discours à l'académie française. Brochure.
Lecoy de la Marche. La Chaire française au Moyen Age. 1 v.
Lefort (Adrien), et Paul **Buquet.** Les mots de Voltaire. 1 v.
Legouvé (Ernest). Lectures à l'Académie, Discours, Poésies, Drames. 1 v. Conférences parisiennes. 1 v. Une élève de seize ans. 1 v.
Lemaître (Jules). Le théâtre de Dancourt. 1 v. Impressions de théâtre. 5 v. Les contemporains. 3 v.
Lemoine (Albert). Etudes critiques et biographiques. 1 v.
Lenient (C.). La Satire en France. 1 v.
Leroux de Lincy. Les Proverbes français. 2 v.
Lesage (René). Œuvres complètes. 16 v.
Lesseps (F. de). Discours de réception à l'Académie et réponse de M. Renan. brochure.
Lessing. Dramaturgie. 1 v.
Levallois (J.). Corneille inconnu. 1 v.
Leveaux (Alph.). Etude sur les Essais de Montaigne. 1 v.
L'hôpital (Chancelier). Œuvres complètes et inédites. 5 v.
Lichtenberger (Ed.) Etudes sur les Poésies lyriques de Gœthe. 1 v.
Liégeard (Stephen). Au hasard de la plume. 1 v.
Ligne (prince de). Œuvres. 4 v.
Littré (E.). Littérature et histoire. 1 v. Dictionnaire de la Langue française. 4 v. Histoire de la Langue française. 2 v. L'Enfer du Dante. 1 v. Etudes et glanes. 1 v.
Livet (C. L.). Précieux et Précieuses, caractères et mœurs littéraires, du xviie siècle. 1 v. La Grammaire française au xvie siècle. 1 v.
Loiseleur de Longchamps. Essai sur les fables indiennes. 1 v.
Lorin (Théodore). Vocabulaire pour les fables de La Fontaine. 1 v.
Lovenjoul. (Ch. de). Histoire des Œuvres de Balzac. 1 v.

Machiavel (N.). Œuvres littéraires. 1 v.
Magasin de librairie, années 1858-1859. 12 v.
Magasin illustré de la famille (le). 1 v. ill.
Magnin (Charles). Causeries et méditations. 2 v.
Maistre (Joseph de). Œuvres inédites, mélanges. 1 v.
Marcellus (comte de). Les Grecs anciens et modernes. 1 v. Chateaubriand et son temps. 1 v. Episodes littéraires en Orient. 1 v.
Marivaux. Œuvres complètes. 10 v.
Marmier (Xavier). Etudes sur Gœthe. 1 v.
Martha. Le poème de Lucrèce. 1 v.
Martin (Aimé). Plan d'une Bibliothèque universelle. 1 v.
Martin et Larchey. Le mal que les Poètes ont dit des Femmes. 1 v.
Marty-Lavaux. Dictionnaire historique de la langue française. 1 v. Grammaire historique de la Langue française. 1 v.
Massillon. Œuvres, 2 v.
Maupoint. Bibliothèque des Théâtres. 1 v.
Maurice (Charles). Histoire anecdotique du théâtre et de la littérature. 2 v.
Maury (Cardinal). Essai sur l'Eloquence de la chaire. 1 v.
Menant (Joachim). Exposé des Eléments de la Langue assyrienne. 1 v.
Mennechet. Matinées littéraires. 4 v.
Merlet (Gustave). Tableau de la Littérature française. 1800-1815. 1 v. Saint-Evremont. 1 v. Le Réalisme et la Fantaisie dans la Littérature. 1 v. Portraits d'hier et d'aujourd'hui. 1 v.
Methscherski. Les poètes russes. 2 v.
Meunier (François) Etude de Grammaire comparée. 1 v.
Meyer (Maurice). Etudes sur le théâtre latin. 1 v.
Mezières (A.). Gœthe. 2 v. Prédécesseurs et contemporains de Shakespeare. 1 v. Shakespeare, ses œuvres et ses critiques. 1 v. Successeurs et contemporains de Shakespeare. 1 v. Pétrarque. 1 v.
Michiels (Alfred). Le monde du comique et du rire. 1 v. Etudes sur l'Allemagne. 2 v.
Million de faits (un). 1 v. ill.
Moland (L.). Molière et la Comédie italienne. 1 v. Origine littéraire de la France. 1 v.
Monin. Monuments des anciens idiômes gaulois. 1 v.
Monmerqué (N.). Théâtre français au moyen âge. 1 v.
Monnier (Marc). Les aïeux de Figaro. 1 v.
Monselet (Charles). Petits mémoires littéraires. 1 v. De A. à Z. 1 v.
Montalembert (le comte de). Discours. 3 v.
Montégut (Emile). Essai sur la littérature anglaise. 1 v. Poètes et artistes de l'Italie. 1 v. Nos morts contemporains. 2 v. Dramaturges et romanciers. 1 v. Heures de lecture d'un critique. 1 v. Chants du Nord et du Midi. 1 v.
Montesquieu. Œuvres complètes. 2 v.
Moreau. Le Code civil et le théâtre contemporain. 1 v.
Morillot (André). De l'éloquence judiciaire à Athènes. 1 v.
Muller (Max). La science du langage. 2 v.
Muller (Ottfried). Histoire de la Littérature grecque jusqu'à Alexandre. 3 v.
Mun (comte Albert de). Discours. 3 v.
Muskau (prince). De tout un peu. 4 v.
Musset (Alfred de). Mélanges de littérature et de critique. 1 v. Œuvres posthumes. 1 v.

Napoléon Ier. Œuvres choisies. 1 v.
Napoléon III. Œuvres. 3 v.
Narrey (Charles). Ce qu'on dit pendant une contredanse. 1 v.
Nault (J. P. B.). Chateaubriand. 1 v.
Nettement (Alf.-Fran.). Etudes critiques sur le Feuilleton-Roman. 1 v. Histoire de la Littérature française sous la Restauration. 2 v. Poètes et artistes contemporains. 1 v. Le roman contemporain. 1 v.
Nisard (Ch.). Chansons populaires chez les anciens et chez les Français. 2 v. Curiosités de l'Etymologie. 1 v. Les ennemis de Voltaire. 1 v. Etude sur la langue populaire ou patois de Paris. 1 v. Les gladiateurs de la république des lettres. 1 v.
Nisard (D.). Histoire de la Littérature française. 1 v. Précis de l'histoire de la Littérature française. 1 v. Les quatre historiens latins. 1 v. Etudes sur la Renaissance. 1 v. Juste Lipse, Scaliger et Cassaubon. 1 v. Essai sur l'école romantique. 1 v. Nouveaux mélanges d'Histoire et de Littérature. 1 v. Discours académiques et universitaires. 1 v.
Nodier (Charles). Notions de Linguistique. 1 v.
Noël (Edouard) et Edmond **Stoullig** Les annales du théâtre et de la musique, 1882. 1 v. 1883. 1 v. 1885. 1 v. 1886. 1 v. 1787. 1 v. 1888. 1 v.
Normand (Jacques). Paravents et tréteaux. 1 v.
Onimus. La psychologie dans les drames de Shakespeare, brochure.
Orateurs et sophistes grecs. 1 v.
Ouvrages condamnés comme contraires à la morale publique du 1er janvier 1814 au 31 décembre 1873. 1 v.
Pailleron (E.). Discours de réception à l'académie française. Brochure. Discours académiques. 1 v.
Pange (François de). Œuvres, 1789-1790. 1 v.
Paris ou le livre des cent et un. 15 v.
Pasquier (Etienne). Œuvres choisies. 2 v.
Patin. Etudes sur les tragiques grecs. 3 v. Littérature ancienne et moderne. 1 v.
Patria. La France ancienne et moderne. 2 v. ill.
Pautex (B.). Erratas du dictionnaire de l'Académie française. 1 v.
Peignot (Gabriel.) Amusements philologiques. 1 v. Choix de testaments. 1 v. Le Livre des singularités. 1 v. Prédicatoriana. 1 v.
Pelissier. La langue française depuis son origine. 1 v.
Pereira da Sylva. La Littérature portugaise. 1 v.
Perrot (Georges). L'éloquence politique et judiciaire à Athènes. 1 v.
Petit de Julleville. Les Mystères. 1 v. Le Théâtre en France. 1 v. La Comédie et les mœurs en France. 1 v.
Pictet (Ad.). Affinités des langues celtiques avec le Sanscrit. 1 v.
Piedagnel. Jules Janin. 1 v.
Pierron (Alexis). Histoire de la Littérature romaine. 1 v. Histoire de la Littérature grecque. 1 v. Voltaire et ses maîtres.
Piron (Alexis). Œuvres. 2 v. Œuvres inédites. 1 v.
Planche (Gustave). Portraits littéraires. 2 v.
Plantier. Etudes littéraires sur les Poètes bibliques. 1 v.
Poitevin (P.). Grammaire générale historique de la langue française. 1 v.
Poitou (Eugène). Portraits littéraires et philosophiques. 1 v. Du Roman et du Théâtre contemporains. 1 v.
Pontmartin (Armand de). Causeries du samedi. 10 v. Nouveaux samedis. 2 v.

Derniers samedis. 1 v. Souvenirs d'un vieux critique. 3 v. Péchés de jeunesse. 1 v.
Pope. Œuvres complètes. 8 v.
Pouchkine. Œuvres. 2 v.
Pradéré. La Bretagne poétique. 1 v.
Prévost (abbé). Œuvres complètes. 37 v.
Quintillien. Œuvres, texte latin et tr. 4 v. (Bibl. Panckouke).
Quittard (P. M.). Etudes sur les proverbes français. 1 v.
Racot (A.). Portraits d'hier. 2 v.
Rambaud (Alfred). La Russie épique. 1 v.
Rathery. Influence de l'Italie sur les lettres françaises. 1 v. Mlle de Scudéry, sa vie et sa correspondance. 1 v.
Ratisbonne (L.). Auteurs et lettres. 1 v. Impressions littéraires. 1 v. Figures jeunes. 1 v.
Reaume (E.). Les prosateurs français au xvie siècle. 1 v.
Regnaud (Jean). Etudes encyclopédiques. 3 v. Lectures variées. 1 v.
Reinach (Salomon). L'art de former une bibliothèque. 1 v.
Renan (Ernest). Le Cantique des Cantiques. 2 v. Histoires des Langues sémitiques. 1 v. Le livre de Job. 1 v. Conférences d'Angleterre. 1 v. Essais de Morale et de Critique. 1 vol.
René (le roi). Œuvres choisies. 2 v.
Riambourg. Œuvres complètes. 1 v.
Rigault (H^{te}). Œuvres complètes. 4 v. Conversations littéraires et morales. 1 v. Histoire de la querelle des anciens et des modernes. 1 v.
Rivarol. Œuvres. 1 v. Ecrits et pamphlets. 1 v.
Rollin. Traité des Etudes. 1 v.
Rondelet (Antonin). L'Art d'écrire. 1 v. L'art de parler. 1 v.
Rousse (Edmond). Discours de réception à l'académie le 7 avril 1881. Brochure. Discours et plaidoyers. 2 v.
Rousseau (J.-J.). Œuvres. 19 v.
Rouveyre (Edouard). Connaissances nécessaires à un bibliophile. 1 v.
Roux (Am.). Histoire de la Littérature contemporaine. 1 v.
Rozan (Charles). Petites ignorances de la conversation. 1 v.
Sacy (Sylvestre de). Mélanges de littérature orientale. 1 v. Variétés littéraires, morales et historiques. 2 v.
Saint-Evremond. Œuvres choisies. 1 v.
Saint-Marc-Girardin. Cours de Littérature dramatique. 4 v. Essai de Littérature et de Morale. 2 v. Lafontaine et les fabulistes. 2 v. La Littérature française au xvie siècle. 1 v. Notes littéraires sur l'Allemagne. 1 v. Jean-Jacques-Rousseau, sa vie et ses ouvrages. 2 v.
Saint-Patrice. Nos écrivains. 1 v. ill.
Saint-Victor (Paul de). Les deux Masques. 3 v. Victor Hugo. 1 v. Le théâtre contemporain. 1 v. Anciens et modernes. 4 v.
Sainte-Beuve. Portraits littéraires. 3 v. Premiers lundis. 3 v. Causeries du Lundi. 14 v. Nouveaux lundis. 12 v. Etudes sur Virgile. 1 v. Critiques et portraits littéraires. 5 v. Tableau de la Poésie française au xvie siècle. 1 v. Chateaubriand et son groupe littéraire. 2 v. Proudhon, sa vie et sa correspondance. 1 v. Madame Desbordes-Valmore. 1 v.
Sarcey (Francisque). Le mot et la chose. 1 v.
Say (J.-B.). Mélanges. 1 v.
Sayous (P. André). Histoire de la Littérature française à l'Etranger. 1 v.

Scherer (Edouard). Diderot. 1 v. Etudes sur la Littérature contemporaine. 8 v. Etudes sur la Littérature au xviii° siècle. 1 v.
Schiller. Œuvres complètes, trad. Regnier. 8 v.
Schlegel (Guillaume). Histoire de la Littérature ancienne et moderne. 2 v.
Schœl. Histoire de la Littérature grecque et romaine. 12 v.
Scott (sir Walter). Biographie des romanciers célèbres. 4 v.
Selden (Camille). Portraits de femme. 1 v.
Sepet (Marius). Le drame français au moyen âge. 1 v.
Sismondi (de). Littérature du midi de l'Europe. 4 v.
Smidt. Etudes sur la Littérature allemande. 1 v.
Société de lecture de Lyon fondée en 1862, catalogue de 1884 et compte-rendu de 1882. 1 v.
Sotos-Ochando. Projet d'une Langue universelle. 1 v.
Souvestre (Emile). Causeries Littéraires. 2 v.
Staaf (lieutenant-colonel). La Littérature française depuis la formation de la langue jusqu'à nos jours. 6 v.
Stael (Mme de). Œuvres. 3 v.
Stapfer (Paul). Shakespeare et les tragiques grecs. 1 v. Rabelais, sa personne, son génie et son œuvre. 1 v.
Stendhal (de). Racine et Shakespeare. 1 v. Œuvres posthumes. 2 v.
Stern (Daniel). Dante et Gœthe. 1 v.
Strauss (docteur Frédéric). Mémoires littéraires et d'Histoire religieuse. 1 v. Voltaire. 1 v.
Taine (H^{te}). Essais sur Tite-Live. 1 v. Essais de Critique et d'Histoire. 1 v. Nouveaux essais de Critique et d'Histoire. 1 v. Histoire de la Littérature anglaise. 5 v. Lafontaine et ses fables. 1 v.
Talma (Mme). Etudes sur l'art théâtral. 1 v.
Tchadaief (P.). Œuvres choisies. 1 v.
Thery (A.). Morceaux choisis des meilleurs prosateurs français. 2 v. Opinions littéraires des anciens et des modernes. 2 v.
Thurot (Ch.). De la prononciation française depuis le commencement du xvii° siècle. 1 v.
Tickno(G.). Histoire de la Littérature espagnole. 1 v.
Tiercelin (docteur). Essai sur la Littérature du droit. 1 v.
Tivier (H.). Histoire de la Littérature dramatique en France depuis ses origines jusqu'au Cid. 1 v.
Tocqueville (A. de). Mélanges. 1 v. Œuvres et correspondance inédites. 2 v.
Topin (Marius). Romanciers contemporains. 1 v.
Tressan (comte de). Œuvres. 10 v.
Turgot. Œuvres. 2 v.
Ulbach (Louis). Les causeries du Dimanche. 1 v. Ecrivains et hommes de lettres. 1 v. Nos contemporains. 1 v. Misères et grandeurs littéraires. 1 v.
Vallée (Oscar de). De l'Eloquence judiciaire au xviii° siècle. 1 v.
Vapereau (G.). L'année littéraire et dramatique 1864 à 1868. 5 v.
Veuillot (Louis). Molière et Bourdaloue. 1 v. Etudes sur Victor Hugo 1 v.
Viennet. Mélanges et Poésies. 1 v.
Villemain (A.). Chateaubriand. 1 v Choix d'études sur la Littérature contemporaine. 1 v. Tableau de la Littérature au Moyen âge. 2 v. Tableau de la Littérature au xviii° siècle. 4 v. Mélanges littéraires. 1 v. Essai sur Pindare. 1 v. Tableau de l'Eloquence chrétienne au iv° siècle. 1 v. La Tribune moderne en France et en Angleterre. 1 v.

Vinet. Etude sur Blaise Pascal. 1 v.
Vitu (Auguste). Les mille et une nuits du théâtre. 1 v.
Vogüé (vicomte E. M. de). Le roman russe. 1 v. Regards historiques et littéraires. 1 v. Discours de réception à l'Académie et réponse de M. Rousse. Brochure.
Voltaire. Œuvres complètes. 92 v. Le dernier volume des œuvres de Voltaire. 1 vol.
Webert (Albert). Histoire de la littérature indienne. 1 v.
Wey (Francis). Histoire de la révolution du langage en France. 1 v. Remarques sur la langue française. 1 v.
Widal (Auguste). Etudes littéraires et morales sur Homère. 1 v. Juvénal et ses Satires. 1 v.
Wihtney. La vie du langage. 1 v
Xénophon. Œuvres complètes. 2 v.
Yemeniz. La Grèce moderne, héros et poètes. 1 v.
Zola (Emile). Nos auteurs dramatiques. 1 v. Les Romanciers naturalistes. 1 v. Documents littéraires. 1 v.

VI

OUVRAGES SUR LA BOURGOGNE

Abord (Hippolyte). Histoire de la Réforme et de la Ligue dans la ville d'Autun. 3 v. ill.
Académie de Dijon. Mémoires. 46 v. Quatrième série. 2 v.
A. H. Les armées coalisées à Dijon. 1 v.
Arbaumont (J. d'). Armorial de la chambre des comptes de Dijon. 1 v. ill. Cartulaire du prieuré de Saint-Etienne de Vignory. 1 v.
Arbaumont (Jules d') et Dr Louis **Marchant**. Le Trésor de la Sainte-Chapelle de Dijon. 1 v. ill.
Aubineau (L.). Paray-le-Monial et son monastère. 1 v.
Aubertin (Charles). Recherches sur les drapeaux de l'ancienne province de Bourgogne. 1 v.
Aumale (Duc d'). Alesia, étude sur une campagne de Jules César. 1 v.
Autun archéologique. 1 v.
B. (l'abbé). L'Hôtel-Dieu de Beaune. 1 v. ill.
Banquet d'adieux offert le 15 mars 1890 à M. le premier président Cantel. Brochure.
Bard (Joseph). Dijon, histoire et tableau. 1 v.
Barthélemy (Anatole de). Essai sur les monnaies des Ducs de Bourgogne. 1 v.
Bavard (abbé). Histoire de Volnay. 1 v. Légendes bourguignonnes. 1 v.
Baudoin (P. M.) Histoire du Protestantisme et de la Ligue en Bourgogne.
Beaune (Henri). Les caractères de Pierre Legouz. 1 v. Pierre Palliot. 1 v. Le Palais de justice et l'ancien Parlement de Dijon. 1 v. M. Théophile Foisset. 1 v.
Beaune (H.) et **d'Arbaumont**. La Noblesse aux Etats de Bourgogne. 1 v.
Beguillet. Histoire des guerres de Bourgogne. 2 v.
Belloguet (baron Roger de). Origines dijonnaises. 1 v. Carte du premier royaume de Bourgogne. 1 v.
Bizouard (l'abbé). Histoire de l'hôpital d'Auxonne. 1 v.
Boissard (Henry). Théophile Foisset. 1 v.
Bonnassies (Emile). La Goton, scènes bourguignonnes. 1 v.
Bordone. Garibaldi, Dôle, Autun, Dijon. 1 v.
Boudrot (abbé). Le Jugement dernier de l'hôpital de Beaune. 1 v.
Bougaud (Mgr). Etudes historiques et critiques sur Saint-Bénigne et sur l'origine des églises de Dijon, Autun et Langres. 1 v. Histoire de Madame de Chantal. 2 v.
Bouhier (président). Souvenirs. 1 v.

Bourgeois (abbé). Beire le Chatel. 1 v. ill.
Bourgeon (Philibert). Le barreau de Dijon aux xvii⁰ et xviii⁰ siècles. 1 v.
Bresson (J.). Histoire de l'église Notre-Dame de Dijon. 1 v. ill.
Breunot. Journal. 1 v. Dans les *Analecta divionensia*.
Canat (Marcel). Documents inédits pour servir à l'histoire de Bourgogne. 1 v.
Carlet (Joseph). Le jugement dernier, retable de l'Hôtel-Dieu de Beaune. 1 v. ill. Géologie de la Côte-d'Or. 1 v.
Carra (abbé). Oraison funèbre de l'abbé Rey. Brochure.
Chabeuf (Henri). Voyage d'un délégué suisse au chapitre général de Cîteaux en 1667. 1 v. ill. Louis Bertrand et le Romantisme à Dijon. 1 v. Le Parlement à l'Estable. 1 v. Réclamations en matière d'impôt au xv⁰ siècle. 1 v. Notice sur Félix Trutat. 1 v. ill. François-Abel Jeandet. 1 v. avec portrait. Un document sur l'invasion de Gallas en Bourgogne, 1636. 1 v.
Chevalier (l'abbé G.). Histoire de Saint Bernard, abbé de Clairvaux. 2 v. Le vénérable Guillaume. 1 v. Notice historique sur Fixin et Fixey. 1 v. ill.
Chevillard. Armorial de Bourgogne et Bresse. 1 v. ill.
Chronique de l'Abbaye de Saint-Bénigne de Dijon publiée par l'abbé Bougaud et J. Garnier. 1 v. Dans les *Analecta divionensia*.
Cîteaux (le grand et le petit exorde de). 1 v.
Clément-Janin. Les hôtelleries dijonnaises. 1 v. Les pestes à Dijon. 1 v. Le Morimont à Dijon, bourreaux et suppliciés. 1 v. Les imprimeurs et les libraires dans la Côte-d'Or. 1 v. Les orfèvres dijonnais. 1 v. Journal de la Guerre à Dijon. 1 v.
Collé (l'abbé). Annales du couvent de la Visitation de Dijon. 1 v.
Collenot. Description géologique de l'Auxois. 1 v.
Commission départementale des Antiquités de la Côte-d'Or. Mémoires. 11 v. ill.
Compte rendu des travaux de l'Assemblée provinciale qui s'est tenue à Dijon les 7, 8 et 9 mai à l'occasion du centenaire de 1789. 1 v.
Corbolin (l'abbé). Monographie de l'abbaye de Fontenay. 1 v. ill.
Cornereau (A). Le palais des Etats de Bourgogne à Dijon. 1 v. ill.
Corot (Henry). Le sermon de Bacchus. 1 v. A propos de Fontanas. 1 v.
Correspondance de la Mairie de Dijon 3 v. Dans les *Analecta divionensia*.
Courtépée et Beguillet. Description historique du duché de Bourgogne. 4 v.
Coynart (colonel de). La guerre à Dijon, 1870-1871. 1 v.
Cunisset-Carnot (Paul). La querelle du président de Brosses avec Voltaire. 1 v. Les vocables dijonnais. 1 v.
Darcy (Henri). Les Fontaines publiques de Dijon. 1 v. avec atlas.
Desguerrois (Ch.). Le président Bouhier, sa vie, ses ouvrages et sa bibliothèque. 1 vol.
Desjardins (A.). Etudes sur saint Bernard. 1 v.
Desjardins (E.). Alesia. 1 v.
Dethel (P.). L'abbaye de Saint-Jean-de-Losne. 1 v.
Develay (Victor). La Bourgogne pendant les Cent Jours. 1 v.
Dugast (docteur). L'ambulance mobile de la Côte-d'Or. 1 v.
Dumay (G.). Le Mercure dijonnais. 1 v.
Duplus. Vie des Saints du diocèse de Dijon. 1 v.
Durandeau (J.). Aimé Piron ou la vie littéraire à Dijon au xvii⁰ siècle. 1 v.
Emeute à Dijon (une), 1775. 1 v.
Fayet. Les écoles de Bourgogne sous l'ancien régime. 1 v.

Ferret (abbé P.). Histoire de Drée, de Verrey-sous-Drée et la maison de Drée. 1 v. ill.
Ferry (H. de). Le Mâconnais préhistorique. 1 v.
Fétu (N.). Monographie du Palais de Justice de Dijon. 1 v.
Flore de Bourgogne. 2 v.
Fochier (V.) procureur général. La chambre dorée du Parlement de Dijon. Discours de rentrée, 1888. 1 v.
Foisset (Paul). L'église des Jacobins de Dijon. 1 v. ill.
Fouque. Histoire de Chalon-sur-Saône. 1 v.
Fremiet. Eloge de M. Devosge père. 1 v.
Fouque. Histoire de Chalon-sur-Saône. 1 v.
Gaffarel (Paul). Etude sur un chapelet d'ivoire appartenant au musée de Dijon. 1 v. François Robert. 1 v. Notice historique sur la Bourgogne, brochure.
Garnier (Joseph). Annuaire départemental de la Côte-d'Or, depuis 1882. 11 v. Nomenclature historique des communes, hameaux, etc. dans le département de la Côte-d'Or. 1 v. Chartes de communes et d'affranchissement en Bourgogne. 3 v.
Garreau. Description du gouvernement de Bourgogne, 2e édition 1734. 1 v.
Gascon (R. E.). Géognosie du canton de Fontaine-Française. 1 v.
Girault (Cl. X.) Essais historiques et biographiques sur Dijon, 1814. 1 v.
Goussard. Guide de l'étranger à Dijon. 1 v.
Gouvenain (de). Inventaire sommaire des archives communales, ville de Dijon. 2 v. Don de la Ville.
Guigue. Topographie historique du département de l'Ain.
Guillebot de Nerville. Carte géologique de la Côte-d'Or. 1 v.
Guillemot Topographie historique du Bugey. 1 v.
H. B. (le docteur). Contes, fables, légendes en idiome bourguignon. 1 v.
Histoire généalogique de la maison de Bussy-Rabutin. 1 v.
Hozier (Ch. d'). Armorial général de France, publié par Bouchet : Généralité de Bourgogne. 2 v.
Huguenin (A.). Un homme de guerre bourguignon au xviie siècle. Etienne Billard. 1 v. Le Chapitre de l'église collégiale de Grancey et la chapelle Saint-Michel, à Gemeaux. 1 v.
Hulst (Mgr d'). Vie de Just de Bretenières. 1 v.
Jacquet (A.). La vie littéraire dans une ville de province sous Louis XIV (Dijon). 1 v.
Javel (abbé). Notre-Dame d'Etang. 1 v. Une visite au sanctuaire de Notre-Dame d'Etang. 1 v.
Jobin (abbé). Saint Bernard et sa famille. 1 v. ill.
Joly (abbé). Vie de saint Vorles. Histoire du roi Gontran et de l'abbaye Notre-Dame de Châtillon. 1 v.
Laborde (L. de). Les ducs de Bourgogne. Etudes sur les Beaux-Arts au xve siècle. 2 v.
La Cuisine (de). Histoire du Parlement de Bourgogne. 2 v.
Ladrey. La Bourgogne œnologique. 1 v.
Lagier Discours sur la vie et les ouvrages de Guyton de Morveau. 1 v.
La Monnoye (Bernard de). Noëls bourguignons. 1 v.
Lapérouse (G. de). Histoire de Châtillon. 1 v.
Larribe. Notice sur le monument élevé aux sources de la Seine. 1 v.
Laroque (de). Catalogue des gentilshommes qui ont pris part aux élections des députés en 1789. Bourgogne et Franche-Comté. 1 v.

Ledeuil (J.). Notice sur Semur-en-Auxois. 1 v.
Lejay (Paul). Inscriptions antiques de la Côte-d'Or. 1 v.
Lépine (Frédéric). Les fastes de la Bourgogne. 1 v. ill.
Lorain (Paul). Histoire de l'abbaye de Cluny. 1 v. ill.
Lorey et Duret. Flore de la Côte-d'Or. 2 v.
Lory (E.) Une page d'histoire municipale dijonnaise. 1 v.
Lory (E. P.). L'avocat Varennes et les Parlements de Dijon et de Paris. 1 v.
Luchet (Auguste). La Côte-d'Or à vol d'oiseau. 1 v.
Lucotte (l'abbé J.-B.) Origine du diocèse de Langres et de Dijon. 1 v.
Maillard de Chambure. Dijon ancien et moderne. 1 v ill.
Malteste (Claude). Anecdotes du Parlement de Bourgogne 1 v. Dans les *Analecta divionensia*.
Monnet. Le président de Brosses. 1 v.
Marchant (Dr Louis). Recherches sur les faïenceries de Dijon. 1 v. ill.
Marnas (de). Discours de rentrée. Brochure.
Martin (Jules). Aperçu général de l'histoire géologique de la Bourgogne. 1 v. Le terrain tertiaire de la gare de Dijon. 1 v.
Menassier. Guide à Dijon et dans ses environs. 1 v.
Michel (L. C.). La colonie de Cîteaux, sa fondation et ses progrès. 1 v.
Mignard (P.). Biographie du général Testot-Ferry. 1 v. Histoire de l'Idiome bourguignon. 1 v. Monographie de l'église Saint-Vorles de Châtillon-sur-Seine. 1 v. Le roman en vers de Girard de Roussillon. 1 v.
Millotet (M. A.). Mémoire. 1 v. Dans les *Analecta divionensia*.
Milsand (Ph.). Notes et documents pour servir à l'histoire de l'académie de Dijon. 1 v. Les rues de Dijon. 1 v. Bibliographie bourguignonne 1 v Supplément. 1 v. Notes et documents pour servir à l'histoire du théâtre à Dijon. 1 v.
Mochot (A.). Histoire d'Is-sur-Tille. 1 v.
Monographie de la Crypte de Saint-Bénigne de Dijon. Brochure.
Monuments primitifs de la règle de Cîteaux. 1 v. Dans les *Analecta divionensia*.
Murailles (les) dijonnaises pendant la guerre. 1 v.
Muteau (Charles) Les clercs à Dijon. 1 v. La Bourgogne à l'Académie française. 1 v. Les écoles et les collèges en province. 1 v.
Muteau (Ch.). et J. **Garnier**. Galerie bourguignonne. 3 v.
Nadault (Jean). Mémoires pour servir à l'histoire de la ville de Montbard, publiés par Louis Mallard et Nadault de Buffon. 1 v.
Nesle (Eugène). Statistique monumentale de la Côte-d'Or, Semur. 1 v. ill.
Noel (P.). Le canton de Seurre. 1 v.
Noirot (docteur). Durée de la vie dans l'arrondissement de Dijon. 1 v.
Passage de Louis XIV à Châtillon-sur-Seine en 1650. 1 v.
Peignot (Gabriel). Histoire d'Hélène Gillet. 1 v.
Perdrizet (A.). Buffon et la forêt communale de Montbard. 1 v.
Perraud (Mgr). Oraison funèbre de Mgr Rivet. 1 v.
Petit (Ernest). Avallon et l'Avallonnais. 1 v. Le même. 1 v. ill. Le maréchal de Noyers. 1 v. Histoire des ducs de Bourgogne de la race capétienne. 4 v. ill.
Picard. (Etienne). La Vénerie et la Fauconnerie des ducs de Bourgogne. 1 v ill.
Pichard. L'église Notre-Dame d'Auxonne, brochure. La banlieue ou les Granges d'Auxonne, brochure.
Pignot (J.-Henri). Histoire de l'ordre de Cluny, 909-1157. 3 vol. Un évêque réformateur au xviie siècle : Gabriel de Roquette, évêque d'Autun. 2 v.
Pingaud (Léonce). Les Saulx-Tavanes. 1 v. Correspondance des Saulx-Tavanes. 1 v.

Prieuré de Bonvaux (essai historique sur le). 1 v.
Prudhon (J.-C.). Vic-sous-Thil. 1 v.
Quantin. Histoire de l'instruction publique dans l'Yonne avant 1789. 1 v.
Relations (deux) inédites de la prise de Beaune en 1595. 1 v.
Rémond (Charles). Les batailles de Nuits. 1 v.
Renault (abbé). Notice sur le château paternel et la chambre de saint Bernard. 1 v.
Robinet de Cléry. Les magistrats bourguignons au parlement de Metz et au conseil souverain d'Alsace. 1 v.
Roger (Ch.). Flore de la Côte-d'Or. 2 v.
Rossignol (Cl.). Histoire de Bourgogne pendant la période monarchique. 1 v. Histoire de Beaune. 1 v. Des libertés de la Bourgogne d'après les jetons des Etats. 1 v.
Rude, sa vie et ses œuvres. 1 v.
Saint Bernard (le huitième centenaire de). Discours prononcés à l'occasion des fêtes de juin 1891. 1 v.
Saint Julien de Balleure. De l'origine des Bourguignons, 1581. 1 v. ill.
Saint-Père (Gabriel). Un coin du vieux Dijon. 1 v. Les parrains des forts et des casernes. 1 v. Etudes sur les armoiries de la ville de Dijon. 1 v.
Saulieu, son origine et son histoire. 1 v.
Seignobos (Charles). Le régime féodal en Bourgogne jusqu'en 1360. 1 v.
Serrigny (Ernest). Chapelle des Bossuet, à Seurre. 1 v. ill. Le mystère de Saint Martin. 1 v.
Simonnet (Jules). Les institutions en Bourgogne. 1 v. Essai sur la vie et les ouvrages de Gabriel Peignot. 1 v. Notice sur Hugues Aubriot, brochure.
Société d'Archéologie du Châtillonnais. 3 fascicul. ill.
Société bourguignonne de géographie et d'histoire. Mémoires. 7 v. ill.
Société Eduenne. Mémoires. Nouvelle série, les 5 derniers v.
Société syndicale des Pharmaciens de la Côte-d'Or, bulletins. 5 v.
Soret (Henri). Notice sur la vie et les ouvrages de Henri Vienne, brochure.
Statistique commerciale, industrielle et agricole de la Côte-d'Or publiée par la Chambre de Commerce. 1 v.
Suisse (Charles). Restauration du château de Dijon. 1 v. ill.
Theuriet (Charles). Mâlain. 1 v. Gabrielle de Vergy. 1 v.
Thomas (abbé Jules). La vie et les œuvres de l'abbé Fr. Grignard. 1 v.
Todière. Précis historique, topographique et biographique du département de la Côte-d'Or. 1 v.
Vienne (Henri). Essai historique sur Nuits. 1 v. Notice sur Gevrey et Chambolle. 1 v. Promenade à Fixin. 1 v.
Villequez (F.). Les écoles de droit en Franche-Comté et en Bourgogne. 1 v.
Visite du conseil de l'ordre des avocats à M. le premier président Cantel. Brochure.

VII

PHILOSOPHIE
SCIENCES MORALES ET POLITIQUES

Accolas (Emile). L'enfant né hors mariage. 1 v. Nécessité de refondre nos codes, au point de vue démocratique. 3 v.
Ahrens. Cours de droit naturel. 1 v. Cours de philosophie : psychologie. 2 v.
Alaux (J.-E.). La religion progressive. 1 v.
Alibert (Jean-Louis). Physiologie de la Passion. 1 v.
Allan-Kardec. Le livre des esprits. 1 v.
Alletz. La démocratie nouvelle. 2 v. Harmonies de l'intelligence humaine. 2 v.
Amé. Etude sur les tarifs de douanes. 1 v.
Ampère (André-Marie). Essai sur la Philosophie des Sciences. 1 v. Philosophie des Sciences. 1 v.
Ancillon. Essai de politique, de philosophie et de littérature. 3 v. Esprit des constitutions. 1 v. Tableau des révolutions du système politique de l'Europe. 4 v.
André (le prince). Œuvres philosophiques.
Annuaire de législation étrangère 1872. 1 v.
Annuaire statistique de la France 1878. 1 v.
Aristote. Texte grec et tr. Barthélemy-Saint-Hilaire. La logique. 4 v. La morale. 3 v. La politique. 2 v.
Arnauld (Antoine). Œuvres philosophiques. 1 v.
Arnoux (J.). Travail universel. 2 v.
Azaïs. Les compensations dans les destinées humaines. 1 v.
Bacon. Œuvres philosophiques. 1 v.
Bagheot (W.). Lois scientifiques du développement des nations. 1 v. La Constitution anglaise. 1 v.
Baguenault de Puchesse. De l'immortalité de l'âme. 1 v.
Bain (Alexandre). L'esprit et le corps considérés au point de vue de leurs relations. 1 v. Logique. 2 v. La science de l'Education. 1 v. Les sens et l'Intelligence. 1 v. Les fonctions de la Volonté. 1 v. Les émotions de la Volonté. 1 v.
Balmès (Jacques). L'art d'arriver au vrai. 1 v. Philosophie fondamentale. 2 v.
Barbier (J. C.). Lois du Jury. 1 v.
Barni (Jules). Histoire des idées morales et politiques en France, au xviiie siècle. 2 v. Les Moralistes français au xviiie siècle. 1 v. La morale dans la Démocratie. 1 v.
Barthélemy-Saint-Hilaire. De la vraie Démocratie. 1 v. Philosophie des deux Ampère. 1 v.

Bastiat (Frédéric). Œuvres complètes. **7 v.**
Baudrillart (Henri). La liberté du travail, l'Association et la Démocratie. **1 v.** Manuel d'Economie politique. **1 v.** Les Publicistes modernes. **1 v.** La Famille et l'Education en France. **1 v.** Des rapports de la Morale et de l'Economie politique. **1 v.** Les populations agricoles de la France : la Normandie. **1 v.** Histoire du luxe public et privé. **4 v.**
Bauer (Mgr). Le but de la vie. **1 v.**
Beaumis (H.). Les sensations internes. **1 v.**
Beaune (Henri). Introduction historique à l'étude du droit coutumier. **1 v.**
Beaussire (Emile). Antécédents de l'hégétianisme dans la philosophie française. **1 v.** La liberté dans l'ordre intellectuel et moral. **1 v.**
Bechard (Ferdinand). Droit municipal dans l'antiquité. **1 v.** Droit administratif au moyen âge. **2 v.** Droit municipal dans les temps modernes. **1 v.**
Behague (de). Considérations sur la vie rurale. **1 v.**
Belime (W.). Philosophie du droit. **1 v.**
Benard (Charles). De la Philosophie dans l'éducation classique. **1 v.**
Benard (T. S.). De l'influence des lois sur la répartition des richesses. **1 v.**
Bentham (Jérémie). Œuvres complètes. **13 v.**
Bernard (Paul). Histoire de l'Autorité paternelle en France. **1 v.**
Berriat-Saint-Prix. La justice révolutionnaire. **1 v.** Traité de la procédure des tribunaux criminels. **1 v.** Tribunaux correctionnels. **2 v.**
Bersot (Ernest). Essai de Philosophie et de Morale. **2 v.** Libre Philosophie. **1 v.** Littérature et Morale. **1 v.** Mesmer et le magnétisme animal **1 v.** Nouvelle édition. **1 v.** Morale et politique. **1 v.** Questions actuelles. **1 v.**
Bert (Paul). La morale des Jésuites. **1 v.**
Berthauld (C. H.). L'ordre social et l'ordre moral. **1 v.**
Berthauld (A.). Introduction à l'étude du droit français. **1 v.** La liberté civile. **1 v.**
Berthier (J. F) Le code Napoléon mis à la portée des sourds-muets. **1 v.**
Berton (Paul). L'art de faire soi-même son testament. **1 v.**
Bertulus (Ev.). L'Athéisme au XIXe siècle. **1 v.**
Billiard. Organisation de la Démocratie. **1 v.** Organisation de la République depuis Moïse. **1 v.**
Billiot (Frédéric). Les Latifundia futurs. **1 v.**
Blackston. Commentaire sur les lois anglaises. **6 v.**
Blanqui (J.-A.). Cours d'économie industrielle. **1 v.** Histoire de l'économie politique. **2 v.**
Blatin (H.). Nos cruautés envers les animaux. **1 v.**
Block (Maurice). Annuaire de l'économie politique et de la statistique. **1 v.** 1878. **1 v.** Dictionnaire de politique. **2 v.** Statistique de la France comparée avec les autres Etats de l'Europe. **2 v.**
Blot-Lequesne. De l'Autorité dans les sociétés modernes. **1 v.**
Bluntschli. Théorie générale de l'Etat. **1 v.**
Boèce. La consolation philosophique. **1 v.**
Boinvilliers (Edouard). A quoi servent les parlements. **1 v.**
Boitard. Leçons de procédure civile. **2 v.**
Bonald (le vicomte de). Du divorce. **1 v.** Législation primitive. **3 v.** Les lois naturelles de l'Ordre social. **1 v.** Pensées et discours. **1 v.**
Bonstetten. Pensées. **1 v.**
Bordier (D^r). La colonisation scientifique. **1 v.**
Bouiller (Francisque). Etudes familières de psychologie et de morale. **1 v.** Ques-

tions de morale pratique. 1 v. De la connaissance en Psychologie et en Morale. 1 v. Histoire de la philosophie cartésienne. 2 v. Du plaisir et de la douleur. 1 v. Morale et progrès. 1 v. Du principe vital. 1 v.

Bourdet (Eugène). Des maladies du caractère, hygiène, morale et philosophie. 1 v.

Bourgeon (Philibert). Distinction de l'inexistence et de l'annulabilité des actes juridiques. 1 v.

Bourgeois (docteur). Les passions dans leur rapport avec la Santé. 1 v.

Bourget (Paul). Physiologie de l'amour moderne. 1 v. Essais de psychologie contemporaine. 1 v. Nouveaux essais de psychologie contemporaine. 1 v.

Boutmy (E.). Etudes sur le droit constitutionnel. 1 v.

Brière de Boismont. Du suicide. 1 v.

Broglie (abbé de). Le Positivisme et la science expérimentale. 1 v.

Broglie (duc Albert de). Etudes morales et littéraires. 1 v. Nouvelles études. 1 v. La Diplomatie et le droit nouveau. 1 v.

Brouardel (Dr). Le secret médical. 1 v.

Büchner (L.). Force et matière. 1 v. Science de la nature. 1 v. L'homme selon la Science. 1 v.

Buisson (Eugène). L'homme, la femme et la société. 3 v.

Cabanis. Rapports du physique et du moral. 2 v.

Campan (Mme). De l'éducation. 1 v.

Carey (H. C.). Principes de la science sociale. 3 v.

Carrau. La morale utilitaire. 1 v.

Caro (E.). Essais sur la vie et la doctrine de saint Martin. 1 v. Etudes morales sur le temps présent. 1 v. Nouvelles études morales sur le temps présent. 1 v. L'idée de Dieu et ses nouveaux critiques. 1 v. Les jours d'épreuve. 1 v. Le Matérialisme. 1 v. Le Matérialisme au XIXe siècle. 1 v. M. Littré et le Positivisme. 1 v. Problèmes de morale sociale. 1 v.

Cauwers (Paul). Cours d'Economie politique 3 v.

Chaignet. Pythagore et la philosophie pythagoricienne. 2 v. Vie et ouvrages de Socrate. 1 v. Vie et ouvrages de Platon. 1 v.

Challemel-Lacour. La philosophie individualiste, étude sur Guillaume de Humboldt. 1 v.

Chambrun (A. de). Le pouvoir exécutif aux Etats-Unis. 1 v.

Champagny (comte de). Le chemin de la vérité. 1 v.

Champfleury. Les enfants, éducation, instruction. 1 v.

Champfort. Maximes, pensées et anecdotes. 1 v.

Channing (W. E.). L'Esclavage. 1 v. Œuvres sociales. 1 v.

Charbonnier-Debatty. Maladies et facultés diverses des mystiques. 1 v.

Charbonnier (J.). Organisation électorale et représentative de tous les peuples. 1 v.

Chardel. Essai de Psychologie. 1 v.

Charnacé (comte Guy de) Etudes d'économie rurale. 1 v.

Charnage (de). La recherche du bien. 1 v.

Charton (Edouard). Guide pour le choix d'un état. 1 v.

Chasles (Philarète). Psychologie sociale des peuples nouveaux. 1 v.

Chassan Symbolique du droit. 1 v.

Chassang (A.). Le Spiritualisme et l'Idéal dans l'Art. 1 v.

Chausse (J.). De la réforme du travail manufacturier. 1 v.

Chauvet (Emm.). Les médecins philosophes contemporains. M. Lelut. 2 v.

Chevalier (Michel). Cours d'Economie politique. 3 v. Des intérêts matériels en

France. 1 v. Examen du système protecteur. 1 v. Lettres sur l'Amérique du Nord. 2 v. Lettres sur l'organisation du travail. 1 v. Politique industrielle. 1 v. La Monnaie (Cours d'économie), édition de 1866. 1 v.

Chevillard (Jules). De la division administrative en France et de la décentralisation. 1 v.

Chompré. Méthode Jacotot. 1 v.

Cibrario. Economie politique du moyen âge. 1 v.

Clément (Pierre). Causes de l'indigence. 1 v.

Cochin (Denis). L'évolution et la vie. 1 v.

Coignet (E.). La morale indépendante. 1 v.

Colebroke. Philosophie des Indous. 1 v.

Compayré (Gabriel). La philosophie de David Hume. 1 v.

Compayré (Jules). Histoire critique des doctrines de l'éducation. 1 v.

Comte (Charles). De la Propriété. 2 v. Traité de Législation. 4 v.

Confucius. Philosophie morale et politique. 1 v.

Considérant (Victor). Education naturelle. 1 v.

Constitutions (Collection des). 6 v.

Coquelin. Du crédit et des banques. 1 v.

Corne (Hyacinthe). Du courage civil. 1 v. De l'éducation publique. 1 v.

Cortès (Donoso). Œuvres. 3 v.

Costaz. Essai sur l'administration. 1 v.

Courcelle-Seneuil. Traité théorique et pratique d'économie. 2 v.

Cournot (A.). Essais sur les fondements de nos connaissances. 2 v. Des institutions d'instruction publique en France. 1 v. Matérialisme, Vitalisme et Rationalisme. 1 v. Principes de la théorie des richesses. 1 v. Revue sommaire des Doctrines économiques. 1 v. Théorie des probabilités. 1 v.

Courtet de Lille. La science politique fondée sur la science de l'homme. 1 v.

Cousin (Victor). Cours de Philosophie. 4 v. Histoire générale de la Philosophie. 1 v. Fragments philosophiques. 2 v. Introduction à l'histoire de la Philosophie. 1 v. La philosophie de Kant. 1 v. La philosophie de Locke. 1 v. Du Vrai, du Beau, du Bien. 1 v. Justice et Charité. 1 v.

Czartoriski (prince Adam). Essai sur la Diplomatie. 1 v.

Daclin. Le petit Labruyère contemporain. 1 v.

Damiron. Essai sur l'histoire de la Philosophie. 2 v. Histoire de la Philosophie au XVIIe siècle. 2 v. Mémoires pour servir à l'histoire de la Philosophie. 3 v. De la Providence. 1 v.

Dargaud. La famille. 1 v.

Darimon (Alfred). De la réforme des banques.

Daunou. Les garanties individuelles.

Décentralisation (la), par un Bourguignon. 1 v.

Dehais (Emile). L'assurance sur la vie et les Tontines. 1 v.

Deheurle (Victor). Nouveau traité d'Economie politique. 1 v.

Delsaux (le P.). Les derniers écrits philosophiques de Tyndall. 1 v.

Demolière. Conseils aux jeunes femmes. 1 v.

Denis (J.). Des idées morales dans l'antiquité. 2 v.

Descartes. Œuvres philosophiques. 4 v. Œuvres inédites publiées par Foucher de Careil. 1 v.

Desdouits. La philosophie de Kant. 1 v.

Desjardins (Arthur). Des devoirs. 1 v.

Destutt de Tracy. Œuvres complètes. 4 v. Commentaires sur l'Esprit des Lois. 1 v.

Diane (comtesse). Maximes de la vie. 1 v.
Dictionnaire d'Economie politique. 1 v.
Doctrine (la) de Saint-Simon. 1 v.
Dolfus. De la nature humaine. 1 v. Révélations et révélateurs. 1. v. Lettres philosophique 1 v.
Draper (W.). Histoire du développement intellectuel de l'Europe. 3 v. Les conflits de la Science et de la Religion. 1 v.
Dreyfus. L'évolution des mondes. 1 v.
Dromel (Justin). La loi des révolutions, les dynasties, les nationalités. 1 v.
Droz (Joseph). Essai sur l'Art d'être heureux. 1 v. Economie politique. 1 v. Œuvres. 2 v. Pensées sur le christianisme. 1 v.
Dubost (Antonin). Etude d'économie rurale. 1 v.
Du Boys (Albert). Histoire du droit criminel des peuples anciens. 1 v. Histoire du droit criminel des peuples modernes. 1 v. Histoire du droit criminel en Espagne. 1 v.
Duchatel. De la Charité. 1 v.
Duclos. Considérations sur les mœurs. 1 v.
Dufau (P. A.). De la méthode d'observation dans ses applications aux sciences morales et politiques. 1 v.
Dufour (G.). Traité général de droit administratif. 7 v.
Dufraisse (Marc). Histoire du droit de paix et de guerre, depuis 1789 jusqu'à nos jours. 1 v.
Du Mesnil-Marigny. Les libres échangistes et les protectionnistes conciliés. 1 v.
Dumont (Adrien). De l'organisation légale des cours d'eau. 1 v.
Dupin aîné. Règles de droit et de morale tirées de l'Ecriture sainte. 1 v.
Dupin (Charles). Mémoire sur la marine. 1 v. Système de l'administration britannique. 1 v.
Dupont de Nemours. Mémoires sur divers sujets. 1 v.
Dupont-White. La liberté politique dans ses rapports avec l'administration. 1 v. La centralisation. 1 v. L'individu et l'Etat. 1 v.
Dutems. Philosophie de l'Economie politique. 2 v.
Duval (Mathias). Le Darwinisme. 1 v.
Duverger La révolution de Février. 1 v. L'industrie et la morale dans leurs rapports avec la liberté. 1 v.
Duvillard. De la mortalité. 1 v.
Duverger. L'Athéisme et le Code civil. 1 v.
Economistes (Collection des principaux). Quesnay, Dupont de Nemours, Mercier, Baudeau, Le Trosne, Galiani, Necker, Monthyon, Bentham, Vauban, Boisguilbert, Law, Melon, Dutot. 5 v.
Egger (E.). Mémoires d'histoire ancienne et de Philosophie. 1 v.
Egron. Le livre de l'ouvrier. 1 v. Le livre du pauvre. 1 v.
Ellis (Mme). Devoirs et conditions sociales des femmes. 1 v.
Emerson. Philosophie américaine. 1 v. Les représentants de l'Humanité. 1 v.
Enfantin. Science de l'homme. 1 v.
Epictète. Entretiens recueillis par Arrien. 1 v.
Erasme. Eloge de la folie. 1 v.
Eschbach. Introduction à l'étude du droit. 1 v.
Espinas (Alfred). Les Sociétés animales. 1 v. La philosophie expérimentale en Italie. 1 v.
Esprit (l') d'Alphonse Karr. 1 v.
Esquiros (A.). Les moralistes anglais. 1 v.

Faguet (Emile). Politiques et moralistes du xix⁰ siècle. **1 v.**
Faucher (Léon). Mélanges d'Economie politique. **2 v.**
Faugere (P.). Fragments de Pascal. **2 v.**
Favarel. Théorie du crédit. **2 v.**
Feletz (abbé de). Mélanges de Philosophie, d'Histoire et de Littérature. **1 v.**
Ferraz. Philosophie du devoir. **1 v.** Etudes sur la Philosophie en France au xix⁰ siècle. Le Socialisme, le Naturalisme et le Positivisme. **1 v.**
Ferri (L.). Histoire de la Philosophie en Italie au xix⁰ siècle. **1 v.**
Ferrière (E.). Le Darwinisme. **1 v.**
Ferron (de). Théorie du Progrès. **1 v.**
Fichte. Destination de l'homme. **1 v.**
Fiore (Pasquale). Du droit international privé. **1 v.**
Flint (Robert). La philosophie de l'histoire de France. **1 v.** La philosophie de l'histoire en Allemagne. **1 v.**
Florent-Lefebvre. De la décentralisation. **1 v.**
Flourens (Gustave). La science de l'homme. **1 v.**
Flourens (P.). Philosophie moderne. **1 v.** Ontologie naturelle ou études philosophiques sur les êtres. **1 v.** De la vie et de l'intelligence. **1 v.**
Fœlix. Traité du droit international privé. **1 v.**
Foucher de Careil. Leibnitz et Spinosa. **1 v.**
Fouillée (Alf.). Histoire de la Philosophie. **1 v.** La Liberté et le Déterminisme. **1 v.** La philosophie de Platon et la philosophie de Socrate. **2 v.** La science sociale contemporaine. **1 v.** L'idée moderne du droit. **1 v.**
Fourier. Traité du droit d'association. **2 v.** Sommaire du traité d'association. **1 v.**
Franck (A.). Le Communisme jugé par l'histoire. **1 v.** La Morale pour tous. **1 v.** Etudes orientales. **1 v.** Philosophie et Religion. **1 v.** Philosophie du droit pénal. **1 v.** Philosophie religieuse des Hébreux. **1 v.** Des rapports de la Religion et de l'État. **1 v.** Les réformateurs et les publicistes de l'Europe. **1 v.** La philosophie mystique en France à la fin du xviii⁰ siècle. **1 v.** Philosophes modernes, étrangers et français. **1 v.**
Franck-Chauveau. Etudes sur la législation électorale en Angleterre. **1 v.**
Franqueville (Ch. de). Institutions politiques, judiciaires et administratives de l'Angleterre. **1 v.** Le régime des travaux publics en Angleterre. **4 v.**
Frichot (A. P.). La monnaie de cuivre, br. — Etudes monétaires, br.
Funck-Brentano. La Civilisation et ses lois. **1 v.**
Funck-Brentano et Albert **Sorel**. Précis du droit des gens. **1 v.**
Gabet. Traité de la science de l'homme. **3 v.**
Galland (T. L.). Code expliqué des transferts. **1 v.**
Galopin. Leçons de législation usuelle. **1 v.**
Garnier (Ad.). Morale sociale. **1 v.** Traité des Facultés de l'Ame. **3 v.**
Garnier (Joseph). Eléments d'Economie politique. **1 v.** Traité des finances. **1 v.**
Garnier (M. D.). Répertoire général de l'Enregistrement. **3 v.**
Garofalo (R.). La criminologie. **1 v.**
Gasparin (comte Agénor de). L'Egalité. **1 v.** La liberté morale. **1 v.** La famille, ses joies, ses devoirs et ses douleurs. **2 v.** La France, nos fautes, nos périls, notre avenir. **2 v.** La liberté morale. **2 v.**
Gasparin (comtesse de). Tristesses humaines. **1 v.**
Gaudry (J.). Traité de la législation des cultes. **2 v.**
Gay (Mᵐᵉ Sophie). Physiologie du ridicule. **1 v.**

Gebelin. Droit civil des Hindous. 2 v.
Geisweiler (Fr.). Etude sur la commission départementale et législation comparée. 1 v.
Geoffroy-Saint-Hilaire. Notions de Philosophie naturelle. 1 v.
Gérando (J.-M. de). De la bienfaisance publique. 3 v. Du perfectionnement moral ou de l'éducation de soi-même. 2 v. Histoire comparée des systèmes de Philosophie. 4 v.
Gide (Paul). Etude sur la condition privée de la femme. 1 v.
Gillotte (C.). Traité du droit musulman. 1 v.
Girardin (E. de). Le droit de punir. 1 v. La Guerre. 1 v. L'homme et la femme. 1 v. La liberté dans le mariage. 1 v. Questions philosophiques. 1 v. L'égale de l'homme. 2 v.
Giraud (Ch.). Du droit de propriété chez les Romains. 2 v. Histoire du droit français au moyen âge. 2 v.
Giraud-Teulon. Les origines de la famille. 1 v.
Glasson (Ernest). Etudes sur les donations pour cause de mort en droit romain. 1 v.
Gœritz. Cours d'économie rurale. 2 v.
Gœthe (W.). Maximes et réflexions. 1 v.
Golowine (Yvan). Esprit de l'Economie politique. 1 v.
Gouraud (Mme Julie). Petites vérités aux jeunes personnes. 1 v.
Gratry (père). Logique. 2 v. Etudes sur la sophistique contemporaine. 1 v. Les sophistes et la critique. 1 v.
Gréard. L'éducation des femmes par les femmes. 2 v.
Grote. La religion naturelle. 1 v.
Grotius. Le droit de paix et de guerre, tr. Fodéré. 3 v.
Grün (Alph.). Pensées. 1 v.
Guillard (Achille). Eléments de statistique humaine. 1 v.
Guillon (Sylvestre). Entretiens sur le suicide. 1 v. Examen des doctrines de Gibbon. 1 v.
Guyard (Albert). Des preuves de la filiation légitime. 1 v.
Guyau (M.). Education et hérédité. 1 v. La genèse de l'idée du temps. 1 v. La morale d'Épicure. 1 v. La morale anglaise contemporaine. 1 v.
Haller. Mélanges de droit public. 3 v.
Hartmann. Le Darwinisme. 1 v. Philosophie de l'inconscient. 2 v.
Hegel. Philosophie de la nature. 3 v.
Hennequin. Introduction historique à l'étude de la Législation française. 2 v.
Henrion de Pansey. De l'autorité judiciaire. 2 v. Des assemblées nationales. 2 v. Du pouvoir municipal. 1 v.
Herder. Philosophie de l'histoire de l'humanité. 3 v.
Herschell. Philosophie naturelle. 1 v.
Herzen. Physiologie de la Volonté. 1 v.
Heures du soir. Livre des femmes. 6 v.
Hippeau (Mme Eugénie). Cours d'Economie politique. 1 v.
Holbach (baron d'). La morale universelle. 3 v.
Hugo (Gustave). Histoire du droit romain. 2 v.
Humboldt (G. de). Essai sur les limites et l'action de l'Etat. 1 v. Origine des formes grammaticales et leur influence sur les idées. 1 v.
Husson (Armand). Traité de la législation des travaux publics. 2 v.
Huxley (Th.). Hume et sa philosophie. 1 v. Physiographie. 1 v.

Jacquinot (abbé). Philosophie chrétienne et théorie rationaliste. 1 v.
Janet (Paul). Les Causes finales. 1 v. Etudes sur la dialectique dans Platon et dans Hégel. 1 v. La famille. 1 v. Histoire de la philosophie morale et politique. 2 v. La Morale. 1 v. Petits éléments de morale. 1 v. Philosophie du bonheur. 1 v. Philosophie de la Révolution française. 1 v. Le problème du xixe siècle. 1 v. La Philosophie de Lamennais. 1 v. La Philosophie française contemporaine. 1 v.
Javary. De la certitude. 1 v.
Jeannet (Claudio). Le Socialisme d'état. 1 v.
Jenna (Marie). Enfants et mères. 1 v.
Jevons (Stanley). La Monnaie. 1 v.
Joly (Henry). Psychologie des grands hommes. 1 v. L'homme et l'animal. 1 v. Cours de philosophie. Discours d'ouverture prononcé le 2 décembre 1872. 1 v. L'Imagination (Bibl. des merveilles). 1 v L'instinct dans ses rapports avec l'intelligence. 1 v. Le combat contre le crime. 1 v. Le crime. 1 v.
Joubert. Pensées et Maximes. 2 v.
Jouchère (Ernest). Esquisse d'une philosophie naïve. 1 v.
Jouffroy (Th.). Cours de droit naturel. 2 v. Mélanges philosophiques. 1 v. Nouveaux mélanges philosophiques. 1 v.
Jourdan (Alfred). Le droit français. 1 v.
Jourdan (Louis). Un philosophe au coin du feu. 1 v.
Jouvin (Léon). Le Pessimisme. 1 v.
Julien. Emploi du temps. 1 v. Système d'éducation. 1 v.
Kant (E). Critique du Jugement. 2 v. Principes métaphysiques du droit. 1 v. Prolégomènes à toute Métaphysique. 1 v. La Religion dans la limite de la raison. 1 v. Critique de la raison pure 2 v.
Kersten (Pierre). Essai sur l'activité du principe pensant dans l'institution du langage. 1 v.
Klarke (Samuel). Œuvres philosophiques. 1 v.
Klimerath. Etudes sur les coutumes. 1 v.
Kœnigswarter (Louis). Etudes sur le développement de la Société. 1 v.
Krichna et sa doctrine.
L. (Pauline). Le livre d'une mère. 1 v.
Labruyère. Œuvres. 4e édition Regnier.
La Boétie (de). De la servitude volontaire. 1 v.
Laborde (A.). L'esprit d'association. 1 v.
Lacretelle (de). Testament philosophique et littéraire. 2 v.
La Cuisine (de). L'esprit public dans l'institution du Jury. 1 v. De la justice criminelle. 1 v. De l'administration de la justice criminelle en France. 1 v. De l'influence légitime de la Magistrature sur le Jury. 1 v.
La Farelle (de). Du progrès social. 2 v. Réorganisation des classes industrielles. 1 v.
Laferrière (J.). Cours de droit administratif. 2 v. Histoire des institutions et des lois de la Révolution française. 1 v. Histoire du droit civil à Rome et du droit civil français. 1 v.
Lafitte. Le paradoxe de l'Egalité. 1 v.
Laforet. Histoire de la Philosophie. 2 v.
La Gueronnière (Vte A. de). Le droit public et l'Europe moderne. 2 v.
Laitena (de). Etudes sur l'homme. 2 v.
Lajolais (Mlle). Le livre des mères. 1 v.
Lallemand. Education publique, physique et morale des peuples. 1 v.

Lamennais (F. de). Le livre du peuple. 1 v. Paroles d'un croyant. 2 v. Essai sur l'indifférence en matière de religion. 4 v. Esquisse d'une philosophie. 1 v. Mélanges. 1 v. Œuvres posthumes. 1 v. Œuvres inédites. 1 v.

Lander (Jean). La fortune et la richesse. 1 v.

Langeron (Mme). Esquisse de l'éducation première. 1 v.

Laprade (V. de). Questions d'Art et de Morale. 1 v. Le sentiment de la nature avant le Christianisme. 1 v.

La Rochefoucauld. Maximes, dans ses œuvres complètes. 2 v.

Laugel (Auguste). Les problèmes de la Nature. 1 v. Les problèmes de l'Ame. 1 v. Les problèmes de la Vie 1 v.

Laveleye (de). De la Propriété et de ses formes primitives. 1 v. Essai sur les formes de gouvernement. 1 v.

Laya (A.). Le droit anglais. 2 v.

Lecouppey (G.) De l'impôt foncier. 1 v.

Lehr (E.). Eléments du droit civil germanique. 1 v.

Leibnitz. Œuvres philosophiques. 2 v.

Lelut. Petit traité d'égalité. 1 v.

Lemoine (Albert). L'âme et le corps. 1 v. L'habitude et l'instinct. 1 v. De la physionomie et de la parole. 1 v. L'aliéné devant la Philosophie et la Société. 1 v Du sommeil. 1 v.

Le Play. L'organisation du travail. 1 v. La réforme sociale en France. 1 v. L'organisation de la famille. 1 v. Le programme des unions de la paix sociale. 1 v.

Leroux (Pierre). De l'Humanité. 2 v.

Leroy-Beaulieu (A.). La Révolution et le Libéralisme. 1 v.

Leroy-Beaulieu (Paul). Traité de la science des finances. 2 v. Etat intellectuel des populations. 1 v.

Lerminier (E.). Introduction générale à l'histoire du droit. 1 v. Influence de la Philosophie sur la législation. 1 v. Cours d'Histoire et de Législation comparées. 1 v. Philosophie du Droit. 2 v. Histoire des législations et des constitutions de la Grèce antique. 2 v.

L'Etang (A. de). L'épargne ou puissance des gros sous. 1 v.

Levasseur (E.). Cours d'économie rurale. 1 v.

Levêque (Jean-Charles). La science du Beau. 2 v. Etudes de philosophie grecque et latine. 1 v. Les harmonies providentielles. 1 v. La science de l'invisible. 1 v.

Littré (Eug.). Application de la philosophie positive. 1 v. Auguste Comte et la philosophie positive. 1 v. Conservation, Rénovation et Positivisme. 1 v.

Lois de Manou (les). 1 v.

Louault. Droit romain : des dissidences des écoles sabiniennes et proculéiennes. Droit français : de la revendication en matière civile et commerciale. 1 v.

Macarel. Des tribunaux administratifs. 1 v.

Machiavel (N.). Le Prince. 1 v.

Maine de Biron. Œuvres philosophiques. 2 v.

Maistre (Joseph de). Essai sur le principe générateur des constitutions politiques. 1 v. Examen de la philosophie de Bacon. 2 v.

Maintenon (Mme de). Conseils aux demoiselles. 2 v. Entretiens sur l'éducation des filles. 1 v.

Mallebranche (père N.). Œuvres. 2 v.

Malon (B.). Le Socialisme intégral. 2 v.

Malthus (Th.-R.). Principes de population. 4 v.

Marc. De la folie dans ses rapports avec les questions judiciaires. 2 v.

March (L.-B.). Essai sur le Panthéisme dans les sociétés modernes. 1 v.
Margerie (Amédée de). Théodicée. 1 v.
Mariano. La philosophie contemporaine en Italie. 1 v.
Marin de Caranrais. Etudes sur les origines. 1 v.
Martha. Les moralistes sous l'empire romain. 1 v.
Martin (Aimé). De l'éducation des mères de famille. 2 v.
Martin (L.-A.). Histoire de la Morale. 1 v. La morale chez les Chinois. 1 v. Les moralistes italiens. 1 v. Les moralistes espagnols. 1 v.
Martin (Th.-H.). Les sciences et la philosophie. 1 v. Philosophie spiritualiste de la Nature. 2 v.
Mary (Dr). Le Christianisme et le libre examen. 2 v.
Massé (G.). Le droit commercial dans ses rapports avec le droit des gens et le droit civil. 4 v.
Matter. Histoire critique du Gnosticisme. 2 v. et atlas. Etat moral, politique et littéraire de l'Allemagne. 2 v. La philosophie de la religion. 2 v. Saint-Martin le philosophe inconnu. 1 v. De l'influence des mœurs sur les lois et des lois sur les mœurs. 1 v.
Menault (E.). L'instinct maternel chez les animaux. 1 v. ill. (Bibl. des merveilles).
Metz-Noblet (de). Les lois économiques. 1 v.
Michelet (J.). La Bible de l'Humanité. 1 v. L'Amour. 1 v. Nos fils. 1 v. Du prêtre et de la famille. 1 v. Le Peuple. 1 v.
Molitor. Philosophie de la tradition. 1 v.
Mollière (Antoine). Le bon sens social. 1 v. Métaphysique de l'art. 1 v.
Mongin (Marcel). Etudes sur la situation juridique des sociétés dénuées de personnalité. 1 v.
Montaigne (Michel de). Essais. 1 v.
Montlaur (de). La vie et les rêves. 1 v.
Morel (A.). Les moralistes orientaux. 1 v. Les moralistes latins. 1 v. Histoire de la sagesse et du goût. 1 v.
Napoléon III. Idées napoléoniennes. 3 v.
Naville (Ernest). Maine de Biron, sa vie et ses pensées. 1 v. De la charité légale. 2 v. De l'éducation publique. 1 v.
Necker de Saussure (Mme). Education progressive. 2 v.
Nigon. La liberté individuelle. 1 v.
Noirot. L'art de conjecturer. 1 v.
Nolé (P.). Le Matérialiste contemporain. 1 v.
Nourisson. De la nature humaine. 1 v. Tableau des progrès de la pensée humaine. 1 v.
Ollé-Laprune. La philosophie de Malbranche. 2 v.
Ori (A.). Le problème du mal. 1 v.
Ortolan. Cours de législation pénale comparée. 1 v. Histoire de la législation romaine. 1 v. Les pénalités de l'enfer du Dante. 1 v.
Otto (Ludwig). Entre ciel et terre. 1 v.
Paignon (Eugène). Commentaires de la loi sur les sociétés en commandite par actions. 1 v.
Papillon. Histoire de la philosophie moderne. 1 v.
Parieu (de). Histoire des impôts généraux sur la propriété et le revenu. 1 v. Principes de la science politique. 1 v. Traité des impôts. 4 v.
Pascal. Pensées, édit. Frantin. 1 v.

Passy (Frédéric). Les machines et leur influence sur le développement de l'Humanité. 1 v.
Passy (Hippolyte). Des causes de l'inégalité des richesses. 1 v. Des systèmes de culture en France et de leur influence sur l'économie sociale. 1 v. Des formes de gouvernement et des lois qui les régissent. 1 v.
Perrin (M.-L.). Code de construction et de la contiguïté. 1 v.
Perrier (Edmond). La philosophie naturelle avant Darwin. 1 v.
Perrot (Georges). Droit public et privé de la république athénienne. 1 v.
Pestalozzi. Manuel des mères. 1 v.
Pezzani (André). La pluralité des existences de l'Ame. 1 v.
Pelet de la Lozère (comte). Pensées morales et politiques. 1 v.
Pellat (C.-A.). Exposé des principes généraux du droit romain sur la propriété. 1 v.
Pellico (Silvio). Des devoirs des hommes. 1 v.
Petit (Maxime). Le courage civique. 1 v. Bibl. des merveilles.
Pierret (M.). Traité élémentaire d'économie politique. 1 v.
Pillon. L'année philosophique, 1867-1868. 2 v.
Pinel. L'homme aliéné. 1 v.
Platon. Œuvres. 13 v.
Plotin Les Ennéades, trad. Bouillet. 3 v.
Plutarque Œuvres morales. 4 v.
Portal (baron). Politique des lois civiles. 2 v.
Potherat de Thou. Recherches sur l'origine de l'impôt. 1 v.
Pradier-Foderé Principes généraux de droit, de politique et de législation. 1 v.
Prévost-Paradol. Essai de Politique et de Littérature 2. v. Nouveaux essais. 1 v. Le rôle de la famille dans l'éducation. 1 v.
Proudhon (P.-J). La Guerre et la Paix. 2 v. Théorie de l'impôt. 1 v. Système des contradictions économiques. 2 v. De la Justice dans la Révolution et dans l'Eglise. 3 v. Solution du problème social. 1 v. Système des contradictions économiques. 2 v. Théorie de l'impôt. 1 v. De la Pornocratie ou les femmes dans les Temps modernes. 1.
Puynode (G. de). De la monnaie, du crédit et de l'impôt. 2 v.
Quinet (Edgar). Le génie des religions. 1 v. Politique et religion. 1 v. La création. 2 v. Critique de la révolution. 1 v. Le Christianisme et la Révolution. 1 v. L'esprit nouveau. 1 v.
Ravaisson (Felix). La philosophie en France au XIXe siècle. 1 v. La métaphysique d'Aristote. 2 v.
Raymond (Mme). Les grands et les petits devoirs. 1 v.
Raynouard Droit municipal. 1 v.
Reybaud (Louis) Economistes modernes. 1 v. Le coton. 1 v. La laine. 1 v. La soie. 1 v. Les réformateurs contemporains. 2 v.
Reid (Thomas) Œuvres, tr. Jouffroy. 6 v.
Rémusat (comte de). Essai de Philosophie. 2 v. Histoire de la Philosophie en Angleterre. 2 v. Passé et présent. 2 v. Politique libérale. 1 v. Théologie naturelle. 1 v.
Rémusat (comtesse de). Essai sur l'éducation des femmes. 1 v.
Renan (Ernest). Averroes et l'Averroïsme. 1 v. Dialogues philosophiques. 1 v. Essais de morale et de critique. 1 v. La réforme intellectuelle et morale. 1 v.
Renaud. Solidarité. 1 v.
Reynaud (Jean). Philosophie religieuse, Terre et Ciel. 1 v.
Ribot (Paul). Exposé critique des doctrines sociales de M. Le Play. 1 v.

Ribot (Th.). Les maladies de la Mémoire. 1 v. Les maladies de la Volonté. 1 v. L'hérédité. 1 v. La psychologie de Schopenhauer. 1 v. La psychologie anglaise contemporaine. 1 v.

Ricardo. Principes d'Economie politique. 2 v.

Richelot. Histoire de la réforme commerciale en Angleterre. 2 v. Une révolution en Economie politique, exposé des doctrines de Maclead. 2 v.

Richet (Charles). L'homme et l'intelligence. 1 v.

Rio (A. P.). Histoire de l'esprit humain. 1 v.

Ritter (Henri). Histoire de la Philosophie. 4 v. Idée et développement de la philosophie chrétienne. 1 v. Histoire de la philosophie chrétienne. 2 v. Histoire de la philosophie moderne, tr. Challemel-Lacour. 3 v.

Rod (Edouard). Les idées morales du temps présent. 1 v. Le Sens de la Vie. 1 v.

Rondelet (Antonin). Du découragement. 1 v. Du danger de plaire. 1 v. Voyage au pays des chimères. 1 v. La Science et la Foi. 1 v. Du Spiritualisme en économie politique. 1 v. Le monde de la richesse. 1 v. Le lendemain du mariage. 1 v.

Rosmini Serbati (Antonio). Psychologie. 3 v.

Rossi (comte). Cours de droit constitutionnel. 4 v. Cours d'Economie politique. 3 v. Mélanges d'Economie politique. 3 v. Mélanges d'Economie politique, d'histoire et de Philosophie. 2 v.

Roux (Joseph). Pensées. 1 v.

Roux-Ferrand. Le bonheur dans le devoir. 1 v. Progrès de la civilisation en Europe. 6 v.

Royer (Clémentine). Théorie de l'impôt. 1 v.

Sabourand (Gaston). De l'hypothèque de la femme en droit romain et en droit français. 1 v.

Saint-Germain (de). L'art d'être malheureux. 1 v.

Saint-Girons Essai sur la séparation des pouvoirs. 1 v.

Saint-Simon (Cl.-H. comte de). Œuvres 1 v.

Saint-Simon et Enfantin. Œuvres. 33 v.

Saisset (Emile). Essai de philosophie religieuse. 1 v. L'Ame et la Vie. 1 v. Mélanges d'histoire, de morale et de critique. 1 v. Critique et histoire de la Philosophie. 1 v. La Philosophie et la Religion au xixe siècle. 1 v. Précurseurs et disciples de Descartes. 1 v. Le Scepticisme 1 v.

Sauvage. Pensées morales et littéraires. 1 v.

Savigny (de). Histoire du droit romain au moyen âge. 2 v.

Say (J.-B). Cours d'économie politique. 6 v.

Say (Léon). Le Socialisme d'état. 1 v.

Schlegel (Guillaume) Philosophie de l'Histoire. 2 v.

Schnitzler (J.-H.). Statistique générale de la France. 1 v.

Schol. Morale familière. 1 v.

Schœn Statistique de la Civilisation européenne. 1 v.

Schopenhauer. Le fondement de la Morale. 1 v. Pensées, maximes et fragments. 1 v. Aphorismes sur la sagesse. 1 v. Le Monde comme volonté et comme représentation. 3 v.

Schulze. Eclaircissements sur la Critique de la raison, par Kant, tr. Tissot. 1 v.

Schulze-Delitzch. Cours d'Economie politique. 2 v.

Senancourt (de). De l'Amour. 1 v.

Sénèque le philosophe. Œuvres, texte latin et tr. fr. 8 v. (Bibliothèque Panckouke).

Serrigny (Denis). Droit public et administratif romain. 2 v. Mémoire sur le régime municipal en France dans les villages depuis les Romains. 1 v. Droit public français. 2 v.

Siegfred (Jules). La Misère, ses causes, ses remèdes.

Simon (Jules). Dieu, Patrie et Liberté. 1 v. Histoire de l'école d'Alexandrie. 2 v. La Liberté. 1 v. La liberté de conscience. 1 v. Le Devoir. 1 v. L'école. 1 v. Le travail. 1 v. L'ouvrier de huit ans. 1 v. L'ouvrière. 1 v. La politique radicale. 1 v. La Réforme de l'enseignement secondaire. 1 v. De la religion naturelle. 1 v.

Simonnet (Jules). La philosophie stoïcienne et les Jurisconsultes romains, broch.

Sismondi (S. de). Etudes sur les constitutions. 1 v. Etudes d'économie politique. 2 v.

Smedt (Ph. Ch.). Principes de critique historique. 1 v.

Smith (Adam). De la richesse des nations. 6 v.

Smith (L.). Les coalitions et les grèves. 1 v.

Spencer (Herbert). De l'éducation intellectuelle, morale et physique. 1 v. Essai sur le Progrès. 1 v. Essai de Morale, de Science et d'Esthétique : Etudes de Politique. 1 v. Premiers principes. 1 v. Principes de Psychologie 2 v. Les bases de la critique évolutionniste. 1 v. Descriptive sociology or groups of sociological facts. 3 vol.

Spinosa. Œuvres. 2 v. Traité politique. 1 v.

Spiritualisme (du) et de la Nature. 1 v.

Spurzheim. Essai sur l'éducation. 1 v. Observations sur la folie. 1 v. Essai sur la nature morale et intellectuelle de l'homme. 1 v.

Stendhal (de). De l'Amour. 1 v.

Stern (Daniel). Esquisses morales. 1 v. Essai sur la Liberté. 1 v.

Stewart (Dugald). Esquisses de philosophie morale, trad. Jouffroy. 1 v.

Taine (Hippolyte). De l'Intelligence. 2 v. L'Idéalisme en France. 1. v. Le Positivisme anglais. 1 v. Les philosophes français contemporains. 1 v.

Tastu (Mme Amable). Etudes pour les jeunes filles. 2 v. Education universelle. 1 v.

Templas (Benjamin). Simple leçon d'économie rurale. 1 v.

Tenneman. Manuel de la Philosophie. 1 v.

Théophraste. Caractères, tr. Stiévenart. 1 v.

Thery (A.). Conseils aux mères sur l'éducation de leurs filles. 2 v.

Thiers (A.). Discours sur le régime commercial. 1 v. De la Propriété. 1 v.

Thonissen (J.-J.). Etudes sur l'histoire du droit criminel des peuples anciens. 2 v. Théorie du progrès indéfini. 1 v.

Tissot (Cl.-J.). Anthropologie spéculative. 2 v. Le droit pénal. 2 v. Essai de logique objective. 1 v. Ethique ou Science de mœurs. 1 v. Histoire abrégée de la Philosophie. 1 v. L'imagination, ses bienfaits, ses égarements. 1 v. De la manie du suicide et de l'esprit de révolte. 1 v. Le mariage, la séparation et le divorce. 1 v. Du morcellement du sol. 1 v. Principes de morale. 1 v. Principes de droit public. 1 v. Réflexions sur les pensées de Pascal. 1 v. La vie dans l'homme. 1 v. Essai de Philosophie naturelle. 1 v.

Tocqueville (A. de). Etudes économiques, politiques et littéraires. 1 v.

Tolstoï (comte Alexis). La législation russe. 1 v.

Trebuchet. Jurisprudence de la médecine, de la chirurgie et de la pharmacie. 1 v.

Troubetzkoy (prince). Législation russe. 1 v.

Ursel (le vicomte Philibert d'). La Démocratie et ses conditions sociales. 1 v.

Vacherot. De la Démocratie. 1 v. Essai de philosophie critique. 1 v. Histoire critique de l'école d'Alexandrie. 3 v. La Métaphysique et la Science. 2 v. La Religion. 1 v. La Science et la Conscience. 1 v.

Vallée (L.-L.). L'éducation domestique de l'enfant et de l'adulte. 1 v.
Valmy (de). De la force du d.oit et du droit de la force. 1 v.
Vander-Rest. Platon et Aristote.
Varax (R. Père). L'apostolat des classes dirigeantes au xixe siècle. 1 v.
Vattel. Le droit des Gens. 3 v.
Vauvenargues Œuvres complètes. 2 v. Œuvres publiées par Gilbert. 1 v. Œuvres posthumes et inédites.
Viard Petites joies de la vie humaine. 1 v.
Viardot (Louis) Libre examen. 1 v.
Villeneuve. Le livre des affligés. 3 v.
Villequez (F.). Du Droit du chasseur sur le gibier. 1 v.
Vinet L'éducation, la famille et la société. 1 v.
Vivien Etudes administratives. 2 v.
Volney. Les ruines. 1 v. Essai sur l'esprit public dans l'Histoire. 1 v.
Waddington (Charles). De l'âme humaine. 1 v. De la psychologie d'Aristote. 1 v.
Weiss (André). Traité de droit international. 1 v.
Weiss (André et P. **Louis-Lucas** Du droit d'extradition appliqué aux délits politiques. 1 v. (d'après le Dr H. Lammarche.)
Wey (Francis). Manuel des droits et des devoirs. 1 v.
Winterer (abbé). Le Socialisme international. 1 v.
Wolkoff (Mathieu). La rente foncière. 1 v.
Wolowski (Louis). Etudes sur l'économie politique. 1 v. L'or et l'argent. 1 v.
Zimmermann. De la solitude. 1 v.

VIII

POÉSIE

Ackermann (L.). Contes et poésies. 1 v.
Aicard (J.). Miette et Noré. 1 v.
Ampère (J.-J. Antoine). Littérature, Voyages et Poésie. 1 v.
Anacréon. Œuvres. 2 v.
Anciens poètes de la France. 2 v.
Anthologie grecque, tr. en français. 2 v.
Anthologie des poètes français depuis le xve siècle jusqu'à nos jours. 1 v.
Arioste. Roland furieux, tr. Mauzuy. 3 v.; tr. Desserteaux. 1 v.
Arbouville (Mlle) Poésies. 1 v.
Arnould. Sonnets et poèmes. 1 v.
Ausone. Œuvres, texte et trad. 1 v. (Bibl. Panckouke).
Autran (Joseph. Epîtres rustiques. 1 v. La vie rurale. 1 v. Les poèmes de la Mer. 1 v. Les poèmes des beaux jours. 1 v. Les paroles de Salomon. 1 v. La légende des Paladins. 1 v.
Backer (L. de). Bidasari, poème malais. 1 v.
Banville (Théodore de). Nous tous. 1 v. Poésies. 1 v. Nouvelles odes funambulesques 1 v. Idylles prussiennes. 1 v.
Barbier (Auguste). Iambes et poèmes. 1 v. Satires et poèmes. 1 v. Silves. 1 v.
Barthelemy (Auguste). La Némésis. 1 v.
Barthelemy et **Méry.** Napoléon en Egypte. 1 v.
Baudelaire (Charles) Les Fleurs du Mal. 1 v. Petits poèmes en prose. 1 v.
Beaumont et Fletcher. Œuvres. 1 v.
Beranger (J.-P. de) Œuvres complètes. 2 v. Dernières chansons. 1 v.
Bernard (Gentil). Œuvres. 1 v.
Bertin (Mlle Louise). Les Glanes. 1 v.
Blanchecotte (Mme). Les Militantes, poésies. 1 v.
Boileau-Despreaux. Œuvres. 1 v.
Blaze de Bury (Henri). Poésies complètes. 1 v.
Bonnet (Adolphine). Les chants de l'âme. 1 v.
Bressier. Fables et poésies. 1 v.
Breton (Jules). Jeanne. 1 v.
Brizeux (A.). Marie, Primel et Nola. 1 v. Les Bretons. 2 v.
Brugnot (Charles). Poésies. 1 v.

Butler. Hudibras, texte anglais et trad. 3 v.
Byron (lord). Œuvres complètes. 8 v.
Camoëns. Les Lusiades. 2 v.
Chanson de Roland (la), avec introduction par L. Gautier. 1 v.
Catulle Œuvres, texte et trad. 1 v. (Bibl. Panckouke).
Chevigné (comte de). Contes rémois. 1 v. ill.
Chénier (André de). Œuvres poétiques, édition G. de Chénier. 5 v. Edition Becq de Fouquières. 1 v. Edition de Latouche. 1 v.
Chénier (Marie-Joseph de). Poésies, dans ses œuvres complètes. 1 v.
Claudien. Œuvres, texte et trad. 2 v. (Bibl. Panckouke).
Collet (Mme Louise). Poésies complètes. 1 v.
Coppée (F.). Premières poésies. 1 v. Poésies. 1 v. 1864-1869. 1 v. Le Cahier rouge. 1 v. L'exilée. 1 v. Les Humbles. 1 v. Une idylle pendant le siège. 1 v. Olivier, poème. 1 v. Les Récits et les Elégies. 1 v.
Dante (le). La Divine Comédie, tr. Brizeux. 1 v. Tr. Mongis. 1 v. Tr. Lamennais. 3 v. L'Enfer, tr. Ratisbonne. 1 v.
Delavigne (Casimir). Poésies, dans ses œuvres complètes. 1 v.
Delille (J.). Œuvres. 1 v.
Delloye. Chants et chansons populaires de la France. 3 v. ill.
Delorme (Joseph). Vie, poésies et pensées. 1 v.
Déroulède (Paul). Chants du soldat. 1 v. Nouveaux chants du soldat. 1 v.
Desborde-Valmore (Mme). Poésies. 2 v. Les fleurs. 1 v.
Dozon. Chansons populaires bulgares. 1 v.
Drouet (Ernestine). Caritas, poésies. 1 v.
Du Camp (Maxime). Les chants modernes. 1 v.
Dupont (Pierre). Chants et chansons. 3 v.
Eddas (les), tr. du Scandinave. 1 v.
Ercilla (don Alonzo de) L'Araucana. 1 v.
Ernst (Mme). Rimes françaises d'une Alsacienne. 1 v.
Faucon (Maurice). Italie. La voie étroite. 1 v.
F. J. Impressions et souvenirs. 1 v.
Gautier (Théophile). Premières poésies. 1 v. Nouvelles poésies. 1 v. Emaux et Camées. 1 v.
Gerando (A. de). Le fabuliste des familles. 1 v.
Gérard de Nerval. Poésies complètes. 1 v.
Gilbert. Œuvres complètes. 1 v.
Girardin (Mme E. de). Poésies. 1 v
Gœthe. Poésies. 1 v.
Gresset Œuvres. 1 v.
Guérin (Maurice de). Poèmes. 1 v.
Hésiode. Œuvres complètes. 1 v.
Homère. L'Iliade, tr. Dacier. 1 v. L'Iliade, tr. Leconte de Lisle. 1 v. L'Iliade, tr. Barthélemy Saint-Hilaire. 2 v. L'Odyssée, tr. Dacier. 1 v. L'Odyssée, tr. Leconte de Lisle. 1 v.
Horace. Œuvres, texte latin et tr. française de Amar, Andrieux, etc. 2 v. (Bibl. Panckouke). Œuvres, tr. J. Janin. 1 v. Œuvres, tr. Patin. 2 v.
Hugo (Victor). Odes et Ballades. 1 v. Les Rayons et les Ombres. 1 v. Les Voix intérieures. 1 v. Les Orientales, les Feuilles d'Automne. 1 v. Les Contemplations. 2 v. La Légende des Siècles. 5 v. Les Châtiments. 1 v. L'Année terrible. 1 v. Les Chansons des rues et des bois. 1 v. Pour un soldat. 1 v. Le Livre des mères. 1 v.

L'Art d'être grand-père. 1 v. Religion et religions. 1 v. L'Ane. **1 v. Les quatre vents de l'Esprit. 1 v.** La fin de Satan. 1 v.

Iriarte (Thomas de). Fables littéraires, tr. de l'espagnol. 1 v.

Jasmin. Les papillotes. 1 v.

Jouvenot (J.-Ch.). Le nouvel Adam Billot. 1 v.

Juvénal. Texte latin et trad. (Bibl. Panckouke). 2 v.

Klopstock. La Messiade. 1 v.

Labé (Louise). Œuvres. 1 v.

Lachambaudie (Pierre). Fables. 1 v.

Lacroix (J.). L'Année infâme. 1 v.

Lafenestre (Georges). Les Espérances. 1 v.

Lafontaine. Fables illustrées par Gustave Doré. 2 v. Fables illustrées par Grandville. 1 v. Œuvres inédites. 1 v

Lamartine (Alphonse de). Méditations et Harmonies poétiques. 4 v. Recueillements poétiques. 1 v. Jocelyn. 2 v. La Chute d'un Ange. 2 v. Poésies inédites. 1 v.

Lamonnoye (Bernard de). Noëls bourguignons. 1 v.

Langeron (J.). Les Oasis. 1 v.

Langlois (M.). Rig-Veda. Le livre des Hymnes. 1 v.

Laprade (Victor de). Les Voix du Silence. 1 v. Pernette. 1 v. Idylles héroïques. 1 v. Poèmes évangéliques. 1 v. Le Livre d'un père. 1 v. Les Symphonies. 1 v.

La Rive (W. de). Essai de traduction poétique. Tennyson et Longfellow. 1 v.

Latour (Antoine de). Poésies. 1 v.

Lebrun. Œuvres. 4 v.

Leconte de Lisle. Poèmes antiques. 1 v.

Lemoyne (André). Poésies. 1 v.

Lermontoff. Chefs-d'œuvre poétiques. 1 v.

Leroux de Lincy. Recueil de chants historiques français. 1 v.

Liadières (P. C.). Théâtre et poésies.

Liégeard (Stephen). Le Verger d'Isaure. 1 v. Mosella. 1 v. Livingstone. 1 v. Poésies. 1 v. Les Grands Cœurs. 1 v.

Longfellow. Evangéline. 1 v.

Loret. La Muse historique. 4 v.

Lucain. Œuvres, texte et trad. 2 v. (Bibl. Panckouke).

Lucrèce. De la Nature, texte latin et trad. de Pongerville. 2 v. (Bibliothèque Panckouke).

Lyriques grecs. 1 v.

Maha-Bharata (le) ou **Veda Vyasa.** Tr. Faucher. 10 v.

Malfilatre. Poésies. 1 v.

Manuel (Eugénie). Pages intimes. 1 v.

Martial. Œuvres, texte latin et trad. 4 v. Bibl. Panckouke.

Mendès (Catulle). Intermèdes. 1 v.

Mery (L.). Poésies. 1 v.

Michel-Ange. Poésies. 1 v.

Millevoye. Œuvres. 2 v.

Milton. Le Paradis perdu, texte anglais et trad. de Châteaubriand. 2 v.

Mistral (Frédéric). Mireille, texte provençal et traduction. 1 v. Calendeau. 1 v.

Moore (Thomas). Chefs-d'œuvre poétiques. 1 v.

Moreau (Hégésippe). Le Myosotis. 1 v.

Mürger (Henri). Les Nuits d'hiver. 1 v.

Musset (Alfred de). Premières poésies. 1 v. Poésies nouvelles. 1 v.

Nadaud (Gustave). Chansons. 1 v.
Niebelungen (les), poème, tr. de l'allemand. 2 v.
Normand (Jacques). Paravents et tréteaux. 1 v.
Nouveau siècle de Louis XIV. Choix de chansons historiques et satiriques de 1634 à 1712. 1 v.
Orléans (Charles d'). Poésies. 1 v.
Ossian. Poèmes gaëliques. 1 v.
Ovide. Œuvres, texte et trad. (Bibl. Panckouke). 10 v. Amours mythologiques, traduction Pougerville. 1 v.
Paris (Gaston). Histoire poétique de Charlemagne. 1 v.
Paulin (général). Boulogne, Ulm, Austerlitz. 1 v.
Pautet (Jules). Chants du soir. 1 v.
Perse Œuvres, texte latin et trad. 1 v. (Bibl. Panckouke).
Personnaux (Marc). La vie à ciel ouvert. 1 v.
Petits poètes français, depuis Malherbe. 1 v.
Petits poèmes grecs. 1 v.
Pétrarque. Poésies. 1 v.
Phèdre. Œuvres, texte et trad. 1 v. (Bibl. Panckouke).
Pichat (Laurent). La Sibylle. 1 v. La Païenne. 1 v. Le Secret de Polichinelle. 1 v.
Poème du Cid, texte espagnol, avec traduction française, publié par Damas-Hinard. 1 v.
Poèmes (les) nationaux de la Suède moderne. 1 v.
Poètes (les) français, recueil des chefs-d'œuvre de la poésie française, publié par Crepet. 4 v.
Properce. Œuvres, texte latin et trad. 1 v. (Bibl. Panckouke).
Quarré (Antoinette). Poésies. 1 v.
Quinet (Edgar). Ashaverus. 1 v. Prométhée, Napoléon, les esclaves. 1 v. Napoléon. 1 v. Merlin l'enchanteur. 2 v.
Racan. Œuvres. 2 v.
Ratisbonne (L.). La Comédie enfantine. 1 v. Héro et Léandre. 1 v. Les petits hommes. 1 v.
Reboul (Jean). Le dernier Jour. 1 v. Poésies. 1 v.
Regnier (Mathurin). Œuvres complètes. 1 v.
Richard (le pèlerin). La chanson d'Antioche. 1 v.
Richepin (Jean). Les Caresses. 1 v. La chanson des Gueux. 1 v. Les Blasphèmes. 1 v. Truandailles. 1 v. La Mer. 1 v.
Richter (J. P.). Titan, tr. Ph. Chasles.
Sabran (comtesse de). Poésies, contes, etc. 1 v.
Samson (J.). L'Art théâtral. 1 v.
Scarron (P.). Virgile travesti. 1 v.
Ségur (comtesse de). La Maison : Stances et sonnets. 1 v.
Siffert (Louisa). Rayons perdus. 1 v. Les Stoïques. 1 v. Les saintes colères. 1 v.
Silius Italicus. Œuvres, texte et trad. 3 v. (Bibl. Panckouke).
Silvestre (Armand). Rimes neuves et vieilles. 1 v.
Sonnets du docteur (les). 1 v. ill.
Soulary (Joséphin). Œuvres poétiques. 1 v.
Soumet (Alexandre). La Divine Epopée. 1 v.
Stace. Œuvres, texte latin et trad. 4 v. (Bibl. Panckouke).
Stop. Bêtes et gens. Texte et dessins de l'auteur. 2 v. ill.
Sully-Prudhomme. Les Solitudes. 1 v. Les vaines Tendresses. 1 v.

Tasse (le). La Jérusalem délivrée, trad. en vers par Desserteaux. 1 v. Traduit en prose par Mazuy. 1 v.
Tastu (Mme Amable). Poésies complètes. 1 v.
Tegner. Poésies. 1 v.
Théocrite. Idylles. 1 v.
Tibulle Œuvres, texte et tr. 1 v. (Bibl. Panckouke).
Tudele (Guillaume de) et Poète anonyme. La Chanson de la Croisade contre les Albigeois. 1 v.
Valnaiki. Ramayana, poème sanscrit. 3 v.
Viennet. Epîtres et satires. 1 v. Fables. 1 v. Fables nouvelles. 1 v. La Franciade. 1 v.
Veuillot (Louis). Satires. 1 v.
Vigny (Alfred de). Les Destinées. 1 v. Poésies complètes. 1 v.
Villon (François). Œuvres complètes, éd. Bibl. Jacob. 1 v. Id. avec notes de P. Janet. 1 v.
Virgile. Œuvres, texte et trad. 4 v. (Bibl. Panckouke). Les Bucoliques, tr. Berville. 1 v.
Voiture. Œuvres. 1 v.
Voltaire Poésies, dans les œuvres complètes. 1 v.
Wieland. Obéron. 1 v.

IX

POLÉMIQUE, QUESTIONS ET MŒURS CONTEMPORAINES

Abel (H.). La question de la Cochinchine. 1 v.
About (Edmond). La Grèce contemporaine. 1 v. Rome contemporaine. 1 v. La question romaine. 1 v. L'A B C du travailleur. 1 v. Causeries. 2 v. Lettres d'un bon jeune homme à sa cousine. 1 v. Dernières lettres d'un bon jeune homme à sa cousine. 1 v. Alsace, 1870-1871. 1 v.
Académie de guerre à Berlin (l'). 1 v.
Actes de la conférence de Bruxelles, 1874. 1 v.
Almanach de Gotha, 1884. 1 v.
Alq (Mme d'). La science du monde. 1 v.
Ameline. Des institutions ouvrières au xixe siècle. 1 v.
Andelarre (marquis d'). Les principes de la Révolution française. 1 v.
Anisson. Enquête sur les fers. 1 v.
Appert (B. N. M.). Bagnes et prisons. 4 v.
Appilly (Louis d'). Les amis du peuple. 1 v.
Arçay (J. d'). Indiscrétions contemporaines. 1 v.
Armée et la Démocratie. 1 v.
Assailly (Ch. d'). Le Paupérisme et les associations ouvrières en Europe. 1 v.
Aucoc. Le Conseil d'Etat. 1 v.
Audiffret (marquis d'). Le Budget. 1 v. Système financier de la France. 2 v.
Audouard (Mme Olympe). Comment aiment les femmes. 1 v. L'homme de quarante ans. 1 v. La Femme depuis six mille ans. 1 v.
Bachaumont. Les femmes du monde. 1 v.
Bachelin-Deflorenne. Etat présent de la Noblesse française. 1 v. ill. Nouvelle édition. 1 v.
Bagheot (W.). La Constitution anglaise. 1 v. Lombard-Street ou le marché financier en Angleterre. 1 v.
Balzac (Honoré de). Physiologie du Mariage. 1 v.
Banville (Th. de). Paris vécu. 1 v. La lanterne magique. 1 v. L'âme de Paris. 1 v.
Barante (de). Questions constitutionnelles. 1 v.
Barillot. Les vierges du foyer. 1 v.
Barrau (P.-B.). Traité des assurances. 1 v.
Barrau (Th.-H.) De l'éducation dans la famille et au collège. 1 v.

Barrot (Odilon). De la centralisation. 1 v.
Bassanville (comtesse de). Code du cérémonial. 1 v.
Bataille (A.). Causes criminelles et mondaines de 1887-1888. 1 v.
Batbie. Le crédit populaire. 1 v.
Baudy de Nalèches. Les maçons de la Creuse. 1 v.
Bautain (Abbé). La belle saison à la campagne. 1 v.
Beaumont (M.-A. de). Système pénitentiaire aux Etats-Unis. 1 v.
Beauvoir (Roger de). Les disparus. 1 v.
Bechard (Ferdinand). De l'état du Paupérisme en France. 1 v.
Bérenger de la Drôme. De la justice criminelle en France. 1 v.
Bergerat (Emile). Le rire de Caliban. 1 v.
Berlioux (Et.-Félix). La traite orientale. 1 v.
Bernard (Joseph). Le bon sens d'un homme de rien. 1 v.
Bernadille. Esquisses et croquis parisiens. 2 v.
Berryer. Le ministère public et le Barreau. 1 v.
Berseaux (abbé). La Voltairomanie. 1 v.
Bersot (Ernest). Questions actuelles. 1 v.
Bigot (Charles). La fin de l'Anarchie. 1 v. Les classes dirigeantes. 1 v.
Biré (E.). Dialogue des vivants et des morts. 1 v.
Blaize. Des Monts de Piété. 1 v.
Blanc (Louis). Organisation du Travail. 1 v. Questions d'aujourd'hui et de demain. 1 v.
Blosseville. Des colonies pénales. 1 v.
Boinvilliers (Edouard). A quoi servent les parlements. 1 v.
Boissieu (Arthur de). Lettres d'un Passant. 1 v. Les Figures contemporaines. 1 v. Les vivants et les morts. 1 v. De chute en chute. 1 v.
Bondivenne (Louis). Essai sur l'instruction primaire. 1 v.
Bontoux. L'Union générale. 1 v.
Bordier (Henri). L'Allemagne aux Tuileries. 1 v.
Bouillier (Francisque). L'Institut et les académies de Province. 1 v.
Bouvet. De la confession et du célibat des prêtres. 1 v.
Brachet (Auguste). L'Italie qu'on voit et l'Italie qu'on ne voit pas. 1 v. Al Misogallo signor Crispi, à propos de l'Italie qu'on voit et de l'Italie qu'on ne voit pas. 1 v.
Bretinières. Condamnés et prisons. 1 v.
Brialmont (général de). La défense des états et les camps retranchés. 1 v.
Broglie (le duc Victor de). Vues sur le gouvernement de la France. 1 v.
Brouardel (Dr). Le secret professionnel. 1 v.
Bugeaud (maréchal). De l'établissement des colons militaires en Afrique. 1 v.
Busson. Rapports des domestiques et des maîtres. 1 v.
Caracciolo. Mystères des couvents de Naples. 1 v.
Castille (Hippolyte). Parallèle entre César, Charlemagne et Napoléon, l'empire et la démocratie. 1 v.
Caston (Alfred de). Les tricheurs, scènes de jeu. 1 v.
Cauchy. Du duel. 2 v.
Cayla (J.-M.). Ces bons messieurs de Saint-Vincent de Paul. 1 v. Pape et Empereur, brochure.
Cérémonial officiel (le). 1 v.
Chabreuil (Mme de). Jeux et exercices des jeunes filles. 1 v. ill. (bibl. rose).
Chambrun (comte de). Fragments politiques. 1 v.

Champfleury. La comédie académique. 1 v.
Champsaur (Félicien). Le cerveau de Paris. 1 v.
Changarnier (général). Un mot sur le projet de réorganisation militaire, br.
Charnacé (comte Guy de). Les femmes d'aujourd'hui. 1 v.
Cherbuliez (A.-Z.). Des garanties constitutionnelles. 2 v.
Cherbuliez (Victor). Profils étrangers. 1 v.
Chirac (Auguste). L'agiotage sous la troisième république. 1 v.
Clamageran. La France républicaine. 1 v.
Claretie (Jules). La vie à Paris, 1881. 1 v. 1882. 1 v. 1884. 1 v. 1885. 1 v. Les Prussiens chez eux. 1 v.
Claudin (Gustave). Les femmes jugées par le diable. 1 v. Paris. 1 v.
Clavel (E.). Etudes sur l'enseignement des collèges en France. 1 v.
Cochin (Augustin). L'abolitition de l'Esclavage. 2 v.
Code des honnêtes gens. 1 v.
Code manuel du recrutement de l'armée, loi du 27 juillet 1872. 1 v.
Code de la noblesse française. 1 v.
Coffinières. Etudes sur le budget et l'impôt foncier. 1 v.
Collignon. Les coulisses de la mode. 1 v.
Colmar (von der Goltz baron). La nation armée. 1 v.
Colombey (Emile). Les causes gaies. 1 v. Les originaux de la dernière heure. 1 v.
Conférence (la) internationale de Berlin, 1890. 1 v.
Conti (Henri). L'Allemagne intime. 1 v.
Corbon (A.). Le secret du peuple de Paris. 1 v.
Cour (la) de l'empereur Guillaume. 1 v.
Cours princières (les) de l'Europe. 1 v.
Cousin (Victor). L'instruction publique en Allemagne. 1 v. L'instruction publique dans le royaume de Prusse. 1 v. L'instruction publique en Hollande. 1 v.
Crafty. Paris à cheval. 1 v. ill. Paris au bois. 1 v. ill. La province à cheval. 1 v. ill. Avant la bataille. 1 v.
Curel. Boutades d'un chasseur. 1 v.
Curieux (un). Le dossier du général Boulanger. 1 v.
Daclin. Le petit Labruyère contemporain. 1 v.
Dangeville. La vérité sur la question d'Orient. 1 v.
Daryl (P.). Les Anglais en Irlande. 1 v. La vie politique en Angleterre. 1 v.
Daubié. La femme pauvre au XIXe siècle. 3 v.
Dauphin (J.). La liberté anglaise mise à nu. 2 v.
Demogeot et **Montucci.** De l'enseignement supérieur en Angleterre et en Ecosse. 1 v.
Depasse (H.). Le Cléricalisme. 1 v.
Deroye (d^r). La question médicale, enseignement et exercice de la médecine. 1 v.
Deschamps (N.). Les sociétés secrètes et la Société. 2 v.
Deschanel (E.). La question du Tonkin. 1 v. Le bien qu'on a dit de l'Amour. 1 v. Le bien qu'on a dit des Femmes. 1 v. Physiologie des écrivains et des artistes. 1 v. A bâtons rompus. 1 v. La vie des comédiens. 1 v.
Desmaze (Ch.). Le Crime et la Débauche à Paris, le Divorce. 1 v.
Desmoulins (Camille). Œuvres. 2 v.
Despois (Aug.). Les lettres et la liberté. 1 v.
Dhormoys (Paul). La comédie politique. 1 v.

Didon (R. Père). L'indissolubilité et le Divorce. 1 v.
Diplomate étranger (un). La société de Londres. 1 v.
Dombasle (Mathieu de). Avenir de l'Algérie. 1 v.
Dora d'Istria (comtesse). Des femmes. 2 v. Les femmes en Orient. 2 v.
Drumont (Edouard). La France juive. 2 v. La France juive devant l'opinion. 1 v. Le testament d'un Antisémite. 1 v. La fin d'un Monde. 1 v. La dernière bataille. 1 v. Le secret de Fourmies. 1 v.
Dubost (Antonin). Des conditions du gouvernement de la France. 1 v.
Du Camp (Maxime). La vertu en France. 1 v. Paris bienfaisant. 1 v. Paris, ses fonctions, ses organes. 6 v. Les forces perdues. 1 v. La Croix rouge de France. 1 v.
Duchatelier. L'agriculture et les classes agricoles en Bretagne. 1 v.
Ducuin (F.-R.). La guerre de montagne. 1 v.
Du Lac (le R.-P.). France. 1 v.
Dumas fils (Alexandre). L'Homme-femme. 1 v. Les femmes qui tuent et les femmes qui votent. 1 v. La question du Divorce. 1 v.
Dumont (Albert). De l'administration prussienne en Alsace. 1 v.
Dupin aîné. Libertés de l'Eglise gallicane. 1 v.
Duval (Jules). Les colonies et la politique coloniale de la France. 1 v.
Duval et **Warnier**. Bureaux arabes. 1 v.
Empereur (l'), Rome et le roi d'Italie, brochure.
Enfantin. Réponse au P. Félix, brochure. Colonisation de l'Algérie. 1 v.
Esquiros (Alphonse). L'Emile au xixe siècle. 1 v.
Esterno (C. d'). Comment le Roi s'amuse en France. 1 v. Les privilèges de l'ancien et du nouveau Régime. 2 v.
Examen de conscience des femmes honnêtes en France. 1 v.
Fastenrath (Jean). Figures de l'Allemagne contemporaine. 1 v.
Faucher (Léon). Réforme des prisons. 1 v.
Favre (Jules). De la réforme judiciaire. 1 v.
Fayet. La vérité pratique sur l'instruction obligatoire. 1 v. Les hautes œuvres de la Révolution. 1 v.
Ferry (Jules). Le Tonkin et la mère patrie. 1 v.
Fèvre. Mission de la Bourgeoisie. 1 v.
Filon (A.). Du pouvoir spirituel dans ses rapports avec l'Etat. 1 v.
Fix (Th.). Observations sur l'état des classes ouvrières. 1 v.
Fleichman (Ch.). Les Etats-Unis et la Russie comparés, brochure.
Fleury (abbé). Campagnes de la Révolution contre Rome. 1 v.
Floridan (L.-M.). Les coulisses du Panama. 1 v.
Flotard (Eug.). Le mouvement coopératif à Lyon. 1 v.
Foi des traités (la). 1859. Brochure.
Fonctionnaire (un) du Céleste Empire. Journal d'un mandarin. 1 v.
Fontarèches (de). Monarchie et liberté. 1 v.
Fourcade-Brunet. La question des filles à marier. 1 v.
Fournier (Paul). La question agraire en Irlande. 1 v.
Français (les) peints par eux-mêmes. 1 v. ill.
France (Hector). L'armée de John Bull. 1 v.
Franconi (V.). Francs-propos. 1 v.
Frary (Raoul). Le Péril national. 1 v. Manuel du démagogue. 1 v. La question du latin. 1 v. Mes tiroirs. 1 v.
Frédéric-Charles (prince). L'art de combattre l'armée française. 1 v.

Freguier. Des classes dangereuses dans les grandes villes. 1 v.
Fremy (Arnould). Les gens mal élevés. 1 v.
Frepppel (Mgr). La Révolution, à propos du centenaire de 1789. 1 v.
Fry (Mme). Réforme des prisons. 1 v.
Gagneur (Mme). La Croisade noire. 1 v.
Gasc. Réforme de l'Université. 1 v.
Gastineau (Benjamin). Sottises et scandales du temps présent. 1 v.
Giffard (Pierre). La vie au théâtre. 1 v. La vie en chemin de fer. 1 v.
Gillotte (C.). De l'administration de la justice en Algérie. 1 v. De l'établissement du jury en Algérie. 1 v.
Gilly (Numa). Mes tiroirs. 1 v.
Ginesty (P.). Choses et gens de Théâtre. 1 v.
Girardin (E. de). Etudes politiques. 1 v. De l'instruction publique en France. 1 v. La question d'argent. 1 v. Solution de la question d'Orient. 1 v. Le Spectre noir. 1 v.
Giraudeau. Nos mœurs politiques. 1 v. La presse périodique, 1789-1867. 1 v.
Gozlan (Léon). Mœurs théâtrales. 1 v.
Grad (Charles). Le peuple allemand, ses forces et ses ressources. 1 v.
Grand-Carteret. La femme en Allemagne. 1 v. ill.
Gratien. Des erreurs et des préjugés. 1 v.
Gréard. L'éducation des femmes par les femmes. 1 v.
Guerre (la) des communeux de Paris. 1 v.
Guillemin (A.). Fraudes sur l'alcool. 1 v.
Guillon (Mme). Profits de jeunes filles. 1 v. L'entrée dans le monde. 2 v. Cinq années de la vie des jeunes. 1 v.
Guizot (François). De la démocratie en France. 1 v.
Guyot (Yves). L'inventeur. 1 v. Les paradoxes de 1789. 1 v.
Hamerton (Philip.-Gilbert). Français et Anglais. 2 v.
Haussonviile (comte d'). Un programme de gouvernement. 1 v. L'enfance à Paris. 1 v. Misère et remèdes. 1 v. Les établissements pénitentiaires en France et aux Colonies. 1 v.
Heckedorn (baron). Guillaume II, son peuple et son armée à la fin de 1871. 1 vol.
Heilly (Georges d'). Dictionnaire des pseudonymes. 1 v.
Heine (Henri). De l'Allemagne. 1 v. De la France. 1 v.
Heinrich. La France, l'étranger et les partis. 1 v.
Hennebert (lieutenant-colonel). La guerre imminente. 1 v. Les Anglais en Egypte. 1 v. l'Europe sous les armes. 1 v. Les armées modernes. 1 v.
Hennequin (Victor). Sauvons le genre humain. 1 v.
Hervilly (d'). Mesdames les Parisiennes. 1 v.
Hesse (de). L'administration provinciale et commerciale en Europe. 1 v.
Hippeau. L'instruction publique aux Etats-Unis. 1 v.
Hock (Charles de). L'administration financière de la France. 1 v.
Horn. La liberté des banques. 1 v.
Huart (Adrien). La nouvelle vie militaire. 1 v.
Huerne. Des colonies agricoles. 1 v.
Hugo (Victor). L'art d'être grand-père. 1 v.
Huret (Jules). Le dossier de l'affaire Borras-Pradiès. 1 v.
Husson (Armand). Les consommations de Paris. 1 v.

Institutions (les) militaires de la France. 1 v.
Instructions pour les salles d'asile. 1 v.
Jacob de la Cottière. Mes semblables. 1 v.
Janet (Claudio). Les résultat du partage forcé des successions en Province. Brochure.
Janet (Paul). Le problème du xixe siècle. 1 v.
Janolin (Charles). L'aïeul. Du but et des principales carrières de la vie. 1 v.
Jeannotte-Bozerian. La bourse, ses opérateurs et ses opérations. 1 v.
Jeantet (Olivier) La désertion des campagnes. 1 v.
Johnson (Daniel). La comédie politique en Europe. 1 v.
Joliet (Charles). Les pseudonymes du jour. 1 v.
Judet (Ernest). La frontière ouverte. 1 v. La question corse. 1 v.
Jussieu (Laurent de). Le Camp, la Fabrique et la Ferme. 1 v.
Junius. Lettres. 2 v.
Junius. Nouvelles lettres. 1 v.
Karr (Alphonse). Le pot aux roses. 1 v. Les gaietés romaines. 1 v. Les Guêpes. 6 v. On demande un tyran. 1 v. Plus ça change. 1 v. Plus c'est la même chose. 1 v. La symphonie du travail. 1 v. Une poignée de vérités. 1 v. Pourquoi? Brochure.
Keratry (de). Une fin de siècle. 1 v.
Kervegan (Emile). L'Anglais à Paris. 1 v.
Ketteler (Mgr Von). Le Kulturkampf ou la lutte religieuse en Allemagne. 1 v.
Kirke (Edmond). Les noirs et les petits blancs. 1 v.
Laboulaye (Edouard). Le parti libéral. 1 v.
Lagardie (Horace de). Causeries parisiennes. 2 v.
Lagrange (le Dr Fernand). Physiologie des exercices du corps. 1 v.
Lambert (E.). Philosophie de la Cour d'Assises. 1 v.
Laprade (V. de). Le Baccalauréat et les Classiques. 1 v.
Larroque (Patrice). Des armées permanentes. 1 v.
Lassone (Pierre). La crise chrétienne. 1 v.
Latour-du-Moulin. La France comparée à l'Angleterre. 1 v.
Laugel (Auguste). La France politique et sociale. 1 v. L'Angleterre politique et sociale. 1 v.
Laurent (Dr Emile). Le Paupérisme et les associations de prévoyance. 1 v. Les habitués des prisons de Paris. 1 v. ill.
Laurentie. L'athéisme et le péril social. 1 v.
Ledru-Rollin. Décadence de l'Angleterre. 2 v.
Lefebvre (F.-M.-J.). Des établissements charitables de Rome. 1 v.
Lefebvre (L.). Etudes sur l'Allemagne nouvelle. 1 v.
Legouvé (Ernest). Nos fils et nos filles. 1 v. Les pères et les enfants au xixe siècle. 1 v. Histoire morale des femmes. 1 v.
Legoyt (A.). La France statistique. 1 v. Forces matérielles de l'Empire d'Allemagne. 1 v.
Lehaussois (Max). L'armée nouvelle. 1 v.
Leinau (l'abbé Joseph). L'entrée des Israélites dans la Société française. 1 v.
Le Play. Les ouvriers d'à-présent. 1 v. Les ouvriers des deux mondes. 4 v.
Leroy-Beaulieu (Anatole). Un empereur, un roi, un pape, une restauration. 1 v.
Leroy-Baulieu (P.). L'Administration locale en France et en Angleterre. 1 v. Le travail des femmes au xixe siècle. 1 v. De l'état intellectuel des populations. 1 v. Recherches historiques et statistiques sur les guerres contemporaines, 1853-1866. 1 v. De la Colonisation chez les Peuples modernes. 1 v.

Le Roux (Hugues). Portrait de la cire. 1 v.
Lesennes. Condition civile et politique des prêtres. 1 v.
Le Trésor de la Roque. Les finances de la République. 1 v.
Liard (Louis). Universités et Facultés. 1 v.
Ligneau (Jean de). Juifs et Antisémites en Europe. 1 v.
Liouville. De la profession d'avocat. 1 v.
Littré (E.). De l'établissement de la troisième république. 1 v.
Lurine (Louis). Le voyage dans le passé. 1 v. Ici l'on aime. 1 v.
Lymairac (Paulin). Coups de plumes sincères. 1 v.
Macé (G.). Mes lundis en prison. 1 v. Gibier de Saint-Lazare. 1 v. Un drôle de monde. 1 v. Le service de sûreté. 1 v. Mon musée criminel. 1 v.
Madre. Moyen de créer et d'entretenir des écoles par association. 1 v.
Magnitot (A. de). De l'assistance en province. 1 v.
Mahon de Monaghon. Etudes critiques sur l'Angleterre. 1 v.
Maizeroy (René). La fin de Paris. 1 v.
Marchal (père). La femme comme il faut. 1 v.
Margerie (Amédée de). La restauration de la France. 1 v.
Martineau (Miss.). De la société américaine. 2 v.
Marx (Adrien). Les petits mémoires de Paris. 1 v.
Mazzini (Joseph). L'Italie, la liberté et la civilisation. 2 v.
Melun (vicomte de). De l'intervention de la Société pour prévenir et soulager la misère. 1 v.
Meric (Elie). Le clergé et les temps nouveaux. 1 v.
Michaux. La question des peines. 1 v.
Michon (abbé). De la Femme et de la Famille. 1 v.
Millaud (Albert). La Comédie sous la République athénienne. 1 v. ill.
Milsand (Joseph). Les études classiques et l'enseignement public. 1 v.
Minot. De la répression des mauvais traitements envers les animaux. 1 v.
Moineaux (Jules). Les tribunaux comiques, ill. par Stop. 1 v.
Molinari (G. de). et Fr. **Passy.** L'Enseignement obligatoire. 1 v.
Montalembert (comte de). Œuvres polémiques. 2 v. De l'avenir politique de l'Angleterre. 1 v.
Montégut (Emile). Choses du Nord et du Midi. 1 v. Essais sur l'époque actuelle. 1 v.
Moreau. Le code civil et le théâtre contemporain. 1 v.
Moreau (l'abbé). Le monde des prisons. 1 v.
Moreau-Christophe. Du droit à l'oisiveté. 1 v. Prisons de l'Angleterre et de la Suisse. 1 v. De la misère chez les peuples anciens et modernes. 3 v. Le monde des coquins. 1 v.
Morin (Frédéric). Les idées du temps présent. 1 v.
Mortimer d'Ocagne. Les grandes écoles de France. 1 v.
Moulidard (T. de). Grande encyclopédie méthodique universelle illustrée des jeux. 1 v. ill.
Mullois (abbé). La Charité et la misère à Paris. 1 v. Le livre des classes ouvrières. 1 v.
Muteau (Charles). Du Secret professionnel. 1 v.
Nadault de Buffon. Les temps nouveaux. 1 v.
Napoléon III. Lettre au duc de Magenta sur l'Algérie. 1 v.
Naquet (A.). La politique radicale. 1 v.
Nazim. Les rois du jour. 1 v.

Nettement. (Alf. Franc.). Exposition royaliste. 1 v. Les ruines morales et intellectuelles. 1 v. La seconde éducation des filles. 1 v.
Nicolay (M.). Les enfants mal élevés. 1 v.
Niépovié. Essai sur les grandes métropoles. 1 v.
Nordau. Les mensonges conventionnels de notre civilisation. 1 v.
Noriac (Jules). Paris tel qu'il est. 1 v.
Nougarède. L'Angleterre et la France. 4 v.
Nouveau tableau de Paris au xixe siècle. 7 v.
Officier (un ancien). La puissance française. 1 v.
Ollivier (Emile). Le 19 janvier. 1 v. Principes et conduite. 1 v. L'Eglise et l'Etat au concile du Vatican. 2 v.
Omega (lieutenant-colonel). La défense du Territoire. 1 v.
O'Rell (Max). Jonathan et son continent. 1 v. John Bull et son île. 1 v.
Paixhans. La souveraineté du nombre. 1 v.
Pallu de la Barrière. Les gens de mer. 1 v.
Parent-Duchâtelet. De la Prostitution dans la ville de Paris. 1 v.
Parfait (Paul). Le dossier des pèlerinages. 1 v. Les amulettes. 1 v. La foire aux reliques. 1 v.
Paris (comte de). Les associations ouvrières en Angleterre. 2 v. De la situation des ouvriers en Angleterre. 1 v.
Pauthier (G.). Réponse à M. Stanislas Julien. 1 v.
Pelet. Opinions de Napoléon sur divers sujets. 1 v.
Pembock (J. de). Demain, réponse à la fin d'un monde. 1 v.
Perraud (Mgr). La discussion concordataire au Sénat et à la Chambre des députés les 9, 11, 12 décembre 1891. 1 v.
Pessard (H.). Yo et les principes de 1789, fantaisie chinoise. 1 v.
P. H. X. La politique française en Tunisie. 1 v.
Picot (Georges). La réforme judiciaire en France. 1 v.
Pinet (A.). L'enseignement primaire en présence de l'enquête agricole. 1 v.
Poitou (Eugène). La liberté civile et le pouvoir administratif en France. 1 v.
Pompée (Ph.). Etudes sur l'instruction professionnelle en France. 1 v.
Portalis (Edouard). Deux républiques. 1 v. Les Etats-Unis, le self-government et le Césarisme. 1 v.
Poussin. Principe démocratique qui régit l'union américaine. 2 v. De la puissance américaine. 2 v.
Prévost-Paradol. Essai de politique et de la nation. 2 v. Nouveaux essais. 2 v. La France nouvelle. 1 v. Le rôle de la Famille dans l'éducation. 1 v.
Proudhon (P.-J.). Les Chemins de fer et les voies navigables. Organisation du crédit. De la célébration du Dimanche. Avertissement aux propriétaires. 1 v. Démocrates et réfractaires. 1 v. La Fédération et l'unité de l'Italie. 2 v. Idées générales de la Révolution au xixe siècle. 1 v. De la justice dans la Révolution et dans l'Eglise. 3 v. La Pornocratie ou les femmes dans les temps modernes. 1 v. Des réformes dans l'exploitation des Chemins de fer. 1 v. La révolution sociale démontrée par le Coup d'état du deux-décembre. 1 v.
Prussiens (les) en Alsace. 1 v.
Puissant. Erreurs et préjugés populaires. 1 v.
Quatrelles. Lettres à une honnête femme. 1 v.
Quesnoy (D.-F.). L'armée d'Afrique depuis la conquête d'Alger. 1 v. ill.
Quinet (Edgar). La République, conditions de la régénération de la France. 1 v. L'Ultramontanisme. 1 v.

R. (comte). La justice et la monarchie populaire. 1 v.
Ratin. Manuel théorique et pratique de la liberté de la Presse. 2 v.
Raudot. Décadence de la France. 1 v. Grandeur possible de la France. 1 v. La France avant la Révolution. 1 v. L'empire allemand, la Turquie et l'Europe. 1 v.
Raymond (Mme E.). La civilité non puérile, mais honnête. 1 v.
Remacle. L'hospice des enfants assistés. 1 v.
Rémusat (comte de). Passé et présent. 2 v. Politique libérale. 1 v.
Renan (Ernest). L'Islamisme et la science. 1 v. Questions contemporaines. 1 v.
République (la) par un rural bourguignon. 1 v.
Richard (P.). Du pouvoir et des obligations des Jurys. 1 v.
Richelot. Ecoles primaires supérieures. 1 v.
Richepin (Jean). Le pavé. 1 v.
Rivière (F.). Précis historique de la législation des céréales. 1 v.
Robert (Charles). La suppression des grèves. 1 v.
Robière (Adolphe). Pourquoi la France n'a pas trouvé d'hommes supérieurs au moment du péril. Brochure.
Robin (E.). La question pénitentiaire. 1 v.
Roch. Annuaire du budget, 1879. 1 v.
Rochard (d^r J.). L'éducation de nos fils. 1 v.
Rochefort (Henri). Les Français de la décadence. 1 v. La grande-Bohême. 1 v. Les signes du temps. 1 v.
Rod (Edouard). Les idées morales du temps présent. 1 v.
Roger (Clémentine). Agriculture allemande. 1 v.
Roger de Beauvoir (H.). Nos généraux. 1 v.
Rogier-Grison. Le monde où l'on triche. 1 v. Les hommes de proie, la police. 1 v.
Roi de tous (le), ni vainqueurs ni vaincus. 1 v.
Romieu (M. A.). L'ère des Césars. 1 v. Le Spectre rouge. 1 v.
Romieu (Mme). La femme au XIXe siècle. 1 v. Des paysans et de l'Agriculture en France au XIXe siècle. 1 v.
Roqueplan (Nestor). La vie parisienne. 1 v. Parisine. 1 v.
Roselly de Lorgues. Le livre du Communisme. 1 v.
Rostand (Eugène). Les questions d'économie sociale dans une grande ville populaire. 1 v.
Sacher-Masoch. Les Prussiens d'aujourd'hui. 1 v.
Sagnier. Etudes sur la statistique agricole du Portugal. 1 v.
Saint-Albin (A. de). Les courses de chevaux en France. 1 v. ill.
Saint-Clavien (Jehan de). La cité du mal. 1 v.
Saint-Genest. La bride sur le cou. 1 v.
Saint-Phall (E. de). La viticulture et la viniculture en Algérie. 1 v.
Sarcus (vicomte de). La décentralisation par un Bourguignon. 1 v.
Satire Menippée (la). 2 v.
Sauvestre (Charles). Les Congrégations religieuses. 1 v.
Saverny (Mme de). La femme chez soi et dans le monde. 1 v.
Sceptiques (les) modernes. 1 v.
Scholl (Aurélien). La France politique. 1 v.
Sclafer (Honoré). La chasse et le paysan. 1 v.
Seinguerlet (E.). Les banques du peuple en Allemagne. 1 v.
Silvestre (Armand). Les mélancolies d'un joyeux. 1 v.
Simon (Jules). Nos hommes d'état. 1 v. L'ouvrière. 1 v. L'ouvrier de huit ans. 1 v. La politique radicale. 1 v. La réforme de l'enseignement secondaire. 1 v.

Société russe (la), par un russe. 2 v.
Story et Odenet. Commentaire sur la constitution des Etats-Unis. 2 v.
Surville (Mme). Le compagnon du foyer. 1 v.
Système d'administration de la Russie. 1 v.
Taine (Hte). Le suffrage universel. 1 v.
Tarbé (Prosper). Travail et salaire. 1 v.
Taxil (Léo) Le culte du grand Architecte. 1 v. Les Frères trois points. 2 v. La Franc-maçonnerie. 1 v.
Tchang-Ki-Tong. Les Chinois peints par eux-mêmes. 1 v.
Tenot (Eugène). Les nouvelles défenses de la France, la frontière. 1 v. cart. Paris et ses fortifications. 1 v. cart.
Tessier (Edmond). Choses du temps présent. 1 v.
Tessier de Raushenberg. De l'indépendance civile chez les Français en 1862.
Testu (Oscar). L'association internationale. 1 v. Le livre bleu et l'Internationale. 1 v. L'Internationale. 1 v.
Thévenin (Ev.). Entretiens populaires. 8 v.
Thierry-Micey. La France et la concurrence étrangère. 1 v.
Tissot (Victor). La police secrète prussienne. 1 v
Tixier. De l'assiette de l'impôt foncier. 1 v.
Tocqueville (A. de). De la démocratie en Amérique. 4 v.
Traverret (marquis de). Cincinnatus Ferrouillet à la recherche du progrès agricole. 1 v.
Trochu (général). L'armée française en 1867. 1 v. Les armées françaises en 1870. 1 v. Pour la Vérité et la Justice. 1 v.
Troplong. Du pouvoir de l'État dans l'enseignement. 1 v.
Ulbach (Louis). Voyage autour de mon clocher. 1 v. Nos contemporains. 1 v.
Ulliac-Trémadeure (Mme). La maîtresse de maison. 1 v.
Urquhart. La Turquie et ses ressources. 2 v.
Vallée (Oscar de). Les manieurs d'argent. 1 v.
Vallery-Radot. L'étudiant d'aujourd'hui. 1 v.
Vallès (Jules). Les Réfractaires. 1 v. La Rue. 1 v.
Vallet (L.). Le chic à cheval. 1 v. ill.
Vasili (comte Paul). La société de Paris. 1 v. La société de Rome. 1 v. La société de Berlin. 1 v. La société de Londres. 1 v. La société de Vienne. 1 v. La société de Madrid. 1 v.
Vento (Claude). Les grandes dames d'aujourd'hui. 1 v. ill.
Véron (Eugène). Les associations ouvrières. 1 v.
Véron (Pierre). La boutique à treize. 1 v. La comédie du voyage. 1 v. Les Dindons de Panurge. 1 v. Les marchands de santé. 1 v. Les ombres chinoises. 1 v. Par-devant M. le maire. 1 v. Les phénomènes vivants. 1 v. Le Roman de la Femme à barbe. 1 v.
Vessiot. La question du latin. 1 v.
Vessiot (Edouard). Traité des impôts en France. 2 v
Veuillot (Louis). Çà et là. 2 v. Les Couleuvres. 1 v. Les filles de Babylone. 1 v. Le fond de Giboyer. 1 v. Le Guêpier italien, brochure. La Guerre et l'homme de guerre. 1 v. L'honnête femme. 1 v. Les Libres-penseurs. 1 v. Les odeurs de Paris. 1 v. Les parfums de Rome. 1 v.
Vilbort. Les cyniques. 1 v.
Villemot (Auguste). La vie à Paris. 2 v.

Villermé. Des associations ouvrières. 1 v. Etat physique et moral des ouvriers. 2 v.
Vogué (Vte. Melchior de). Spectacles contemporains. 1 v. Remarques sur l'exposition du Centenaire. 1 v.
Voyage aux pays rouges. 1 v.
Vraye. Le budget de l'Etat. 1 v.
Warnery. Remarques sur la cavalerie. 1 v.
Watteville (Ad. de). Législation charitable. 2 v. Appendice. 1 v. Statistique des établissements charitables. 1 v.
Weill (Alexandre). Mon fils ou le nouvel Emile. 1 v. Si j'avais une fille à marier. 1 v. Que deviendront nos filles. 1 v.
Wimpffen (général de). La nation armée. 1 v.
Wolff (Albert). La Gloire à Paris. 1 v. La haute noce. 1 v.
Wolowski (Louis). La banque d'Angleterre et la banque d'Ecosse. 1 v.
Worms. L'Allemagne économique. 1 v.
Wutke (Henri). Le fonds des Reptiles. 1 v.
XX. Quand j'étais ministre. 1 v. Révision et dissolution. 1 v.
XXX. Le Clergé français en 1890. 1 v.
Yriarte (Charles). Paris grotesque, les célébrités de la Rue, 1815-1863. 1 v. Le puritain, scènes de la vie parisienne. 1 v.
Zanski. Voyage autour de la Chambre des députés. 1 v.
Zed. La société parisienne. 1 v.

XI

ROMANS ET OUVRAGES D'IMAGINATION
EN FRANÇAIS OU TRADUITS

A. B. Un mariage manqué, conte archéologique. 1 v.
Abbé XXX. Le Maudit. 3 v. Le Jésuite. 2 v. La Religieuse. 2 v.
About (Edmond). Madelon. 1 v. L'homme à l'oreille cassée. 1 v. Le roi des montagnes. 1 v. Le cas de M. Guérin. 1 v. Tolla. 1 v. Le nez d'un notaire. 1 v. Les mariages de Paris. 1 v. Germaine. 1 v. Trente et quarante. 1 v. Les mariages de Province. 1 v. Ahmed le Fellah. 1 v. La Vieille Roche, 1re partie : Le mari imprévu. 1 v. 2e partie : Les vacances de la comtesse. 1 v. 3e partie : Le marquis de Lanrose. 1 v. Le Turco. 1 v. Le roman d'un brave homme. 1 v. Maître Pierre.1 v.
Achard (Amédée). Belle-Rose. 1 v. Brunes et blondes. 1 v. Les chaînes de fer. 1 v. Le clos Pommier. 1 v. Les coups d'épée de M. de la Guerche. 2 v. Les dernières marquises. 1 v. Le duc de Carlepont. 1 v. La famille Guillemot. 1 v. Les femmes honnêtes. 1 v. Les filles de Jepthé. 1 v. Les Fourches caudines. 1 v. Les trois grâces. 1 v. Histoire d'un homme. 1 v. Marcelle. 1 v. Récits d'un soldat. 1 v. Maurice de Treuil. 1 v. Les misères d'un millionnaire. 2 v. Noir et blanc. 1 v. Olympe de Mézières. 1 v. Parisiennes et provinciales. 1 v. La cape et l'épée. 1 v. Nelly. 1 v. La Toison d'or. 1 v. Le rêve de Gilberte. 1 v. Les rêveurs de Paris. 1 v. La robe de Nessus. 1 v. Madame de Sarcus. 1 v. Le serment d'Edwige. 1 v. La traite des blondes. 1 v. La vie errante. 1 v. Yerta-Hoveda. 1 v. La vipère. 1 v. Le livre à serrure. 1 v. Les animaux malades de la peste. 1 v. Le roi de cœur. 1 v. Histoire de mes amis. 1 v. (Bibl. rose).
Ackermann (L.). Contes et poésies.
A côté du bonheur. 1 v.
Adhémar. Nos maîtresses. 1 v.
Aidé (Hamilton). Un poète du grand monde. 1 v. Sacrifiée. 1 v.
Aimard (Gustave). Les Bois-brûlés. 1re partie : le Voladero. 1 v. 2e partie : le capitaine Kild. 1 v. 3e partie : le saut de l'élan. 1 v. La Forêt vierge. 1re partie : Fanny Dayton. 1 v. 2e partie : le désert. 1 v. 3e partie : le Vautour fauve. 1 v. Les invisibles de Paris. 1re partie : les compagnons de la lune. 1 v. 2e partie : Passepartout. 1 v. 3e partie : le comte de Warrens. 1 v. 4e partie : la Cigale. 1 v. 5e partie : Hermosa. 1 v. La Belle rivière. 1re partie : le fort Duquesne. 1 v. 2e partie : le serpent de satin. 1 v. Les aventures de Michel Hartmann. 1re partie : les

Marquards. 1 v. 2e partie : le chien noir. 1 v. Les scalpeurs blanc. 1re partie : l'Enigme. 1 v. 2e partie : le Sacripant. 1 v. Les trappeurs de l'Arkansas. 1 v. Les rôdeurs de frontières (suite). 1 v. Les Francs-tireurs. 1 v. Le cœur loyal (suite). 1 v. Le grand chef des Aucas. 2 v. Le chercheur de piste. 1 v. Les pirates des prairies. 1 v. La loi de Lynch. 1 v. La fièvre d'or. 1 v. Les Outlawss du Missouri. 1 v. Balle franche. 1 v. Ourson Tête de fer. 1 v. Le forestier. 1 v. Les Titans de la mer. 1 v. Les rois de l'Océan : l'Olonnais. 1 v. Vent en panne. 1 v. Les coupeurs de route. 1 v. Le rancho de Paul de Lionnes. 1 v.

Aimard (Gustave) et J.-B. d'**Auriac**. L'héroïne du désert. 1 v.
Ainsworth (Harisson). Abigaïl. 1 v. Jack Sheppard. 1 v.
Alarcon (don Pedro de). L'enfant à la boule. 1 v.
Alcott (Miss). Sous les lilas. 1 v. (Bibl. rose). La petite Rose. 1 v. (Bibl. rose).
Aldrich (Th. Bailey). La reine de Saba. 1 v. tr. Bentzon. Un écolier américain. 1 v.
Alexander (Mme). Autour d'un héritage. 2 v.
Alone. Henri René. 1 v.
Amero (Constant). Sans nom. 1 v. La lutte pour la vie. 1 v.
Ancelot (Mme). Antonia Vernon. 1 v. Gabrielle. 1 v. Georgine. 1 v. La nièce du banquier. 1 v. Le nœud de rubans. 1 v. Une faute irréparable. 1 v.
Andersen (H. Chr.). Contes danois. 1 v. Nouveaux contes danois. 1 v. Histoire de Waldemar Daale. 1 v. Le coffre volant. 1 v.
Anne-Marie (Mme la comtesse de Hautefeuille). L'âme exilée. 1 v.
Arago (Jacques). Zambala l'Indien. 1 v.
Arbouville (Mme d'). Nouvelles. 2 v.
Arène (Emmanuel). Le dernier bandit. 1 v.
Arène (Paul). Paris ingénu. 1 v. Au bon soleil. 1 v.
Aretin (L'). La courtisane, le philosophe, Talanta. 1 v.
Arioul (René d'). La vengeance d'un ci-devant. 1 v.
Artamov (Piotr.). Histoire d'un bouton. 1 v.
Arvor (G. d'). Berthilde. 1 v. Eglantine. 1 v. Roselle. 1 v. Dieu fait bien toutes choses. 1 v. Pied léger. 1 v.
Ary Ecilaw Maël comtesse d'Arcq. 1 v. ill. Une Altesse impériale. 1 v. Le roi de Thessalie. 1 v.
Assolant. Les amours de Quaterquem-Brancas. 1 v. L'Aventurier. 2 v. Les aventures de Karl Brumer. 1 v. La confession de l'abbé Passereau. 1 v. La croix des Prêches. 2 v. Le droit des femmes. 1 v. Gabriel de Chenevert. 1 v. D'heure en heure. 1 v. Marcomir. 1 v. Mémoires de Gaston Phœbus. 1 v. La mort de Roland. 1 v. Un Quaker à Paris. 1 v. Rachel, histoire joyeuse. 1 v. Scènes de la vie des Etats-Unis. 1 v. Vérité! Vérité! 1 v. Une ville de garnison. 1 v. Aventures du capitaine Cougourdan. 2 v. (Bibl. rose).
Aubert (Charles). Vertueuse et coupable. 1 v.
Aubigné (Agrippa d'). Les aventures du baron de Fœneste. 1 v.
Aubray (Maxime). Le 145e régiment. 1 v.
Aubryet (Xavier). Madame et mademoiselle. 1 v. Robinsonne et Vendredine. 1 v.
Audebert (Mme L.). Le roman d'un libre penseur. 1 v.
Audebrand (Philibert). Le secret de Chamblis. 1 v.
Audeval (Hipp.). La Grande ville. 1 v. Les demi-dots. 1 v.
Audouard (Mme Olympe). Les nuits russes. 1 v.
Auerbach (B.). La fille aux pieds nus. 1 v. Choix et récits villageois. 1 v.
Auger (Edouard). Récits d'outre-mer. 1 v.

Augustin-Thierry (Gilbert). La Savelli. 1 v. Marfa. 1 v. Le Capitaine Sans-façons. 1 v.
Aunet (Léonie d'). L'héritage du marquis d'Elvigny. 1 v.
Auteur des horizons prochains (l'). Dans les prés et sous les bois. 1 v.
Auteur (l') de la neuvaine de Colette. Tout droit. 1 v.
Auteur (l') de l'impératrice Wanda. Harlette. 1 v.
Auteur (l') de tout droit. La famille Hamelin. 1 v. ill.
Auteur (l') du péché de Madeleine. 1 v. La fausse route. 1 v.
Avellaneda (Fernand). Suite à Don Quichotte. 1 v.
Aventures (les) de maître Renard mises en nouveau langage par Paulin. 1 v.
Azeglio (Massimo d'). Nicolo de Lapi ou les derniers jours d'un peuple. 1 v.
Baden (Dorothée de). Elisabeth. 1 v.
Bader (Mme). Marie Favray. 4 v.
Badin (Ad.). Jean Casteyras. 1 v. ill.
Baignères (Arthur). Histoires anciennes. 1 v.
Baker (sir Samuel W.). L'enfant du naufrage. 1 v.
Balzac (Honoré de). Œuvres complètes. Scènes de la vie privée, tomes I, II, III, IV, V ; Scènes de la vie de province, VI, VII, VIII ; Scènes de la vie parisienne, IX, X, XI, XII, XIII ; Etudes philosophiques, XIV, XV, XVI, XVII, XVIII ; Etudes philosophiques et études analytiques, Théâtre XIX et XX. César Birotteau. 2 v. Le curé de village. 2 v. Ursule Mirouet. 2 v. Le père Goriot. 2 v. Physiologie du mariage. 1 v. Les parents pauvres : la cousine Bette. 1 v. ; le cousin Pons. 1 v. Le vicaire des Ardennes. 2 v.
Barberet (Mme). Elisabeth Seton. 1 v.
Barbey d'Aurevilly. L'amour impossible. 1 v. L'Ensorcelée. 1 v.
Bareille (J.). Emilia Paula. 2 v.
Barracand (L.). Un monstre. 1 v. La cousine. 1 v.
Barris (Maurice). Un homme libre. 1 v.
Barthélemy (l'abbé). Voyage du jeune Anacharsis. 1 v.
Basilewitch (A. de). Le roman du roi. 1 v.
Baüer (Henri). Une comédienne. 1 v.
Bawr (Mme de). Auguste et Frédéric. 1 v. La famille Recourt. 2 v. Les Flavy. 4 v. Un mariage de finance. 2 v. Le Novice. 4 v. Raoul. 1 v. Robertine. 1 v. Sabine. 2 v.
Bazin (René). Ma tante Giron. 1 v. Une tache d'Encre 1 v.
Beaconsfield (lord). Endymion. 2 v. V. à Disraeli.
Beal (Gabriel). Histoire intime. 1 v.
Beaumont (M. A. de). Marie ou l'esclavage. 1 v.
Beaurepaire (E. de). Le roman d'un officier de fortune. 1 v.
Beauvoir (Roger de). Les œufs de Pâques. 1 v.
Beecher-Stowe (Mrs). La case de l'oncle Tom. 1 v. Dred. 2 v. Ma femme et moi. 1 v. La fiancée du ministre. 1 v. La perle de l'Ile d'or. 1 v. Les petits Renards. 1 v. A propos d'un tapis. 1 v.
Bell (Georges). Lucy la Blonde. 1 v.
Bellamy (Edouard). La sœur de miss Ludington. 1 v.
Belloc (Mme Louise). Le fond du sac de la grand'mère. 1 v.
Belloy (maquis de). Le chevalier d'Aï, 1786-1847. 1 v. Légendes fleuries. 1 v.
Belot (A.). Alphonsine. 1 v. Chère adorée. 1 v. Petit homme. 1 v. Une femme du monde à Saint-Lazare. 1 v. Fleur de crime. 2 v. Reine de beauté. 2 v. La bouche de madame X. 1 v. Les fugitives de Vienne. 1 v. Le Pigeon. 1 v. Les Etrangleurs de Paris. 2 v. Les Mystères mondains. 4 v. Le Roi des grecs. 2 v. La

tête du ponte. 1 v. L'article 47. 1 v. La Femme de Feu. 1 v. La Femme de Glace. L'habitude et le souvenir. 1 v. Le drame de la rue de la Paix. 1 v. Hélène et Mathilde. 1 v. Mademoiselle Giraud ma femme. 1 v. La Sultane parisienne. 1 v. La fièvre de l'Inconnu (suite). 1 v. La Vénus noire (suite et fin). 1 v. Trois nouvelles. 1 v. Une joueuse. 1 v. Les Cravates blanches. 1 v. Le Chantage (suite). 1 v. Courtisane. 1 v.

Benedict. La madone de Guido Reni. 1 v. ill.

Bentzon (Th.). Constance. 1 v. Emancipée. 1 v. Le roman d'un muet. 1 v. Le violon de Job. 1 v. Un châtiment. 1 v. Une vie manquée. 1 v. La grande Saulière. 1 v. La vocation de Louise. 1 v. L'Obstacle. 1 v. La petite Perle. Désirée Turpin. 1 v. Tentée. 1 v. Une conversion. 1 v. Figaro étrange. 1 v. Miss Jane. 1 v. Le retour. 1 v. Tête folle. 1 v. Le meurtre de Bruno Galli. 1 v. Madame Delphine. 1 v. Eva Brown. 1 v. Georgette. 1 v. Récits de tous pays. 1 v. Amour perdu. 1 v. Le veuvage d'Aline. 1 v. Yette. 1 v. ill. Tony. 1 v.

Bergerat (Emile). Le petit Moreau. 1 v.

Bergeret (Gaston). Dans le monde officiel. 1 v.

Bernard (Charles de). Les ailes d'Icare. 1 v. Gerfaut. 1 v. Un homme sérieux. 1 v. Un beau-père. 1 v. L'Ecueil. 2 v. Les frais de la guerre. 1 v. Le gentilhomme campagnard. 6 v. Nouvelles et mélanges. 1 v. Le Paratonnerre. 1 v. Le Paravent. 2 v. Pauvre Mathieu. 1 v. Le Nœud gordien. 1 v. La Peau du Lion. La chasse aux amants. 1 v.

Bernard (Pierre). Le droit chemin. 2 v.

Berr de Turrik (Arthur.) L'échelle de Jacob. 1 v.

Berquin (A.). L'Ami des enfants et des adolescents. 1 v. Sandford et Merton. 1 v. Le petit Grandisson. 1 v.

Bersezio (V.). Nouvelles piémontaises. 1 v.

Bertall. Contes de ma mère. 1 v. ill. La comédie de notre temps. 2 v. ill. La vie hors de chez soi. 1 v. ill.

Bertheroy (Jean). Cléopâtre. 1 v.

Berthet (Elie). Sœur Julie. 1 v. Le secret du Diamant. 1 v. Paris avant l'histoire. 1 v. ill. Le Charlatan. 1 v. L'enfant des bois. 1 v. (Bibl. rose). La bonne femme. 1 v. (Bibl. rose). Le petit Chaillou. 1 v. La bête du Gévaudan. 1 v. Le braconnier. 1 v. Les Catacombes de Paris. 2 v. La falaise Saint-Honoré. 1 v. La ferme de l'Oseraie. 1 v. La fille du cabanier. 2 v. Le Monde inconnu. 1 v. Le garde-chasse. 1 v. Les houilleurs de Poligny. 1 v. Une maison de Paris. 3 v. Richard le Fauconnier. 2 v. Le spectre de Châtillon. 1 v.

Berthoud (Samuel-Henri). Contes. 1 v. Contes du docteur Sam. 1 v. Légendes et traditions surnaturelles des Flandres. 1 v.

Besneray (Marie de). Heureuse. 1 v. Nadine. 1 v.

Biagio. Miraglia. Cinq nouvelles calabraises. 1 v.

Biart (Lucien). Quand j'étais petit. 1 v. Jeanne de Mauriac. 1 v. Les ailes brûlées. 1 v. Le Pensativo. 1 v. Les voyages involontaires. 1 v. M. Pinson. 1 v. ill. Lucie Arila. 1 v. ill. La frontière indienne. 1 v. ill. Le secret de José. 1 v. Un voyage involontaire. 1 v. ill. La Fleur d'or. 1 v. Le roi des Prairies. 1 v. Le secret de José. 1 v. L'eau dormante. 1 v. Aventures d'un jeune naturaliste. 1 v. Les clientes du docteur Bernagius. 1 v. Laborde et compagnie. 1 v. Pile ou face. 1 v. Entre frères et sœurs. 1 v. Le Bizco. Une passion au Mexique. 1 v. Terre tempérée, scènes de la vie mexicaine. 1877. 1 v. Antonia Bezarez. 1 v.

Billaudel (Ernest). Les Noces vermeilles. 1 v. La conspiration de Salcede (suite et fin). 1 v. Les scrupules de Christine. 1 v. Le sacrifice de Julia. 1 v. Le reliquaire de Haute-Cloche. 1 v. La vie en casque. 1 v.

Biré (Edmond). Journal d'un bourgeois de Paris pendant la Terreur. 1 v. Paris en 1793. 1 v. Paris pendant la Terreur. 1 v.
Blanc (Edouard). Chasse à l'impossible. 1 v.
Blandy (L.). Trois contes de Noël. 1 v. Pierre de Touche. 1 v. La dette de Zecna. 1 v. Les épreuves de Norbert. 1 v. ill. La part du Cadet. 1 v. ill. La dernière chanson. Scènes du Mâconnais. 1 v. Fils de veuve. 1 v. Bouzetou. 1 v. ill. Tante Marie. 1 v. Le procès de l'Absent. 1 v. Le bouquet d'Algues. 1 v.
Boccace. Le Décameron. tr. en français. 1 v.
Boigne (comtesse de). La maréchale d'Aubemer. 1 v. Les Passions dans le grand monde. 2 v.
Bois. Précoce. 1 v.
Bonaventure des Periers. 1 v. Contes et nouvelles. 1 v. Cymbalum mundi. 1 v.
Bonhomme (Paul). Deux mariages. 1 v.
Bonjour (Casimir). Le malheur du riche et le bonheur du pauvre. 1 v.
Bonnefont (Gaston). Aventures de six Français aux colonies. 1 v. ill.
Bonnemère (E.). Le roman de l'avenir. 1 v.
Bonnet (Jules). Olympia Morata.
Bonnetain (Paul). En mer. 1 v.
Bonnières (Robert de). Jeanne Avril. 1 v. Le petit Margemont. 1 v. Les Monach. 1 v.
Bornier (vicomte H. de). Louise de Vauvert. 1 v.
Bouché. Les Druides. 1 v. Hérie. 1 v.
Boufflers (Chevalier de). Aline, le Derviche, Tamara. 1 v.
Bouilly. Contes à ma fille. 1 v.
Bouniol (Bathild). La famille du vieux célibataire. 1 v. La Caverne de Vaugirard. 1 v. La filleule d'Alfred. 1 v. Souvenirs d'une douairière. 1 v. Les épreuves d'une mère. 1 v. Cœur de bronze. 1 v.
Bourassa. Jacques et Marie, souvenirs d'un peuple dispersé. 1 v.
Bourdon (Mme). Mathilde). Le lait de chèvre. 1 v. Rêve accompli. 1 v. Ruth et Suzanne. 1 v. Catherine Hervey. 1 v. Marcia et les femmes aux premiers temps du Christianisme. 1 v. La Famille Reydel. 1 v. La ferme aux Ifs. 1 v. Le mariage de Thècle. 1 v. Le val Saint-Jean. 1 v. André Deffauges. 1 v. La Charité. 1 v. Le dernier-né. 1 v. Le Divorce. 1 v. Le droit d'aînesse. 1 v. La femme d'un officier. 1 v. Lettres à une jeune fille. 1 v. Le Foyer. 1 v. Orpheline. 1 v. Le ménage d'Henriette. 1 v. Une parente pauvre. 1 v. La réhabilitation. 1 v. Trois proverbes. 1 v. La vie réelle. 1 v. Les trois sœurs. 1 v. Les Premiers et les Derniers. 1 v. Types féminins. 1 v. Léontine. 1 v. La famille Clairval. 1 v. Marc de Lhernagen. 1 v.
Bourget (Paul). Un crime d'amour. 1 v. Mensonges. 1 v. Un cœur de femme. 1 v. Le Disciple. 1 v. Cruelle énigme. 1 v. André Cornelis. 1 v. Pastels. 1 v. Nouveaux Pastels. 1 v.
Boussenard (Léon). Aventures périlleuses de trois Français au pays des diamants. 1 v. ill. Le trésor des rois Cafres (suite). 1 v. Les robinsons de la Guyane. 3 v. Le tour du monde d'un gamin de Paris. 4 v. Les drames de l'Afrique australe. 1 v. Les Secrets de monsieur Synthèse.
Boyer d'Agen. Le pays natal. 1 v.
Brada. Compromise. 1 v. L'Irrémédiable. 1 v. Leurs Excellences. 1 v. ill. par Stop. Madame d'Epone. 1 v.
Braddon (Miss). Aurora Floyd. 2 v. Le capitaine du Vautour. 1 v. La chanteuse des rues. 2 v. La femme du docteur. 2 v. Un fruit de la mer Morte. 2 v. Henry Dum-

bar. 2 v. Lady Lisle. 1 v. L'héritage de Charlotte. 2 v. L'intendant Ralph. 1 v. Les Oiseaux de proie. 2 v. Rupert Godwin. 1 v. Le secret de Lady Audley. 2 v. Le testament de John Marchmont. 2 v. La trace du Serpent. 2 v. Le triomphe d'Eleanor. 2 v. Lucius Davoren, D. M. 2 v. Joshua Haggard. 2 v. Barbara. 1 v. L'Amour et l'Argent. 1 v. Les Belfield. 1 v.

Bray (Marie de). Mémoires d'un bébé. 1 v.

Bré (Charles de). Le roman du Prince Impérial. 1 v.

Brehat (Alfred de). Les aventures d'un petit Parisien. 1 v. ill. Les aventures de Charlot. 1 v. Les amours d'une noble dame. 1 v. Le bal de l'Opéra. 1 v. L'auberge du Soleil d'or. 1 v. Le mari de Mademoiselle Cazot. 1 v. La femme étrange. 1 v. La Sorcière noire. 1 v.

Bremer (Mlle Fred.). Les filles du Président. 1 v. Le foyer domestique. 1 v. Herta. 1 v. Un journal. 1 v. Les voisins. 1 v. Le voyage de Saint-Jean. 1 v. Une famille dans le Nouveau Monde. 3 v.

Bresciani (A.). Edmond, Scènes de la vie populaire à Rome. 1 v. Le Juif de Vérone ou les sociétés secrètes en Italie. 2 v. Lionello. 1 v. La maison de glace. 1 v. La république romaine. 1 v.

Bret-Harte. Récits californiens, tr. Bentzon. 1 v. Le blocus des neiges. 1 v.

Briois (D^r). La Tour Saint-Jacques la Boucherie. 3 v.

Brot (A.) et **Saint-Veran.** La déesse Raison. 1 v.

Broughton (miss Rhoda). Adieu les amoureux. 1 v. Fraîche comme une rose. 1 v. Joanna. 1 v. Le roman de Gilliane. 1 v. Belinda. 1 v. Follement et passionnément. 1 v.

Brown (A). Une ville de verre. 1 v.

Brun (Mlle). Armanda. 1 v. Daniel Rigollot. 1 v.

Buet (Charles). La Mitre et l'Epée. 1 v. Philippe Monsieur. 1 v. Le capitaine Gueule d'acier. 1 v. Le crime de Maltaverne. 1 v. Le maréchal de Montmayor. 1 v. Hauteluce et Blanchelaine (suite et fin). 1 v. L'Honneur du Nom. 1 v.

Bulwer (H.) **Lord Lytton.** La Race future. 1 v. Alice ou les mystères. 4 v. Les derniers jours de Pompéï. 1 v. Falkland. 2 v. Ernest Maltravers. 4 v. Eugène Aram. 4 v. L'Etudiant, contes et nouvelles. 2 v. La famille Caxton. 2 v. Rienzi, le dernier des Tribuns. 4 v. Harold, le dernier des rois Saxons. 2 v. Paul Clifford. 2 v. Qu'en fera-t-il ? 2 v. Pelham. 4 v. Devereux. 2 v. Jour et Nuit. 2 v.

Burney (Miss). Evelina. 1 v.

Caballero (Fernan). Clementia. 1 v. Lagrimas. 1 v. Nouvelles andalouses. 1 v. Rien n'est parfait ici-bas. 1 v.

Cabet. Voyages en Icarie. 1 v.

Cadol (Eugène). Lucette. 1 v. La chère Madame. 1 v. Mademoiselle. 1 v. Mariage de princesse. 1 v. La belle Virginie. 1 v. La vie en l'air. 1 v. La princesse Aldée. 1 v. La grande Vie. 1 v. Un enfant d'Israël. 1 v. La fiancée anonyme. 1 v. Chemin de Mazas. 1 v.

Cahun (Léon). Hassan le janissaire. 1 v. La Bannière bleue. 1 v. ill. Aventures du Capitaine Magon. 1 v. ill. Les Pilotes d'Ango. 1 v. ill.

Calmon (Mme). Cœurs droits. 1 v.

Camors (René de). Le Châtiment héréditaire. 1 v.

Cantacuzène-Altieri. Fleur de neige. 1 v. Tante Agnès. 1 v. Le mensonge de Sabine. 2 v. Dernières illusions. 1 v.

Capus (Alfred). Faux départ. 1 v.

Caran-d'Ache. Albums. 2 v. ill.

Carey (E.). Les aventures de Robin Jouet. 1 v. ill.

Carlen (Mme). Deux jeunes femmes ou un an de mariage. 1 v. Une femme capricieuse. 2 v.

Carleton (W.). Roman irlandais. 1 v. Le mauvais œil. 1 v.

Carmen Sylva. Qui frappe ? 1 v. Astra. 1 v. Le roman d'une princesse. 1 v. Nouvelles. 1 v.

Carné (J. de). Marguerite de Keradec. 1 v.

Caro (Mme E.). Amour de jeune fille. 1 v. Fruits amers. 1 v.

Carpentier (Mme Emile). La tour des Preux. 1 v. ill. (Bibl. rose). La maison fermée. 1 v. Pierre le Tors. 1 v. (Bibl. rose). La maison du bon Dieu. 1 v. ill. Sauvons-le. 1 v. (Bibl. rose).

Castellana (comtesse de). Acquaviva. Le secret de Maroussia. 1 v.

Cauvain (Henry). La main sanglante. 1 v.

Caze (Jules). La fille à Blanchard. 1 v.

Caze (Robert). Grand cœur. 1 v. Dans l'intimité. 1 v.

Cazin (Mlle Jeanne). Perlette. 1 v. Les Saltimbanques. 1 v. (Bibl. rose). Les aventures d'André le Savoyard. 1 v. ill. (Bibl. rose). Histoire d'un pauvre petit. 1 v. (Bibl. rose). Un bon petit diable. 1 v. (Bibl. rose). L'enfant des Alpes. 1 v. (Bibl. rose). Le petit chevrier. 1 v. ill. (Bibl. rose). La Roche maudite. 1 v. ill.

Cazotte, Œuvres badines et morales. 4 v.

Cecyl (Aimé). Histoire du royaume de Bois-Belle. 1 v.

Cellières (Paul). Une exilée. 1 v.

Cervantes. Don Quichotte, tr. Viardot. 2 v. ill. par Gustave Doré. Don Quichotte de la Manche. 1 v. ill. (Bibl. rose). Nouvelles. 2 v.

Chabannes (de). La femme du sous-préfet. 1 v.

Chabot (Adrien). Les fiancés de Radegonde. 1 v. L'Institutrice. 1 v.

Chamisso (E. de). L'homme qui a perdu son ombre. 1 v.

Champfleury. Les aventures de mademoiselle Mariette. 1 v. L'avocat trouble-ménage. 1 v. La belle Paule. 1 v. M. de Bois-d'Hyver. 1 v. Les bourgeois de Molinchart. 1 v. Les Oiseaux chanteurs. 1 v. La petite Rose. 1 v. Le secret de M. Ladureau. 1 v. Souvenirs et portraits de jeunesse. 1 v. La succession Le Camus. 1 v. Le petit Roi. 1 v.

Champlaix (Marc de). Le fond d'un cœur. 1 v.

Chandeneux (Claire de). Les visions d'or. 1 v. L'honneur des Champavert. 1 v. Souvenirs de Bérénice. 1 v. Un cœur de Soldat. 1 v. Secondes noces. 1 v. La dot réglementaire. 1 v. Blanche Neige. 1 v. La croix de Mouguerre. 1 v. Les deux femmes du major. 1 v. La femme du capitaine Aubepin. 1 v. Les filles du Colonel. 1 v. Les giboulées de la vie. 1 v. Le lieutenant de Rancy. 1 v. Le mariage du trésorier. 1 v. Les Ronces du chemin. 1 v. Sans Cœur. 1 v. Les terreurs de lady Suzanne. 1 v. Les rêves d'or. 1 v. Une fille laide. 1 v. Vaisseaux brûlés. 1 v. Val-Régis la Grande. 1 v. Une Folle ! 1 v. L'automne d'une femme. 1 v.

Chantal. L'Argent et l'Amour. 1 v.

Chantrel (J.). Brutus le maudit. 1 v.

Chaperon (Philippe). Bon repos. 1 v.

Charrière (Mme). Calixte. 1 v.

Chasles (Emile). Contes de tous pays. 1 v.

Chatillon et **L. Enault.** Franz-Muller. 1 v.

Chauvelot (B.). Scènes de la vie de campagne. 1 v.

Chavette (Eugène). Les compagnons du rémouleur. 2 v. Aimé de son concierge. 1 v. Les petites Comédies du vice. 1 v. Un notaire en fuite. 2 v.

Chazel (Prosper). Le Chalet des sapins. 1 v. La haie blanche. 1 v. Histoire d'un forestier. 1 v.

Chennevières (Henri de). Un mari à l'essai. 1 v.

Cherbuliez (Victor). La vocation du comte Ghislaine. 1 v. Une Gageure. 1 v. L'idée de Jean Teterol. 1 v. La revanche de Joseph Noirel. 1 v. Le roman d'une honnête femme. 1 v. Miss Rovel. 1 v. Samuel Brohl et compagnie. 1 v. L'aventure de Ladislas Bolski. 1 v. Le cheval de Phidias. 1 v. Le comte Kostia. 1 v. Meta Holdenis. 1 v. Le fiancé de Mlle Saint-Maure. 1 v. Le Grand-œuvre. 1 v. Paule Méré. 1 v. Le prince Vitale. 1 v. Prosper Randoce. 1 v. Amours fugitives. 1 v. La ferme du Chocquart. 1 v. Noirs et Rouges. 1 v. Olivier Maugant. 1 v. La Bête.

Cheron de la Bruyère (Mme). La tante Derbier. 1 v. ill.

Cherville (marquis de). Histoire d'un trop bon chien. 1 v. L'histoire naturelle en action. 1 v. ill.

Chevigné (comte L. de). Contes rémois. 1 v. ill.

Cladel (Léon). L'homme de la Croix aux bœufs. 1 v. Mes paysans : le Bouscassié, la fête votive. 2 v. Les martyrs ridicules. 1 v.

Claretie (Jules). Un Assassin. 1 v. Les belles folies. 1 v. Mademoiselle Cachemire. 1 v. Madeleine Bertin. 1 v. La Maison vide. 1 v. Les Muscadins. 2 v. Noël Lerambert. 1 v. Le Renégat. 1 v. Le roman des soldats. 1 v. Le train n° 17. 1 v. Le troisième dessous. 1 v. Le prince Zilah. 1 v. La fugitive. 1 v. La maîtresse. 1 v. Le million. 1 v. Monsieur le ministre. 1 v. Les amours d'un interne. 1 v. Une femme de proie. 1 v. Michel Bertier. 1 v. Noris. 1 v. Candidat. 1 v. Jean Mornas. 1 v. La cigarette. 1 v. L'Américaine. 1 v.

Claude (F.). Le roman de l'Amour. 1 v.

Claude (M.) Mémoires. 10 v.

Claudin (Gustave). Le store baissé. 1 v. Fosca. 1 v. Lady don Juan. 1 v. Les vingt-huit jours d'Anaïs. 1 v. La veuve du Bois-Dormant. 1 v. Le mariage de la Diva. 1 v. Les caprices de Diomède. 1 v. Trois roses dans la rue Vivienne. 1 v.

Clément (Just). Les Compagnons de la Croix d'argent. 1 v.

Cœur (Pierre). La fille du Rabbin. 1 v. Appartement à louer. 1 v. Le petit Roseray. 1 v.

Cœur (Pierre) et René de **Camors**. Le complice. 1 v.

Collet (Mme Louise). Les derniers abbés en Italie. 1 v. Les derniers marquis. 1 v. Historiettes morales. 1 v.

Collin de Plancy. Légendes. 6 v.

Collins (Wilkie). La Femme en blanc. 2 v. Mademoiselle ou madame. 1 v. Mari et femme. 2 v. La morte vivante. 1 v. Pauvre Lucile. 2 v. La piste du Crime. 2 v. Sans nom. 1 v. Le secret. 1 v.

Colomb (Mme J.). Souffre douleurs. 1 v. ill. (Bibl. rose). Chimères. 1 v. Damiette. 1 v. ill. Sabine. 1 v. Jean l'innocent. 1 v. (bibl. rose). Denis le Tyran. 2 v. Hervé Plemeur. 1 v. ill. L'ours de neige. 1 v. L'héritière de Vauclain. 1 v. ill. Pièter Vandaël. 1 v. La fille de Cariclès. 1 v.

Colombier (Marie). Courte et bonne. 1 v.

Comme une fleur, Autobiographie. 1 v.

Comtese Mourenine (la). 1 v.

Conscience (Henri). Aurélien. 2 v. Batavia. 1 v. Le Bourgmestre de Liège. 1 v. Le guet-apens (suite). 1 v. Le démon du Jeu. 1 v. Le fléau du village. 1 v. La guerre des paysans. 1 v. Les heures du soir. 1 v. Le jeune docteur. 1 v. Le lion des Flandres. 2 v. Le mal du Siècle. 1 v. La mère Job. 1 v. L'orpheline. 1 v. Le tribun de Gand. 2 v. Scènes de la vie flamande. 2 v. Le gentilhomme pauvre. 1 v. Un million comptant. 1 v.

Contes allemands, tr. par Franck. 1 v.
Contes célèbres de la littérature anglaise. 1 v. ill.
Contes des fées par Perrault, Mme d'Aulnoy et Mme Leprince de Beaumont. 1 v.
Contes du Palais (les). 1 v.
Contes fantastiques. 1 v.
Contes inédits des Mille et une Nuits. 3 v.
Contes populaires russes recueillis par Bolston. 1 v.
Conteurs russes (les). 2 v.
Conway (Hugh). Nouvelles. 1 v. Vivant ou mort. 1 v.
Cooper (Fenimore). Romans. 30 v.
Coppée (François). Toute une jeunesse. 1 v. Contes et récits. 1 v. Contes rapides. 1 v. Henriette. 1 v. Contes en prose. 1 v. ill. Vingt contes nouveaux. 1 v.
Cordier (Auguste). La bague noire. 1 v.
Corne (Hyacinthe). Adrien, lettres d'une mère à son fils. 1 v.
Cortambert (Richard). Un drame au fond de la mer. 1 v.
Coster (Charles de). Contes brabançons. 1 v. Légendes flamandes. 1 v.
Coupey (A.). Le serf de la princesse Latone. 1 v.
Courtet (J.). La Valmasque. 1 v.
Craddoch (Egbert). Le prophète des Montagnes fumeuses. 1 v.
Craik (Mrs). Le fils aîné. 1 v. Le roi Arthur. 1 v.
Craven (Mme). Anne Séverin. 1 v. Adélaïde de Capuce Minutolo. 1 v. Fleurange. 2 v. Le mot de l'Enigme. 2 v. Eliane. 2 v. Le Valbriant. 1 v.
Crawford (F. Marion). Avec les Immortels. 1 v. Paul Patoff. 1 v. Le crucifix de Marzio. 1 v.
Cretin (E. M.). Le livre de M. Trotty. 1 v. ill.
Crou (Clara). Journal de deux amies : Agathe. 1 v. Madeleine. Trad. de l'allemand. 1 v. Les deux sœurs. 1 v. id.
Cummins (Miss). L'allumeur de reverbères. 1 v. La Rose de Liban. 1 v.
Currer-Bell. Jane Eyre. 1 v. Le même. 2 v. Le Professeur. 1 v. Schirley. Agnès Grey. 2 v.
Custine (de). Romuald ou la vocation. 1 v.
Cyrano de Bergerac. Histoire comique des Etats et Empire de la lune. 1 v.
Dame au rubis (la). 1 v.
Dampt (G.). Mlle Valerie. 1 v.
Darling (Grace). Le roman d'Elisabeth. 1 v.
Daryl (Philippe). Wasili Samarin. 1 v.
Dash (la comtesse). L'Arbre de la Vierge. 1 v. Les aventures d'une jeune mariée. 1 v. La Ceinture de Vénus. 1 v. La Chambre rouge. 1 v. Comment tombent les femmes. 1 v. La fée aux perles. 1 v. La femme de l'aveugle. 1 v. Le fils du faussaire. 1 v. Le fils naturel. 1 v. Les malheurs d'une Reine. 1 v. La nuit de noces. 1 v. Quand l'esprit vient aux filles. 1 v. Un secret de famille. 1 v.
Daudet (Alphonse). Lettres à un absent. 1 v. Lettres de mon moulin. 1 v. Le petit Chose. 1 v. Le même arrangé pour la jeunesse. 1 v. ill. Aventures de Tartarin de Tarascon. 1 v. Tartarin sur les Alpes. 1 v. ill. Port-Tarascon. 1 v. ill. Contes du lundi. 1 v. Fromont jeune et Rissler aîné. 1 v. Robert Helmont. 1 v. Le Nabab. 1 v. Jack. 2 v. Numa Roumestan. 1 v. Les Rois en exil. 1 v. L'Immortel. 1 v. Sapho. 1 v. L'Evangéliste. 1 v. La belle Nivernaise. 1 v. ill. Rose et Ninette. 1 v.
Daudet (Ernest). Dolorès. 1 v. L'aventure de Jeanne. 1 v. La maison de Graville.

1 v. Le mari. 1 v. La caissière. 1 v. La Carmélite. 1 v. Pervertis. 1 v. Robert Darnetal. 1 v. Zahra Marsy. 1 v. Defroqué. 1 v. La cour des Maures. 1 v. Le lendemain du péché. 1 v. Mademoiselle Vestris. 1 v. Clarisse. 1 v. Le roman de Delphine. 1 v. Les aventures de Raymond Rocheray. 1 v. Un mariage tragique. 1 v. La marquise de Sardes. 1 v. Henriette. 1 v. Daniel de Kerfons. 2 v. La baronne Amalti-Wilma. 1 v. Le prince Pogontzine. 1 v. Le roman d'une jeune fille. 1 v. Madame Robernier. 1 v. Le crime de Jean Malory. 1 v. Les Reins cassés. 1 v. Gisèle Rubens. 1 v. Aventures de femmes. 1 v.

Dautin (Jules). La Bossue. 1 v.
Davidot (Isabella). Drame en Pologne. 1 v.
Debans (Camille). Les malheurs de John Bull. 1 v.
Décameron (le) **russe**. 1 v.
Delecluze (E.-J.). Dona Olympia. 1 v.
Delestre-Poirson. Un ladre, récit d'un vieux professeur. 1 v.
Delpit (Albert). Disparu. 1 v. Thérésine. 1 v. Passionnément. 1 v. Comme dans la Vie. 1 v. Toutes les deux. 1 v. Le père de Martial. 1 v. La Marquise. 1 v. Les représailles de la Vie. 1 v. Amours cruelles. 1 v. Le mariage d'Odette. 1 v. Mademoiselle de Bressier. 1 v. Solange de Croix Saint-Luc. 1 v. Jean-nu-pieds. 2 v. Le mystère du Bas Meudon. 1 v. La famille Cavaillé. 2 v. Le fils de Coralie. 1 v.
Delpit (Edouard). Yvonne. 1 v. Plein cœur. 1 v. Chaîne brisée. 1 v. La revanche de l'enfant. 1 v. La vengeance de Pierre. 1 v. Catherine Levallois. 1 v. Les souffrances d'une mère. 1 v.
Deltuf (Paul). La femme incomprise. 1 v. Jacqueline Voisin. 1 v. L'ordonnance de non lieu. 1 v.
Demoulin (Mme Gustave). Une épave parisienne. 1 v.
Denis (Ferdinand). Le monde enchanté. 1 v.
Depping (Guillaume). Veland le forgeron. 1 v.
Depret (Louis). Le mot de l'Enigme. 1 v.
Deroulède (Paul). Histoire d'amour. 1 v.
Desbordes-Valmore (Mmes). Contes et scènes de la vie de famille. 1 v.
Deslys (Charles). La fille de Jacques. 1 v. Le blessé de Gravelotte. 1 v. Mimie. 1 v. Grand-maman. 1 v. (Bibl. rose). La belle de Mai. 1 v. La dot d'Irène. 1 v. La loi de Dieu. 1 v. Maître Guillaume. 1 v. Sœur Louise. 1 v. Le serment de Madeleine. 1 v.
Desnoyers (Louis). Les aventures de Robert-Robert. 1 v. Les aventures de Jean-Paul Choppart. 1 v.
Desves (A.). Une nuit en chemin de fer. 1 v.
Deulin (Ch.). Chardonnette. 1 v. Contes d'un buveur de bière. 1 v. Contes du roi Cambrinus. 1 v.
Dezobry (Ch.). Rome au siècle d'Auguste. 4 v.
Dickens (Charles). L'ami commun. 2 v. Les aventures de M. Pickwick. 2 v. Barnabé Rudge. 2 v. Chefs-d'œuvre. 1 v. Le club des Pickwistes. 2 v. Contes d'un inconnu. 1 v. Dombey et fils. 2 v. Les grandes Espérances. 2 v. Le magasin d'antiquités. 2 v. Maison à louer. 1 v. Martin Chuzzlewit 2 v. Le mystère d'Edwin Drood. 1 v. Le neveu de ma tante. 3 v. Nicolas Nickleby. 2 v. Olivier Twist. 1 v. Paris et Londres en 1793. 1 v. La petite Dorrit. 2 v. Les Temps difficiles. 1 v. L'embranchement de Mugby. 1 v. ill.
Dickens et **Wilkie-Collins**. L'Abîme. 1 v. Le crime de Jasper. 1 v.
Didier (Charles). Les amours de Didier. 1 v. Chavornay. 2 v. Le chevalier Robert. 2 v. Rome souterraine. 2 v. Madame Georges. 1 v. Thecle. 1 v. Caroline en Sicile. 1 v.

Didier (Edouard). La Rose d'Antibes. 1 v. La bague d'Opale. 1 v.
Didier (Urbain). La ligne droite. 1 v.
Dieulafoy (Mme Jane). Parysatis. 1 v. Volontaire — 1792-1793. 1 v.
Diguet (Charles). La Vierge aux cheveux d'or. 1 v.
Dilloye (Fr.). La filleule de Saint-Louis. 1 v.
Disraéli (B.). Les deux nations. 2 v. Lothaire. 2 v. La jeune Angleterre. 2 v. V. à Beaconsfield (lord).
Dombre (Roger). Doctoresse. 1 v.
Domenech (l'abbé). La confession d'un curé de campagne. 1 v. Légendes irlandaises. 1 v.
Dostoievsky (T.). Les frères Karamazine. 2 v. L'idiot. 1 v. Crime et Châtiment. 2 v.
Doucet (Joseph). Le diocèse de Chamboran. 1 v.
Douglas (J.). Sous les rideaux. 1 v.
Droz (Gustave). Tristesses et sourires. 1 v. Autour d'une source. 1 v. Babolain. 1 v. Monsieur, madame et bébé. 1 v. Le même ill. 1 v. Entre nous. 1 v. Le cahier bleu de mademoiselle Cibot. 1 v. Les Etangs. 1 v. Une femme gênante. 1 v. Un paquet de lettres. 1 v. Idées et sensations. 1 v.
Du Barry (Armand). Le roman du Baleinier. 1 v. La belle-sœur d'un pape. 1 v. Trois histoires. 1 v. Histoire d'une famille d'émigrants. 1 v.
Dubois (Charles). Madame Agnès. 1 v.
Du Boisgobey (Fortuné). Le chevalier Casse-Cou. 2 v. Les deux merles de M. de Saint Mars. 2 v. L'As de cœur. 2 v. Les Collets noirs. 2 v. Le coup de pouce. 1 v. Le demi-monde sous la Terreur. 2 v. Les gredins. 2 v. Les mystères du nouveau Paris. 3 v. La peau d'un autre. 2 v. La tresse blonde. 1 v. La vieillesse de M. Lecoq. 1 v. Le pavé de Paris. 1 v. L'affaire Matapan. 2 v. L'équipage du diable. 2 v. Où est Zénobie. 2 v. L'auberge de la noble Rose. 1 v. Le crime de l'Opéra. 2 v. La main coupée. 2 v. Les cachettes de Marie-Rose. 2 v. L'héritage, de Jean Tourniol. 1 v. L'épingle rose. 3 v. Le tambour de Montmirail. 2 v. Bouche cousue. 2 v. Le collier d'acier. 1 v. Le cochon d'or. 2 v. Le pignon maudit. 2 v. Les suites d'un duel. 1 v. Le Bac. 1 v. Margot la Balafrée. 2 v. Le billet rouge. 1 v. Le secret de Berthe. 2 v. Le crime de l'omnibus. 1 v. La belle geolière. 1 v. Le mari de la Diva. 1 v. Le pouce crochu. 1 v. La Bande rouge. 2 v. Rubis sur l'ongle. 1 v. La violette bleue. 1 v. Le cri du sang. 2 v. Porte close. 1 v. Jean coupe en deux. 1 v. Cornaline la dompteuse. 1 v. Cœur volant. 2 v. Grippe soleil. 1 v. L'œil de chat. 2 v. Le Chalet des pervenches. 1 v. Mariage d'inclination. 1 v. Acquittée. 1 v. La main froide. 1 v. Décapitée. 1 v. Le Plongeur. 1 v. Le fils du Plongeur. 1 v Double blanc. 1 v. La loge sanglante. 1 v. Marie. 1 v. Le Chêne capitaine. 1 v. Marie Bas de laine. 1 v. Fontenay Coup d'épée. 1 v.
Dubosc de Pesquidoux. Flavien, étude. 1 v.
Dubut de Laforest. Le Cornac. 1 v. Une femme d'affaires. 1 v.
Du Camp (Maxime). Mémoires d'un suicidé. 1 v.
Du Campfranc (M.). Yves Trevirec. 1 v. La comtesse Madeleine. 1 v. Exil. 1 v. Le balcon de la Chenaie. 1 v.
Du Casse (baron). Le quatrième mousquetaire. 1 v.
Du Château. Dix-huit cents francs de rente. 1 v.
Du Clesieux. Armelle. 1 v.
Ducros. Le sac à malice. 1 v.
Dumas père (Alexandre). Acté. 1 v. Amaury. 2 v. Ascanio. 2 v. Le bâtard de Mauléon. 3 v. Black. 1 v. Un cadet de famille. 3 v. Le capitaine Pamphile. 1 v.

ill. Le capitaine Richard. 1 v. Catherine Blum. 1 v. Cécile. 1 v. Le chevalier d'Harmental. 2 v. Le chevalier de Maison-Rouge. 2 v. La Colombe. Maître Adam. 1 v. Les Compagnons de Jéhu. 2 v. Le comte de Monte-Christo. 6 v. La comtesse de Salisbury. 2 v. La dame de Montsoreau. 3 v. Les Quarante-cinq (suite). 3 v. Le dernier roi des Français. 8 v. Les deux Dianes. 10 v. La marquise d'Escoman. 2 v. La femme au Collier de velours. 1 v. Fernande. 1 v. Une fille du Régent. 2 v. Les frères Corses. 1 v. Gabriel Lambert. 1 v. Georges. 1 v. La Guerre des femmes. 2 v. Isabelle de Bavière. 2 v. Jacques Ortis. 1 v. La bouillie de la comtesse Berthe. 1 v. ill. Histoire d'un casse-noisette. 1 v. ill. Jeanne la Pucelle. 1 v. Joseph Balsamo. 5 v. Le collier de la Reine (suite). 11 v. Ange Pitou (suite). 8 v. La comtesse de Charny (suite et fin). 6 v. Les mariages du père Olifus. 1 v. Les Mohicans de Paris. 4 v. Salvator (suite et fin). 5 v. Le prince des voleurs. 2 v. Robin-Hood le proscrit (suite). 2 v. Olympe de Clèves. 3 v. Le page du duc de Savoie. 2 v. Le pasteur d'Ashbourn. 2 v. Le père la Ruine. 1 v. La reine Margot. 2 v. La San-Félice. 9 v. Souvenirs d'Antony. 1 v. Les trois Mousquetaires. 2 v. Vingt ans après (suite). 3 v. Le vicomte de Bragelonne (suite et fin). 6 v. La tulipe noire. 1 v.

Dumas fils (Alexandre). L'affaire Clémenceau. 1 v. Antonine. 1 v. Contes et nouvelles. 1 v. La boîte d'argent. 1 v. La Dame aux Camélias. 1 v. Diane de Lys. 1 v. Le docteur Servans. 1 v. Le roman d'une femme. 1 v. Tristan le Roux. 1 v. La vie à vingt ans. 1 v.

Dumas (Marie-Alexandre). Au lit de mort. 1 v. Madame Benoît. 1 v. Le mari de madame Benoît. 1 v.

Duplessis (Paul). Les batteurs d'Estrade. 1 v.

Du Poteau (Mme). Petits récits. 1 v.

Dupuis (E.). Le petit Lord. 1 v.

Duranty. Les six barons de Septfontaines. 1 v. Le mariage d'Henriette Gérard. 1 v.

Duras (Mme de). Ourika. Edouard. 1 v.

Duruy (Georges). Andrée. 1 v. L'Unisson. 1 v. Fin de rêve. 1 v. Victoire d'âme. 1 v. Le Garde du corps. 1 v.

Du Vallon (Georges). Le mari de Simon. 1 v. Mariée à quinze ans. 1 v. La comtesse Xénie. 1 v.

Dys (Paul). Grand terroir. 1 v.

Ebers (Georges). La fille du Pharaon (tr. de l'allemand). 3 v. Ouarda (id.). 2 v.

Edgeworth (Miss). Contes familiers. 1 v. Demain. 1 v.

Edwards (Miss Amélia). Mystérieuse disparition de lord Brackenbury. 1 v.

Eliot (George). Le moulin sur la Floss. 2 v. Daniel Deronda. 2 v. Adam Bede. 1 v. Romola. 1 v.

El Modhi. Contes arabes. 3 v.

Enault (Etienne). Daniel. 1 v. Diane Kerdoval. 1 v.

Enault (Louis) Alba. 1 v. Le Baptême du sang. 1 v. Christine. 1 v. La Circassienne. 2 v. La destinée. 1 v. L'enfant trouvé. 2 v. Herminie. 1 v. Nadège. 1 v. Olga. 1 v. Les perles noires. 1 v. En Province. 1 v. Le roman d'une Altesse. 1 v. La rose blanche. 1 v. Stella. 1 v. La vie à deux. 1 v. La vierge du Liban. 1 v. La veuve. 1 v. Le chien du capitaine. 1 v. ill. Le châtiment. 1 v. Tragiques amours. 1 v. Le château des Auges. 1 v.

Ennery (A. d'). Martyre. 1 v.

Ercial (P.). Tominette. 1 v. ill.

Erckmann. Les veillées alsaciennes. 1 v.

Erckmann-Chatrian. L'ami Fritz. 1 v. Le Blocus. 1 v. Le brigadier Frédéric. 1 v. Les confidences d'un joueur de clarinette. 1 v. Le conscrit de 1813. 1 v. Waterloo (suite). 1 v. Contes des bords du Rhin. 1 v. Contes de la montagne. 1 v. Contes vosgiens. 1 v. Les deux frères. 1 v. La Guerre. 1 v. Histoire d'un homme du Peuple. 1 v. Histoire d'un paysan. 4 v. Histoire du Plébiscite. 1 v. Histoire d'un sous-maître. 1 v. L'illustre docteur Mattheus. 1 v. L'invasion. 1 v. Le fou Yegof. 1 v. Madame Thérèse. 1 v. La maison forestière. 1 v. Maître Daniel Rock. 1 v. Maître Gaspard Fix. 1 v. Souvenirs d'un ancien chef de chantier. 1 v. Le Banni. 1 v. Le grand-père Lebigre. 1 v. Les vieux de la Vieille. 1 v. Alsace. 1 v.

Erwin (Emma D'). La fiancée de Gilbert. 1 v. Heur et malheur. 1 v. Un été à la campagne. 1 v. Expiation. 1 v.

Escoffier. Les femmes fatales. 1 v. Madame Ripart. 1 v.

Esquiros (Alphonse). Histoire des montagnards. 1 v.

Estaunié (Edouard). Bonne dame. 1 v. Un simple. 1 v.

Etampes (Mlle Gabriel d'). La ville aux roses. 1 v. La main de velours. 1 v. Portraits de jeunes filles. 1 v. Emilienne. 1 v. Le secret de l'innocent. 1 v.

Etincelle. L'impossible. 1 v. L'Archiduchesse. 1 v. Expiation. 1 v. Josette. 1 v.

Expilly (Charles). La vierge de Pola. 1 v.

Eyma (Xavier). Le roi des tropiques. 1 v.

Eynaud (Albert). Scènes de la vie orientale. 1 v.

Fabre (Ferdinand). Mon oncle Célestin. 1 v. Lucifer. 1 v. Le marquis de Pierrerue. 2 v. Xavière. 1 v. L'abbé Tigrane. 1 v. Les Courbezon. 1 v. Le chevrier. 1 v. Barnabé. 1 v. La petite mère. 1 v. La paroisse du Jugement dernier. 1 v. Le calvaire de la baronne Fuster (suite). 1 v. Le combat de la fabrique Bergonnier (suite). 1 v. L'hospice des enfants assistés (fin). 1 v. Le roman d'un peintre. 1 v. Mademoiselle de Malavieille. 1 v. Monsieur Jean. 1 v. Toussaint Galabru. 1 v. Un illuminé. 1 v. L'abbé Roitelet. 1 v. Norine. 1 v.

Fabre (H.). Aurore, cent récits sur des sujets variés. 1 v.

Farine (Ch.). Jocrisse. 1 v.

Farjean (D.-L.). Le neuf de cœur. 1 v. Le mystère de Porter square. 1 v.

Fath (Georges). Les cataractes de l'Obi. 1 v. ill. Prisonniers dans les glaces. 1 v. ill. Bernard. 1 v.

F. B. Flamen. 1 v. Nouvelles amours d'Hermann et Dorothée. 1 v. Le péché de Madeleine. 1 v.

Feré. Légendes de Normandie. 1 v.

Ferry (Alfred). Un roman en 1915. 1 v.

Ferry (Gabriel). Costal l'indien. 1 v. Le Coureur des bois. 1 v. Aventures du capitaine Ruperto Castaneos au Mexique. 1 v. Les exploits de César. 1 v.

Fertiault (F.). La chambre aux histoires. 1 v.

Feuillet (Octave). Les amours de Phillippe. 1 v. Bellah. 1 v. M. de Camors. 1 v. Le Journal d'une femme. 1 v. Julia de Trecœur. 1 v. Un mariage dans le grand monde. 1 v. Le roman d'un jeune homme pauvre. 1 v. Sibylle. 1 v. Histoire d'une Parisienne. 1 v. La petite comtesse. 1 v. La veuve. 1 v. La morte. 1 v. Honneur d'artiste. 1 v.

Féval (Paul). Le régiment des Géants. 1 v. La Cavalière. 1 v. Les amours de Paris. 6 v. L'avaleur de sabres. 1 v. Mademoiselle Saphir (suite). 1 v. La bouche de fer. 1 v. Château pauvre. 1 v. Le château de velours. 1 v. Le roi des Gueux. 2 v. La maison de Pilate (suite). 2 v. Le chevalier de Keramor. 1 v. Cœur d'acier. 2 v. Les compagnons du Trésor. 2 v. La Cosaque. 1 v. Le drame de la jeunesse. 1 v. Le dernier vivant. 2 v. Le dernier chevalier. 1 v. Les fanfarons du Roi. 1 v. Le fils du Diable. 4 v. Les gens de la noce. 1 v. Madame Gil-Blas 2 v. Les habits noirs. 2 v. La fée des Grèves. 1 v. L'homme de fer. 1 v. Jean Diable. 2 v. Le Loup blanc. 1 v. Le mari embaumé. 2 v. Les mystères de Londres. 1 t v. Le paradis des femmes. 2 v. Les parvenus. 1 v. Le poisson d'or. 1 v. La quittance de minuit. 2 v. Roger-Bontemps. 1 v. La tache rouge. 2 v. Les Tribunaux secrets. 4 v. Les romans enfantins. 1 v. Les étapes d'une conversion. 1 v. Pierre Blot, second récit de Jean (suite). 1 v.

Feydau (Ernest). Catherine d'Overmeire. 2 v. La comtesse de Chalis. 1 v. Daniel. 2 v. Un début à l'Opéra. 1 v. Fanny. 1 v. Mémoires d'un coulissier. 1 v. Les quatre saisons. 1 v. Le Roman d'une jeune mariée. 1 v. Le secret du Bonheur. 2 v. Sylvie. 1 v.

Fiedling. Tom Jones. 2 v.

Fievée (A.). Les légendes militaires. 1 v.

Fiévée (J.). La dot de Suzette. 1 v.

Fiey (Pierre). Les Hautvillers. 1 v.

Figuier (Mme L.). Mos de Lavène, Scènes et souvenirs du Bas-Languedoc. 1 v.

Filon. Amours anglais. 1 v. L'élève de Garrick. 1 v.

Flagy. Le crime de la rue Marignan. 1 v.

Flammarion (Camille). Uranie. 1 v. ill.

Flaubert (Gustave). Madame Bovary. 1 v. L'Education sentimentale. 2 v. Salammbô. 1 v. La tentation de Saint-Antoine. 2 v. Trois contes. 1 v.

Fleming (M. A.). Les chaînes d'or. 1 v. Le mystère de Catheron. 2 v. Un ménage extravagant. 2 v. Un roman sur le Nil. 1 v.

Fleuriot (Mlle Zénaïde). Bigarette. 1 v. (Bibl. rose). Bouche en cœur. 1 v. Cadok. 1 v. L'héritière de Kerguignon. 1 v. Mandarine. 1 v. ill. Tombée du nid (suite). 1 v. Cadette. 1 v. La petite duchesse. 1 v. ill. Tranquille et tourbillon. 1 v. (Bibl. rose). Rustaude. 1 v. La Clé d'or. 1 v. La glorieuse. 1 v. Bengali. 1 v. Gildas l'intraitable. 1 v. ill. (Bibl. rose). Les premières pages. 1 v. ill. Un enfant gâté. 1 v. (Bibl. rose). L'exilée du val Argand. 1 v. De trop. 1 v. De fil en aiguille. 1 v. Parisiens et montagnards. 1 v. (Bibl. rose). Au Galadoc. 1 v. Désertion. 1 v. Le clan des têtes chaudes. 1 v. Sous le joug. 1 v. Aigle et colombe. 1 v. Alix. 1 v. Une année de la vie d'une femme. 1 v. Armille Trehec. 1 v. Notre capitale Rome. 1 v. Une chaîne invisible. 1 v. Eve. 1 v. Une famille bretonne. 1 v. Au hasard. 1 v. Mes héritages. 1 v. Une histoire moderne. 1 v. Histoire pour tous. 1 v. Marquise et pécheurs. 1 v. Les mauvais jours. 1 v. Miss Idéal. 1 v. Monsieur Nostradamus. 1 v. Notre passé. 1 v. L'oncle Trésor. 1 v. Une Parisienne sous la Foudre. 1 v. Le pauvre vieux. 1 v. Marga (suite). 1 v. Petite belle. 1 v. Le petit chef de famille. 1 v. Raoul Daubry, chef de famille. 1 v. ill. Plus tard ou le jeune chef de famille. 1 v. La Prevalonnais. 1 v. Réséda. 1 v. Sans beauté. 1 v. Sans nom. 1 v. La vie en famille. 1 v. Yvonne de Coat-Morvan. 1 v.

Floenan. Mon oncle et ma femme. 1 v.

Florian (Mary). Romanesque. 1 v.

Floy. La tache de Seurette. 1 v. Rolande Marney. 1 v.

Foa (Mme Eugénie). Six histoires de jeunes filles. 1 v.

Foé (Daniel de). Robinson Crusoë. 1 v. ill.

Forest (A. de). L'héritière de Santa-Fé. 2 v.

Forgues (E.-D.). Elsie Venner. La sorcière à l'ambre. 1 v. Gens de Bohême et têtes fêlées. 1 v. Sendra Belloni. L'anneau d'Amasis. La famille du docteur. 1 v. Une parque. Ma vie de garçon. 1 v.

Fortunio. La dame de Spa. 1 v.

Fos (de). Les cercles de feu. 1 v. Gaëte. 1 v.
Foucher (Paul). Entre cour et jardin. 1 v.
Foudras (marquis de). L'abbé Tayaut. 1 v. Les gentilshommes chasseurs. 1 v.
Fournel (Victor). L'ancêtre. 1 v. La confession d'un père. 1 v. Maman capitaine. 1 v.
Franay (Gabriel). Le vieux château des Airelles. 1 v.
France (Anatole). Les va-nu-pieds de Londres. 1 v. Le crime de Sylvestre Bonnard. 1 v. Balthazard. 1 v. Thaïs. 1 v.
France (Hector). Les va-nu-pieds de Londres. 1 v.
France (Isabelle). Fleurs des glaces. 1 v. La petite promise. 1 v.
Franco (Joseph). Trois nouvelles, trad. de l'italien. 1 v.
Franz (Robert). Souvenirs d'une Cosaque. 1 v.
Freitag (Gustave). Doit et Avoir. 1 v.
Frescaly (Marcel). La comtesse Margouillats. 1 v. Mariage d'Afrique. 1 v.
Fresneau (Mme A.). Les protégés d'Isabelle. 1 v. ill. (Bibl. rose). Comme les grands. 1 v.
Fromentin (Eugène). Dominique. 1 v.
Fullerton (Miss G.). La nièce de Madame Gérald. 2 v. Lady Bird. 1 v. La comtesse de Bonneval. 1 v. Dona Louisa de Carvajal. 1 v. Ellen Middleton. 2 v. Ginevra ou le manoir de Grantley. 1 v. L'Oiseau du Bon Dieu. 1 v. Plus vrai que vraisemblable. 2 v. Rose Leblanc. 1 v. Une vie orageuse. 2 v.
Fullon. La comtesse de Mirandole. 1 v.
Furetière. Le Roman bourgeois. 1 v.
Gaboriau (Emile). Les amours d'une empoisonneuse. 1 v. L'affaire Lerouge. 1 v. Le capitaine Coutanceau. 1 v. La corde au cou. 1 v. Le crime d'Orcival. 1 v. La Clique dorée. 1 v. La dégringolade. 2 v. Le Dossier 113. 1 v. Les hétaïres de Paris. 2 v. Les gens de bureau. 1 v. M. Lecoq. 2 v. Les mariages d'aventure. 1 v. Le petit vieux des Batignolles. 1 v. La Vie infernale. 2 v. Le treizième Hussard. 1 v. Les Esclaves de Paris. 1 v.
Gagne (Mme). Nancy Vallier. 1 v.
Gagneur (M.-L.). Le supplice de l'amant. 1 v.
Gaskell (M.). Les amoureux de Sylvia. 1 v. Autour du Sopha. 1 v. Ruth. 1 v. Cranford. 1 v. Marie Burton. 1 v.
Gasparin (comte Agénor de). Camille. 1 v.
Gasparin (comtesse de). Vesper. 1 v.
Gastineau (Benjamin). M. et Mme Satan. 1 v.
Gautier (Théophile). Avatar. 1 v. La Belle Jenny. 1 v. Le Capitaine Fracasse. 2 v. Fortunio. 1 v. Jean et Jeannette. 2 v. Jettatura. 1 v. Les Jeune France et contes humoristiques. 1 v. Mademoiselle de Maupin. 1 v. Œuvres humoristiques. 1 v. La peau du tigre. 1 v. Le roman de la Momie. 1 v. Spirite. 1 v. Un trio de romans. 1 v.
Gay (Mme Sophie). Madame Anatole. 1 v.
Geiger. Lydia, trad. de l'allemand. 1 v.
Genin (M.). Marco et Tonino. 1 v. ill. La femme Martin. 1 v. Les pigeons de Saint-Marc. 1 v.
Genis (Mme de). Mademoiselle de Lafayette. 1 v. Madame de Maintenon. 1 v. Mademoiselle de Clermont. 1 v.
Gennevraye (A.). Pour l'honneur. 1 v. L'Ombra. 1 v. Le roman d'un méconnu. 1 v. Histoire invraisemblable. 1 v. Le Marchand d'allumettes. 1 v. André de Lozé. 1 v.

George (Henry). Progrès et pauvreté. 1 v.
Gérard (André). Trop jolie. 1 v. Petite Rose et grande Jeanne. 1 v. (Bibl. rose). Maman. 1 v. ill. Reniée. 1 v. Vivante et morte. 1 v.
Gérard de Nerval. Les Filles de feu. 1 v. Les Illuminés. 1 v. Le marquis de Fayolle. 1 v. Petits châteaux de Bohême. 1 v.
Gerstœker (Trad. de l'allemand). Les brigands des prairies. 1 v. Une charmante habitation. 1 v. La maison mystérieuse (suite). 1 v. Les deux Convicts. 1 v. Les Pirates du Mississipi.
Ginet (Jean). Marie de Saint-Cenans. 1 v.
Girardin (E. de). Emile. 1 v.
Girardin (J.). Miss sans cœur. 1 v. Les braves gens. 1 v. L'oncle Placide. 1 v. Le neveu de l'oncle Placide. 1 v. Histoire d'un Berrichon. 1 v. ill. Second violon. 1 v. Grand-père. 1 v. (Bibl. rose). Mauviette. 1 v. Les Millions de tante Zézé. 1 v. ill. Quand j'étais petit garçon. 1 v. ill. Le fils Valanné. 1 v. Récits de la vie réelle. 1 v. Les épreuves d'Etienne. 1 v. Le roman d'un Cancre. 1 v. Nous autres. 1 v. La disparition du grand Krausse. 1 v. Tom Brown à Oxford. 2 v. (Imité de l'anglais). La nièce du capitaine. 1 v.
Girette (Marcel). Johannès fils de Johannès. 1 v.
Girodon de Pralon. Péché originel. 1 v.
Giron (Aimé). Braconnette. 1 v. Ces pauvres petits. 1 v. (Bibl. rose). Le manoir de Meyrial. 1 v. Le Sabot de Noël. 1 v. ill.
Gissing. Demos. 2 v.
Gjertz (Mme Marie). L'Enthousiasme. 1 v.
Glouvet (Jules de). La fille adoptive. 1 v.
Gobineau (comte de). L'abbaye de Typhaines. 1 v. Nouvelles asiatiques. 1 v.
Godwin. Caleb Williams. 3 v.
Gœthe (W.). Hermann et Dorothée. 1 v. Werther. 1 v. Le Renard. 1 v. ill. par Kaulbach.
Gogol (Nicolas). Nouvelles russes. 1 v.
Goldsmith (Olivier). Le citoyen du monde. 2 v. Le ministre de Wakefield. 1 v.
Goncourt (Edmond de). La Faustin. 1 v. Chérie. 1 v.
Goncourt (Edmond et Jules). Germinie Lacerteux. 1 v. Madame Gervaisais. 1 v. Charles Demailly. 1 v. Renée Mauperin. 1 v. Sœur Philomène. 1 v. Les frères Zemgano. 1 v. Une voiture de masques. 1 v. En 18... 1 v.
Goncourt (Jules de). Le mors aux dents. 1 v.
Gondrecourt (de). Un ami diabolique. 3 v. Le bout de l'oreille. 3 v. Les jaloux. 2 v. La marquise de Candeuil. 2 v. Médine. 2 v. Les péchés mignons. 3 v.
Gonzalès (Emmanuel). La servante du Diable. 1 v. Les deux fauvettes. 3 v. Esaü le Lépreux. 5 v. L'épée de Suzanne. 1 v. Les Frères de la Côte. 1 v. L'heure du berger. 1 v. L'hôtesse du Connétable. 1 v. Une princesse russe. 1 v.
Gorres. La Mystique, tr. de l'allemand. 5 v.
Gotthelf (Jérémias). Ketty la Grand'Mère. 1 v. Ulric le valet de ferme. 1 v. Ulric le fermier. 1 v. Nouvelle Bernoise. 1 v. Le tour de Jacob. 1 v.
Goudeau (Emile). Le froc. 1 v.
Gould (Baring). Aux trois boules d'or. 1 v.
Gouraud (Charles). Lysis, Histoire contemporaine. 1 v.
Gouraud (Mme Jeanne). La petite maîtresse de maison. 1 v. (Bibl. rose). Chez grand-mère. 1 v. id. Les petits voisins. 1 v. id. Les quatre pièces d'or. 1 v. id. L'enfant du guide. 1 v. id. Le petit colporteur. 1 v. id. Le petit bonhomme. 1 v. id. Le vieux château. 1 v. id. La famille Hurel. 1 v. id. Les deux enfants de Saint-

Domingue. 1 v. Lettres de deux poupées. 1 v. ill. (Bibl. rose). Cousine Marie. 1 v.

Gourdon (Edouard). Louise. 1 v.

Gourdon de Genouilhac. Lisa Patard. 1 v. Les Voleurs de femmes. 1 v.

Gozlan (Léon). Aristide Froissart. 1 v. Le baril de poudre d'or. 1 v. La marquise Belverano. 1 v. Contes et nouvelles. 1 v. La dernière sœur grise. 1 v. Les émotions de Polydore Marasquin. 1 v. Histoire de cent trente femmes. 1 v. Histoire d'un diamant. 1 v. De neuf heures à minuit. 1 v. Le notaire de Chantilly. 1 v. Les nuits du Père Lachaise. 1 v. Le plus beau rêve d'un millionnaire. 1 v.

Grande dame russe (Une). Les conséquences d'une faute. 1 v.

Grandmougin (Charles). Contes d'aujourd'hui. 1 v.

Grandville. Les Animaux peints par eux-mêmes. 1 v. ill.

Granier de Cassagnac. Le secret du chevalier de Medrane. 1 v.

Gray (Maxwell). L'héritage de Gledeswath. 1 v.

Grenville-Murray. La cabale du boudoir. 1 v. Veuve ou Mariée. 1 v. Le jeune Brown. 2 v.

Greville (Henry). L'Amie. 1 v. Ariadne. 1 v. Bonne-Marie. 1 v. Les épreuves de Raïssa. 1 v. L'expiation de Savely. 1 v. Les Koumiassine. 2 v. La maison de Maurèze. 1 v. Les mariages de Philomène. 1 v. Marier sa fille. 1 v. La Niania. 1 v. Nouvelles russes. 1 v. La princesse Ogherof. 1 v. Sonia. 1 v. Suzanne Normis. 1 v. A travers champs. Autour d'un phare. 1 v. Le Violon russe. 1 v. Le fiancé de Sylvie. 1 v. Rose Rosier. 2 v. Cité Ménard. 1 v. Croquis. 1 v. L'héritage de Xénie. 1 v. Lucie Rodey. 1 v. Angèle 1 v. Louis Breuil, Histoire d'un pantouflard. 1 v. Une trahison. 1 v. Le vœu de Nadia. 1 v. ill. Les degrés de l'échelle. 1 v. Le moulin Raffier. 1 v. Madame de Dreux. 1 v. Perdue. 1 v. L'ingénue. 1 v. Un crime. 1 v. Les Ormes. 1 v. Clairefontaine. 1 v. Cléopâtre. 1 v. Le comte Xavier. 1 v. Frankley. 1 v. La fille de Dosia. 1 v. Nicanor. 1 v. Le passé. 1 v. Aurette. 1 v. Le mari d'Aurette. 1 v. Péril. 1 v. L'héritière. 1 v. L'avenir d'Aline. 1 v. Un Mystère. 1 v. Chant de noces. 1 v. Louck Loukitch. 1 v.

Griffin. La fille du cordier. Scènes de la vie irlandaise. 1 v.

Grolier. Contes et nouvelles. 1 v.

Grosclaude. Les gaietés de l'année 1888. 1 v.

Gué (Paul). Arrière-saison. 1 v.

Guenot. Le capitaine hollandais. 1 v.

Guerrier de Haupt (Mme). Un drame au village. 1 v. Cœur loyal. 1 v. Le Bonheur et l'Argent. 1 v. Forts par la foi. 1 v. Marthe. 1 v. Les défauts de Gabrielle. 1 v. Le chevalier de Neuyac. 1 v.

Guinard (Mme). Auguste et Noémi. 1 v.

Guiraud. Flavien ou Rome au désert. 3 v.

Gyp. Autour du mariage. 1 v. Autour du divorce. 1 v. Petit Bob. 1 v. Ces bons Docteurs ! 1 v. Le monde à côté. 1 v. Un homme délicat. 1 v. Ce que femme veut. 1 v. La vertu de la baronne. 1 v. Joies conjugales. 1 v. Dans le train. 1 v. Pour ne pas l'être. 1 v. Les séducteurs. 1 v. Les chasseurs. 1 v. Pauvres petites femmes. 1 v. Mademoiselle Loulou. 1 v. Plume et poil. 1 v. Sans voiles. 1 v. Le Druide. 1 v. Elle et lui. 1 v. Le plus heureux de tous. 1 v. Une Passionnette. 1 v. C'est nous qui sont l'histoire. 1 v. Petit bleu. 1 v. Ohé les psychologues. 1 v. Monsieur Fred. 1 v. Un raté. 1 v. Ohé ! la grande vie !!! 1 v. L'éducation d'un prince. 1 v. O province ! 1 v. Bob à l'exposition. 1 v. ill. Bob au Salon. 1 v.

Hacklander (J.-B.). Le moment du bonheur. 1 v. La vie militaire en Prusse. 4 v.

Hadol. Le monde fantastique. 1 v. ill.

Haggard (H. Ridder). Jess. 1 v.
Hahn-Hahn (Idad). Peregrin. 2 v. Une voix de Jérusalem. 1 v.
Halevy (Ludovic). Madame et monsieur Cardinal. 1 v. Les petites Cardinal. 1 v. Un mariage d'amour. 1 v. L'abbé Constantin. 1 v. Princesse. 1 v. Criquette. 1 v. Karikari. 1 v.
Haller (Gustave). Bleuet. 1 v. Vertu. 1 v.
Halt (Robert). Une cure du docteur Pontalais. 1 v. Madame Fernex. 1 v. Le roman de Beatrix. 1 v. Le cœur de M. Valentin. 1 v. Brave garçon. 1 v. Histoire d'un petit homme. 1 v.
Halt (Marie-Robert). Monsieur Maurice. 1 v. La petite Lazare. 1 v.
Hamilton. Mémoires de Grammont. Contes. 1 v.
Hao-Khieou. Tchouvan ou la Femme accomplie. 1 v.
Hauff La Caravane. 1 v. (Bibl. rose).
Hawthorne (Nathaniel). Contes étranges. 1 v. La Maison des sept pignons. 1 v. La lettre rouge. 1 v. Le livre des merveilles. 1 v. (Bibl. rose).
Hayes (Dr). Perdus dans les glaces. 1 v.
Hebel et Auerbach. Scènes villageoises de la Forêt noire. 1 v.
Heliodore. Théagène et Chariclée. 1 v.
Hennique. Elisabeth Couronneau. 1 v.
Henty (C. A). Les jeunes Francs-tireurs. 1 v. ill.
Herbert (Lady). Amour et sacrifice. 1 v.
Hericault (Charles d'). Les cousins de Normandie. 1 v. Les mémoires de mon oncle. 1 v. Thermidor, Paris en 1794. 1 v. Le secret de Valrège. 1 v. Fou d'amour. 1 v. Une reine de théâtre. 1 v. Les noces d'un Jacobin. 1 v. La fiancée de Fontenelle. 1 v.
Hérisson (comte d'). Un drame royal. 1 v.
Hermant (Abel). Le cavalier Miserey. 1 v. Serge. 1 v. Nathalie Madoré. 1 v.
Hervieu (Paul). Deux plaisanteries. 1 v.
Heysé (Paul). La Rabbiata, tr. de l'allemand. 1 v.
Hildreth. L'esclave blanc. 1 v.
Hillorn (Mme W. de). La fille au vautour. 1 v. tr. de l'allemand.
Histoire et chronique du petit Jehan de Saintré. 1 v.
Hoffmann (E.-T.-A). Contes posthumes, mélanges, voyages. 1 v.
Hope (Thomas). Anastase ou les mémoires d'un grec à la fin XVIIIe siècle, tr. de l'anglais. 1 v.
Houdetot (Ad. d'). Dix épines pour une fleur. 1 v.
Houssaye (Arsène). Alice. 1 v. La belle Raphaela. 1 v. Le Café de la Régence. 2 v. Les Charmettes. 1 v. Le chien perdu et la femme fusillée. 2 v. Mlle Cléopâtre. 1 v. Les courtisanes du monde. 4 v. Madame de Favière. 2 v. Les femmes du Diable. 1 v. Les Grandes dames. 4 v. La robe de la mariée. 1 v. Les Mille et une Nuits parisiennes. 4 v. Les Parisiennes. 4 v. Le roman de la duchesse. 1 v. Roman parisien. 1 v. Sous la Régence, sous la Terreur. 1 v. Tragique aventure de bal masqué. 1 v. Le violon de Franjolé. 1 v. La vertu de Rosine. 1 v. La Comédienne. 1 v. Les princesses de la ruine. 1 v. Rodolphe et Cynthia. 1 v.
Howels (W. D.). La fortune de Silas Lapham. 1 v.
Hugo (Victor). Bug-Jargal. 1 v. Le dernier jour d'un Condamné. 1 v. Claude Gueux. 1 v. ill. L'Homme qui rit. 3 v. Notre-Dame de Paris. 3 v. Le même ill. 1 v. Les Misérables. 10 v. Quatre-vingt-treize. 5 v. Les Travailleurs de la Mer. 3 v.
Hugues (Clovis). Monsieur le gendarme. 1 v. Madame Phaéton. 1 v.
Hume (Forgues W.). Le mystère d'un hanson cab. 1 v.
Hurel (abbé). Flavia. 1 v.

Ignis. 1 v.
Inchbald (Miss). Simple histoire. 1 v.
Iouka-Ouli. Les deux cousines. 4 v.
Irving (Washington). Contes de l'Alhambra. 2 v.
Jacoillot (Louis). Le capitaine de vaisseau. 1 v. Mémoires d'un lieutenant de vaisseau. 1 v. L'affaire de la rue de la Banque. 1 v.
James. Les frères d'armes, tr. Defaucompret. 2 v.
Janin (Jules). L'Ane mort. 1 v. Barnave. 1 v. Circé. 1 v. Le Chemin de traverse. 2 v. Un cœur pour deux amours. 1 v. La confession. 1 v. Les contes du Châlet. 1 v. La fin d'un Monde et du neveu de Rameau. 1 v. Gaîtés champêtres. 2 v. L'interné. 1 v. Petits romans d'hier et d'aujourd'hui. 1 v. Paris et Versailles il y a cent ans. 1 v. La religieuse de Toulouse. 2 v. La symphonie de l'Hiver. 1 v. Le Talisman. 1 v.
Japy. La Dame qui rit. 1 v.
Jehan d'Arras. Mélusine. 1 v.
Jehan de Paris. 1 v.
Joanne (Adolphe). Un châtiment. 1 v.
Joliet (Charles). Le médecin des dames. 1 v. Violette. 1 v. La balle de cuivre. 1 v. Pénélope et Phryné. 1 v. Les mains blanches. 1 v. Carmagnol. 1 v. Diane. 1 v. Une reine de petite ville. 1 v. Romans microscopiques. 1 v. Trois Uhlans. 1 v. La vicomtesse de Jussey. 1 v.
Jonhson. Histoire de Rasselas. 1 v.
Jouard (Jacques de). Echec et mat. 1 v.
Jouassin (Maurice). Madame de la Seyne. 1 v.
Julien (Stanislas). Contes et apologues indiens, suivis de fables et de poésies chinoises. 2 v. Les deux jeunes filles lettrées. 2 v. Nouvelles chinoises. 1 v.
Jubinal (Achille). Contes dits Fabliaux des XIIe, XIVe et XVe siècles. 2 v.
Just (Clément). Les compagnons de la Croix d'Argent. 1 v.
Kaempfen (A.). La tasse à thé. 1 v. ill.
Karr (Alphonse). Agathe et Cécile. 1 v. Le Chemin le plus court. 1 v. Clotilde. 1 v. Clovis Gosselin. 1 v. Contes et nouvelles. 1 v. Fa-Dièze. 1 v. Les dents du dragon. 1 v. De loin et de près. 1 v. La maison close. 1 v. Midi à quatorze heures. 1 v. La promenade des Anglais. 1 v. La Queue d'or. 1 v. Raoul Desloges. 1 v. Sous les tilleuls. 1 v. Les soirées de Sainte-Adresse. 1 v.
Karr (Thérèse-Alphonse). Catherine Trezize. 1 v. Causerie. 1 v.
Kavanagh. Tuteur et pupille. 2 v.
Kock (Henri de). Les accapareuses. 1 v. La voleuse d'amour. 1 v.
Kompost (Léopold). Nouvelles juives. 1 v.
Kriloff. Fables russes. 2 v.
Krudner (Mme de). Valérie. 2 v.
L. (abbé). Une sœur de Fabiola. 1 v.
La Blanchère (H. de). Oncle Tobie le pêcheur. 1 v. (Bibl. rose).
Laboulaye (Edouard). Paris en Amérique. 1 v. Le prince Caniche. 1 v. Contes bleus. 1 v. Nouveaux contes bleus. 1 v. Aldallah ou le trèfle à quatre feuilles. 1 v.
La Brète (Jean de); Le comte de Palène. 1 v. Mon oncle et mon curé. 1 v. Le roman d'une croyante. 1 v.
Lacroix (Paul). Bibliophile Jacob. Le Dieu Pepetius. 1 v. Contes du bibliophile Jacob à ses petits enfants sur l'histoire de France. 1 v. ill.
Ladoucette (J.-C.-J.). Nouvelles. 1 v.

Lafayette (Mme de). **Mme de Tencin et Mme Fontaine.** La princesse de Clèves. Zaide. Mémoires de Comminges. Anecdotes. 4 v.
Lafenestre (Georges). Bertholomea. 1 v.
La Ferrière (H. de). Amour mondain et amour mystique. 1 v.
Laforet (L.-P.). Monsieur Boulot. 1 v.
Lagrenie (Auguste). Anne Sherwin. 1 v.
La Landelle (G.). Les deux routes de la vie. 1 v. Deux Croisières, histoire d'une Légende navale. 1 v. Jean Bart et son fils. 1 v. Les quarts de jours. 1 v. Les quarts de nuit. 1 v. Sixièmes et derniers quarts de nuit. 1 v.
Lalang (S. de). Mademoiselle Breval. 1 v.
Lallemant. Le Hachich. 1 v.
Lamartine (A. de). Le tailleur de pierres de Saint-Point. 1 v. Antoniella. 1 v. Fior d'Alizia. 1 v. Geneviève. 1 v. Raphaël. 1 v.
Lamber (Juliette). Payenne. 1 v. L'éducation de Laure. 1 v. Le Mandarin. 1 v. Récits d'une paysanne. 1 v. Mon village. 1 v. Grecque. 1 v. Récits du golfe Jouan 1 v.
Lamothe (A. de). Les Compagnons du Désespoir. 3 v. Le secret du Pôle. 1 v. Le roi de la Nuit. 2 v. Les martyrs de la Liberté. 2 v. Les mystères de Machecoul. 1 v. Histoire d'une pipe. 2 v. Les Camisards. 3 v. L'orpheline de Jaumont. 1 v. Le taureau des Vosges (fin). 1 v. Pia la San Pietrina. 2 v. La fille du bandit. 1 v. Les faucheurs de la mort. 2 v. Quinze jours dans la lune. 1 v. Le fou du Vésuve. 1 v. Histoire d'un denier d'or. 1 v.
Lander (Jean). Nouvelles et récits villageois. 1 v.
La Perrière (H. de). Amour mondain, amour mystique. 1 v.
Large (Mme Henriette). Mon cousin rustique. 1 v.
La Rochère (comtesse de). Les récits de la marquise. 1 v.
Laroque (Mlle Madeleine). Grands et petits. 1 v. (Bibl. rose).
Launay (Alphonse de). Le banquier des voleurs. 1 v. La maison Vidalin. La Solange. La folie de M. Grimblet. 1 v.
Laurie (André). Histoire d'un écolier hanovrien. 1 v. ill. La vie de collège en Angleterre. 1 v. ill. Une année de collège à Paris. 1 v. ill. L'héritier de Robinson. 1 v. ill. Le secret du Mage. 1 v. De New-York à Brest en sept heures. 1 v. Mémoires d'un collégien. 1 v. ill. Mémoires d'un collégien russe. 1 v. ill. Autour d'un lycée japonais. 1 v. ill. Selènè company. 2 v.
Lavedan (Henri). Petites fêtes. 1 v. Le nouveau jeu. 1 v.
Lavergne (A. de). Les demoiselles de Saint-Denis. 1 v.
Lavergne (Mme Julie). Les jours de cristal. 1 v. Légendes de Fontainebleau. 1 v. Légendes de Trianon, Versailles et Saint-Germain. 1 v. Les neiges d'Antan. 2 v.
Lawrence (Ch.). Maurice Davin. 1 v. L'épée et la robe. 1 v. Honneur stérile. 2 v. Frontière et prisons. 1 v. Guy Lwingstone. 1 v.
Lazarille de Tormes. 1 v.
Lecomte (Auguste). Le chemin de l'Epaulette. 1 v.
Leconte (Marie). Dans une maison. 1 v.
Lée (Vernon). Miss Brown. 1 v.
Le Faure (G.). La guerre sous l'eau. 1 v. ill.
Légendes d'Alsace, tr. par Rossew-Saint-Hilaire. 1 v.
Légendes populaires. 2 v.
Legouvé (Ernest). Edith de Falsen. 1 v.
Legrand. Fabliaux, contes et romans. 4 v.
Leila-Hanoum. Un drame à Constantinople. 1 v.

Leith-Adams (Mrs). Perdu et retrouvé. 1 v.
Lemaire (C.). Les expériences de la petite Madeleine. 1 v. ill.
Lemaître (Jules). Serenus. 1 v.
Lemonnier (C.). Contes flamands et wallons. 1 v. Madame Lupar. 1 v.
Lensia (Jenny). La dette de Blanche. 1 v.
Leouzon-Leduc. La fille du sorcier. 1 v. Marie, histoire d'une jeune fille. 1 v. Nouvelles du Nord. 1 v.
Lepas (André). Sous le manteau de la cheminée. 1 v.
Lepelletier (Edmond). Claire Everard. 1 v.
Lermina (Jules). Le cœur des femmes — Marie-Louise. 1 v.
Lermontoff et **Pouschkine**. Choix de nouvelles russes. 1 v.
Lernay (comtesse de). La marquise de Théranges. 2 v.
Lerne. Contes et nouvelles. 1 v.
Le Roux (Hugues). L'Enfer parisien. 1 v.
Leroy (Charles). Les finesses de Pinteau. 1 v. Le colonel Ramollot. 1 v. Nouveaux exploits du colonel Ramollot. 1 v. Les malheurs du capitaine Lorgnegrut. 1 v. Les farces du lieutenant Bernard. 1 v.
Lescure (de). La confession de l'abbesse de Chelles. 1 v. Les chevaliers de la Mouche à miel. 2 v. La Dragonne. 1 v. Les cadets de Gascogne. 1 v. Le château de Barbe-Bleue (suite). 2 v.
Le Senne (Camille). Vera Nicole. 1 v.
Lespés (Léo). Avant de souffler sa bougie. 1 v.
Lesueur (Daniel) Passion slave. 1 v.
Létang (Louis). Le roi de Paris. 1 v. Madame de Villemor (suite et fin). 1 v.
Levoisin. Tom Brown, imité de l'anglais. 1 v.
Levray (Marguerite)· Germaine de Nanteuil. 1 v.
Leyden (de). Le Secret professionnel. 1 v.
Lionnet (Mme Marie). Il Viego suivi de Feliza. 1 v. La fille du Philosophe. 1 v. Les épreuves d'Antoinette. 1 v.
L'Isle (Adam de). La nièce du docteur. 1 v.
Lix (Tony). Les neveux de la chanoinesse. 1 v.
Lombard (Jean). L'Agonie. 1 v.
Longus. Les Pastorales. 1 v.
Loti (Pierre). Mon frère Yves. 1 v. Pêcheur d'Islande. 1 v. Aziyadé. 1 v. Le mariage de Loti. 1 v. Rarahu. 1 v. Les trois dames de la Kasbah. 1 v. Fantôme d'Orient. 1 v.
Louandre (Charles). Chefs-d'œuvre des conteurs français avant la Fontaine. 1 v.
Louis XI. Les cent Nouvelles Nouvelles. 1 v.
Loyau de Lacy. Histoire d'une cervelle conduite à Charenton par la lecture du Siècle. 1 v.
Loyseau (J.). Rose Jourdain. 2 v. Mémoires d'un propre à rien. 2 v.
Lubomirski (prince). La comtesse Damalanty. 1 v. Un drame sous Catherine II. 1 v. Fonctionnaires et boyards. 1 v. Par ordre de l'Empereur. 2 v. Scènes de la vie militaire en Russie. 1 v.
Macé (Jean). Contes du Petit-Château. 1 v. ill.
Maël (Pierre). Un manuscrit. 1 v. Sauveteur. 1 v. ill. Quand en aime. 1 v. Mer bleue. 1 v. L'ondine de Ruis. 1 v. Mer sauvage. 1 v.
Mahalin (Paul). Le fils de Porthos. 1 v.
Mahon (P.). Les aventures d'un Gaulois au temps de César. 1 v.
Mairet (Jeanne). Artiste. 1 v. Charge d'âme. 1 v.

Maisonneuve (J.). 1873. 1 v.
Maistre (Xavier de). Œuvres. 1 v.
Maizeroy (René). Amours de province. 1 v. La première fois. 1 v. L'Adorée. 1 v. Petite Reine. 1 v.
Mallefille (F.). Le Collier, contes et nouvelles. 1 v.
Mallet (G.). Les conteurs genevois, nouvelle. 1 v.
Malot (Hector). Anie. 1 v. Ghislaine. 1 v. Mère. 1 v. Paulette. 1 v. Mondaine. 1 v. Conscience. 1 v. Justice (suite et fin). 1 v. Romain Kalbris. 1 v. ill. La Bohème tapageuse. 1 v. Les Besoigneux. 2 v. Marichette. 2 v. Les Millions honteux. 1 v. Zyte 1 v. Pompon. 1 v. La séduction. 1 v. Vices français. 1 v. Baccara. 1 v. Le lieutenant Bonnet. 1 v. La petite sœur. 2 v. Le même, édition ill. pour la jeunesse. 1 v. Le Sang bleu. 1 v. Micheline. 1 v. Un beau-frère. 1 v. Un mariage sous le second empire. 1 v. La belle madame Dionis (suite). 1 v. L'Auberge du Monde. 4 v. Sans famille. 2 v. Le même. 1 v. ill. Les batailles du Mariage. 3 v. Le mari de Charlotte. 1 v. La fille de la comédienne. 1 v. L'héritage d'Arthur (suite). 1 v. Le mariage de Juliette. 1 v. Une belle-mère (suite). 1 v. Clara. 1 v. Une bonne affaire. 1 v. Madame Obernin. 1 v. Souvenirs d'un blessé. 2 v. Les amours de Jacques. 1 v. Un curé de province. 1 v. Un miracle (suite et fin). 1 v. Les victimes d'amour. 3 v. Clotilde Martory. 1 v. Le docteur Claude. 2 v.
Mancel (Georges). La vie à grandes guides. 1 v.
Manchecourt. La haute. 1 v.
Manoël de Grandfort (Mme). Pour être riche. 1 v. Le mari de Lucie. 1 v.
Manteuffel (N. Z. de) Lora. 1 v.
Manuel (Don Juan). Le comte Lucanor. 1 v.
Manuel (Eugène). Contes populaires. 1 v.
Manzoni (Alexandre). Les Fiancés. 1 v.
Maquet (Auguste). Le comte de Lavernie. 2 v. La rose blanche. 1 v. Le beau d'Angennes. 1 v.
Marancourt (Léon de). Confession d'un commis-voyageur. 1 v.
Marceau (Auguste). Capitaine de frégate. 2 v.
Marcel (Etienne). Le roman d'Elisabeth. 1 v. Elle et moi. 1 v. Les aventures d'André. 1 v. La famille du Baronnet. 2 v. Grand'mère. 1 v. Juliette. 1 v. Irène. 1 v. Histoire d'une corbeille de noces. 1 v. Le nid d'hirondelles. 1 v. Pile ou face. 1 v. Jeanne d'Aurelles. 1 v. Avec ou sans dot. 1 v. Souvenirs d'une jeune fille. 1 v. Les tuteurs d'Odette. 1 v. L'Hetman Maxime. 1 v. La future du baron Jean. 1 v. Un noble cœur. 1 v. Une amitié d'enfance. 1 v. L'oncle Philibert. 1 v. ill. (Bibl. rose).
Marcel (Mme Jeanne). Daniel. 1 v. (Bibl. rose). L'école buissonnière. 1 v. (Bibl. rose). Le frère et la sœur. 1 v. Le clos Chantereine. 1 v.
Marcelin. Souvenirs de la vie parisienne. 1 v.
March (M.) La fille de l'Amiral. 1 v.
Marchand (V.). L'Utopiste. 1 v.
Marchand-Gérin. La nuit de la Toussaint. 1 v.
Marchangy (de). La Gaule poétique. 8 v. Tristan le voyageur. 6 v.
Maréchal (Mlle Henriette). Marcelle Dayre, journal d'un curé de campagne. 1 v.
Maréchal (Mlle Marie). Nos petits camarades. 1 v. (Bibl. rose). Beatrix. 1 v. La pupille d'Hilarion. 1 v. Madeleine Green. 1 v. La fille du président. 1 v. La Roche noire 1 v. Le parrain d'Antoinette. 1 v. L'hôtel Woronzoff. 1 v. Sabine de Rivas. 1 v. Mademoiselle de Charmeilles. 1 v.
Margerie (Eugène de). Angèle. 1 v. Emilien. 1 v. Contes d'un promeneur. 1 v. Contes et nouvelles. 1 v. Scènes de la vie chrétienne. 2 v.

Marguerite de Navarre. L'Heptaméron. 1 v.
Margueritte (Paul) Jours d'épreuve. 1 v.
Marin de Livonière. Deux frères. 1 v. Petits et grands. 1 v.
Marion-Crawford (F.). Le docteur Claudius. 1 v. Un chanteur florentin. 1 v. Le crucifix de Mazio. 1 v.
Marlitt. Le secret de la vieille demoiselle. 2 v. Giselle comtesse de l'Empire. 2 v. Elisabeth aux cheveux d'or. 2 v. Barbe bleue. 1 v. La petite princesse des Bruyères. 2 v. La seconde femme. 2 v. Chez le Conseiller. 2 v. La servante du Régisseur. 1 v. La maison Shilling. 1 v. La Dame aux perles. 1 v.
Marmier (Xavier). Les âmes en peine. 1 v. Le roman d'un héritier. 1 v. L'arbre de Noël. 1 v. Drames intimes. 1 v. Les fiancés du Spitzberg. 1 v. L'avare et son trésor. 1 v. Les drames du cœur. 1 v. Histoire d'un pauvre musicien. 1 v. Gazida. 1 v. Trois jours de la vie d'une reine. 1 v. Nouvelles allemandes. 1 v. Hélène et Suzanne. 1 v. Nouvelles du Nord. 1 v.
Marryat (capitaine). Œuvres. 30 v.
Martignac (Mlle de). Le couvent de Sainte-Marie. 1 v. L'héritier de Maurevèze. 1 v. Ginette. 1 v. (Bibl. rose). Le manoir d'Yolan. 1 v. La petite fille du vieux Thomi. 1 v. (Bibl. rose).
Martigny (Mme de). Une petite nièce d'Amérique. 1 v. (Bibl. rose).
Martineau (Miss). Le Fiord, scènes de la vie norwégienne. 1 v.
Martineau-Deschênes (baronne). La marquise de Satin vert. 1 v.
Mary (Jules). Le wagon 303. 1 v. Roger la honte. 1 v. Mère coupable. 1 v. Quand même. 1 v. L'ami du mari. 1 v. La marquise Gabriel. 1 v. Paradis perdu. 1 v. Je t'aime. 1 v. Les Pigeonnes. 1 v. La sœur aînée. 1 v. La belle ténébreuse. 1 v. La course au Bonheur. 1 v. En détresse. 1 v. Le Régiment. 2 v. Deux innocents. 1 v.
Maryan (M.) L'hôtel Saint-François. 1 v. Le secret de Solange. 1 v. Le Prieuré. 1 v. Une nièce d'Amérique. 1 v. Une dette d'honneur. 1 v. La cousine Esther. 1 v. Ce que ne peut l'argent. 1 v. L'envers d'une dot. 1 v. L'héritage de Paule. 1 v. Kate. 1 v. Les rêves de Marthe. 1 v. Chez les autres. 1 v. Lady Frida. 1 v. La forteresse de Montligny. 1 v. Le manoir des célibataires. 1 v. Un legs. 1 v. Le roman d'un curé de campagne. 1 v. La faute du père. 1 v. L'erreur d'Isabelle. 1 v. Les chemins de la vie. 1 v. La maison de Camille. 1 v. Petite Reine. 1 v. Mademoiselle de Kervallez. 1 v. Les pupilles de tante Claire. 1 v. En Poitou. 1 v. Clémentine de la Fresnaye. 2 v. Annie. 1 v. Anne du Valmoet. 1 v. Primavera. 1 v.
Massa (comtesse M. de). Valforest. 1 v.
Massiac (Th.). Joyeux devis. 1 v.
Masson (Michel). Contes de l'atelier. 1 v. Daniel le Lapidaire. 1 v. Les drames de la conscience. 1 v.
Matthey (A.). La Croix-Pater. 1 v. Le billet de mille. 1 v. 189, 981 (suite). H. 1 v.
Maupassant (Guy de). La main gauche. 1 v. Fort comme la Mort. 1 v. Miss Harriet. 1 v. Une vie. 1 v. Les sœurs Rondoli. 1 v. Yvette. 1 v. Bel ami. 1 v. Contes du jour et de la nuit. 1 v. Clair de lune. 1 v. Pierre et Jean. 1 v. Toine. 1 v. Monsieur Parent. 1 v. Roque. 1 v. Mont Oriol. 1 v. Contes de la bécasse. 1 v. Horla. 1 v. Notre cœur. 1 v. La vie errante. 1 v.
May (Karl). Une maison mystérieuse à Stamboul. 1 v. La caravane de nuit. 1 v. Une visite au pays du Diable. 1 v.
Mayne-Reid. Les Chasseurs de plantes. 1 v. Les Grimpeurs de rochers. 1 v. (suite) (Bibl. rose). Le désert d'eau. 1 v. ill. Les deux filles du squatter. 1 v. La

chasse au Leviathan. 1 v. ill. Les naufragés de l'île de Bornéo. 1 v. (Bibl. rose). Les jeunes esclaves. 1 v. Le petit loup de mer 1 v. ill. Les jeunes voyageurs. 1 v. ill. La Montagne perdue. 1 v ill. Les Partisans. 1 v. ill. William le mousse. 1 v. ill Les planteurs de la Jamaïque 1 v. Les veillées de chasse 1 v. A la mer. 1 v. Les vacances des jeunes Bœrs. 1 v. Les peuples étranges. 1 v. ill. (Bibl. rose). L'habitation du désert. 1 v. A fond de cale. 1 v. Les Exilés dans la forêt. 1 v. Bruin ou les chasseurs d'ours. 1 v. Les Chasseurs de chevelures. 1 v. Aventures de terre et de mer 1 v. La Sœur perdue. 1 v.

Meding (Oscar). Voir à Samarow.

Mémoires de Bilboquet. 3 v.

Mémoires de l'hippopotame. 1 v.

Mendès (Catulle) Le Confessionnal. 1 v. Méphistophela. 1 v. Histoire d'amour. 1 v. Les folies amoureuses. 1 v. Pour dire devant le monde. 1 v. La femme enfant. 1 v. L'amour qui pleure et l'amour qui rit. 1 v Les mères ennemies. 1 v. Les monstres parisiens. 1 v. Jeunes filles. 1 v. Tendrement. 1 v. Robe montante. 1 v. Jupe courte. 1 v. La première maîtresse. 1 v. Grande Maguet. 1 v. Le souper des Pleureuses. 1 v. Les Oiseaux bleus. 1 v.

Mérouvel (Charles). La comtesse Hélène. 1 v. Madame la marquise. 1 v.

Mery (J.). La cour d'amour. 1 v Une veuve inconsolable 1 v. André Chénier. 1 v. La comédie des animaux. 1 v. Heva. 1 v. La guerre du Nizam. 1 v. La Floride 1 v. Ursule. 1 v. Contes et nouvelles. 1 v. Nouvelles nouvelles. 1 v. Un mariage à Paris. 1 v. Monsieur Auguste. 1 v. Scènes de la vie italienne. 2 v. Les nuits anglaises. 1 v. Une nuit du Midi. 1 v. La Vénus d'Arles. 1 v. Une conspiration au Louvre. 2 v. Le bonnet vert. 1 v. Salons et souterrains de Paris. 1 v. Le Château des trois tours. 1 v.

Meunier (L. V.). Chair à plaisir. 1 v.

Meunier (Mme Stanislas). Les fiançailles de Thérèse. 1 v.

Meurice (Paul). Le songe de l'Amour. 1 v.

Michaud (Gustave). Le voyage de William Villougby. 1 v.

Michiels (Alfred). Le capitaine Firmin. 1 v. Contes des montagnes. 1 v.

Mickievicz. Récits d'un vieux gentilhomme polonais. 1 v.

Mille et une nuits (les). Contes arabes. 1 v.

Mirabeau (comtesse de). Hélène de Gardannes. 1 v. Le baron d'Aché. 1 v. Jean et Germain. 1 v.

Mirbeau (Octave). L'abbé Jules. 1 v. Le Calvaire. 1 v.

Mirbeau (Mme Octave). La famille Carmettes. 1 v.

Mistral (Frédéric). Nerto, nouvelle provençale. 1 v.

Mocquart. Jessie. 1 v.

Molènes (G. de). Histoires sentimentales et militaires. 1 v.

Molènes (Paul de). Aventures du temps passé. 1 v. L'amant et l'enfant. 1 v. Le bonheur des Maige. 1 v. Le cousin d'Isis. 1 v. La folie de l'épée. 1 v. Les caprices d'un régulier. 1 v. Commentaires d'un soldat. 1 v.

Molesworth (M.). Les aventures de M. Baby. 1 v. ill.

Monin (M.). Journal d'un bourgeois de Paris en 1789. 1 v.

Monnier (Henri). Paris et la province. 1 v. Scènes populaires. 4 v. Les bourgeois de Paris. 1 v.

Monnier (Marc). Nouvelles napolitaines. 1 v.

Monniot (Mlle V.). Anne Pigard. 1 v. La chambre de la grand'mère. 1 v. Raphaëla de Merens. 1 v. Le journal de Marguerite. 2 v. Marguerite à vingt ans. 2 v. Coralie Delmont. 1 v. Madame Rosely ou la marâtre chrétienne. 2 v.

Monselet (Charles). Monsieur le duc s'amuse. 1 v. François Soleil (suite). 1 v. La fin de l'orgie (fin). 1 v. Panier fleuri. 1 v. La franc-maçonnerie des femmes. 1 v. Jean de la Réole. 1 v. L'argent maudit. 1 v.

Montaiglon (Anatole de). Le roman de Jean de Paris. 1 v.

Montal (M.). A l'ombre de Lourdes. 1 v.

Montégut (Emile) Le roman tragique. 1 v.

Monteil (E.). La tournée dramatique. 1 v.

Montemorli (comtesse de). Les sensations d'une morte. 1 v.

Montépin (Xavier de). Le mari de Marguerite. 1 v. La contesse de Moncey (suite). 1 v. L'amant d'Alice (fin). 1 v. Une débutante. 1 v. La Demoiselle de compagnie. 4 v. Le dernier duc d'Hallali. 4 v. Le secret du Titan. 2 v. La fille de Marguerite. 6 v. Simone et Marie. 6 v. Le gros lot. 3 v. Les débuts d'une étoile. 1 v. Le Testament rouge. 6 v. La belle Angèle. 2 v. Rigolo (suite). 2 v. Les yeux d'Emma Rose (fin). 2 v. Les viveurs d'autrefois. 1 v. Les pantins de madame le Diable. 6 v. Trois millions de dot. 2 v. La dame aux Emeraudes (fin). 3 v. Marâtre. 2 v. La tireuse de cartes. 2 v. (suite). La fille du fou. 2 v. fin). La Voyante. 6 v. La porteuse de pain. 6 v. Le fiacre n° 13. 6 v. L'entremetteuse. 1 v. Les filles du saltimbanque. 2 v. Fille de courtisane. 1 v. Le marchand de diamants. 2 v. Une famille parisienne (suite). 2 v. Le roman de la misère (fin). 2 v. La fille du Diable. 2 v. La Reine des voleurs. 2 v.

Montgomery (Florence). Nina de Mervyn. 1 v. Un enfant sans mère. 1 v. Incompris. 1 v. L'héritière. 1 v.

Montifaut (M. de). Marie-Madeleine. 1 v.

Moore (Thomas). Voyage d'un jeune irlandais à la recherche d'une religion. 1 v.

Morbois (Mme de). Sacrifice. 1 v.

Moreau-Vauthier (Ch.). La vie d'artiste. 1 v.

Morelet (Arthur). Une aventure en Portugal. 1 v.

Moret (Eugène). Les femmes au cœur d'or. 1 v.

Mouton (Eugène). Chimère. 1 v. L'affaire Scapin. 1 v. Contes. 1 v. Voyages et aventures du capitaine Cougourdan. 1 v. Le même ill. 1 v.

Mugge (Th.). Afraja, tr. de l'allemand. 1 v.

Muller (Eugène). Le Champ maudit. 1 v. La Driette. 1 v. Pierre et Mariette. 1 v. Madame Claude. 1 v. La Mionette. 1 v. Véronique. 1 v. Scènes de la vie villageoise. 1 v. Récits champêtres. 1 v. Amour allemand. 1 v. Robinsonnette. 1 v.

Muloch (Miss Marie). Deux mariages. 1 v. Le mari d'Agathe. 1 v. La méprise de Christine. 1 v. Une exception. 2 v. Ma mère et moi. 1 v. John Halifax. 2 v.

Mürger (H.). Scènes de la vie de Bohême. 1 v. Contes du pays latin. 1 v. Dona Sirena. 1 v.

Murique (Mme). Maman et petite Jeanne. 1 v.

Mussat (Mlle Eugène). Charmant. 1 v.

Mussat (Louise). Mon roman. 1 v.

Musset (Alfred de). Contes et nouvelles. 2 v. La confession d'un enfant du Siècle. 1 v.

Musset (Paul de). Le nouvel Aladin. 1 v. La Bavolette. 1 v. Nouvelles italiennes. 1 v.

Najac (E. de) et **Hennequin**. Madame est servie. 1 v.

Nanteuil (Mme de) L'épave mystérieuse. 1 v. ill. En esclavage. 1 v. ill. Capitaine. 1 v. ill.

Narrey (Charles). L'éducation d'Achille. 1 v.

Naurouze (Jacques). La mission de Philibert. 1 v. ill.

Navery (Raoul de). La fleur de neige. 1 v. L'Evadé. 1 v. Les coiffes de Sainte-Catherine. 1 v. Le contumax. 1 v. Les robinsons de Paris. 1 v. Le capitaine aux mains rouges. 1 v. La Cendrillon de village. 1 v. Les chevaliers de l'Ecritoire. 1 v. Cœurs vaillants. 1 v. ill. Les drames de la Misère. 2 v. La fille au coupeur de paille. 1 v. La foi jurée. 1 v. Jeanne Marie. 1 v. Légende d'Allemagne. 1 v. Les héritiers de Juda : 1re partie, Jude Malœuvre. 1 v. 2e partie : le Juif Ephraïm. 1 v. 3e partie : Parasol et compagnie. 1 v. Les Idoles. 1 v. La maison du sabbat. 1 v. Le maître d'école. 1 v. Le marquis de Pontcallec. 1 v. Le pardon du moine. 1 v. Les parias de Paris. 2 v. Le rameur de Galères. 1 v. La route de l'abîme. 1 v. Patira. 1 v. Le trésor de l'abbaye (suite). 1 v. Jean Canada (suite et fin). 1 v. La fille sauvage. 1 v. Le château des Abymes. 1 v. Les aventures de Martin Tromp. 1 v. ill. Une erreur fatale. 1 v.

Neuilly (Mlle Berthe). Ismay Waldon ou la femme du régisseur. 1 v.

Neuvaine de Colette (la). 1 v.

Nick Benar. A la découverte de la Russie. 1 v. ill.

Ninous (P.). L'empoisonneuse. 1 v.

Nodier (Charles). Contes. 1 v. La neuvaine de la Chandeleur. 1 v. Inès de la Sierra. 1 v.

Nore. Coutumes et traditions de la France. 1 v.

Norgi. Jacintha. 1 v.

Noriac (Jules). La Bêtise humaine. 1 v. La dame à la plume noire. 1 v. Le dictionnaire des amoureux. 1 v. La falaise d'Houlgate. 1 v. La comtesse de Bruges (suite). 1 v. Le chevalier de Bercy (fin). 1 v. Les gens de Paris. 1 v. Le grain de sable. 1 v. Mademoiselle Poucet. 1 v. La Maison verte. 1 v. Mémoires d'un baiser. 1 v. Le 101e régiment. 1 v. Sur le rail. 1 v.

Normand (Ch.). Bisette. 1 v.

Normand (Jacques). Contes à madame. 1 v.

Nottret (Mlle). Une destinée. 1 v.

Nouveaux contes du palais. 1 v.

Noviant (E. de). Solange de Cresne. 1 v.

Nyon (Eugène). Les délassements du foyer. 1 v. Moumoute et Carnage. 1 v. Splendeurs et misères d'un dictionnaire grec. 1 v.

O'Brien (William). A vingt ans. 1 v.

Ohnet (Georges). Le maître de Forges. 1 v. Serge Panine. 1 v. L'âme de Pierre. 1 v. Dernier amour. 1 v. Les dames de Croix-Mort. 1 v. Noir et rose. 1 v. Dette de haine. 1 v. Le docteur Rameau. 1 v. La Grande Marnière. 1 v. Volonté. 1 v. La comtesse Sarah. 1 v. Lise Fleuron. 1 v.

Old-Nick. Violette, Eléonor Raymond. 1 v.

O'Monroy (Richard). Le capitaine Parabère. 1 v. A la hussarde. 1 v. M. Mars et Mademoiselle Vénus. 1 v. Le Club des braconniers. 1 v. Le Péché capital. 1 v. La Brune et la Blonde. 1 v.

Orcet (G. d'). Les grands pauvres. 1 v.

Oswald (François). Les maris de Dolorès. 1 v. Jeu mortel. 1 v. L'assassinat de la ligne du Havre. 1 v. André le justicier. 1 v. (suite et fin).

Ouida. Dans une ville d'hiver. 1 v. Deux petits sabots. 1 v. Pascariel. 1 v. Scènes de la vie de château. 1 v. La comtesse Vassali. 1 v. Le chemin de la Gloire. 2 v. La fille du Diable. 2 v. Le petit comte. 1 v. ill. (Bibl. rose). Les Napraxine. 1 v. Don Jesualdo. 1 v. Othmar. 1 v. Lady Tattersall. 1 v. Wanda. 2 v. Cigarette. 1 v. Amitié. 1 v. Musa. 1 v. Ariane. 2 v. Umilta. 1 v. Les Fresques. 1 v. La princesse Zouroff. 1 v. Sainte Rosalie-aux-Bois. 1 v. Puck. 2 v. La filleule des Fées. 2 v. Le colonel Sabretache. 1 v. Syrlin. 2 v. Le dernier des Clarencieux. 2 v.

Ourliac (Edouard). Contes du bocage. 1 v.
Pacault (Mlle). Le Crec. 1 v.
Pagès (Alphonse) et **Louis Hazard**. Les mystères de Nantes. 1 v.
Paria-Karigan. Les Ardents. 1 v.
Parseval-Deschenes (G. de). Deux épaves. 1 v.
Paschkoff (Lydie). Fleur de jade. 1 v.
Paul (Adrien). Une dette de Jeu. 1 v. Les deux gendres. 1 v. Le pilote Willis, suite du Robinson suisse. 1 v.
Paulian (L.). La hotte du chiffonnier. 1 v. ill.
Pellico (Sylvio). Raffaëlla. 1 v. Trois nouvelles piémontaises. 1 v.
Pène (Henri de). Demi-crimes. 1 v. Née Michon. 1 v. Trop belle. 1 v.
Perrault (Charles). Contes illustrés par Gustave Doré. 1 v.
Perret (E.) Le roi Margot. 1 v. Mademoiselle de Bardelys. 1 v. Les filles Mauvoisin. 1 v. Sœur Sainte-Agnès. 1 v. La belle Renée. 1 v. Le château de la Folie. 1 v. Dame Fortune. 1 v. Ni fille ni veuve. 1 v. La fin d'un viveur. 1 v. L'âme murée. 1 v. Madame Valence. 1 v.
Pertuiset (E.). Le trésor des Incas à la Terre de feu. 1 v.
Peyrebrune (Georges de). Les Ensevelis. 1 v. Les femmes qui tombent. 1 v. Polichinelle et Cie. 1 v. Le roman d'Arlette. 1 v. Giselle. 1 v. Le curé d'Anchelles. 1 v. La Margotte. 1 v. Le roman d'un bas bleu. 1 v.
Picard. Romans et Théâtre. 11 v.
Pichon. Les mobiles du 90e département. 1 v.
Pinot. Le premier violon. 1 v.
Pitray (Vicomtesse de). Petit Monstre et Poule mouillée. 1 v. (Bibl. rose). Les enfants des Tuileries. (Bibl. rose). Robin des Rois. 1 v. (Bibl. rose).
Plage (la) d'Etretat. 1 v.
Poë (Edgard) Histoires extraordinaires. 1 v. Nouvelles histoires extraordinaires. 1 v. Eurèka. 1 v. Contes grotesques. 1 v. Derniers contes. 1 v.
Poitevin (Mlle M.). Un roman de province. 1 v. L'héritage de Tantale. 1 v.
Poli (Vte Oscar de). Fleur de lis. 1 v. Jean Poigne d'Acier. 1 v.
Poligny (comte de). Le prêtre marié. 1 v.
Ponroy (Arthur). Le monde gallo-romain. 1 v. Le Roi des cent rois. 1 v. Le présent de noces. 1 v.
Ponson du Terrail. Le forgeron de la Cour-Dieu. 2 v. Les amours d'Aurore. 2 v. (suite). La justice des Bohémiens. 2 v. (fin). La juive du Château-Trompette. 3 v. Coquelicot. 1 v.
Pont-Jest (René de). L'Araignée rouge. 1 v.
Pontmartin (Armand de). Contes et nouvelles. 1 v. Contes d'un planteur de choux. 1 v. Les corbeaux du Gévaudan 1 v. Entre chien et loup. 1 v. La filleule de Beaumarchais. 1 v. La fin du procès. 1 v. Le fond de la coupe. 1 v. Les jeudis de madame Charbonneau. 1 v. Lettre d'un intercepté. 1 v. La Mandarine. 1 v. Mémoires d'un notaire. 1 v. Or et clinquant. 1 v.
Pouchkine. La fille du capitaine. 1 v.
Pouvillon (Emile). Chante-Pleurs. 1 v. Jean de Jeanne. 1 v. Cesette. 1 v.
Pradel (Georges). Le secret du squelette. 1 v. L'Amazone bleue. 1 v.
Pradowska (Marie). Demoiselle Micia. 1 v.
Pressensé (Mme de). Rosa. 1 v. Marthe. 1 v. Sabine. 1 v. Gertrude. 1 v.
Prévost (l'abbé). Manon Lescaut. 1 v.
Prévost (Marcel). Chonchette. 1 v. Mademoiselle Jaufre. 1 v. Le Scorpion. 1 v.
Prince royal de Suède. Légendes et poèmes scandinaves. 1 v.

Quatrelles. A coups de fusil. 1 v. ill. L'Arc en ciel. 1 v. Sans queue ni tête. 1 v. Voyage autour du grand monde. 1 v. Le chevalier Printemps. 1 v. Les aventures extravagantes de la princesse Djalavanne. 1 v. Casse-Cou. 1 v.
Quevedo. Histoire de don Pablo de Segovie. 1 v. ill.
Quinton (A.). Le gentilhomme de 1789. 2 v. Le Gladiateur. 1 v. Aurélia ou les Juifs de la porte Capène. 2 v. Le Dieu Plutus. 1 v.
Quinze joies (les) du mariage. 1 v.
Rabelais Œuvres. 9 v.
Rabou (Hipp.). L'Allée des Veuves. 2 v. Les tribulations de maître Fabricius. 1 v.
Rabusson (Henry). Un homme d'aujourd'hui. 1 v. Hallali. 1 v. Moderne. 1 v. Dans le monde. 1 v. Le mari de Madame d'Orgevaut. 1 v. Bon garçon. 1 v. L'Epousée. 1 v. L'illusion de Florestan. 1 v. Idylle et drame de salon. 1 v. L'aventure de Mlle de Saint-Allais. 1 v. L'amie. 1 v. Mme de Givré. 1 v.
Racot (Adolphe). La Brèche aux loups. 1 v. Le crime de Darius Fal. 1 v.
Rameau (J.). Moune. 1 v.
Rangabé (A. R.). Le prince de Morée, tr. du grec. 1 v.
Raousset-Boulbon (comte de). Une conversion. 1 v.
Rattazi (Mme Urbain). Le piège aux maris. Les débuts de la Forgeronne. La Mexicaine. Le chemin du paradis. 4 v.
Raymond (Mme Emmeline). 1 v. Aide-toi le ciel t'aidera. 1 v. La bonne ménagère. 1 v. Une femme élégante. 1 v. Histoire d'une famille. 1 v. Journal d'une jeune fille pauvre. 1 v. Le legs. 1 v. Lettres d'une marraine à sa filleule. 1 v. Un mariage parisien. 1 v. Partie et revanche. 1 v. A quelque chose malheur est bon. 1 v. Les rêves dangereux. 1 v. Un récit qui ne se termine pas par un mariage. 1 v. Histoire d'une famille. 1 v.
Raynal. Les naufragés. 1 v. ill.
Read (Charles). L'argent fatal. 1 v.
Real (G.). Histoire intime. 1 v.
Rémusat (A.). Récits du gaillard d'avant. 1 v.
Renaut. Histoire de quatre fous et d'un sage. 1 v.
Restif de la Bretonne. Les contemporaines. 1 v.
Reuss (Elly). Vouloir c'est pouvoir. 2 v.
Reville (Albert). Le major Franz. 1 v.
Revillon (Tony). La Bourgeoise pervertie. 1 v. L'Exilé. 1 v. Le monde des eaux. 1 v. La séparée. 1 v.
Reyac (B.). Claudie. 1 v.
Reybaud (Louis). César Falempin. 1 v. Le dernier des Commis-voyageurs 1 v. Jérôme Paturot à la recherche d'une position sociale. 3 v. Jérôme Paturot à la recherche de la meilleure des Républiques. 4 v. Mémoires d'un prêtre. 5 v. Pierre Mouton. 2 v.
Reybaud (Mme Charles). Clémentine. 1 v. Le cadet de Colobrières. 1 v. La comtesse de Mauléon. 1 v. La dernière Bohémienne. 1 v. Deux à deux. 1 v. Les deux Marguerites. 2 v. Espagnoles et Françaises. 1 v. Faustine. 1 v. Géraldine. 2 v. Mlle de Malpère. 1 v. Misé Brun. 1 v. Val de Péras. 2 v.
Ricard. Secret de femme. 1 v.
Richardson (Elise). Souvenirs d'une nonne. 1 v.
Richardson (Samuel). Clarisse Harlowe, édition J. Janin. 2 v.
Richebourg (Emile). Les contes d'Hiver. 3 v. Les contes du Printemps. 2 v. Les contes d'Eté. 1 v. La dame voilée. 1 v. Deux mères. 2 v. Les deux berceaux. 1 v. Honneur et patrie. 1 v. Un Calvaire. 1 v. Le fils. 2 v. Jean Loup. 3 v. La nonne

amoureuse. 1 v. L'idiot. 1 v. Rédemption (suite et fin). 1 v. La fille maudite. 2 v. La petite Mionne. 4 v La grand'mère. 3 v. Le mari. 1 v. La comtesse Paul. 1 v. Le million du père Raclot. 1 v.

Richebourg (E.) et **E. de Lyden**. Les amoureuses de Paris. 2 v. Ange et démon (suite et fin). 2 v.

Richepin (Jean). Madame André. 1 v. Les morts bizarres. 1 v. Braves gens. 1 v. Cauchemars. 1 v. Le Cadet. 1 v. Césarine. 1 v. Quatre petits romans. 1 v. La Glu. 1 v

Ridder-Haggard. Découverte des mines de Salomon. 1 v. ill.

Ridderstad (le prince) roman historique, traduit du suédois. 3 v.

Rivière (Henri). La faute du mari. 1 v. La grande marquise. 1 v. Le meurtrier d'Albertine Renouf. 1 v Les combats de la vie. 1 v. La jeunesse d'un désespéré. 1 v Madame Naper. 1 v. Les Fatalités. 1 v.

Robert (Clémence). Un amour de reine. 1 v. La duchesse de Chevreuse. 1 v. Jeanne la Folle. 1 v. Le Pavillon de la reine (suite et fin). 1 v.

Robida (A.) La part du hasard. 1 v. La vie en rose. 1 v.

Rochefort (Henri). La Malaria. 1 v. Fantasia. 1 v. ill. par Caran d'Ache. L'Aurore boréale. 1 v. L'évadé. 1 v. Le Palefrenier. 1 v. Mlle Bismarck. 1 v.

Rod (Edouard). Les trois cœurs. 1 v.

Rogrou (Mlle Adr.). Le choix de Suzanne. 1 v.

Roland d'Hendal. Henriette Delhaporte. 1 v.

Roman (le) d'un roi. 1 v.

Romans (les) de la Table ronde mis en nouveau langage par Paulin Paris. 3 v.

Ronchaud (L. de). Contes d'automne. 1 v.

Rondelet (Antonin). Un drame en omnibus. 1 v.

Roger de Beauvoir. Les œufs de Pâques. 1 v.

Rope (Charles). Rome et Berlin. Opérations sur les côtes de la Méditerranée et de la Baltique. 1 v.

Rosini. La Religieuse de Monza. 5 v.

Rousseau (J.-J.). La Nouvelle Héloïse. 1 v.

Rousselet (Louis). Le tambour de Royal-Auvergne. 1 v. ill. Le fils du Connétable. 1 v. ill. Les deux mousses. 1 v. ill. Le charmeur de serpents. 1 v. ill. La peau du tigre. 1 v.

Rowcroft. Le colon de Van Diemen. 3 v.

Ruffini. Découverte de Paris par une famille anglaise. 1 v. Le docteur Antonio. 1 v.

Sacher-Masoch. Le legs de Caïn. 1 v. Un Testament. 1 v. Nouveaux récits galliciens. 1 v. La femme séparée. 1 v. Le cabinet noir de Lemberg. 1 v.

Saint-Aulaire (comte de). La vocation d'Angèle. 1 v. Un naïf. 1 v.

Sainte-Beuve. Volupté. 1 v.

Saint-Félix (Jules de). Les nuits de Rome. 1 v. Rome en Provence, chroniques et légendes du palais des Papes. 1 v.

Saint-Germain (de). Dolorez. 1 v. Mignon. 1 v. Le châlet d'Auteuil. 1 v. La feuille de coudrier. 1 v. Pour une épingle. 1 v. Lady Clare. 1 v. Les Roses de Noël. 1 v. La veilleuse. 1 v.

Saint-Hilaire (Philippe de). Jean de Kerdren. 1 v.

Saintine (Pierre). Picciola. 1 v. Chrisna. 1 v. Antoine. 1 v. Jonathan le Visionnaire. 1 v. Récits dans la Tourelle. 1 v. Seul. 1 v. La seconde vie. 1 v.

Saint-Maur (de). Les mémoires d'un enfant d'ouvrier. 1 v.

Saint-Patrice. Un amour dans le Monde. 1 v.

Sakile. La fregate l'Incomprise. 1 v. ill. Croquis maritimes. 1 v. ill.

Sales (Pierre). Orphelines. 1 v. Incendiaire. 1 v. La mèche d'or. 1 v. Une Vipère (suite et fin). 1 v. Robert de Campignac. 1 v. Un drame financier. 1 v. Sacrifiée! 1 v. Pierre Sandrac (suite et fin). 1 v. Le Diamant noir. 1 v.
Salvandy (de). Don Alonzo ou l'Espagne 4 v.
Salvis (marquise de). Une trappe à prendre un rayon de soleil. 1 v.
Saman (Mme de). Les nouveaux enchantements. 1 v.
Samarow (Gregor). Oscar Meding. L'écroulement d'un empire : Sceptres et couronnes, Sadowa. 2 v. Mines contre Mines, Mentana. 2 v.
Sand (Georges). Adriani. 2 v Le péché de monsieur Antoine. 6 v. Autour de la table. 1 v. Antonia. 1 v. Les beaux messieurs de Bois-Doré. 2 v. Césarine Diétrich. 1 v. Le compagnon du Tour de France. 2 v. Le château de Pic-Tordu. 1 v. Confession d'une jeune fille. 2 v. Constance Verrier. 1 v. Consuelo. La comtesse de Rudolstadt (suite et fin). 6 v. Les dames vertes. 1 v. Daniella 2 v. La dernière Aldini. 1 v. Elle et lui. 1 v. Flamarande. Les deux frères (suite). 2 v. La famille Germandre. 1 v. L'homme de neige. 2 v. Horace. 1 v. Laura 1 v. Lelia. 1 v. Indiana. 1 v. Isidora. 1 v. Jacques. 2 v. Jean de la Roche. 1 v. Jeanne. 1 v. Lucrezia Floriani. 1 v. Mademoiselle de la Quintinie. 1 v. Malgrétout. 1 v. La mare au Diable. André. La fauvette du docteur. 1 v. Le marquis de Villemer. 1 v. Mauprat. 1 v. Ma sœur Jeanne. 1 v. Mlle Merquem. 1 v. Le meunier d'Angibault. 3 v. Monsieur Sylvestre. 1 v. Le dernier amour (suite). 1 v. Montrevèche. 1 v. Manon. 1 v. Narcisse. 1 v. Paulus. Les Mississipiens. 1 v. La petite Fadette. 2 v. Le Piccinino. 3 v. Pierre qui roule. Le beau Laurence (suite et fin). 2 v. Le secrétaire intime. Mattea. Les sept cordes de la Lyre. Gabriel. 1 v. Simon. 1 v. Tamaris. 1 v. Teverino. Leone-Leoni. 1 v. La tour de Percenaut. 1 v. Valentine. 1 v. Valvèdre. 1 v. La ville noire. 1 v. Romans et nouvelles. 1 v.
Sand (Maurice). L'Augusta. 1 v. Mademoiselle de Cérignan. 1 v. Callirhoé. 1 v. Miss Mary. 1 v. Raoul de la Châtre. 1 v. Le Coq aux cheveux d'or. 1 v.
Sandeau (Jules). Mlle de Kerouare. 1 v Catherine. 2 v. La chasse au roman. 2 v. Un début dans la magistrature. 1 v. Le docteur Herbeau. 1 v. Fernand. Richard. Vaillance. 1 v. Un héritage. 2 v. Madeleine. 1 v. Le même, édition pour la jeunesse. 1 v. La maison de Penarvan. 1 v. Marianna. 1 v. Nouvelles. 1 v. La Roche aux Mouettes. 1 v. Sacs et parchemins. 1 v. Mlle de la Seiglière. 1 v. Madame de Sommerville. 1 v. Jean de Thommeray. 1 v. Valcreuse. 1 v.
Sandrié (Paul). Les mariages de Londres. 1 v.
Sannois (la comtesse de). Les soirées à la maison. 1 v. (Bibl. rose).
Sarcey (Francisque). Etienne Moret. 1 v. Le nouveau seigneur de village. 1 v.
Sardou (Victorien). La perle noire. 1 v.
Sarrazin (A.). Contes nouveaux. 1 v.
Saulnière (Paul). La petite marquise. 1 v. (Bibl. rose).
Saunière (Paul). Flamberge. 1 v. Le chevalier Tempête. 1 v.
Sauvinière (Alfred de). Le royaume de Saba. 1 v.
Scarron (Paul). Le Roman comique. 1 v.
Scherwood (M.). Nouvelles écossaises. 1 v.
Schiller. Romans. 2 v.
Schmid (Chanoine). Contes traduits de l'allemand. 4 v.
Schœffer. Histoire d'un homme heureux. 1 v.
Scholl (Aurélien). Les petits secrets de la comédie. 1 v. Hélène Netmann. 1 v.
Schultz (Jeanne) auteur de la Neuvaine de Collette. Jean de Kerdresse. 1 v.
Schuré (Edouard). Les grandes légendes de France. 1 v.
Scott (Walter). Romans et poésies. 25 v.

Scribe (Eugène). Proverbes, romans et nouvelles. 8 v.
Scudo (P.). Le chevalier Sarti. 1 v.
Sealsfield (Charles). La prairie du Jacinto, tr. de l'allemand. 1 v.
Sebran (Marie) Fleur de Thym. 1 v.
Second (Albéric). Les demoiselles de Roncay. 1 v. Misères d'un prix de Rome. 1 v. La semaine des quatre jeudis. 1 v. La vicomtesse Alice. 1 v.
Secondigné (M.). L'Assommée. 1 v.
Ségalas (Mme Anaïs). Les mystères de la maison. 1 v.
Segrave. Marmorne. 1 v.
Seguin. Bengali. 1 v.
Ségur (Mme de). Après la pluie, le beau temps. 1 v. L'auberge de l'Ange gardien. 1 v. L'Evangile d'une grand'mère. 1 v. Le général Dourakine. 1 v. Mémoires d'un âne. 1 v. Les malheurs de Sophie. 1 v. Pauvre Blaise. 1 v. La sœur de Gribouille. 1 v. Les vacances. 1 v. ill. (Bibl. rose). Jean qui grogne et Jean qui rit. 1 v. Quel amour d'enfant. 1 v. Les deux nigauds. 1 v. Le mauvais Génie. 1 v. François le Bossu. 1 v. Ma mère. 1 v. Diloy le chemineau. 1 v. (Bibl. rose). Un bon petit diable. 1 v. id.
Selden (Camille). Daniel Vlady. 1 v.
Semenou (N. de). Sous les chênes verts. 1 v.
Septchènes (Jean de). Jacquemin le Franc-Maçon. 1 v.
Serret (Ernest). Clémence Ogé. 1 v. Coudées franches. 1 v. Elisa Merault. 1 v. Francis et Léon. 1 v. Neuf filles et un garçon. 1 v. Perdue et retrouvée. 1 v. Le prestige de l'uniforme. 1 v. Le roman de la Suisse. 1 v. Une jambe de moins. 1 v.
Shoking. 1 v. Chut. 1 v.
Sibille (Mme Maurice). Bonne chance, trad. de l'allemand. 1 v.
Silvestre (Armand). Un premier amant. 1 v. Au pays du rire. 1 v.
Simon (Jules). L'affaire Nayl. 1 v.
Sismondi (de). Julia Severa. 1 v.
Smiles (Samuel). Self-Help ou Caractère, conduite et persévérance. 1 v.
Soulié (Frédéric). Le château des Pyrénées. 5 v. La Lionne. 1 v. La comtesse de Monrion (suite et fin). 1 v. Le vicomte de Béziers. 2 v. Le comte de Toulouse. 2 v. Le conseiller d'Etat. 2 v. Les deux cadavres. 2 v. Diane et Louise. 1 v. Le maître d'école. 2 v. Les mémoires du diable. 8 v. Les prétendus. 1 v. Si jeunesse savait, si vieillesse pouvait. 2 v. Un rêve d'amour. 2 v.
Souvestre (Emile). Les anges du foyer. 1 v. Les derniers Bretons. 1 v. Au coin du feu. 1 v. Confession d'un ouvrier. 1 v. Contes et nouvelles. 1 v. En famille. 1 v. Le Foyer Breton. 1 v. La goutte d'eau. 1 v. Le mémorial de famille. 1 v. Pendant la moisson. 1 v. Les merveilles de la nuit de Noël. 1 v. Un philosophe sous les toits. 1 v. Les reprouvés et les élus. 2 v. Scènes de la Chouannerie. 1 v. Scènes de la vie intime. 1 v. Sous les ombrages. 1 v. Sous la Tonnelle. 1 v. Sur la pelouse. 1 v.
Souza (Mme de). Œuvres. 6 v.
Spielhagen. L'échéance. Lady Clara. 1 v.
Stahl. Bêtes et gens. 1 v. Les bijoux parlants. 1 v. Les bonnes fortunes parisiennes. 2 v. Histoire d'un homme enrhumé. 1 v. Maroussia. 1 v. ill. Histoire d'un prince et d'une princesse. 1 v. Les patins d'argent. 1 v. ill.
Stahl et W. Hugues. Histoire de la famille Chester. 1 v.
Stahl et Lornont. Jack et Jehn. 1 v. ill. d'après Alcoott.
Stampf. La dernière bataille. 1 v.
Stapleaux (Léopold). Un scandale parisien. 1 v. Une erreur judiciaire. 1 v. Pour avoir femme. 1 v. L'ivresse de Jean Renaud. 1 v.

Stendhal (de) L'abbesse de Castro. 1 v. La Chartreuse de Parme. 1 v. Nouvelles. 1 v. Le Rouge et le Noir. 1 v. Chroniques. 1 v.
Stenger (Gilbert). Le sous-préfet de Chateauvert. 1 v. Le père Harouet. 1 v.
Stenne (G.) Perle. 1 v.
Stephens (Miss Ann). Opulence et misère, tr. de l'anglais. 1 v.
Stephens (Arm. S.). Zana ou l'héritière de Clair Hall. 1 v.
Stern (Daniel). Nélida, Hervé, Julien. 1 v.
Sterne et **Goldsmith**. Œuvres choisies. 1 v.
Stevenson (R. L.). Suicide-club. 1 v. Le diamant du Rajah. 1 v.
Stinde (Julius) La famille Buccholz. 1 v.
Stolz (Mme de). L'onguent du Berger. 1 v. ill. (Bibl. rose). Les mésaventures de Mademoiselle Thérèse. 1 v. ill. L'embarras du choix. 1 v. ill. Deux tantes (Bibl. rose). Magali. 1 v. (Bibl. rose). La maison roulante. 1 v. id. Les frères de lait. 1 v. id. La maison blanche. 1 v. id. Suzanne et Baptistin. 1 v. Violence et bonté. 1 v. En famille. 1 v. (Bibl. rose). Par dessus la haie. 1 v. id. Le Trésor de Nanette. 1 v. id.
Sue (Eugène). La Bonne aventure. 6 v. Le Juif-errant. 4 v. Mathilde. 6 v. Les Mystères de Paris. 10 v. Paula Monti. 1 v. La Colère. 2 v. L'Envie. 4 v. L'Orgueil. 2 v. La vigie de Koat-Ven. 4 v.
Summer (Mlle Mary). Le dernier amour de Mirabeau. 1 v. Le Roi n'est pas le maître. 1 v. Le fiancé d'Yvonne. 1 v. La jeunesse de 1830. 1 v. Sous le directoire. 1 v. La Pensionnaire d'Ecouen. 1 v.
Swift. Voyages de Gulliver. 1 v.
Taine (H.). Vie et opinions de Frédéric Graindorge. 1 v.
Tallon (Amédée). L'auberge du Spessart. 1 v. La Caravane. 1 v. ill. (Bibl. rose).
Talmeyr (Maurice). Sur le banc. 1 v.
Tamenaga Schounsoni. Les fidèles Ronins. 1 v. ill.
Tante Marguerite. Traduit de l'anglais par Mademoiselle Jannin. 1 v.
Tarbé (E.). Le crime d'Auteuil. 1 v. Monsieur de Morat. 1 v. Le roman d'un Crime 1 v.
Tarbé des Sablons (Mme). Clotilde. 1 v.
Taschet de Barneval. Histoire légendaire de l'Irlande. 1 v.
Tchang-Ki-Tong (général). Contes chinois. 1 v. Le roman de l'homme jaune. 1 v.
Testas (Mme Marie-Félicité). Une jonchée de fleurs. 1 v. Les bonnes gens. 1 v.
Texier (Edmond). Contes et voyages. 1 v.
Texier (E.) et **Le Senne**. Les mémoires de Cendrillon. 1 v. Madame Frusquin. 1 v. Train rapide. 1 v. Mademoiselle de Bagnols. 1 v. Le testament de Lucy. 1 v. Lady Caroline. 1 v. Le mariage de Rosette. 1 v. La dame du Lac. 1 v.
Thackray (Miss Anne). Le roman d'Elisabeth Grace Darling. 1 v.
Thackeray (W.). Mémoires de Barry-Lindon. 1 v. Le diamant de Famille. 1 v. La foire aux vanités. 1 v. Henty Esmond. 1 v. Histoire de Pendennin. 3 v. Le livre des Snobs. 1 v.
Theo-Critt. Le régiment où l'on s'amuse. 1 v.
Theuriet (André). Le Bleu et le Noir. 1 v. Le chemin des bois. 1 v. Le bracelet de Turquoises. 1 v. L'oncle Scipion. 1 v. Contes pour les soirs d'Hiver. 1 v. ill. Reine des Bois. 1 v. Le mari de Jacqueline. 1 v. Mademoiselle Roche. 1 v. Charme dangereux. 1 v. Les œillets de Kerlaz. 1 v. Amours d'automne. 1 v. Gertrude et Véronique. 1 v. Le Filleul d'un marquis. 1 v. La fortune d'Angèle. 1 v. Mademoiselle Guignon. 1 v. Le mariage de Gérard. 1 v. Nouvelles intimes. 1 v.

Raymonde. 1 v. Le fils Maugars. 1 v. Toute seule. 1 v. Michel Verneuil. 1 v. Madame Heurteloup. 1 v. Tante Aurélie. 1 v. Les mauvais Ménages. 1 v. Les enchantements de la Forêt. 1 v. Sauvageonne. 1 v. Le Journal de Tristan. 1 v. Hélène. 1 v. Péché mortel. 1 v. Eusèbe Lombard. 1 v. L'affaire Froideville. 1 v. L'amoureux de la préfète. 1 v. Au Paradis des enfants. 1 v. Sylviane. 1 v.

Thierry (Gilbert-Augustin). Le capitaine Sans-façon. 1 v. L'aventure d'une Ame en peine. 1 v.

Thierry (Mme). Scènes de mœurs. 1 v.

Thil-Lorain. Un mariage en 1793. 1 v.

Thomas (Henri). Herminie de Bassemouturie. 1 v.

Thuret (Eugène) Belle mère et belle-fille. 1 v. Le comte de l'Escairot. 1 v.

Tieck. Le sabbat des Sorcières, tr. de l'allemand. 1 v.

Tillière (Mme P. A). Marjorie, tr. de l'anglais. 1 v. La fortune du vieux Myddelton. 1 v.

Tinseau (Léon de). Charme rompu. 1 v. Ma cousine pot au feu. 1 v. Plus fort que la Haine. 1 v. Faut-il aimer ? 1 v. Strass et diamants. 1 v. Sur le seuil. 1 v. Alain de Kerisel. 1 v. Bouche close. 1 v. L'attelage de la marquise. 1 v. Montescourt. 1 v. Dernière campagne. 1 v.

Tissot (Victor) et **Constant Amero**. La Russie rouge. 1 v. Aventures de trois fugitifs. 1 v. La comtesse de Montretout. 1 v. Les mystères de Berlin (suite). 1 v.

Tolstoï (comte Alexis). Iwan le terrible ou la Russie au xvie siècle. 1 v.

Tolstoï (comte Léon). L'école du Yasnaia Poliana. 1 v. Au Caucase. 1 v. Katia. 1 v. A la recherche du bonheur. 1 v. Les Cosaques. Souvenirs de Sébastopol. 1 v. Anne Kerenine. 2 v. La Guerre et la Paix. 3 v. La Mort. 1 v. Polikouchka. 1 v. Deux générations. 1 v. Le chant du Cygne. 1 v.

Toppfer (R.). Nouvelles genevoises. 1 v. Le Presbytère. 1 v. Rosa et Gertrude. 1 v. Histoire de M. Cryptogame. Album.

Tormès (Lazarille de). Aventures et espiègleries, roman tr. de l'espagnol. 1 v.

Touchard-Lafosse. Chroniques de l'Œil de Bœuf. 1 v.

Toudouze (Gustave). Fleur d'oranger. 1 v. Pompon vert. 1 v. La tête noire. 1 v. Le train jaune. 1 v.

Tourgueneff (Iwan). Etranges histoires. 1 v. Fumée. 1 v. Une nichée de gentilshommes. 1 v. Nouvelles scènes de la vie russe. Héléna. 1 v. Pères et enfants. 1 v. La Russie et les Russes. 3 v. Terres vierges. 1 v.

Travells (W. de). La passagère de l'Aérostock. 1 v.

Trelawney. Mémoires d'un cadet de famille. 3 v.

Trollope (Anthony). Le Domaine de Belton. 1 v. Rachel Ray. 2 v.

Trouessart (Mlle) Aveugle!! 1 v. Deux fiancées. 1 v. Seule. 1 v.

Uchard (Mario). Inès Parker. 1 v. La buveuse de perles. 1 v. Antoinette ma cousine. 1 v. Joconde Berthier. 1 v. Mon oncle Barbassou. 1 v. La Comtesse Diane. 1 v. L'Etoile de Jean. 1 v. Jean de Chazol. 1 v. Une dernière Passion. 1 v. Raymon. 1 v.

Ulbach (Louis). Le baron américain. 1 v. Les cinq doigts de Birouk. 1 v. Le Secret de Mlle Chagnier (fin). 1 v. La Cocarde blanche, 1814. 1 v. Les Compagnons du Lion dormant. 1 v. Le Comte Orphée. 1 v. L'Enfant de la Mort. 1 v. Cyrille. 1 v. Maxime (fin). 1 v. Les buveurs de Poison : 1re partie. Noële. 1 v. 2º La Fée verte. 1 v. Françoise. 1 v. Madame Gosselin. 1 v. Le Jardin du Chanoine. 1 v. Histoire d'une mère. 1 v. Le Mari d'Antoinette. 1 v. Les Mémoires d'un Inconnu. 1 v. Monsieur et madame Fernel. 1 v. Les parents coupables. 1 v. Pauline Foucault. 1 v. Le prince Bonifacio. 1 v. La Princesse Morani. 1 v. Magda (suite). 1 v. La Comtesse de Tyrnau (fin). 1 v. Le Sacrifice d'Aurélie. 1 v. Les Secrets du Diable. 1 v. Suzanne Duchemin. 1 v. Le Château des Epines. 1 v. Le crime de Martial (suite et fin). 1 v. La Confession d'un Abbé. 1 v. Le marteau d'Acier. 1 v. Quinze ans de bagne (suite et fin). 1 v. Le Tapis vert. 1 v. Le mariage de Pouchkine (suite et fin). 1 v. Réparation. 1 v. La Fleuriotte. 2 v. Papa Fortin. 1 v. Léa Ciardas. 1 v. L'Homme au Gardenia. 2 v. La Maîtresse du Général. 1 v. Les honnes Femmes. 1 v.

Une grande dame Russe. Les conséquences d'une faute. 1 v.

Urfé (Honoré d'). L'Astrée. 10 v.

Vadier (B.). Blanchette, histoire d'une chèvre. 1 v.

Valbezen. La veuve de l'Hetman. 1 v. La Malle de l'Inde. 1 v.

Valera (don Juan). Récits andalous. 1 v.

Valleneux (de). Proh pudor! 1 v.

Vallès (Jules). Jacques Vingtras, 1re partie, l'Enfant. 1 v. 2e Le Bachelier. 1 v. 3e L'Insurgé. 3 v.

Vallon (G. du). Un roman en Alsace. 1 v.

Vallory (Mme de). Un Amour vrai. 1 v. A l'Aventure en Algérie. 1 v.

Valmont. L'Espion prussien, tr. de l'anglais. 1 v.

Valrey (Max). La Confidence d'une Puritaine. 1 v.

Valtine (A. de). Sans foyer. 1 v.

Van Bruyssel (E.). Scènes de la Vie des champs et des forêts aux Etats-Unis. 1 v.

Van de Viele (Marguerite). Filleul du Roi. 1 v.

Van Lennep (Jean van). Brinio. 1 v.

Varigny (C. de). Les ruines d'Uxmal. 1 v.

Vattier. Les Vacances de Nathalie. 1 v.

Vento (Claude). Une vie brisée. 1 v.

Verne (Jules). Le chemin de France. 1 v. Nord contre Sud. 2 v. Deux ans de vacances. 2 v. Sans dessus dessous. 1 v. César Cascabel. 2 v. Mistress Branican. 2 v. Aventures du capitaine Hattéras. 2 v. Aventures de trois Russes et de trois Anglais dans l'Afrique australe. 1 v. Le même ill. 1 v. Un capitaine de quinze ans. 2 v. Le même ill. 1 v. Le docteur Ox. 1 v. Le même ill. 1 v. Les Enfants du capitaine Grant. 3 v. Le même ill. 1 v. Hector Servadac. 2 v. L'Ile mystérieuse. 3 v. Michel Strogoff. 2 v. Le même ill. 1 v. Le Pays des Fourrures 2 v. Le même ill. 1 v. De la Terre à la Lune. 1 v. Autour de la Lune. 2 v. Le même ill. 1 v. Tribulations d'un Chinois en Chine. 1 v. Le même ill. 1 v. Les 500 millions de la Begum. 1 v. Un hivernage dans les Glaces. 1 v. ill. L'Ecole des Robinsons. 1 v. ill. Le même. 1 v. Keraban le Têtu. 2 v. Le Rayon vert. 1 v. ill. La Jangada. 2 v. Le même ill. 1 v. La maison à vapeur. 2 v. ill. Les Indes noires. 1 v. Le Chancellor. 1 v. Les Indes noires et le Chancellor. 1 v. ill. L'Archipel en feu. 1 v. Mathias Sandorf. 3 v. Robur le Conquérant. 1 v.

Verne (Jules) **et André Laurie.** L'Epave du Cynthia. 1 v.

Veron (docteur). Cinq cent mille francs de rente. 2 v.

Veuillot (Louis). Corbin et d'Aubecourt. 1 v. Pierre Saintive. 1 v.

Vialon (Prosper). L'Homme au chien muet. 1 v.

Vie au Ghetto (la), tr. de l'anglais. 1 v.

Viel-Castel (baron de). Le Testament de la Danseuse. 1 v.

Vignon (Claude). Une étrangère. 1 v. Le mariage d'un sous-officier. 1 v. Un Naufrage parisien. 1 v. Victoire Normand. 1 v.

Vigny (Alfred de). Cinq-Mars. 1 v. Stello. 1 v. Servitude et Grandeur militaire. 1 v.
Villefranche (J. M.). Deux Orphelines. 1 v.
Villeurs (Jean de). Contes de garnison. 1 v.
Villiers du Terrage. Toussaint Rose. 1 v.
Vimont (Charles). Histoire d'un navire. 1 v. ill. (Bible rose). 1 v.
Vinca (Pierre de). Moïsa. 1 v.
Vincent (Charles). Cœur de Père. 1 v.
Vincent (Jacques). Misè Ferréol. 1 v. Le cousin Noel. 1 v. Vaillante. 1 v. Jacques de Trevannes. 1 v.
Violeau (Hippolyte). La maison du Cap. 1 v. Récits du foyer. 1 v.
Violet (J B.). Nouvelles. 1 v.
Viollet-le-Duc (E.). Histoire d'une maison. 1 v. ill. Histoire d'une forteresse. 1 v. ill. Histoire de l'Habitation humaine. 1 v. ill. Histoire d'un hôtel de ville et d'une cathédrale 1 v. ill.
Voiart (Elise). Le Calice. 1 v.
Voyage de Paris à Saint-Cloud par terre et par mer. 1 v.
Wailly (Léon de). Les deux filles de M. Dubreuil. 2 v.
Waldor (Mme Mélanie). Jeannette. 1 v.
Wallon (G. de). Un roman en Alsace. 1 v.
Walter (Judith). Le livre de Jade. 1 v.
Webbe (J.-B.). Les derniers jours de Jérusalem. 1 v.
Weber (docteur). Hermann le Prémontré, ou les Juifs et l'Église au moyen âge 1 v.
Weill (Alexandre). Couronne : Histoire juive. 1 v. Emeraude. 1 v. ill.
Wetherel (Miss). Eléonore Powle. 2 v. Le Monde, le vaste Monde. 1 v. Quechy. 2 v. Regain de vie. 1 v. Sur la pente 1 v.
Wey (Francis). Gildas. 1 v. Dick Moon en France. 1 v. Christian. 1 v. Trop heureux. 1 v.
Winter (John Etrange). Le Lutin ! Petite folle. 1 v.
Wiseman (cardinal). Fabiola ou l'Eglise dans les Catacombes. 1 v. La Perle cachée. 1 v.
Witt née Guizot (Mme de) Un patriote au xive siècle. 1 v. ill. Vieux contes de la veillée. 1 v. Un nid. 1 v. Sous tous les Cieux. 1 v. Sur la plage. 1 v. ill. Vieux amis. 1 v. Reine et Maîtresse. 1 v. Un patriote au xve siècle. 1 v. ill. La petite maison dans la Forêt. 1 v. Le Cercle de la Famille. 1 v. Contes d'une Mère à ses Petits Enfants. 1 v. Une Famille à Paris. 1 v. Une Famille à la Campagne. 1 v. Les Petits Enfants. 1 v. Scènes historiques. 1 v.
Wogan (baron de). Le Pirate malais. 1 v.
Wood (Mr Mary). Perdu à la poste. 1 v. La détective. 1 v. Lady Isabel. 2 v. La famille Halliburton. 2 v.
Wyss. Le Robinson suisse. 1 v. ill.
Wythe-Melville. Les gladiateurs. 1 v.
XXX. Où est le bonheur. 1 v.
Yed. Une bonne fortune. 1 v.
Yonge (Miss). Frères et sœurs. 2 v. Trois nouvelles mariées. 2 v. (tr. de l'angl.)
Youl. Le château de Birague. 1 v.
Ys (Paul d'). L'envers d'un crime. 1 v.
Zaccone (Pierre). L'homme des foules. 1 v. Langage des fleurs. 1 v. La lanterne

rouge. 1 v. Mémoires d'un commissaire de police. 2 v. La vie à outrance. 1 v. Le vieux Paris. 1 v. L'enfant du pavé. 1 v. La Chambre rouge. 1 v.

Zari. Le Fada. 1 v.

Zochokke (Henri). Adrich. 1 v. Contes suisses. 1 v.

Zola (Emile). Naïs Micoulin. 1 v. Les mystères de Marseille. 1 v. La confession de Claude. 1 v. Madeleine Ferat. 1 v. Thérèse Raquin. 1 v. Les Rougon-Macquart. 1 v. La fortune des Rougon 1 v. La curée. 1 v. La faute de l'abbé Mouret. 1 v. La conquête de Plassans. 1 v. Le ventre de Paris. 1 v. Son excellence Eugène Rougon. 1 v. L'assommoir. 1 v. Une page d'amour. 1 v. Nana. 1 v. Au bonheur des dames. 1 v. Pot bouille. 1 v. Le bonheur de vivre. 1 v. L'Œuvre. 1 v. Germinal. 1 v. La terre. 1 v. La Bête humaine. 1 v. L'argent. 1 v.

Zola (E.) et autres. Les soirées de Medan. 1 v.

XI

SCIENCES
SCIENCES OCCULTES, VENERIE

Adhemar (A.-J.). Les révolutions de la Mer et les déluges périodiques. 1 v. ill.
Agassiz (L.). De l'Espèce et de la classification en Zoologie. 1 v.
Agronomes latins (les). Caton, Varron, Columelle, Paladius, publiés par D. Nisard. 1 v.
Alglave et J. Boulard. La lumière électrique. 1 v. ill.
Aliés (B). Etude sur les eaux de Luxeuil. 1 v.
Allary (abbé). Guide pratique pour élever les cailles et les perdrix (Brochure).
Allix (J.-A.-F.). Théorie de l'Univers. 1 v.
Amyot. Hemiptères. 1 v.
André (E.). Les plantes à feuillage ornemental. 1 v. ill. Le mouvement horticole en 1865 et 1866. 2 v.
Anglade. Etude sur les maladies éteintes et sur les maladies nouvelles. 1 v.
Annuaire du bureau des longitudes, 1820 à 1840, 1849 à 1868, 1873, 74, 75, 76, 77, 78, 79, 1880, 1882, 1884. 20 v.
Annuaire des Cosmos, 1859, 1860, 1866. 3 v.
Annuaire des eaux minérales, des bains de mer et de l'hydrothérapie. 1 v.
Annuaire de l'Institut des provinces. 1863, 64, 66, 69. 4 v.
Annuaire de l'observatoire de Montsouris pour 1882. 1 v.
Appert. Le conservateur des fruits et des légumes. 1 v.
Arago (François). Astronomie populaire. 1 v. Leçons d'Astronomie. 1 v. Mélanges. 1 v. Mémoires scientifiques. 2 v. Notices scientifiques. 1 v. Tables publiées par Barral. 1 v.
Arcet (d'). Recherches sur les os. 1 v.
Archiac (A. d'). Histoire des progrès de la Géologie. 8 v. Cours de Paléontologie statigraphique. 2 v. Introduction à l'étude de la paléontologie stratigraphique. 2 v.
Archives des découvertes, 1827 à 1838, manquent 1836 et 1837.
Armengaud. Le Génie industriel 14 v. ill.
Aruss (Arsène). La Graphologie simplifiée. 1 v. ill.
Aubert. Philosophie de la médecine. 1 v.
Audiganne (Armand). Les chemins de fer. 1 v. La lutte industrielle des peuples 1 v. L'Industrie contemporaine. 1 v. Les ouvriers d'à-présent. 1 v. Les ouvriers en famille. 1 v. La population ouvrière de la France. 2 v.
Audouit (Edmond). Herbier des demoiselles. 1 v. avec atlas.

Audrand. Une dernière annexe au Palais de l'industrie. 1 v.
Azaïs. Phénologie, Magnétisme et Folie. 2 v.
Babage. Economie des machines. 1 v.
Babinet (J.). Etudes et lectures sur les sciences d'observation. 4 v. Manque le 4e.
Bachet. Problèmes plaisants et délectables qui se font par les nombres. 1 v.
Baclé. Les voies ferrées. 1 v. ill.
Badin (Ad.) Grottes et cavernes. 1 v. ill. (Bibl. des merveilles).
Baglivi De l'accroissement de la médecine pratique. 1 v.
Baille (J.). L'Electricité. 1 v. ill. (Bibl. des merveilles).
Bailly (Sylvain). Lettres sur l'Atlantide de Platon. 1 v. Recueil de pièces sur les Arts, les Sciences et les Lettres. 1 v. Histoire de l'Astronomie ancienne. 1 v. Histoire de l'Astronomie moderne. 3 v. Lettres sur l'origine des Sciences. 1 v.
Balbi. Atlas ethnographique du globe. 1 v. avec atlas.
Balestra (Docteur P.). L'Hygiène dans la ville de Rome et dans la campagne romaine. 1 v.
Balfour-Stewart. La conservation de l'énergie. 1 v.
Banfield. Organisation de l'Industrie. 1 v.
Barra (Jules). Du drainage des terres arables. 4 v. manque le tome 2e. Le bon fermier. 1 v.
Barruel. Traité élémentaire de Géologie. 1 v.
Barthelemy (A. C.). Le médecin des enfants. 1 v.
Basset (N.) Le pain pour la viande. 1 v. Précis de chimie pratique. 1 v.
Bast (Amédée de). Merveilles du génie de l'homme. 1 v.
Baucher. Méthode d'équitation. 1 v.
Baudry (Etienne). La fin du monde. 1 v.
B de B. Histoire d'un atome de carbone. 1 v.
Beaurepère L'art d'élever les vers à soie. 1 v.
Bechstein. Manuel des amateurs d'oiseaux de volière. 1 v.
Beclard (J.). Traité élémentaire de physiologie humaine. 1 v.
Becquerel (Alfred). Traité élémentaire d'Hygiène privée et publique. 1 v.
Becquerel (Antoine). Des climats et des sols boisés. 1 v Eléments de Physique terrestre et de Météorologie. 1 v. Traité d'Electricité et de Magnétisme. 3 v. Traité expérimental de l'Electricité et du Magnétisme, dans leurs rapports avec les phénomènes naturels. 7 v. Traité de Physique considérée dans ses rapports avec la Chimie et l'Histoire naturelle. 2 v.
Belèze (G.). Dictionnaire universel de la vie pratique à la ville et à la campagne. 1 v.
Benard (Léon). Les merveilles de l'art naval. 1 v. ill. (Bibl. des merveilles). Les Phares. 1 v. ill. (Bibl. des merveilles).
Beneden (Van). Les commensaux et les parasites dans le règne animal. 1 v.
Benion (A). Les races connues. 1 v.
Berard (P.). Cours de Physiologie. 3 v.
Berger. Traditions teratologiques. 1 v.
Bernard (Claude) Pathologie expérimentale. 1 v. La science expérimentale. 1 v. Rapport sur la Physiologie. 1 v Leçons sur les phénomènes de la Vie. 1 v.
Bernouilli (J). L'art de conjecturer. 1 v.
Bernstein (J). Les sens. 1 v.
Beron (Pierre) Le Deluge. 1 v. La Météorologie simplifiée. 1 v.
Bersot (Ernest). Mesmer et le magnétisme animal. 1 v. Nouvelle édition. 1 v.
Bert (Paul). Revues scientifiques publiées par le journal La République française,

1879-1880. 1 v. Leçons, discours et conférences. 1 v. Leçons de Zoologie professées à la Sorbonne, enseignement secondaire des jeunes filles. 1 v. La pression barométrique. 1 v.

Berthelot. La révolution chimique. Lavoisier. 1 v. La synthèse chimique. 1 v.

Bertillon (Alphonse). Les races sauvages. 1 v. ill.

Bertrand (Al.) Lettres sur les révolutions du Globe. 1 v. Le magnétisme animal. 1 v. Traité du Somnambulisme. 1 v.

Bertrand (J.) L'Académie des sciences et les académiciens, 1666-1793. 1 v. Les fondateurs de l'Astronomie moderne. 1 v. Traité élémentaire d'Algèbre. 1 v.

Berzelius. Théories des proportions chimiques. 1 v. Traité de Chimie. 8 v.

Beudant. Géologie. 1 v.

Bichat. Recherches physiologiques sur la Vie et la Mort. 1 v.

Billot (G. P.). Phénomènes du Somnambulisme. 2 v.

Biot (J.-B.). Mélanges scientifiques et littéraires. 3 v.

Bizouard. Des rapports de l'homme et des démons. 6 v.

Blainville (de). Traité de Malacologie. 1 v. Planches. 1 v.

Blanchard (E.). Histoire naturelle des insectes. 2 v. Métamorphoses, mœurs et instincts des insectes. 1 v. Les poissons d'eau douce de France. 1 v.

Blaserna et Helmhotz. Le Son et la Musique. 1 v.

Blaze (Elzéar). Le chasseur au chien d'arrêt. 1 v. Le chasseur au chien courant. 2 v. Histoire du chien. 1 v.

Blein (baron). Théorie des vibrations. 1 v.

Boisduval. Lépidoptères. 1 v.

Boissarie (Dr). Lourdes. Histoire médicale. 1 v.

Boitard. Instruments aratoires. 1 v. Prairies naturelles et artificielles. 1 v.

Boitard (Pierre). Paris avant les hommes. 1 v.

Boitel (A. M.) Mise en valeur des terres par le Pin maritime. 1 v.

Bonald (vicomte de). Recherches physiologiques. 2 v.

Bonnet (D. M.). Manuel d'agriculture. 1 v.

Boquillon. La vie des plantes. 1 v. (Bibl. des merveilles).

Borie (Victor). L'Agriculture au coin du feu. 1 v. Le mouvement agricole. 1 v. L'année rustique, 1862. 1 v.

Bory de Saint Vincent. L'Homme Essai géologique. 1 v.

Boscowitz. Les volcans. 1 v. ill. L'âme de la plante. 1 v.

Bossu (Antoine). Anthropologie ou étude des organes, fonctions et maladies de l'homme et de la femme. 2 v. Atlas. Anatomie descriptive du corps humain. 1 v. Nouveau dictionnaire d'Histoire naturelle, 1859. 3 v.

Bouchard (Léon). Traité des constructions rurales. 2 v.

Bouchon-Brandely (G.). Traité de pisciculture pratique et d'agriculture. 1 v.

Boudin (J.-Ch.-M.). Géographie et statistique médicales. 1 v. Maladies épidémiques. 2 v.

Bougard (Dr). Les eaux de Bourbonne 1 v.

Bouhant (Emile). Les grands froids (bibl. des merveilles). 1 v. Les merveilles du Feu. 1 v. id.

Boulart (B.-A.). Ornithologie de salon. 1 v.

Bouquet de la Grye. Guide du forestier. 1 v.

Bourgnon (A.). Traité du lessivage du linge à vapeur. 1 v.

Boussingault. Economie rurale dans ses rapports avec la Chimie. 2 v.

Brard. Entretiens sur la Physique. 1 v.

Brehm (A. de). La vie des animaux mammifères. 1 v. Les oiseaux. 1 v.

Bresson (G.). La prévision du temps. 1 v.
Brewer. La clé de la Science. 1 v.
Brière de Boismont. Les hallucinations. 1 v.
Broc. Essai sur les races humaines. 1 v.
Brongniart (Al.). Crustacés fossiles. 1 v. L'écorce du Globe. 1 v. Introduction à la Minéralogie. 1 v.
Broussais (V.). Hygiène morale. 1 v. Doctrines médicales. 4 v. Irritation et folie. 1 v. Phrénologie. 1 v.
Brück. Origine des étoiles filantes. 1 v.
Bruyères. La Phrénologie. 1 v.
Bruyssel (Van). Les clients d'un vieux poirier. 1 v. ill.
Buckland. Géologie et Minéralogie. 2 v.
Buffon. Œuvres. 5 v.
Burat (Amédée). Géologie appliquée. 1 v. Géologie de la France. 1 v. Traité du gisement et de la recherche des minéraux utiles. 2 v.
Burger (Jean). Agriculture du royaume lombard-vénitien. 1 v. Cours d'Agriculture. 1 v.
Burgrave. Le Livre de tout le monde sur la santé. 1 v.
Butret. Taille raisonnée des arbres fruitiers. 1 v.
Camuset (Dr). Manuel d'ophtalmologie. 1 v.
Cancalon. Histoire de l'Agriculture. 1 v.
Candolle (Alph. de). Origine des plantes cultivées. 1 v.
Cap (P.-A.). Les trois règnes de la Nature. 1 v.
Capus (Guillaume). L'œuf. 1 v. ill. (Bibl. des merveilles).
Carbonnier. L'écrevisse. 1 v.
Carbuccia. Du dromadaire comme bête de somme. 1 v.
Cardini. Dictionnaire d'hippiatrique. 2 v.
Carrié (abbé). L'art de découvrir les sources et les gisements métalliques. 1 v.
Carrière (E.-A.). Le Climat de l'Italie. 1 v. Traité général des conifères. 1 v.
Cave. Cours de Botanique appliquée à l'agriculture. 1 v.
Cazin (Ach.). La Chaleur. 1 v. ill. (Bibl. des Merveilles). L'étincelle électrique. 1 v. ill. Id.
Chambray (de). Traité pratique des arbres résineux. 1 v.
Champfleury. Les Chats. 1 v. ill.
Chaptal. Eléments de Chimie. 3 v.
Charles (Emm.). A. B. C. D. astronomique. 1 v.
Chauffard (docteur). La Vie, études de biologie. 1 v.
Chauveau (A). Traité d'anatomie comparée des animaux domestiques. 1 v.
Chenu (le Dr). Botanique. 2 v. Fauconnerie ancienne et moderne. 1 v. Manuel de conchyliologie et de paléontologie conchyliologique. 2 v.
Chevalier (Alph.). A Grimaud (Emile). Les secrets de l'Industrie et de l'économie domestiques. 1 v.
Chevalier d'Amiens. L'immense Trésor des sciences et des arts. 1 v.
Chevalier (M. A.). Dictionnaire des falsifications des substances alimentaires. 2 v.
Chevreul (E.). Lois du contraste des couleurs. 1 v. et atlas.
Claparede et Lachmann. Etudes sur les infusoires et les rhizopodes. 1 v.
Claus (C.). Traité de Géologie. 2 v. ill.
Clavé (J.). Etudes sur l'économie forestière. 1 v.
Cloquet (J.). Dictionnaire de Médecine. 2 v.
Clot-Bey. De la peste observée en Egypte. 1 v.

Coffin (A.-J.). Guide botanique de la santé. 1 v.
Collin (G.). Traité de physiologie comparée des animaux. 1 v.
Collin de Plancy. Dictionnaire infernal 1 v.
Collot (E). Traité spécial de la vache laitière. 1 v.
Congrès international des Américanistes. 1re Session, Nancy, 1875. 1 v. 2e Luxembourg, 1877. 1 v.
Congrès des Vignerons. Dijon. 1 v. Marseille. 1 v.
Constantin James (Dr). Guide aux eaux minérales. 1 v. Darwin et le Darwinisme. 1 v.
Conte (A.). Organisation de l'homme. 1 v. et atlas.
Contejean (Ch). Eléments de Géologie et de Paléontologie. 1 v.
Coq (Richard). Cœurs d'économie industrielle. 1 v.
Cordier. Agriculture de la Flandre française. 1 v. et atlas. De la navigation intérieure. 1 v.
Cordier. La France et l'Angleterre. 1 v.
Cornu (Maxime). Etudes sur le phylloxéra. 1 v. ill.
Cortambert (E. et B.). Les trois règnes de la nature. 1 v.
Cossonnet. Pratique raisonnée de la taille des arbres fruitiers. 1 v.
Coste Cours d'embryogénie comparée. 1 v. et atlas.
Cotta (H.). Principes de science forestière. 1 v.
Coutance. Histoire du Chêne. 1 v.
Couverchel. Traité des fruits. 1 v.
Couzi. Promenades autour d'un laboratoire. 1 v.
Cros (A.). Les fonctions supérieures du système nerveux. 1 v.
Cruvelhier (docteur Louis). Œuvres choisies. 1 v.
Cuvier (Georges). Anatomie comparée. 8 v. Cétacés et Baleines. 1 v. Discours sur les révolutions du Globe. 1 v. Histoire des progrès des sciences naturelles. 5 v. Histoire des sciences naturelles. 1 v. Le Règne animal. 5 v.
Daguin. Traité élémentaire de Physique. 4 v.
Dalican et F. Jean. Méthodes chimiques. 1 v.
Danielo (Julien). Le tableau de l'Univers. 1 v.
Darcy (Henri) Pavage et macadamisage. 1 v.
Daremberg (Charles). La Médecine. Histoire et doctrine. 1 v. La Médecine dans Homère. 1 v.
Darwin (Charles). La faculté motrice des plantes. 1 v. Rôle des vers de terre dans la formation de la terre végétale. 1 v. La descendance de l'Homme. 1 v. L'expression des émotions chez l'homme et chez les animaux. 1 v. L'origine des espèces. 1 v. Des effets de la fécondation croisée et de la fécondation directe dans le règne végétal. 1 v. De la fécondation des orchidées par les insectes. 1 v. Les plantes grimpantes. 1 v. Les plantes insectivores. 1 v. Variations des animaux et des plantes. 1 v. Les récifs de corail. 1 v.
Daubrée. Les régions invisibles du Globe et les espaces célestes. 1 v.
Davy (Humphrey). Chimie agricole. 2 v.
Davy (Marie-H). Les mouvements de l'atmosphère et des mers au point de vue de la prévision du temps. 1 v.
Debray et Joly Cours de Chimie. 1 v.
Decaisne et Naudin Manuel de l'amateur de jardins. 4 v.
Decourcelle (A). Les formules du docteur Grégoire. 1 v.
Deherain. Cours de chimie agricole. 1 v. Annuaire scientifique, 1869. 1 v.
Delaage (H.). Le monde occulte ou les mystères du Magnétisme. 1 v.

Delabèche (M.). L'art d'observer en Géologie. 1 v. Coupes et vues. 1 v. Manuel géologique. 1 v. Théorie géologique. 1 v.
Delahaye (Ph.). L'année électrique. 1 v.
Delaunay (Ch.). Cours élémentaire d'Astronomie. 1 v. Cours élémentaire de Mécanique théorique et appliquée. 1 v.
Delbruck Récréations instructives. 4 v. ill.
Deleschamps (Albert). Etude physique des sens de la parole. 1 v.
Delestre J.-B.). De la Physionomie. 1 v.
Delpech et Coste. Génération des mammifères. 1 v.
Demangeon Physiologie intellectuelle. 1 v.
Deplanque. La tenue des livres. 1 v.
Depping (Guill). Merveilles de la force et de l'adresse. 1 v. ill. (Bibl. des merveilles) Beautés de la nature. 1 v.
Desbarolles. Les mystères de la main. 1 v.
Desboves (A.) Questions d'algèbre élémentaire. 1 v.
Descars Elagage des arbres 1 v.
Descieux (docteur). Influence de l'état moral de la société sur la santé publique. 1 v.
Desmoulins (Mme Gustave). Les maisons des bêtes. 1 v.
Destremx (Léonce) Essai d'Economie rurale et d'Agriculture pratique. 1 v.
Dethumen. Influence du prix des grains sur le système de culture. 1 v.
Devay (Fr.) Perfectionnement de l'homme. 2 v. Traité spécial de l'hygiène des familles. 1 v.
Dezeimis. Conseils aux agriculteurs. 1 v.
Dickson. De l'agriculture des anciens 2 v.
Dictionnaire des Arts et Manufactures (Laboulaye). 2 v.
Dictionnaire du commerce et de la Navigation. 2 v.
Dictionnaire des dictionnaires de médecine. 1 v.
Dictionnaire des sciences médicales et vétérinaires, publié par Raige, Bouley, Daremberg et Mignon, 1863. 1 v.
Dictionnaire général des Sciences. Primat, Deschanel et Focillon. 4 v.
Dieulafait Diamants et pierres précieuses. 1 v ill. (Bibl des merveilles).
Domalius. Eléments de Géologie 1 v. Introduction à la Géologie. 1 v.
Dombasle (Mathieu de). Annales de Baville. 9 v. Haras et remontes. 1 v.
Draboy Questionnaire du cultivateur. 1 v.
Draparnaud Histoire des mollusques. 1 v.
Dubois. Méthodes pour reconnaître les plantes de la France. 1 v.
Dubreuil (A). Cours théorique et pratique d'horticulture. 1 v.
Du Fouillou (Jacques) La Vénerie. 1 v.
Dufrenoy et Elie de **Beaumont**. Géologie de la France. 4 v.
Dujardin Les Helminthes. 1 v. Les Infusoires. 1 v.
Dumas (J.-B.). Chimie appliquée aux arts 6 v. et atlas.
Dumas (V.-J.). La science des fontaines. 1 v.
Du Moncel (comte). Revue des applications de l'Electricité, 1859. 1 v. Exposé des applications de l'électricité. 3 v. L'éclairage électrique. 1 v. ill. (Bibl. des merveilles). Le Téléphone, le Microphone et le Phonographe. 1 v. ill. (id.).
Du Moncel (comte) et **Franck-Geraldy**. L'Electricité comme force motrice. 1 v. (Bibl. des merveilles).
Dumont (Aristide). Des travaux publics dans leurs rapports avec l'Agriculture. 1 v.

Dumont (L.). Théorie scientifique de la sensibilité. 1 v. Des causes du Rêve. 1 v. Kœkel et la théorie de l'Evolution en Allemagne. 1 v.
Dupaigne (Albert). Les montagnes. 1 v. ill.
Dupasquier et Niepce. Histoire chimique, médicale et topographique de l'établissement d'Allevard. 1 v.
Dupont et Bouquet de la Grye. Les bois indigènes et étrangers. 1 v.
Dupuy de Lôme. Note sur l'aérostat à hélice. 1 v.
Durand-Fardel. Dictionnaire général des eaux minérales. 2 v.
Duvergié. Traité de médecine légale. 3 v.
Du Vinage. Manuel des constructions rurales. 1 v.
Ecole de Salerne (l'). Texte latin et trad. de Ch. Meaux, suivis de la sobriété, par Cornaro. 1 v.
Edgewosth (Richard-Lowe). Constructions des routes. 1 v.
Eichtal (Gustave d'). Lettres sur la race noire et la race blanche. 1 v.
Emery (H.). La vie Végétale. 1 v. ill.
Encyclopédie moderne, par Regnier. 30 v. Dont 3 de planches.
Encyclopédie pratique de l'Agriculture. 13 v.
Engelhard (Maurice). La chasse dans la vallée du Rhin. 1 v.
Ernouf (baron). L'art des jardins. 2 v.
Esquirol. Des maladies mentales. 2 v. ill.
Estreillis (baron d'). Les chevaux de pur sang. 1 v.
Fabre d'Evieu (abbé). Les origines de la terre et de l'homme. 1 v.
Faivre. De la variabilité des espèces. 1 v.
Falsan. La période glaciaire. 1 v.
Faraday. Histoire d'une chandelle. 1 v.
Faye (H.). De l'origine du Monde. 1 v.
Fernet (E.). Précis de Physique. 1 v.
Ferrier (David). Les fonctions du cerveau. 1 v.
Ferrière (Emile). La matière et l'énergie. 1 v.
Figuier (Louis). Les mystères de la Science. 1 v. ill. Les dernières conquêtes de la Science. 1 v. ill. L'Alchimie et les Alchimistes. 1 v. L'année scientifique, 1857 à 1891. 35 v. Table décennale, 1856-1865. 1 v. Les applications nouvelles de la Science à l'Industrie. 1 v. Histoire des plantes. 1 v. Histoire du Merveilleux dans les temps modernes. 4 v. Histoire des principales découvertes scientifiques modernes. 4 v. L'homme primitif. 1 v. Le lendemain de la mort. 1 v. Les merveilles de l'Industrie. 4 v. Les merveilles de la Science. 4 v. Les poissons, les reptiles, les oiseaux. 1 v. Les races humaines. 1 v. Le savant du foyer. 1 v. La terre avant le déluge. 1 v. La terre et les mers. 1 v. Vie des savants illustres du Moyen âge, de la Renaissance et du XVIIe siècle. 3 v. Connais-toi toi-même. 1 v. Le Téléphone. 1 v.
Flammarion (Camille). Dans le ciel et sur la terre. 1 v. ill. Le monde avant la création de l'homme. 1 v. ill. Astronomie populaire. 1 v. ill.
Flandin (Charles). Principes et philosophie de la Chimie moderne. 1 v.
Fliche. Manuel de botanique forestière. 1 v.
Flourens (P.). Buffon. Histoire de ses travaux. 1 v. Des manuscrits de Buffon. 1 v. Examen du livre de M. Darwin sur l'origine des Espèces. 1 v. Examen de la Phrénologie. 1 v. Histoire de la découverte de la circulation du sang. 1 v. De la longévité humaine. 1 v. Ontologie naturelle ou étude philosophique des êtres. 1 v. De la Raison, du Génie et de la Folie. 1 v. De l'instinct des animaux. 1 v. Travaux de G. Cuvier. 1 v. De l'unité de composition dans le règne animal. 1 v. De la vie et de l'intelligence. 1 v.

Foissac (P.). Influence des climats sur l'homme. 1 v. Autre édition. 2 v. Météorologie. 2 v. La longévité humaine. 1 v.
Fontaine. Eclairage par l'Electricité. 1 v.
Fontoulieu (de). Astronomie moderne. 1 v.
Font-Recuix (H. de). Les canaux. 1 v.
Fonvielle (Wilfrid de). Histoire de la Lune. 1 v. Les merveilles du monde invisible. 1 v. ill. (Bibl. des merveilles). Les drames de la Science : la pose du premier cable. 1 v. Les charlatans de la Science. 1 v.
Forel (Auguste). Les fourmis de la Suisse. 1 v. ill.
Fortoul (L.). Les distractions utiles. 1 v.
Foudras (Marquis de). La vénerie moderne. 1 v.
Foville. Influence des vêtements sur les organes. 1 v. La France économique. 1 v.
Franck. (W.). Les vins du Médoc et les autres vins. 1 v.
Francklin (John) et **Esquiros.** La vie des animaux. Le monde des métamorphoses. 1 v.
Francœur. Uranographie. 1 v.
Franconi (V.). Cours d'éducation pratique : le cavalier. 1 v. L'écuyer. 1 v.
Frédault. Traité d'Anthropologie. 1 v.
Fredol. Le monde de la mer. 1 v. ill.
Freycinet (de). Principes de l'assainissement des villes. 1 v. et atlas.
Fuchs. Les volcans et les tremblements de terre. 1 v. ill.
Fuster. Changement du climat de la France. 1 v.
Galien. Œuvres, tr. Daremberg. 2 v.
Gall. Fonctions du cerveau. 6 v.
Gand. Distribution géologique des arbres en Europe. 1 v.
Gannal. Traité des embaumements. 1 v. Mort réelle et mort apparente. 1 v.
Ganot. Cours de physique expérimentale. 1 v. ill.
Garnier (Jules). Le fer. 1 v. ill. (Bibl. des merveilles).
Gasparin (comte Agénor de). Des tables tournantes et du Magnétisme. 1 v. Principes d'Agronomie. 1 v. Cours d'Agriculture. 5 v.
Gaubert Etudes sur les vins et les conserves. 1 v.
Gaudin (M.-A.). L'architecture du monde des atomes. 1 v.
Gaudry (A.). Les enchaînements du monde animal dans les temps géologiques. 1 v.
Gauthier (Aubin). Traité pratique du Somnambulisme et du Magnétisme. 1 v.
Gautier (Théophile). La Nature chez elle. 1 v.
Gayot (Eugène). Achat du cheval. 1 v.
Geoffroy Saint-Hilaire (E.). Principes de philosophie zoologique. 1 v.
Geoffroy Saint-Hilaire (Is.). Histoire générale et particulière des anomalies de l'organisation chez l'homme et chez les animaux. 3 v. (Atlas). Essais de zoologie générale. 1 v. Acclimatation et domestication des animaux utiles. 1 v. Lettres sur les substances alimentaires et notamment sur la viande de cheval. 1 v.
Gérando (J.-M. de). Des progrès de l'Industrie. 1 v.
Germain de Saint-Pierre. Nouveaux dictionnaire de botanique. 1 v.
Gigot-Suard Des climats sous le rapport hygiénique et médical. 1 v.
Girard (Jules). Le monde microscopique des eaux. 1 v. Les explorations sous-marines. 1 v. Les plantes vues au microscope. 1 v. ill. (Bibl. des merveilles).
Girard (Maurice). Les métamorphoses des insectes. 1 v. (Bibl. des merveilles).
Girardin (J.-P.-L.). Chimie agricole du sol arable. 1 v. Mélanges d'Agriculture, d'Economie rurale et publique. 1 v.

Gobin (A.). Traité des animaux de basse-cour. 1 v.
Gobineau (comte de). Essai sur l'inégalité des races humaines. 1 v.
Godefroy (Fr.). Les quatre premiers jours de la Genèse en présence de la science moderne. 1 v.
Gœthe. Œuvres d'histoire naturelle. 1 v. et atlas.
Gœthals (Ernest). Les cures pittoresques de l'abbé Kneipp à Worishofen. 1 v. ill.
Gougenot des Mousseaux. Dieu et les Dieux. 1 v. La Magie au xixe siècle. 1 v. Mœurs et pratique des démons 1 v.
Goureau (colonel). Les insectes nuisibles aux plantes. 2 v.
Gouzy (P.). Voyage d'une fillette au pays des étoiles. 1 v. ill.
Graffigny (H. de). Les moteurs anciens et modernes. 1 v. (Bibl. des merveilles).
Gratiolet. De la Physionomie et des mouvements d'expression. 1 v.
Gressent L'arboriculture fruitière. 1 v. Le potager moderne. 1 v.
Grimard. La Botanique à la campagne. 1 v. La goutte de sève. 1 v. Le Jardin d'Acclimatation. 1 v. ill. La plante. 2 v.
Grimaud de Caen. Des eaux publiques. 1 v.
Grisier. Les armes et le duel. 1 v.
Gronier Multiplication et perfectionnement des animaux domestiques. 1 v.
Gubler. Commentaires thérapeutiques du Codex. 1 v.
Gueffier L'herbier forestier. 2 v. ill.
Gueymard Recueil d'analyses chimiques à l'usage de l'agriculture.
Guignet (Ch.-Fr.). Les couleurs 1 v. ill. (Bibl. des merveilles).
Guillemard (C.-N). La pêche à la ligne et au filet dans les eaux douces. 1 v.
Guillemin (Amédée). La neige, la glace et les glaciers. 1 v. ill. Les chemins de fer. 2 v. (Bibl. des merveilles). Les nébuleuses. 1 v. ill. Le Magnétisme et l'Electricité. 1 v. ill.
Guilloud Physique appliquée aux arts. 1 v.
Guyetant Essai sur l'agriculture dans le département du Jura. 1 v.
Guynemer. Dictionnaire d'Astronomie 1 v.
Guyot (d^r). Etudes sur les vignobles de la France. 3 v. Culture de la vigne et vinification. 1 v.
Haeckel (E.). Histoire de la création naturelle. 1 v. ill.
Hamy. Paléontologie humaine. 1 v.
Hardy (J.-A). Traité de la taille des arbres fruitiers. 1 v.
Hartman (B). Les singes anthropoïdes. 1 v.
Hays. Le Merlerault. 1 v.
Hélène (Maxime). La poudre à canon et les nouveaux corps explosifs. 1 v. (Bibl. des merveilles).
Helmotz Théorie physiologique de la musique. 1 v.
Hennecquand. Betteraves à sucre. 1 v.
Herschell. Traité de l'Astronomie. 1 v.
Hervey (Léon d'). Agriculture des Chinois. 1 v.
Heuzé (Gustave). Les plantes alimentaires. 2 v. atlas. Matières fertilisantes. Engrais. 1 v.
Hirn (G.-A.). Théorie mécanique de la Chaleur. 1 v. Exposition de la théorie mécanique de la Chaleur. 2 v. Conséquences philosophiques et métaphysiques de la Thermo-dynamique. 1 v.
Hœfer (Ferdinand). Histoire de la Chimie. 2 v. Le monde des bois. 1 v. Les saisons. 1 v.
Hollard. De l'homme et des races humaines. 1 v.

Holmgren. De la cécité des couleurs dans ses rapports avec les chemins de fer et la marine. 1 v.
Hospitalier (E.). Les principales applications de l'Electricité. 1 v. ill.
Houdetot (Adolphe d'). Le chasseur rustique. 1 v. Braconnage et contre-braconnage. 1 v. La petite vénerie ou la chasse au chien courant. 1 v.
Houssay (F.). Industrie des animaux. 1 v.
Houzeau. Etude sur les facultés mentales des animaux. 2 v.
Humboldt (Al. de) Cosmos. Essai d'une description physique du globe. 4 v. Gisement des roches. 1 v. Mélanges 1 v. Tableaux de la nature 2 v.
Huxley (Th. H.) L'écrevisse. 1 v. Les sciences naturelles 1 v. Leçons de physiologie élémentaire. 1 v. La place de l'Homme dans la nature. 1 v. Les sciences naturelles et les problèmes qu'elles font surgir. 1 v. Les problèmes de la Biologie. 1 v.
Huzar (Eugène). La fin du monde par la science. 1 v.
Izard (docteur A.). Hygiène du teint 1 v.
Jacoby (docteur Paul). Etudes sur la sélection dans ses rapports avec l'hérédité chez l'homme. 1 v.
Jacque (Charles) Le poulailler. 1 v.
Jagnaux (Raoul). Histoire de la Chimie. 2 v.
James (dr Constantin). Darwin et le darwinisme. 1 v. Propriétés pratiques des eaux minérales. 1 v.
James et Johnston. Chimie agricole et géologie. 1 v.
Jannetaz (Ed.) Diamants et pierres précieuses. 1 v. ill.
Jobard (Eugène) Utilité des abeilles La première ruche. 1 v.
Jobad (J.-B.-A.-M.). Les nouvelles inventions aux expositions universelles. 2 v.
Joigneaux. Chimie agricole 1 v. Le livre de la ferme. 2 v.
Joly. Traité pratique du chauffage et de la ventilation. 1 v.
Josat De la mort et de ses caractères. 1 v.
Joulin. Les causeries du docteur. 1 v.
Jourdanet (dr). Du Mexique au point de vue de son influence sur la vie de l'homme. 1 v. Influence de la pression de l'air. 2 v.
Jouvencel (Paul). Les commencements du monde. Genèse selon la science. 1 v. Les déluges 1 v. La vie. 1 v.
Julien (Ernest). La chasse, son histoire, sa législation. 1 v.
Julien (Félix). Courants et révolutions de l'atmosphère et de la mer. 1 v. Harmonies de la mer. 1 v.
Julien (Stanislas). Industrie ancienne et moderne des Chinois. 1 v.
Karr (Alphonse) Le crédo du jardinier. 1 v. Dictionnaire du pêcheur. 1 v.
Kirvan (de). Les conifères indigènes et exotiques. 2 v.
Klée. Le Déluge. 1 v.
Kneipp (Séb.). Vivez ainsi ou avis et conseils pratiques pour vivre en bonne santé. 1 v. Ma cure d'eau. 1 v.
Kobell (de). Les minéraux, tr. de l'allemand, édition revue par Pisani. 1 v.
Kœnitz. Cours complet de Météorologie. 1 v.
Koltz Traité pratique de Pisciculture. 1 v.
Kuhlmann. Recherches scientifiques et publications diverses. 1 v. Silicatisation. 1 v. Expériences chimiques et agronomiques. 1 v.
La Blanchère (H. de). Voyage au fond de la mer. 1 v. L'esprit des poissons. 1 v. Les ravageurs de forêts. 1 v. Les oiseaux utiles et les oiseaux nuisibles. 1 v.
Lacordaire (Th.). Entomologie. 1 v.

Lacordaire et Chapuis. Suite à Buffon, 12 v. et atlas.
Lacroix-Daullard. La plume des oiseaux. 1 v.
Ladrey. Chimie appliquée à la viticulture. 1 v. L'art de faire le vin. 1 v.
Laffineur (J.). L'ingénieur agricole et hydraulique. 1 v.
Laffite (Paul). La parole. 1 v. ill. (Bibl. des merveilles).
Lafontaine (Ch.), L'art de magnétiser. 1 v.
Lagrange (d^r Fernand). L'hygiène de l'exercice chez les enfants et les jeunes gens. 1 v. L'exercice chez les enfants et les jeunes gens. 1 v. De l'exercice chez les adultes. 1 v. Physiologie des exercices du corps. 1 v.
Laguesse (docteur). Promenades botaniques. 1 v.
Lalanne (Ludovic). Curiosités des inventions et des découvertes. 1 v.
Lamé. Cours de Physique. 3 v.
Lamé-Fleury. Code annoté des chemins de fer en exploitation, 1872. 1 v.
Landrin (Amédée). Les inondations. 1 v. ill. (Bibl. des merveilles). Les monstres marins. 1 v. ill. (Bibl. des merveilles).
La Neuville (vicomte de). La chasse au chien d'arrêt. 1 v.
Laplace. Système du monde. 1 v.
Lapparent (A. de). Cours de Minéralogie. 1 v. ill. Traité de Géologie. 1 v.
La Rue marquis de **Cherville** et E. **Bellecour.** Le chien d'arrêt. 1 v. ill.
Lassaigne. Abrégé élémentaire de Chimie. 2 v. et atlas.
Laugel (Auguste). Études scientifiques. 1 v. Migration des animaux. 1 v. L'Optique et les Arts. 1 v. Les problèmes de la Nature. 1 v. Les problèmes de la Vie. 1 v.
Laurencin. Le télégraphe. 1 v. La pluie et le beau temps. 1 v.
Lausseure (J.). Les grands vins de table. 1 v.
Lavater. La Physiognomonie. 1 v.
Lavergne (L. de). Économie rurale de la France depuis 1789. 1 v. L'agriculture et le xviiie siècle. 1 v. Essai sur l'économie rurale de l'Angleterre. 1 v.
Le Blant (V.-F.). Manuel complet de l'amélioration des liquides. 1 v.
Lebrumont (B.-H.). De la nutrition. 1 v.
Leclerc-Thouin. L'agriculture de l'ouest de la France. 1 v.
Leconte. Grammaire horticole. 1 v.
Lecoq (Henri). Traité des plantes fourragères. 1 v. Le monde des fleurs. 1 v. De la fécondation des végétaux et de l'hybridation. 1 v.
Le Couteux de Canteleu (le comte). Manuel de la vénerie française. 1 v. ill.
Ledieu (A.). Traité élémentaire des appareils à vapeur de navigation. 3 v. et 5 d'atlas.
Lefebvre (Eugène). Le sel. 1 v. (Bibl. des merveilles).
Legrand du Saulle. Le délire des persécutions. 1 v.
Le Hon (H.). Périodicité des grands déluges. 1 v. L'homme fossile en Europe. 1 v.
Lejeune. Lecture sur la géologie de la France. 1 v.
Lelieur (comte). La Pomone française. 1 v.
Lelut. La Phrénologie, son histoire, sa condamnation. 1 v. Physiologie de la pensée. 2 v. Le démon de Socrate. 1 v. L'amulette de Pascal. 1 v.
Lemaout. Traité de Botanique. 1 v.
Lemaout et Ducaisne. Traité général de Botanique. 1 v. ill.
Lenormant (François). Les sciences occultes en Asie. 1 v.
Leow. Éléments d'Agriculture. 2 v.
Lepelletier de Saint-Fargeau. Hymnoptères. 4 v.
Lepère (A.). Pratique raisonnée de la taille du pêcher. 1 v.

Le Pileur (A.). Le corps humain. 1 v. ill. (Bibl. des merveilles).
Leroy (Em.). Le suicide et les maladies mentales. 1 v.
Lesbazeille. Le monde polaire. 1 v. ill. (Bibl. des merveilles). Les forêts. 1 v. ill. (id.).
Lesson. Compléments à Buffon : races humaines et mammifères. 2 v. Zoophytes accolephes. 1 v.
Lévy (dr Michel). Traité d'hygiène publique et privée. 2 v.
Lévy (A. Michel). Structure et classification des roches éruptives. 1 v.
Liais. L'espace céleste et la nature tropicale. 1 v. ill.
Limier (Docteur). De l'influence des grandes commotions publiques et sociales sur le développement des maladies mentales. 1 v.
Lombroso. L'homme criminel. 1 v. et atlas. L'anthropologie criminelle et ses récents progrès. 1 v. ill.
Londe. Gymnastique médicale. 1 v.
Lopez. Les races aryennes du Pérou. 1 v.
Lorentz et Parade. Cours élémentaire de culture des bois. 1 v.
Lotze (H.). Principes généraux de physiologie physiologique. 1 v.
Louandre (L.). La Sorcellerie. 1 v.
Lubbock (sir John). De l'origine et des métamorphoses des insectes. 1 v Fourmis, abeilles et guêpes. 1 v.
Luys. Le cerveau. 1 v.
Lyell (sir Charles). Eléments de Géologie. 2 v. ill. Principes de Géologie. 2 v. ill. Manuel de Géologie élémentaire. 2 v. L'homme en France. 1 v.
Mabru (G.). Les magnétiseurs jugés par eux-mêmes. 1 v.
Macé (Jean). Histoire d'une bouchée de Paris. 1 v. L'arithmétique du grand papa. 1 v.
Macquart Diptères. 1 v.
Magendie. Précis de Physiologie. 2 v. Phénomènes physiques de la Vie. 4 v.
Magy. De la Science et de la Nature. 1 v. La Raison et l'Ame. 1 v.
Magne (E.-M.). Etudes sur les races d'animaux domestiques. 2 v.
Maindron (Maurice). Les papillons. 1 v. ill.
Maison rustique (la) au XIXe siècle. 5 v.
Malezieux (Fr.). Etudes agricoles sur la grande Bretagne. 1 v.
Mangin (Arthur). Voyage scientifique autour de ma chambre. 1 v. Les mystères de l'Océan. 1 v. ill.
Manteufel (de). L'art de planter. 1 v.
Manuel de gymnastique hygiénique et médicale. 1 v.
Marey (E.-G.). Le vol des oiseaux. 1 v. ill. La machine animale. 1 v.
Marey-Monge (général). Mémoire sur les armes blanches. 1 v.
Margollé. Les phénomènes de la mer. 1 v.
Marion. Les Merveilles de la végétation. 1 v. ill. (Bibl. des merveilles). Les ballons. 1 v. ill. (id).
Martin (Jules). De la zone à avicula contorta et du bone bed. 1 v. Limon rouge et limon gris. 1 v. Le callovien et l'oxfordien. 1 v. Mers jurassiques. 1 v. Description du groupe bathonien. 1 v. Zone à avicula contorta à étage rhétien. 1 v.
Marzy. L'Hydraulique. 1 v. ill. (Bibl. des merveilles).
Mascart. Traité de l'électricité statique. 2 v.
Massé (J.). Encyclopédie de la santé. 4 v. Atlas d'anatomie descriptive. 1 v.
Mathieu (E). Etudes cliniques sur les maladies des femmes. 1 v.
Maudsley. Le crime et la folie. 1 v. Physiologie de l'esprit. 1 v.

Maumené. Indications théoriques et pratiques sur le travail des vins. 1 v.
Maurial. L'art de boire, de connaître et d'acheter les vins. 1 v.
Maurice (Ferdinand). La France agricole et agraire. 1 v.
Maurin (Am.) Le typhus des Arabes, épidémie de 1868. 1 v. La saison d'hiver en Algérie. 1 v.
Maury (Alfred). La terre et l'homme. 1 v. La Magie et l'Astrologie. 1 v. Le sommeil et les rêves. 1 v.
Maury (Commodore). Le monde où nous vivons. 1 v. Géographie physique de la mer. 1 v. et atlas.
Mazure. Le champ de blé. 1 v.
Menault (Ernest). L'intelligence des animaux. 1 v. Les insectes considérés comme nuisibles à l'agriculture. 1 v.
Menault et Boillot. Mouvement scientifique en 1864. 2 v.
Menière (P.). Etudes médicales sur les poètes latins. 1 v.
Menville du Ponsan. Histoire philosophique et médicale de la femme. 3 v.
Meray (Ch.). Considérations sur l'enseignement des mathématiques. 1 v.
Mettais (H). Paris avant le déluge. 1 v.
Meunier (Stanislas). Excursions géologiques à travers la France. 1 v. ill. La planète que nous habitons. 1 v. ill.
Michaud (André-Louis). Complément à l'histoire des mollusques de Draparnaud. 1 v.
Michelet (J). La Montagne. 1 v. La Mer. 1 v. L'Oiseau. 1 v. L'Insecte. 1 v.
Miége (B.). Notions élémentaires de Physique et de Chimie. 1 v.
Mignien et Prat Dictionnaire des vins et spiritueux 1 v.
Millet (C.). Les merveilles des fleuves et des ruisseaux. 1 v. ill. (Bibl. des merveilles). La culture des eaux 1 v.
Millet (Mme). Le jardinier des fenêtres. 1 v. La Routine vaincue par le Progrès. 1 v.
Milne Edwards Notions préliminaires de Zoologie. 1 v. Leçons de Physiologie et d'anatomie comparées. 2 v. Crustacés. 3 v. et atlas. L'Instinct et l'Intelligence des Animaux. 1 v.
Miot (Henri). Les Insectes auxiliaires et les Insectes nuisibles. 1 v.
Mireville (marquis de). Des esprits et de leurs manifestations fluidiques. 1 v.
Moleschott. La circulation de la Vie. 2 v.
Monckoven (Van) Traité de Photographie. 1 v.
Monfalcon et Polinion. Traité de la Salubrité dans les grandes villes. 1 v.
Monthois (Robert). La noble et furieuse Chasse au cerf. 1 v.
Moreau et Daverne Manuel pratique de la culture maraîchère en France. 1 v.
Moreau de Jonnès Etat économique et social de la France depuis Henri IV jusqu'à Louis XIV. 1 v. Eléments de Statistique. 1 v. Statistique de l'Agriculture en France. 1 v. Statistique de l'Industrie en France. 1 v.
Moreau de Tours. Les Facultés mentales considérées au point de vue médical. 1 v.
Morel (B.-A.). Traité des dégénérescences physiques, intellectuelles et morales de l'Espèce humaine. 1 v. et atlas.
Morel (J.-M.). Théorie des Jardins. 2 v.
Morelet (A.). Mollusques du Portugal. 1 v.
Morin (Général). Manuel pratique de chauffage et de Ventilation. 1 v.
Morlot (P.-R.). Un octogénaire ; mon hygiène ou le secret de vieillir. 1 v.
Mortillet (P. de). Les meilleurs fruits. 5 v. Quarante poires pour les mois de juillet à mai. 1 v.

Mouchot. La réforme cartésienne dans les mathématiques. 1 v. La chaleur solaire dans ses applications. 1 v.
Moulidaro (C. de). Grande Encyclopédie méthodique universelle illustrée des Jeux. 1 v. ill.
Mouniez. De l'Agriculture en France. 2 v.
Moustey (F.). Système du monde. 1 v.
Moynet. L'envers du Théâtre. 1 v. ill. (Bibl. des merveilles).
Mueller (J.). Manuel de Physiologie. 2 v.
Mulder. Le guide du Brasseur, tr. du hollandais. 1 v.
Muntz et Girard. Les engrais. 3 v.
Musée entomologique. Les Coléoptères. 1 v.
Mutel. Traité élémentaire d'Astronomie. 1 v.
Nansouty (Max de). L'année industrielle. 1 v.
Naquet (A.). Principes de Chimie. 1 v.
Narjoux (Félix). Histoire d'un pont. 1 v. (Bibl. des merveilles).
Neveu de Rotry. Problème d'Agriculture. 1 v.
Nicholson. Le mécanicien anglais. 4 v. et atlas.
Nightingale (miss). Des soins à donner aux malades. 1 v.
Noblet-Beckworth. Le Chasseur. 1 v.
Noel (Eugène). La campagne. 1 v. La vie des fleurs et des fruits. 1 v.
Noirot. Culture des forêts. 1 v. Manuel de l'estimateur des forêts. 1 v.
Noirot (Docteur). L'art d'être malade. 1 v. A travers l'Hygiène. 1 v.
Nollet (abbé). Leçons de Physique. 1 v.
Noraud. Botanique à ma fille. 1 v.
Odart. Culture de la Vigne. 1 v. Ampélographie. 1 v.
Odling (W.). Les métamorphoses du Carbone. 1 v.
Ogerien et Michalet. Histoire naturelle du Jura. 1 v.
Omalius d'Halloy (d'). Eléments de Géologie. 1 v. Introduction à la Géologie. 4 v. Des Races humaines. 1 v.
Orbigny (Alcide d'). Dictionnaire universel d'Histoire naturelle. 16 v. Atlas. 3 v. Cours élémentaire de Paléontologie et de Géologie (Atlas). 3 v. L'Homme de l'Amérique Méridionale. 2 v.
Orbigny (d') **et Gente.** Géologie appliquée aux Arts et à l'Agriculture. 1 v.
Orfila. Traité de médecine légale. 4 v. et atlas.
Page (David). Géologie technologique, tr. Meunier. 1 v.
Pape-Carpentier (Mme). Histoire et leçons de choses pour les Enfants. 1 v. (Bibl. rose).
Papillons de France (les). 1 v. ill.
Paramelle (abbé). L'Art de découvrir les sources. 1 v.
Paravey. Origine des chiffres et des lettres. 1 v. et atlas.
Parent-Duchatelet. Hygiène publique. 2 v.
Pareto (Raphaël). Irrigation et assainissement des terres. 1 v. et atlas.
Pariset (Ernest). Histoire de la soie. 2 v.
Parville (Henri de). Un habitant de la planète Mars. 1 v. Causeries scientifiques. 15 v. L'Electricité et ses applications; Exposition de Paris. 1 v. ill. La clé de la Science. 1 v. ill.
Pasteur. Etudes sur le vin et ses maladies. 1 v.
Patissier. Traité des maladies des artisans et de celles qui résultent de diverses professions.

Pau, Eaux Bonnes, Eaux chaudes, 1858. 1 v.
Paulet (Maxime). L'Engrais humain. 1 v.
Payen (A.). Chimie industrielle. 2 v. (Atlas). Traité complet de Distillation. 1 v. Des substances alimentaires. 1 v.
Payen et Richard. Précis d'Agriculture. 2 v.
Peclet. Applications de la chaleur. 2 v. et atlas.
Pecqueur. Le Commerce et l'Industrie sous l'influence de la vapeur. 2 v.
Pelletan (J.). Le Microscope et ses applications. 1 v.
Pelouze. Secrets modernes des Arts et Métiers. 3 v.
Pennetier (dr). L'origine de la Vie. 1 v.
Perdonnet (Auguste). Traité élémentaire des chemins de fer. 4 v.
Persos. Nouveau procédé pour la culture de la vigne. Brochure.
Petit-Laffitte. La vigne dans le Bordelais. 1 v.
Petrequin (J.-E.) et **Socquet** (A.). Traité général pratique des eaux minérales de la France et de l'étranger 1859. 1 v.
Pettigrew. La locomotion chez les animaux. 1 v.
Pictet (S.-J.). Traité de Paléontologie. 4 v. et atlas.
Piesse. Des odeurs ; des parfums. 1 v.
Pietrement. Les origines du cheval domestique. 1 v.
Pignant (P.). De l'assainissement des villes. 1 v.
Piorry (P.-A.). La médecine du bon sens. 1 v.
Pizzeta (J.). L'Aquarium d'eau douce et d'eau de mer. 1 v. Dictionnaire populaire d'histoire naturelle. 1 v. Quinze Jours au bord de la mer. 1 v.
Planchon. Les vignes américaines. 1 v.
Plessix (H.). L'Astronomie de la Jeunesse. 1 v.
Pline le Naturaliste. Œuvres, texte et trad. 20 v. (Bibl. Panckouke).
Porez (J.). Les abeilles. 1 v. ill. (Bibl. des merveilles).
Potré. Simples lectures sur les principales industries. 1 v.
Pouchet. Génération spontanée. 1 v. Pluralité des races humaines. 1 v. L'Univers infiniment grand, les infiniment petits. 1 v.
Pouillet. Eléments de Physique. 4 v.
Prévost (F.). Les animaux d'appartements et de jardins. 1 v.
Prévost et Jollivet. L'escrime et le duel. 1 v.
Primes (les) d'honneur dans les concours généraux, en 1867. 1 v.
Pritchard. Histoire naturelle de l'homme. 2 v. Trois cents animalcules infusoires. 1 v.
Privat, Deschenel et Focillon. Dictionnaire général des sciences théoriques et appliquées. 2 v.
Puvis. Culture de la vigne et fabrication du vin. 1 v.
Quatrefages (A. de). Métamorphoses de l'homme et des animaux. 1 v. La race prussienne. 1 v. Souvenirs d'un naturaliste. 2 v. Rapports sur les progrès de l'anthropologie. 1 v. Unité de l'espèce humaine. 1 v. L'espèce humaine. 1 v. Darwin et ses précurseurs français. 1 v. Hommes fossiles et hommes sauvages. 1 v. ill.
Quetelet. Anthropométrie. 1 v. Essai de physique sociale sur l'homme et le développement de ses facultés. 1 v.
Radau. L'acoustique. 1 v. ill. (Bibl. des merveilles). Le magnétisme. 1 v. ill. (id.)
Raige. Dictionnaire des sciences médicales et vétérinaires. 1 v.
Rambur. Névroptères. 1 v.
Rapport du jury international de l'exposition de 1862. 7 v.

Raspail. Physiologie végétale. 2 v. Nouveau système de chimie organique. 3 v. De la santé et de la maladie. 2 v.

Raulin et Leymerie. Statistique géologique du département de l'Yonne. 1 v.

Reaumur (F. de). La vie et les mœurs des insectes. 1 v.

Reclus. Les phénomènes terrestres : les continents. 1 v. Les mers et les météores. 1 v. ill. Histoire d'une montagne. 1 v. ill. Histoire d'un ruisseau. 1 v. ill. La Terre. 2 v.

Reg (dr Maximien). Dégénération de l'espèce humaine. 1 v.

Regnard (docteur Paul) Sorcellerie, Magnétisme, Morphinisme, etc. 1 v. ill.

Rémond (Général V.). Principes de stratégie. 1 v.

Remusat (Paul de). Les sciences naturelles. 1 v.

Renan (Ernest). L'avenir de la Science. 1 v.

Rendu (Victor). Les animaux de la France. 1 v. Les animaux nuisibles à l'agriculture. 1 v. L'intelligence des bêtes. 1 v.

Résumé des traités chinois sur la culture du mûrier. 1 v.

Revoil (Bénédict-Henri). Histoire physiologique et anecdotique des chiens. 1 v.

Reveillé-Parise. Traité de la vieillesse. 1 v. Physiologie et hygiène des hommes livrés aux travaux de l'esprit. 2 v.

Rheal. Divines furies de l'Orient. 1 v.

Riant (dr). Le café, le chocolat, le thé. 1 v.

Ribbe (Charles de). La vie domestique. 1 v.

Ribes (P.). Doctrine de la vie universelle. 1 v.

Richard (Achille). Eléments d'histoire naturelle. 1 v. De la conformation du cheval. 1 v.

Richard et Martins. Nouveaux éléments de Botanique. 1 v.

Richardin (C.-J.). Réflexions sur l'état des sourds-muets. 1 v.

Riche. Les merveilles de l'œil. 1 v.

Riolacci. Ancienneté de l'homme. 1 v.

Rioux (dr). Le médecin des familles. 1 v.

Ripault (Antonin). De la formation en général et de celle de l'homme en particulier. 1 v.

Rivière (Auguste). **E. André** et **J. Roze.** Les Fougères. 2 v. ill.

Rivière (Emile). Découverte d'un squelette humain à Menton. 1 v.

Robièrre (Adolphe). L'atmosphère, le sol et les engrains. 1 v.

Robin (Charles). Anatomie cellulaire. 1 v. Végétaux qui croissent sur l'homme et les animaux. 1 v. Traité du microscope. 1 v.

Robin (Charles) et **Littré.** Dictionnaire de médecine, de chirurgie, de pharmacie et d'art vétérinaire (dict. de Nyston). 2 v.

Robiou de la Trehonnais. Pratique avec science. 1 v.

Rochas (Albert de). La Science dans l'antiquité. 1 v. ill.

Rodier (E.). Antiquité des races humaines, reconstitution de la chronologie. 1 v.

Rodin (H.). Plantes médicinales actuelles de nos champs, jardins et forêts. 1 v.

Rollet. Le nuisible et l'utile. 1 v.

Roques (J.). Traité des plantes usuelles. 1 v. Histoire des champignons comestibles et vénéreux. 1 v. et atlas.

Rothureau (Armand). Des principales eaux minérales de l'Europe. 2 v.

Rougiez. Agriculture des Gaulois. 1 v.

Roulin. Histoire naturelle et souvenirs de voyage. 1 v.

Roussel (P.). L'homme et la femme. 1 v.

Rozet. Traité élémentaire de Géologie. 2 v. et atlas. De la pluie en Europe. 1 v.

Sactts (J.-F.). 1 v. Traité de Botanique. 1 v.
Saint-Germain-Leduc. Serviteurs et commensaux de l'homme. 1 v.
Saint Hilaire (Auguste de). Leçons de Botanique 1 v.
Saint Julien. Résumé des traités chinois sur la culture du murier. 1 v.
Saint-Phall (E. de). La viticulture et la vinification en Algérie. 1 v.
Sainte-Preuve. Notions de physique et de chimie appliquées aux usages de la vie. 1 v.
Salles (Eusèbe). Histoire générale des races humaines. 1 v.
Salverte (Eusèbe) des sciences occultes. 1 v.
Saporta (Gaston de) et A.-P. **Marion**. L'évolution dans les végétaux : les cryptogames. 1 v.
Sappey. Manuel d'anatomie descriptive. 1 v.
Sauzay (A.). La Verrerie. 1 v. ill. (Bibl. des merveilles).
Schacht. Les arbres, structure et végétation. 1 v.
Schimper. Paléontologie végétale. 4 v. et atlas.
Schleicher. La théorie de Darwin et la science du langage. 1 v.
Schmidt (O.). Descendance et Darwinisme. 1 v. Les sciences naturelles et la philosophie de l'inconscient. 1 v.
Schœdler. Le livre de la nature. 1 v.
Schreber (G.-M.). Gymnastique de chambre. 1 v.
Schron. Tables de Logarithmes. 1 v.
Secchi (le père). Le Soleil. 1 v., planches. Le Soleil, nouvelle édition. 1 v. et atlas. L'unité des forces physiques. 1 v. Les Etoiles. 2 v.
Segond (L.-A.). Programme de Morphologie. 1 v.
Seringe (N.-C.). Flore des jardins. 3 v. Flore du pharmacien, du droguiste et de l'herboriste. 1 v.
Serres (E.-R.-A.). Précis d'anatomie transcendante. 1 v.
Serres (Marcel de). Migration des animaux. 1 v. Création de la terre. 1 v. Cosmogonie de Moïse comparée. 1 v.
Serville. Orthoptères. 1 v.
Simonin (Louis). Histoire de la Terre, métamorphoses du globe. 1 v. Le monde souterrain. 1 v. (Bibl. des merveilles). L'or et l'argent. 1 v. (Bibl. des merveilles).
Smiles (Samuel). Vie d'un naturaliste. 1 v.
Snider (A.). La création et ses mystères dévoilés. 1 v. L'homme et sa raison d'être sur la terre. 1 v.
Sommerville (Mme). Connexion des sciences physiques. 1 v.
Sonnet. Dictionnaire des mathématiques appliquées. 1 v.
Sonrel. Le fond de la mer. 1 v. ill. (Bibl. des merveilles).
Spencer (Herbert). De l'éducation intellectuelle, morale et physique. 1 v. Essai sur le progrès. 1 v. Essais de Morale, de Science et d'Esthétique · Etudes de politique. 1 v. Premiers Principes. 1 v. Principes de Psychologie. 2 v. Classification des sciences. 1 v. Essais scientifiques. 1 v.
Stammert. Traité de la fabrication du sucre. 1 v.
Stewart (Balfour). L'univers invisible. 1 v.
Stockardt (docteur). La chimie usuelle appliquée à l'agriculture et aux arts. 1 v.
Surrell-Cezanne. Etudes sur les torrents des hautes Alpes. 2 v.
Tardieu (Ambroise). Dictionnaire d'hygiène publique et de salubrité. 3 v. Etude medico-legale et chimique sur les empoisonnements. 1 v. Etude médico-légale sur la folie. 1 v.
Tassy (L.). Etudes sur l'aménagement des forêts. 1 v.

Ternant (A.-L.). Les télégraphes. 1 v. ill. (Bibl. des merveilles).
Thaer. Principes d'Agriculture. 4 v. et atlas.
Thenard. Traité de Chimie. 5 v.
Thirria. Statistique géologique et minéralogique de la Haute-Saône. 1 v.
Thomson (Wyville). Les abîmes de la mer. 1 v.
Thurston. Histoire de la machine à vapeur. 2 v. ill.
Tissandier (Gaston). L'Eau. 1 v. ill. (Bibl. des merveilles). Les fossiles. 1 v. ill. id. La Houille. 1 v. ill. id. Les merveilles de la Photographie. 1 v. ill. id. Les martyrs de la Science. 1 v. ill. Les récréations scientifiques. 1 v. ill.
Tissié (le Dr Ph.). Les rêves, physiologie et pathologie. 1 v.
Tom-Tit. La science amusante. 1 v. ill. Cent nouvelles expériences. 1 v. ill.
Topinard. L'Anthropologie. 1 v.
Tournier. L'Art de découvrir les sources. 1 v.
Toussenel (A). Tristia, histoire des misères et des fléaux de la chasse. 1 v. L'esprit des bêtes. 2 v. Le monde des oiseaux. 1 v.
Trelat (Dr) La folie lucide. 1 v.
Tremeaux (P.). Origine et transformation de l'homme et des autres êtres.
Turck. De la vieillesse considérée comme maladie. 1 v.
Turgan. Les Grandes usines. 15 v. ill. Donné par M. le ministre de l'instruction publique et des Beaux-Arts. Les ballons. 1 v.
Tyndall (John). La Chaleur, mode de mouvement. 1 v. Les glaciers et les transformations de l'eau. 1 v. ill. Le Son. 1 v. Les microbes. 1 v. Physique du globe, tr. par l'abbé Moigno. 1 v.
Ulliac-Trémadeure (Mme). Les jeunes naturalistes : Animaux, Végétaux et Minéraux. 2 v. Phénomènes et métamorphoses, papillons, insectes et polypes. 1 v.
Valcour. De la climatologie et des stations hivernales. 1 v.
Vallon. Cours d'hippologie. 2 v.
Vallot. Ichthyologie française. 1 v. Supplément. 1 v.
Valroger (E. de). La genèse des Espèces. 1 v.
Varenne de Feuille. Œuvres agronomiques et forestières. 1 v.
Vasselon. Carnet du conducteur de travaux. 1 v.
Verger (L.). Arboriculture et pomologie publié par Mars. 5 v.
Vergnette-Lamothe (de). Le vin. 1 v.
Verlot-Bernard. Le guide du botaniste herborisant. 1 v.
Vertus (A. de). Le monde avant l'histoire. 1 v.
Vianne (Ed.). Les pommes de terre et leur culture. 1 v.
Ville (Georges). Les engrais chimiques. 1 v. Recherches expérimentales sur la végétation. 1 v. Résultats obtenus au moyen des engrais chimiques. 1 v.
Villeroy (Félix). Manuel de l'éleveur de bêtes à cornes. 1 v. Manuel de l'irrigateur. 1 v.
Vilmorin. Les fleurs de pleine terre. 1 v.
Viollet-le-Duc (E.). Le massif du Mont-Blanc. 1 v. ill.
Virchow. La pathologie cellulaire. 1 v.
Virey. Mœurs et instincts des animaux. 1 v.
Vitry (Urbain). Le propriétaire architecte. 2 v.
Vœlher (F.). Eléments de chimie organique et inorganique. 1 v.
Vogel (H.). La Photographie et la Chimie de la lumière. 1 v.
Vogl (A.). Les aliments. 1 v.
Vogt (Carl). Leçons sur l'homme, traduites par Moulinié. 1 v. Lettres physiologiques. 1 v. Leçons sur les animaux utiles et nuisibles. 1 v.

Vulpian. Leçons de Physiologie. 1 v.
Walknaër. Aptères. 1 v. ill.
Wallace (Alfred-Russell). La sélection naturelle. 1 v.
Winckler (Théodore). Revue synoptique des principaux vignobles de l'Univers. 1 v.
With (Emile). L'écorce terrestre : les minéraux. 1 v. ill.
Woillez. L'Homme et la Science au temps présent. 1 v.
Woodvard (docteur S.-P.). Manuel de Conchyliologie. 1 v.
Wundt (W.). Eléments de physiologie humaine. 1 v.
Wurtz. Dictionnaire de Chimie pure et appliquée. 1er volume, fascicules de 1 à 10 ; 2e volume, fascicules de 11 à 21 ; 3e volume, les quatre premiers fascicules. Histoire des doctrines chimiques depuis Lavoisier. 1 v. Théorie des atomes. 1 v.
Young (C.-A.). Le Soleil. 1 v.
Yvorren. Des métamorphoses de la Syphilis. 1 v.
X. (docteur). Journal humoristique d'un médecin phtisique. 1 v.
Zimmermann. L'Homme. 1 v. Le monde avant la création. 1 v.
Zurcher et **Margollé.** Bibliothèque des merveilles : Les ascensions célèbres. 1 v. Les glaciers. 1 v. Les météores. 1 v. Les naufrages célèbres. 1 v. Les tempêtes. 1 v. Les trombes et cyclones. 1 v. Les phénomènes de l'Atmosphère. 1 v.

XII

THÉATRE

About (Edmond). Gaetana. 1 v. Théâtre impossible. 1 v.
Alarcon. Théâtre. 1 v.
Ancelot (Mme). Marie ou les trois Epoques. 1 v.
Ancien. Théâtre français. 10 v.
Andrieux théâtre, Contes et Fables. 1 v.
Aristophane. Tr. Artaud. 1 v. Tr. Fallex. 2 v.
Arnaud (Mlle). Mademoiselle du Vigan. 1 v.
Augier (Emile). L'Aventurière. 1 v. La Ciguë. 1 v. Les Effrontés. 1 v. **Le Fils de Giboyer**. 1 v. La Jeunesse. 1 v. Gabrielle. 1 v. Les Fourchambault. 1 v. Lions et renards. 1 v. Madame Caverley. 1 v. Diane. 1 v. Maître Guérin. 1 v. Paul Forestier. 1 v. Le mariage d'Olympe. 1 v. Philiberte. 1 v. **Le Post-Scriptum**.
Augier (Emile) et **P. Foussier**. Les Lionnes pauvres. 1 v.
Augier (Emile) et **J. Sandeau**. Le gendre de M. Poirier. 1 v.
Autran (Joseph). La Fille d'Eschyle. 1 v. Le Cyclope, d'après Euripide. **1 v.**
Balzac (Honoré de). Théâtre. 2 v. Les ressources de Quinola, drame. 1 v.
Banville (Théodore de). Socrate et sa femme. 1 v.
Barrière (Th.). Les faux Bonshommes. 1 v. Malheur aux vaincus. **1 v. Le feu au Couvent**. 1 v.
Barrière (Th. et C. Gondinet). Tête de Linotte. 1 v.
Bayard (Emile). Théâtre. 12 v.
Bazin aîné. Théâtre choisi. 1 v.
Beaumarchais. Théâtre, dans ses œuvres complètes.
Belot (Adolphe). Le Testament de César Girodot. 1 v.
Belot (A.) et **Eugène Nus**. Mis Multon, comédie. 1 v.
Berquin (A.). Théâtre. 1 v.
Beulé. Phidias, drame antique. 1 v.
Bisson (Alexandre). 115 rue Pigalle. 1 v. Une Mission délicate. **1 v.**
Blum (Ernest) et **Raoul Toché**. Le parfum. 1 v.
Bornier (Henri de). Les noces d'Attila. 1 v. La fille de Roland, drame. **1 v.**
Bouilhet (Louis). Mlle Aïssé. 1 v. La Conjuration d'Amboise. **1 v.**
Busnach (W.). Trois drames tirés des romans de Zola. 1 v.
Carand. Un mari d'occasion. 1 v.
Calderon. Théâtre. 2 v.
Calixte. La Célestine (Théâtre espagnol). 1 v.

Carcassonne (Adolphe). Théâtre de jeunes filles. 1 v.
Champfort. Théâtre. 1 v.
Chenier (Marie-Joseph de). Théâtre, dans ses Œuvres complètes.
Chevrot. Le Palladium ou la nouvelle leçon de Botanique. 1 v.
Coppée (Francis). Le Pater. 1 v. Les Jacobites. 1 v. Madame de Maintenon. 1 v. Severo Torelli. 1 v. Le Luthier de Crémone. 1 v. Le Passant. 1 v. Fais ce que dois. 1 v.
Corneille (Pierre) et Thomas. Œuvres choisies. 2 v.
Crébillon (Prosper Jolyot de). Œuvres. 2 v.
Crémieux (Hector) **et Pierre Decourcelle.** L'abbé Constantin. 1 v.
Crisafulli (Henri et V. Bernard). Le petit Ludovic. 1 v.
Daudet (Alphonse). Numa Roumestan. 1 v. La lutte pour la Vie. 1 v. L'Obstacle. 1 v. L'Arlésienne. 1 v.
Decourcelle (Pierre). Les cinq doigts de Birouck, drame. 1 v.
Delacour et Hennequin. Le Procès Vauradieux. 1 v.
Delavigne (Casimir). Théâtre, dans ses œuvres complètes.
Denayrouze. Mademoiselle Duparc, comédie. 1 v.
Deroulède (Paul). La Moabite. 1 v. L'Hetmann. 1 v. ill. id.
Doucet (Camille). Comédies en vers. 2 v.
Dreyfus (Abraham). Une rupture. 1 v.
Ducis (J.-F.). Œuvres. 1 v.
Dumas père (Alexandre). Théâtre complet. 14 v. Henri III et sa cour. 1 v. L'Orestie. 1 v.
Dumas père (Alexandre) et **Paul Meurice.** Hamlet. 1 v.
Dumas fils (Alexandre). M. Alphonse. 1 v. Le Demi-monde. 1 v. L'Etrangère. 1 v. Les idées de madame Aubray. 1 v. La femme de Claude. 1 v. La princesse Georges. 1 v. La Question d'argent. 1 v. Une visite de noces. 1 v. La princesse de Bagdad. 1 v. Francillon. 1 v. Denise. 1 v. Théâtre complet avec préfaces inédites. 6 v.
Durantin (Armand). Héloïse Paranquet, drame. 1 v.
Duruy (George). Ni Dieu ni Maître. 1 v.
Duval (Alexandre). Œuvres complètes. 9 v.
Duvert (E.). Théâtre choisi. 5 v.
Ennery (d') et **Jules Verne.** Les voyages au théâtre. 1 v. ill.
Erckmann-Chatrian. La Patrie en danger. 1 v. Henriette Maréchal. 1 v. Alsace. 1 v.
Eschyle. Théâtre, tr. Pierron. 1 v. Théâtre, tr. Leconte de Lisle. 1 v. L'Orestie, tr. Mesnard. 1 v.
Etienne. Œuvres complètes : théâtre. 5 v.
Eudel (Paul). Les Ombres chinoises de mon père. 1 v. ill.
Euripide. Tragédies. 1 v.
Favart (M. et Mme). Œuvres : Théâtre. 1 v.
Feuillet (Octave). Le divorce de Juliette. 1 v. Chamillac. 1 v. L'Acrobate. 1 v. La Belle au bois dormant. 1 v. Le Cas de conscience. 1 v. Rédemption. 1 v. Scènes et Comédies. 1 v. Scènes et proverbes. 1 v. Le Sphinx. 1 v. La Tentation. 1 v. Le Roman d'un jeune homme pauvre. 1 v.
Flaubert (Gustave). Le Candidat. 1 v.
Fleuriot (Mlle Zénaïde). Le théâtre chez soi. 1 v.
Gautier (Théophile). Théâtre. 1 v.
Genin (François). Maistre Pierre Pathelin. 1 v.
Girardin (E. de). Le Supplice d'une femme, comédie. 1 v.

Girardin (Mme de). Théâtre, dans ses œuvres complètes. 1 v.
Goncourt (Edmond et Jules de). Henriette Maréchal. 1 v. La Patrie en danger. 1 v.
Gœthe. Théâtre, dans ses œuvres complètes.
Gondinet (E.). Le Homard. 1 v. Christiane. 1 v. Les grandes Demoiselles. 1 v. Le Panache. 1 v. Les Tapageurs. 1 v. Les vieilles Couches. 1 v. Un Parisien. 1 v.
Gondinet (E.) et **Bisson**. Un voyage d'agrément. 1 v.
Gondinet et **Félix Cohen**. Le Club, comédie. 1 v.
Gondinet, Oswald et **Giffard**. Jonatham. 1 v.
Grandmougin (Charles). Le Christ, drame sacré. 1 v.
Gréville (Henri). Comédies de paravent. 1 v.
Guinard (Ed.). Le Tintoret, opéra. 1 v.
Gyp. Tout à l'égout. 1 v. Mademoiselle Eve. 1 v.
Halevy (Léon). La Grèce tragique. 3 v.
Heine (Henri). Drames et fantaisies. 1 v.
Hennequin et **Millaud**. Niniche, comédie. 1 v.
Hervilly (d'). La belle Salinara, comédie. 1 v.
Hoffmann (J.-B.). Théâtre, dans ses œuvres complètes. 1 v.
Hugo (Victor). Théâtre. 1 v. Théâtre en Liberté. 1 v. Les Burgraves. 1 v. Cromwell. 1 v. Lucrèce Borgia. Le Roi s'amuse. 1 v. Torquemada. 1 v.
Labiche (Eugène). Théâtre complet. 10 v.
Labiche et **Duru**. La clé, comédie. 1 v.
Labiche et **Gondinet**. 29 degrés à l'ombre. 1 v. Le plus heureux des trois, 1 v.
Lacroix (J.). Théâtre. 3 v.
La Haute (de). Proverbes de salon. 1 v.
Lamartine. Toussaint Louverture, drame. 1 v.
Lavedan (Henri). Une famille. 1 v.
Lavillemarqué (de). Le grand mystère de Jésus-Christ, drame breton. 1 v.
Laya (L.). Le duc Job. 1 v.
Leclerc (Th.). Proverbes dramatiques. 9 v.
Leconte de Lisle. Les Erinnyes, tragédie antique. 1 v.
Lefeuve (Charles). Léa. 1 v.
Legouvé (Ernest). Comédies en un acte. 1 v. Comédies et drames. 1 v. Béatrix ou la Madone de l'Art. 1 v. Miss Suzanne. 1 v. Les deux Reines, drame. 1 v.
Lemaitre (Jules). Le député Leveau. 1 v. Révoltée. 1 v. Mariage blanc. 1 v.
Lesage (B.). Théâtre, dans ses œuvres complètes.
Lessing. Natham le Sage. 1 v.
Lessing et **Kotzebue**. Théâtre choisi. 1 v.
Liadières (P.-C.). Théâtre, poésies, études historiques. 1 v.
Lope de Vega. Théâtre. 2 v.
Manuel (Eugène). Les ouvriers. 1 v.
Manzoni (Alexandre). Théâtre et poésie. 1 v.
Marivaux. Théâtre, dans ses œuvres complètes. 1 v.
Massinger. Œuvres, tr. Lafond. 1 v.
Mazères (E.). Comédies. 1 v.
Meilhac (Henri). La duchesse Martin. 1 v.
Meilhac (Henri) et **Lud. Halévy**. La Boule. 1 v. Toto chez Tata. 1 v. Les Sonnettes. 1 v. Madame attend Monsieur. 1 v. Loulou. 1 v. La petite marquise. 1 v. Fanny Lear. 1 v. Le Réveillon. 1 v. Froufrou. 1 v. La Cigale. 1 v. Le mari de la débutante. 1 v. Le petit hôtel. 1 v. Lolotte. 1 v. La Roussotte. 1 v.
Mérimée (Prosper). Théâtre de Clara Gazul. 1 v.

Méry. Théâtre de Salon. 1 v.
Moland (Louis). Théâtre de la révolution. 1 v.
Molière. Œuvres complètes. 1 v.
Monnier (Marc). Théâtre de Marionnettes. 1 v.
Moratin (don L.-P.). Comédies. 1 v.
Musset (Alfred de). Comédies et proverbes. 2 v.
Nadaud (Gustave). Contes et proverbes. 1 v. Une idylle. 1 v.
Najac (E. de) et **Hennequin.** Bébé, comédie. 1 v. Madame est servie. 1 v.
Newski. Les Danicheffs, comédie. 1 v.
Ohnet (Georges). Le Maître de forges. 1 v. Serge Panine. 1 v.
Pailleron (Edouard). L'Age ingrat. 1 v. Les faux ménages. 1 v. Le dernier Quartier. 1 v. Hélène. 1 v. Le Monde où l'on s'ennuie. 1 v. Le Monde où l'on s'amuse. 1 v. Le théâtre chez madame. 1 v. La Souris. 1 v. L'Etincelle. 1 v.
Petitot. Répertoire du théâtre français du second ordre. 25 v. Répertoire du théâtre français du troisième ordre. 8 v.
Picard. Œuvres, théâtres et romans. 11 v.
Plaute. Œuvres, tr. Naudet (bibl. lat.-fr. Panckouke). 9 v. Morceaux choisis, tr. Sommer avec étude par F. Benoît. 1 v.
Ponsard (Fr.). Agnès de Méranie. 1 v. La Bourse. 1 v. Charlotte Corday. 1 v. Etudes antiques. 1 v. Galilée. 1 v. Horace et Lydie. 1 v. Le Lion amoureux. 1 v. L'Honneur et l'Argent. 1 v. Lucrèce. 1 v. Ulysse. 1 v.
Pouchkine (N.). Poèmes dramatiques. 1 v.
Racine (J.). Œuvres. 1 v.
Rasetti (Ernest). Théâtre de Salon. 1 v.
Regnard. Théâtre et voyages. 1 v.
Remusat (comte de). Abélard, drame philosophique. 1 v.
Renan (Ernest). Caliban. 1 v. L'eau de Jouvence. 1 v. L'abbesse de Jouarre. 1 v. 1802, Dialogue des morts. 1 v. Le prêtre de Némi. 1 v.
Richard (Georges). Les enfants. 1 v.
Richepin (Jean). Nana Sahib. 1 v. Le Flibustier. 1 v. Monsieur Scapin. 1 v. Le même, nouvelle édition. 1 v. Par le glaive. 1 v.
Sand (George). Cadio. 1 v. Théâtre. 4 v. Le marquis de Villemer. 1 v.
Sand (Maurice). Le théâtre des marionnettes. 1 v.
Sandeau (Jules). Mlle de la Seiglière. 1 v. Jean de Thommeray. 1 v.
Sardou (Victorien). La famille Benoîton. 1 v. Fernande. 1 v. Les Ganaches. 1 v. Rabagas. 1 v. Maison neuve. 1 v. Nos intimes. 1 v. La Papillonne. 1 v. Les pommes du voisin. 1 v. Séraphine. 1 v. Les vieux garçons. 1 v. L'oncle Sam. 1 v. Andréa. 1 v. Les prés Saint-Gervais. 1 v. Les pattes de mouches. 1 v. M. Garat. 1 v. La Perle noire. 1 v. Les femmes fortes. 1 v. Les Diables noirs. 1 v. Les gens nerveux. 1 v. Patrie. 1 v. La Haine. 1 v. Daniel Rochat. 1 v. Divorçons. 1 v.
Schiller. Guillaume Tell. tr. en vers par Henry Villard. 1 v. Théâtre, dans ses œuvres complètes. 1 v.
Scribe (Eugène). Théâtre, proverbes, nouvelles et romans. 48 v.
Segalas (Mme Anaïs). Nos bons Parisiens. 1 v.
Ségur (Mme de). Comédies et proverbes. 1 v.
Sénèque le Tragique. Œuvres, texte et tr. (Bibl. Panckouke). 3 v.
Shakespeare (W.). Œuvres complètes, tr. Guizot. 13 v. ; tr. François-Victor Hugo. 10 v.
Sheridan. Théâtre complet. 2 v.
Soumet (Alexandre). Théâtre. 1 v.

Sophocle. Œdipe roi, trad. en vers par J. Lacroix. 1 v. **Théâtre. 1 v.**
Tabarin. Œuvres complètes. 2 v.
Térence. Œuvres, texte latin et trad. 3 v. (Bibl. Panckouke). Œuvres, tr. en vers par le marquis du Belloy. 1 v.
Théâtre de campagne publié par Ollendorf. 3 v.
Théâtre espagnol (chefs-d'œuvre du). Tr. Habeneck. 1 v.
Théâtre indien (chefs-d'œuvre du). 2 v.
Théâtre lyonnais de Guignol. 1 v. ill.
Theuriet (André) et Henry **Lion.** La maison des deux barbeaux. 1 v.
Thiboust (Lambert). Pièces de théâtre diverses. 1 v. Les Poseurs, **comédie. 1 v.**
Tirso de Molina. Théâtre. 1 v.
Tolstoï (comte Léon). La puissance des Ténèbres, drame. 1 v.
Uchard (Mario). La Fiammina. 1 v.
Vacquerie (Auguste) Formosa. 1 v. Futura. 1 v. Le Fils. **1 v.**
Verconsin (Eugène). Saynètes et comédies. 1 v.
Verne (Jules). Un neveu d'Amérique. 1 v.
Voltaire. Théâtre, dans ses œuvres complètes.
Vigny (Alfred de). Théâtre complet. 1 v. Chatterton. 1 v.
Vitet (Louis). Les Etats d'Orléans. 1 v. Les Barricades. 1 v. **La mort du duc de** Guise. 1 v. La mort de Henri III. 1 v.
Zola (E.). Renée, drame. 1 v. Les héritiers Rabourdin. **1 v.**

XIII

VOYAGES, GÉOGRAPHIE ET OUVRAGES DESCRIPTIFS

Abbadie (A.-M. d'). Douze années dans la haute Ethiopie. 1 v.
About (Edmond). De Pontoise à Stamboul. 1 v.
Achard (Amédée). Une saison à Aix-les-Bains. 1 v. ill.
Adenis (Jules). De Marseille à Menton. 1 v. ill.
Agassiz (L.). Voyage au Brésil. 1 v.
Albertis (L.-M. d'). La Nouvelle Guinée. 2 v.
Alençon (le duc d'). Luçon, Mindanao, voyage dans l'extrême Orient. 1 v.
Alis (Harry). A la conquête du Tchad. 1 v. ill.
Allard (Christophe). Promenade aux Etats-Unis. 1 v.
Amezeuil (d'). Les Chasseurs excentriques. 1 v.
Amicis (Edmondo de). Souvenirs de Paris et de Londres. 1 v. Le Maroc. 1 v. ill. Constantinople. 1 v. ill.
Ampère (J.-J.-Antoine). Promenades en Amérique. 2 v. Voyage en Egypte et en Nubie. 1 v.
André (Ed.). Un mois en Russie, 1869. 1 v.
Angleterre (l'), l'Irlande et l'Ecosse. 2 v.
Annuaire du club alpin français. Années 1879-1880-1881-1882-1884-1885-1886-1887-1888-1889-1890. 13 v. ill.
Antonin. Les Chinois peints par eux-mêmes. 1 v.
Arago (François). Voyages scientifiques. 1 v.
Arago (Jacques). Voyage autour du monde. 2 v.
Arène (Paul). La Gueuse parfumée. 1 v.
Armand (trad. Adrien-Paul). Mes aventures en Amérique et chez les sauvages. Mes débuts en Amérique. En route pour le désert. 2 v. A la frontière indienne. 2 v. Ma vie au pays des sauvages. Mes chasses à la frontière indienne. 2 v.
Asmodée à New-York.
Aspirant de marine (Un). La campagne de l'Iphigénie. 1 v.
Asselin (A.). Journal d'un voyage dans le midi de la France et en Italie, 1853. 1 v.
Assier (Adolphe). Le Brésil contemporain. 1 v.
Assolant Scènes de la vie des Etats-Unis. 1 v.
Atlas-Manuel de géographie moderne (Hachette). 1 v.

Aubert la Favière (Ch.-F.). Le littoral français. 6 v. ill. De Cannes à Gênes. 1 v. ill.
Aubineau (Louis). Paray-le-Monial et son monastère. 1 v.
Audiffret (Em. d'). Notes d'un Globe-Trotter : de Paris à Tokio, de Tokio à Paris. 1 v.
Audouard (Mme Olympe). A travers l'Amérique. 1 v. Le Far-West. 1 v. Les mystères du Sérail et des Harems turcs. 1 v.
Audubon. Scènes de la nature dans les Etats-Unis et le nord de l'Amérique. 2 v.
Aunet (Léonie d'). Voyage d'une femme au Spitzberg. 1 v.
Aurignac (Romain d'). Trois ans chez les Argentins. 1 v. ill.
Auteur (l') des horizons prochains. Andalousie et Portugal. 1 v.
Avril (Ad. d'). L'Arabie contemporaine. 1 v. La Chaldée chrétienne. 1 v.
Backer (L.-D.). Ismaïlia. 1 v. L'archipel indien. 1 v.
Baines (Thomas). Voyage dans le sud-ouest de l'Afrique. 1 v.
Baker. Découverte de l'Albert Nyanza. 1 v.
Baldwin. Du Natal au Zambèse, 1851-1866. 1 v.
Bargès (abbé). Les Samaritains de Naplouse. 1 v.
Barron (Louis). Les fleuves de France, le Rhône. 1 v. ill. La Garonne. 1 v. ill. La Seine. 1 v. ill. La Loire. 1 ill. Les environs de Paris. 1 v. ill. Autour de Paris. 1 v. ill.
Barry (Herbert). La Russie contemporaine. 1 v.
Barth (Henri). Voyages et découvertes dans l'Afrique centrale, 1845 à 1855. 1 v.
Barthelemy Saint-Hilaire. Lettres sur l'Egypte, 1857. 1 v.
Basil-Hall. Voyage au Chili, au Pérou et au Mexique. 2 v. Voyage aux Etats-Unis et au Canada. 2 v.
Bassanville (comtesse de). Voyage à Naples, 1861. 1 v.
Bastard (E.). En croisière. 1 v.
Basterot (vicomte de). Le Liban, la Galilée et Rome. 1 v.
Baudiau. Le Morvan. 2 v.
Baumstark (Reinhold). Une excursion en Espagne. 1 v.
Bavoux (Evariste). Alger : Voyage dans le nord de l'Afrique. 2 v.
Beaujour. Voyage dans l'empire ottoman. 2 v. et atlas.
Beaumont (G. A. de). L'Irlande. 2 v.
Beauvoir (comte de). Voyage autour du monde. 2 v. ill.
Bechet (Eugène). Cinq ans de séjour au Soudan français. 1 v.
Becher-Stowe (Mrs). Souvenirs heureux : Voyages en Angleterre et en France. 3 v.
Begin (Emile). Voyage pittoresque en Espagne et en Portugal. 1 v.
Belanger (Henri). Londres pittoresque. 1 v.
Belgiogioso (princesse de). Asie Mineure et Syrie, 1858. 1 v. Scènes de la vie turque. 1 v.
Bell (J.-S.). Journal d'une résidence en Circassie. 2 v.
Bellanger. Promenade en Europe et en Asie. 2 v.
Belle (Henri). Voyage en Grèce. 1 v.
Bellot (lieutenant). Journal d'un voyage aux mers polaires. 1 v.
Belly (Félix). A travers l'Amérique centrale. 2 v.
Berard (de). La mer, naufrages, scènes maritimes. 1 v.
Bergmann. Voyage chez les Kalmoucks. 1 v.
Bernard (Charles de). Les stations d'un touriste. 1 v.
Bernard (F.). Quatre années dans le Sahara. 1 v.

Bernouville. La Souanetie libre. 1 v. ill.
Bertall. La Vigne, voyage autour des vins de France. 1 v. ill.
Bertie-Mariotte (C.). Une Parisienne au Mexique. 1 v.
Berton (Ch.). Quatre années en Orient, 1848-1878. 1 v.
Beynet. Les drames du désert, scènes de la vie arabe. 1 v.
Bezaure (de). Le Fleuve bleu. 1 v.
Biard (Auguste). Deux années au Brésil. 1 v.
Biart (Lucien). Les Azteques. 1 v. ill. A travers l'Amérique. 1 v.
Bigelow. Les Etats-Unis d'amérique, 1862. 1 v.
Binger (capitaine). Du Niger au golfe de Guinée. 2 v. ill.
Biornstern. Tableau de l'empire britannique dans l'Inde. 1 v.
Bishop. En canot de papier. 1 v. ill.
Bizemont (vicomte de). L'Indo-Chine française. 1 v.
Blanc (Charles). Voyage de la Haute-Egypte. 1 v.
Blanqui (J.-A.). Voyage en Angleterre. 1 v. Voyage de Bulgarie. 1 v. Voyage à Madrid. 1 v. La Corse. 1 v.
Blaze de Bury (Henri). Salons de Vienne et de Berlin. 1 v.
Bleicher (G). Les Vosges, le sol et les habitants. 1 v.
Blondel. Deux ans en Syrie. 1 v.
Blowitz (de). Une course à Constantinople. 1 v.
Blunt (Lady-Anna). Voyage en Arabie. 1 v. ill.
Bœdeker. Guides illustrés. Londres et ses environs, l'Angleterre et le pays de Galles. 1 v. L'Italie septentrionale. 1 v. L'Italie centrale. 1 v. L'Italie méridionale. 1 v. Les bords du Rhin. 1 v. Belgique et Hollande. 1 v. Le Rhin. 1 v. Allemagne du Nord. 1 v. Id. du Sud. 1 v. La Suisse. 1 v. Nord de la France. 1 v. ill. Paris et ses environs. 1 v. ill. France centrale. 1 v. France méridionale. 1 v.
Boillot (Jean). Le Pays de la revanche et le Pays des milliards. 1 v.
Bollat Esquisses sénégalaises, 1855. 1 v. et atlas.
Bonacossi. La Chine et les Chinois. 1 v.
Bondick. Voyage dans la nouvelle Guinée. 1 v.
Bonstetten. L'homme du Midi ou l'homme du Nord. 1 v.
Bonvalot (Gabriel). Du Caucase aux Indes à travers le Pamì 1 v. ill.
Bouillet (M.-N.). Atlas universel d'histoire et de géographie. 1 v.
Bouillier (Auguste). L'île de Sardaigne, 1862. 2 v.
Bouinais et A. Paulus. L'Indo-Chine française contemporaine. 2 v.
Bouinais (lieutenant-colonel). De Hanoï à Pékin. 1 v.
Boulangiers (E.). Voyage à Merv. 1 v. ill.
Bourboulon (M. et Mme de). Voyage en Chine et en Mongolie, 1860-1861. 1 v.
Bourde (Paul). A travers l'Algérie. 1 v.
Bourgade-la-Dardye (E. de). Le Paraguay. 1 v.
Bourget (Paul). Sensations d'Italie. 1 v.
Bourloton. L'Allemagne contemporaine. 1 v.
Bousquet. (Georges). Le Japon de nos jours. 2 v.
Boussingault (R. Père) et Pierre **de la Ville.** Le théâtre de la Moscovie, 1611-1613. 1 v. (Bibl. russe polonaise).
Bouyer (capitaine). La Guyane française. 1 v. ill.
Brasey (Mrs). Voyage d'une famille autour du monde. 1 v. ill.
Brasseur (abbé). Voyage dans l'Etat de Chiapas et de Guatemala, 1859-1860. 1 v.

Brau de Saint-Pol, Lias. Perack et les Orangs-Sakays. 1 v. ill. Chez les Atchis. 1 v.
Brayer. Neuf années à Constantinople. 2 v.
Brehat (A. de). Souvenirs de l'Inde anglaise. 1 v.
Bremer (Mlle Fred.). Scènes de la vie dalécarlienne. 1 v.
Brinckmann (Mme). Promenades en Espagne, 1849-1850. 1 v.
Brosselard (H.). Voyage de la mission Flatters. 1 v.
Brun-Rollet. Le Nil-Blanc et le Soudan. 1 v.
Bryant. Voyage en Californie, 1848. 1 v.
Buckingham (J.-S.). Tableau pittoresque de l'Inde. 1 v.
Buissonnet (Eugène). De Pékin à Shangaï, 1870. 1 v.
Bulwer-Lytton (Sir Edouard). L'Angleterre et les Anglais. 2 v.
Burckhardt. Voyage en Arabie, 1835. 3 v.
Burdo (A.). Stanley, sa vie, ses aventures et ses voyages. 1 v. Niger et Benué. 1 v.
Burnaby (Frédéric). Une visite à Khiva. 1 v.
Burnes. Voyage à Lahore, 1834. 1 v.
Burton (le capitaine). Voyage aux grands lacs de l'Afrique centrale, 1862. 1 v.
Bussy (comte de)) Indiscrétions d'un touriste. 1 v.
Cadalvene. L'Egypte et la Turquie. 1829-1836. 2 v. et atlas.
Caillé. Voyage à Tombouctou et à Jenné, 1824-1828. 3 v.
Cailliaud. Voyage à Méroé et au fleuve blanc. 4 v.
Caix (vicomte de) de Saint-Amour. Les pays sud slaves et l'Austro-Hongrie. 1 v.
Calouste S. Gulbenkian. La Transcaucasie et la Péninsule d'Apcheron. 1 v.
Cameron (le commandant). A travers l'Afrique, voyage de Zanzibar à Benguela. 1 v.
Cameron (Verney-Cowett). Notre future route de l'Inde. 1 v.
Capo de Feuillide. L'Algérie française. 1 v.
Carette. Etudes sur la Kabylie. 2 v.
Caro (E.). Voyages chez les Celtes ou de Paris au Mont Saint-Michel. 1 v.
Carne (Louis de). Voyage en Indo-Chine. 1 v.
Carteron. Voyage en Algérie, 1866. 1 v.
Cartier (Jacques). Relation d'un voyage au Canada en 1834. 1 v.
Casalis (S). Les Bassoutos. 1 v.
Castelar (E.). L'art, la religion et la nature en Italie. 1 v.
Castelnau (Francis de). Expédition dans les régions centrales de l'Amérique du Sud, 1843-1847. 6 v. Renseignements sur l'Afrique centrale. 1 v.
Catlin (G.). La vie chez les Indiens. 1 v.
Cavaignac. De la régence en Alger. 1 v.
Cenac-Moncaut. L'Espagne inconnue. Voyage de Barcelone à Tolosa, 1861. 1 v.
Chaffanjon (J.). L'Orénoque et le Cauca. 1 v.
Chaho. Voyage en Navarre, 1830-1835. 1 v.
Chaigneau (M.). Souvenirs de Hué, 1867. 1 v.
Chaillé-Long (le colonel). L'Afrique centrale. 1 v.
Champollion jeune. Lettres écrites d'Egypte et de Nubie. 1 v.
Chardin (Jean). Voyages. 1 v.
Charmes (Francis). La Tunisie et la Tripolitaine. 1 v. Cinq mois au Caire et dans la Haute Egypte. 1 v.
Charmes (Gabriel). L'Egypte. 1 v. Voyage en Syrie. 1 v.
Charolais (L. de). L'Inde française. 1 v.

Charton (Edouard). Les Voyageurs anciens et modernes. 4 v. Le Tour du Monde. Collection complète depuis 1860. 64 v. ill.
Chatenay (Mme de). De l'Asie. 1 v.
Chaudouin (E.). Trois mois de captivité au Dahomey. 1 v.
Chaulin (Ed.). Guide du pèlerin en Terre-Sainte. 1 v.
Chausenque. Voyage dans les Pyrénées, 1834. 2 v.
Cherbuliez (Joël). Genève, ses institutions, ses mœurs. 1 v.
Cheremtef (Petrovitch). Journal de voyage à Cracovie, Venise, Rome et Malte, 1697-1699. 1 v.
Chevalier (Michel). Le Mexique ancien et moderne. 1 v.
Chevrillon (André). Dans l'Inde. 1 v.
Child (Théodore). Les Républiques hispano-américaines. 1 v. ill.
Choiseul-Gouffier (comte de). Voyage dans l'Empire Ottoman. 4 v.
Choisy (Auguste). L'Asie Mineure et les Turcs en 1875. 1 v. Le Sahara. 1 v.
Cholecki (Charles). Voyage dans les mers du Nord. 1 v.
Cholet (comte de). Excursion au Turkestan. 1 v. Arménie, Kurdistan et Mésopotamie. 1 v.
Christian (P.). L'Afrique française, l'empire du Maroc et le désert du Sahara, 1847. 1 v.
Chy-Fa-Hian. Voyage dans la Tartarie et l'Inde au IVe siècle. 1 v.
Claperton. Second voyage dans l'intérieur de l'Afrique, 1825-1827. 2 v.
Clausade. Voyage à Stockholm, 1845. 1 v.
Clot-Bey. Aperçu sur l'Égypte, 1840. 2 v.
Cocheris. L'empire d'Allemagne. 1 v.
Cœur (Pierre de). Promenade d'une Française dans l'intérieur de la régence de Tunis avant l'annexion. 1 v.
Collet (Mme Louise). L'Italie et les Italiens. 4 v.
Colquhoun (Archibald). Autour du Tonkin. Chine méridionale, de Canton à Mandaley. 1 v.
Combes (E.) et **Tamisier**. Voyage en Abyssinie. 4 v. Voyage en Egypte et en Nubie. 2 v.
Commettant (Oscar). Le nouveau monde. Scènes de la vie américaine, 1861. 1 v. L'Amérique telle qu'elle est, 1864. 1 v. Trois ans aux Etats-Unis, 1858. 1 v. Le Dannemarck tel qu'il est, 1855. 1 v.
Compiègne (le marquis de). L'Afrique équatoriale. 1 v.
Contenson (baron G. de). Chine et Extrême Orient. 1 v.
Conty. Les côtes de Normandie. 1 v. (Guide).
Cooper (Fenimore). Excursions en Suisse. 3 v.
Cooper (J.). Un continent perdu. 1 v.
Cornille. Souvenirs d'Espagne, 1836. 1 v. Souvenirs d'Orient, 1836. 1 v.
Cortambert (Richard). Aventures d'un artiste dans le Liban. 1 v. Les illustres voyageuses, 1866. 1 v. Peuples et voyageurs contemporains. 1 v. Tableau de la Cochinchine, 1862. 1 v. Voyage pittoresque autour du monde. 1 v.
Cosentino (marquis de). L'Algérie en 1865. 1 v.
Cotteau (Edmond). Promenades dans les deux Amériques. 1 v. Promenades dans l'Inde et à Ceylan. 1 v. Un touriste dans l'extrême Orient. 1 v. De Paris au Japon par la Sibérie. 1 v. En Océanie. 1 v.
Courcy (marquis de). L'empire du Milieu, 1867. 1 v.
Covino. De Turin à Chambéry. 1 v.
Cozzens. Voyage dans l'Arizona. 1 v.

Crawford (T.-C.-C.). La vie anglaise. 1 v.
Creveaux (dr J.). Voyage dans l'Amérique du Sud. 1 v. ill.
Crous (Franz). La Péninsule Gréco-Slave. 1 v.
Cullen-Bryant (W.). L'Amérique du Nord pittoresque. Les Etats-Unis et le Canada. 1 v. ill.
Cuvillier-Fleury. Voyages et voyageurs. 1 v.
Cuzent (E.). Voyage aux îles Gambier. 1 v.
Damas (le R.-P. de). Voyage en Judée. 1 v. Voyage à Jérusalem. 1 v. Voyage au Sinaï. 1 v. Voyage en Galilée. 1 v.
Dargaud. Voyage aux Alpes, 1857. 1 v.
Darwin (Charles). Voyage d'un naturaliste autour du monde. 1 v.
Daryl (Philippe). La vie partout : Londres. 1 v.
Daumas (le général). Les chevaux du Sahara. 1 v. La Grande Kabylie. 1 v. Le Sahara algérien. 1 v. La vie arabe et la société musulmane. 1 v.
Daumas (général) et de **Chancel**. Le Grand Désert. 1 v.
Daumont (A.). Voyage en Suède, 1834. 2 v. et atlas.
David. Cinquante mille lieues sur l'Océan Pacifique. 1 v.
Davin (l'abbé Armand). Journal de mon troisième voyage d'exploration dans l'empire chinois. 1 v. Journal d'un voyage dans l'empire chinois. 2 v.
Davis. La Chine, ses mœurs et ses coutumes, 1837. 1 v.
Dax (Louis de). Souvenirs de mes chasses et pêches dans le midi de la France. 1 v.
Degregny. Londres. 1 v.
Delalande. Voyage en Italie, 1786. 9 v. et atlas.
Delaporte (L.). Voyage au Cambodge. 1 v. ill.
Delarue. Le Monténégro, 1859. 1 v.
Delavaud (L.). L'Australie. 1 v.
Deleage (Paul). Trois mois chez les Zoulous. 1 v.
Delegorgue. Voyages dans l'Afrique centrale. 2 v.
Delessert (Edouard). Toujours tout droit. 1 v. Voyage aux Villes maudites. 1 v. Voyage dans les deux Océans. 1 v.
Deloche (Max). Etudes sur la géographie historique de la Gaule. 1 v.
Dembowski (baron Charles). Deux années en Espagne et en Portugal pendant la guerre civile. 1 v.
Demidoff (Anatole). Voyage dans la Russie méridionale et la Crimée, 1854. 1 v.
Denhain. Voyages de découvertes dans le nord de l'Afrique. 3 v. et atlas.
Denis (Ferdinand) et V. **Chauvin**. Les vrais Robinsons. 1 v.
Denis de Rivoyre. Obock, Mascate, Bouchiré, Bassorah. 1 v. ill.
Depret (Louis). De Liège à Anvers en passant par la Hollande, 1868. 1 v.
Desbarolles. Voyage d'un artiste en Suisse. 1 v.
Deschanel. A pied et en wagon. 1 v.
Des Fayères. Engelhans, ses ruines et ses légendes. 1 v.
Des Godins de Souhesmes (S.). Tunis. 1 v. ill. La mission du Thibet, 1855-1870. 1 v.
Desjardins (Ernest). Géographie de la Gaule romaine. Tomes 1 et 2. Planches. Ouvrage inachevé. — Géographie de la Gaule romaine d'après la table de Peutinger. 1 v.
Deslys (Charles). Nos Alpes. 1 v.
Desmarets. L'ancienne jonction de l'Angleterre et de la France. 1 v.
Desprez. Des peuples de l'Autriche et de la Turquie. 1 v.

Destourmel. Voyage en Orient. 2 v.
Desvergers (Noël). Arabie. 1 v. ill. (Univers pittoresque). L'Etrurie et les Etrusques. 2 v. et atlas.
Devay (Fr). Voyage dans l'Inde. 2 v.
Deville (L.). Une aventure sur la Mer Rouge. 1 v. Excursions en Cornouailles. 1 v.
Dick de Lonlay. En Bulgarie. 1 v.
Didier (Charles). La campagne de Rome. 1 v. Cinquante jours au désert. 1 v. Promenades au Maroc. 1 v. Séjour chez le grand Sherif de la Mecque. 1 v. Une année en Espagne. 1 v. Cinq cents lieues sur le Nil. 1 v.
Didon (le R.-P.). Les Allemands. 1 v.
Diehl (Charles). Excursions archéologiques en Grèce. 1 v.
Dimotheos (le R.-P.). Deux ans de séjour en Abyssinie. 1 v.
Dixon (W. Hepworth). La conquête blanche. 1 v. La Russie libre. 1 v. La nouvelle Amérique. 1 v.
Dobel. Sept années en Chine. 1 v.
Domenech (l'abbé). Journal d'un missionnaire au Texas et au Mexique. 1 v. Voyage pittoresque dans les déserts du nouveau monde. 1 v. Le Mexique tel qu'il est. 1 v.
Dora d'Istria (comtesse). Au bord des lacs helvétiques. 1 v. Excursions en Roumélie et en Morée. 1 v. La Suisse Allemande. 1 v. La vie monastique dans l'Eglise orientale. 1 v.
Douriboure (l'abbé). Les sauvages du Ba-Knars, Cochinchine. 1 v.
Douville. Voyage au Congo. 3 v. et atlas.
Driou. Naples, son golfe et son rivage. 1 v.
Drouet (Henri). Alger et le Sahel. 1 v. Sur terre et sur mer, excursions d'un naturaliste. 1 v.
Drumond-Hay. Le Maroc et ses tribus. 1 v.
Dubard (Maurice). Le Japon pittoresque. 1 v.
Dubarry (Armand). L'Allemagne chez elle et chez les autres. 1 v.
Du Bisson (R.). Les femmes, les eunuques et les guerriers du Soudan. 1 v.
Dubois (Frédéric). Voyage au Caucase, 1838. 1 v.
Dubois de Jancigny. Inde, 1838. 1 v.
Du Boisgobey (Fortuné). Du Rhin au Nil. 1 v.
Du Bosch. La Chine contemporaine. 2 v.
Du Camp (Maxime). Orient et Italie, 1868. Les six aventures. 1 v.
Du Chaillu (Paul). Un hiver en Laponie. 1 v. ill. Le pays du Soleil de minuit. 1 v. ill. L'Afrique sauvage. 1 v. Voyages et aventures dans l'Afrique équatoriale. 1 v.
Du Couret (Colonel). Les mystères du désert. 2 v.
Dufferin (lord). Lettres écrites des Régions polaires. 1 v.
Duff-Gordon (lady). Lettres d'Egypte. 1 v.
Duflot. Exploration de l'Oregon, 1840-1842. 2 v. et atlas.
Du Hailly. Campagnes et stations sur les côtes de l'Amérique du Nord, 1864. 1 v.
Dumas (Alexandre). Impressions de Voyage en Suisse. 3 v. Une année à Florence. 1 v. Les bords du Rhin. 3 v. Le Corricolo. 4 v. Le midi de la France. 2 v. De Paris à Cadix. 2 v. Quinze jours au Sinaï. 1 v. Le Speronare. 2 v. Le Veloce. 2 v. La villa Palmieri. 1 v.
Dumont (Albert). Les Balkans et l'Adriatique. 1 v.
Dumont d'Urville. Voyage autour du monde, 1826 à 1829. 3 v. et atlas. Manque le 1er. Voyage pittoresque autour du monde, 1835. 2 v.

Dupaigne. Les montagnes. 1 v. ill.
Du Pays. Itinéraire de l'Italie. Rome et ses environs. 1 v. (Guides Joanne).
Dupin (colonel). Le Japon. 1 v.
Dupin de Saint-André. Le Mexique d'aujourd'hui. 1 v.
Dupin (J.). L'ouverture du Fleuve rouge. 1 v.
Dupin (baron Charles). Voyage dans la Grande-Bretagne, 1825. 6 v. et atlas.
Duprat. Races anciennes et modernes de l'Afrique. 1 v.
Durand (H^{te}). Le Rhin allemand et l'Allemagne du Nord. 1 v. Le Danube allemand et l'Allemagne du Sud. 1 v.
Dureau de la Malle. Province de Constantine. 1 v.
Duret (Théodore). Voyage en Asie, 1871. 1 v.
Durier. Le Mont-Blanc. 1 v.
Duruy (V.). De Paris à Bucharest, 1866. 1 v.
Dusillet. Le château de Frédéric Barberousse. 1 v.
Dussieux. Géographie générale. 1 v. Géographie historique de la France. 1 v.
Dutreuil de Rhins. Le royaume d'Annam et les Annamites. 1 v. ill.
Duval (Jules). Notre pays. 1 v. Notre planète. 1 v. Manuel descriptif et statistique de l'Algérie. 1 v.
Duvergier de Hauranne. Huit mois en Amérique, 1864-1865. 2 v.
Duveyrier. Les Touaregs du Nord, 1865. 1 v.
Ebelot (Alfred). La Pampa. 1 v.
Ebers (Georges). Traduction Maspero. L'Egypte. 2 v. ill.
E. D. S. (l'abbé). Relation d'un voyage en Pologne, 1688-1689. 1 v. (Bibl. russe-polonaise).
El Aiachi. Voyage dans le Sud de l'Algérie, 1840-1841-1842. 1 v.
Enault (Louis). Angleterre, Ecosse et Irlande. 1 v. Constantinople et la Turquie, 1855. 1 v. La Norwège. 1 v. En Province. 1 v. La Terre-Sainte. 1 v.
Eothen. Voyage en Orient, 1847. 1 v.
Ernouf (baron). Le Cachemire et le Petit Thibet. 1 v. Le Caucase, la Perse et la Turquie d'Asie. 1 v. Du Weser au Zambèse. 1 v.
Escayrac de Lauture (comte d'). Mémoire sur la Chine. 1 v. ill. Le désert et le Soudan, 1853. 1 v. ill. De la Turquie et des Etats musulmans en général. 1 v.
Fulchiron. Voyage dans l'Italie méridionale, 1843. 5 v.
Furet. Lettres sur l'archipel japonais et la Tartarie orientale, 1860. 1 v.
Gabriac (comte de). Promenades à travers l'Amérique du Sud. 1 v. Courses humoristiques autour du monde. 1 v.
Gaffarel (Paul). Les explorations françaises depuis 1870. 1 v. Les îles fantastiques de l'océan au Moyen âge. 1 v. La Mer des Sargasses. 1 v. Les colonies françaises. 1 v. Le sol de la France. 1 v. ill. L'expédition Greely au Pôle nord. 1 v. Les découvreurs français. 1 v. L'administration du général Faidherbe au Sénégal. 1 v. Le Sénégal et le Soudan français. 1 v. ill. Le portulan de Malartic. 1 v. ill.
Gallieni (lieutenant-colonel). Voyage au Soudan français. 1 v. ill. Deux campagnes au Soudan français, 1886-1888. 1 v. ill.
Garcin (Frédéric). Au Tonkin. Un an chez les Muongs. 1 v.
Garneray Voyages et aventures. 2 v.
Garnier (Francis). De Paris au Thibet. 1 v. Voyages dans l'Afrique centrale. 1 v.
Garnier (Jules). La Nouvelle Calédonie, 1864. 1 v. Océanie, 1870. 1 v.
Gasparin (comtesse de). Au bord de la mer. 1 v. Constantinople. 1 v. Journal d'un voyageur dans le Levant, 1848. 3 v. A travers les Espagnes. 1 v.
Gastineau (Benjamin). Les femmes et les mœurs de l'Algérie. 1 v.

Gautier (Théophile). Constantinople. 1 v. Italia. 1 v. L'Orient. 2 v. **Voyage en Espagne.** 1 v. Voyage en Russie. 2 v.
Germond de Lavigne. Autour de Biarritz. 1 v.
Geslin (Jules). L'expédition de la Jeannette au Pôle nord. 2 v. ill.
Girard (Just) Excursion au Mexique, 1854. 1 v.
Girard (O.). France et Chine. 1 v.
Ghika (la princesse). La Valachie moderne. 1 v.
Ginesty (Paul) De Paris au Cap nord. 1 v. ill.
Girard de Rialle. Mémoires sur l'Asie centrale. 1 v.
Girod (Ed.). En chemin de fer de Vesoul à Besançon. 1 v.
Gisquet. Les Turcs et les Arabes en Egypte 2 v.
Glaisher-Flammarion. Voyages aériens. 1 v.
Gobat. Séjour en Abyssinie, de 1830 à 1838. 1 v.
Gobineau (comte de). Souvenirs de voyage. Céphalonie, Naxie et Terre Neuve. 1 v. Trois ans en Asie, 1855-1858. 1 v.
Goblet d'Alviella (comte). Inde et Himalaya. 1 v. Le Sahara et la Laponie. 1 v.
Godard-Faultries. D'Angers au Bosphore pendant la guerre d'Orient. 1 v. et atlas.
Golowine (Ywan). Types et caractères russes. 2 v.
Gontcharoff (Jean). Oblonoff, scènes de la vie russe. 1 v.
Gouet (Amédée). Les aventures d'une caravane parisienne. 1 v.
Gourdault (J.). L'Italie pittoresque. 1 v. ill. La Suisse. 2 v. ill.
Grad (Charles). L'Australie intérieure. 1 v.
Graham. Trois mois dans les montagnes de Rome, 1819. 1 v.
Grandidier (Ernest). Voyage dans l'Amérique du Sud, Pérou et Bolivie. 1 v.
Granier de Cassagnac. Voyage aux Antilles françaises en 1842. 2 v.
Grant. A travers l'Afrique. 1 v.
Granville (lord). Excursion en Afrique, 1838. 1 v.
Gravier (Gabriel). Voyage de Paul Soleillet à Segou. 1 v. ill.
Grenier. La Grèce comme elle est. 1 v.
Grenville-Murray. Les Allemands chez eux. 1 v. Les Russes chez les Russes. 1 v. Les Turcs chez les Turcs. 1 v.
Esquiros (Alphonse). L'Angleterre et la vie anglaise. 4 v. Paris au xixe siècle. 2 v.
Estournelles de Constant (baron d'). La vie de province en Grèce. 1 v.
Expilly (Charles). Les femmes et les mœurs au Brésil. 1 v. La traite, l'émigration et la colonisation au Brésil, 1865. 1 v.
Eyma (Xavier). La chasse à l'esclave. 1 v. Les Peaux-noires. 1 v. Les Peaux-rouges. 1 v. La vie aux Etats-Unis. 1 v. Excentricités américaines. 1 v. Les femmes du Nouveau Monde. 1 v. La république américaine, ses institutions, ses hommes. 2 v.
Eynaud (Albert). Scènes de la vie orientale. 1 v.
Eyriaud des Vergnes. L'archipel des îles Marquises. 1 v.
Eyryes. Abrégé des voyages de 1780 à 1820. 14 v. Voyages pittoresques en Asie, en Afrique et en Amérique, 1839. 1 v.
F. (Mme Laure de). De Marseille à Shangaï. 1 v.
Farine (Charles). A travers la Kabylie, 1865. 1 v.
Faucher de Saint-Maurice. De Québec à Mexico. 2 v.
Favre (L.). Les robinsons de la Thène. 1 v.
Ferrier (J.-P.). Voyage en Perse, dans l'Afghanistan et le Turkestan, 1860. 2 v.

Ferrière (de). Une ambassade française en Chine. 1 v.
Fery (Gabriel). Les aventures d'un Français au pays des Caciques. 1 v. Souvenirs du Mexique et de la Californie. 1 v. Voyage et aventures au Mexique. 1 v.
Féval (Paul). Les merveilles du Mont-Saint-Michel. 1 v.
Flaux (A. de). La régence de Tunis. 1 v.
Fleury. Des races qui se partagent l'Europe. 1 v.
Foley (A.-B.). Quatre années en Océanie. 1 v.
Fontanier. Voyage dans l'archipel indien, 1852. 1 v. Voyage dans l'Inde, 1844. 1 v.
Fontenay. Voyage en Russie. 1 v.
Fonvielle (W. de). Aventures aériennes. 1 v. La conquête du Pôle Nord. 1 v. Le glaçon du Polaris. 1 v.
Forgues (E. D.). Scènes de la vie aristocratique en Angleterre et en Russie. 1 v.
Fornelles (Albert). La campagne de l'Invincible. 1 v.
Fournel (Victor). Paris nouveau et Paris futur. 1 v. Les vacances d'un journaliste. 1 v. Voyage hors de ma chambre. 1 v.
Fraissinet. Le Japon, histoire et description. 2 v.
France (Hector). Sous le burnous. 1 v. En Police-Court. 1 v. Sac au dos à travers l'Espagne. 1 v.
France (de). Cinq mois chez les Arabes. 1 v.
Frey (le colonel). Campagne dans le haut Sénégal. 1 v.
Frigney (Ernest). La Californie. 1 v.
Frillet. Le Montenegro. 1 v.
Fromentin (Eugène). Un été dans le Sahara. 1 v. Une année dans le Sahel. 1 v.
Front de Fontpertuis. Les Etats-Unis de l'Amérique septentrionale. 1 v.
Fuentés (Manuel A.). Lima. 1 v.
Gay (Oscar). La Tunisie. 1 v.
Gerando (A. de). La Transylvanie et ses habitants. 1 v.
Gerard (A.-C.). De Québec à Chicago. 1 v.
Gerard (Jules). L'Afrique du Nord, 1860. 1 v. La chasse au lion. 1 v. Le Tueur de lions. 1 v. ill. Le mangeur d'hommes. 1 v. Voyages et chasses dans l'Himalaya. 1 v.
Gerard de Nerval. Voyage en Orient. 2 v.
Gros (J.). Paul Soleillet en Afrique. 1 v. Voyages, aventures et captivité de J. Bonnat chez les Ashantis. 1 v.
Grove (F.-C.). Le Caucase glacé. 1 v.
Guérin (V.). L'île de Rhodes. 1 v. Voyage archéologique dans la régence de Tunis. 2 v. La Terre Sainte. 2 v. ill.
Guignes (de). Voyage à Pékin, Manille et l'Ile de France, 1784 à 1801. 3 v. et atlas.
Guigue. Topographie historique du département de l'Ain. 1 v.
Guillaumet (Gustave). Tableaux algériens. 1 v.
Guinot (Eugène). Les bords du Rhin. 1 v. Un été à Bade. 1 v.
Guys (H.). Etudes sur les mœurs arabes. 1 v.
Halligan (Contre-amiral). Six mois à travers l'Océanie. 1 ill.
Hamilton (colonel). Les hommes et les mœurs aux Etats-Unis. 2 v.
Hanston. Souvenirs d'un voyage en Sibérie. 1 v.
Hardmeyer (J.). La ligne du Saint-Gothard. 1 v. ill.
Hartmann (R.). Les peuples de l'Afrique. 1 v.
Haussez (baron d'). Alpes et Danube. 2 v.

Haussmann (A.). Souvenirs du cap de Bonne-Espérance, 1866. 1 v. Voyage en Chine, 1844-45-46. 3 v.

Haussonville (vicomte d'). A travers les Etats-Unis. 1 v.

Havard (Henry). Amsterdam et Venise. 1 v. ill. La Hollande pittoresque. 1° Voyage aux villes mortes du Zuyderzée. 1 v. ill. 2° Voyages aux frontières menacées. 1 v. ill. 3° Le cœur du pays. 1 v. ill.

Hayes (Dr). La mer libre au Pôle nord, 1860-1861. 1 v. La terre de désolation. 1 v.

Heine (Henri). Reisebilder. Tableaux de voyage. 3 v.

Heuzé (Gustave). Le Mont-Olympe et l'Acarnanie. 1 v.

Hœfer (Ferdinand). Chaldée, Assyrie, Médie, Babylonie, Mésopotamie, Phénicie, Palmyrène. 1852. 1 v.

Hommaire de Hell. A travers le monde. 1 v.

Hommaire de Hell (Mme). Les steppes de la mer Caspienne. 1 v.

Horner (br. p.). Voyage à la Côte orientale d'Afrique. 1 v.

Houssaye (Arsène). Voyage humoristique. 1 v.

Huber (T.-A.). Esquisses sur l'Espagne. 1 v.

Hubner (baron de). A travers l'empire britannique. 2 v. Promenade autour du monde. 2 v.

Huc (le R. P.). Le Christianisme en Chine. 2 v. L'Empire chinois. 2 v. Voyage dans la Tartarie et le Thibet. 2 v.

Hue et Haurigot. Nos petites colonies. 1 v.

Hugo (Fr.-V.). La Normandie inconnue. 1 v.

Hugo (Victor). L'Archipel de la Manche. 1 v. En voyage, Alpes et Pyrénées. 1 v. Le Rhin. 2 v. En Zélande. 1 v.

Hugonnet (Léon). Chez les Bulgares. 1 v.

Hulot (baron Etienne). De l'Atlantique au Pacifique. 1 v.

Humboldt (Alexandre de). Asie centrale. 3 v. Histoire de la Géographie du Nouveau Continent. 5 v. Voyage aux Régions équinoxiales du Nouveau Continent. 5 v. Voyage aux Régions équinoxiales du Nouveau Continent, 1799 à 1804. 12 v. Essai sur le royaume de la Nouvelle Espagne. 1 v.

Irison (Maurice). Etudes sur la Chine contemporaine, 1860. 1 v.

Irving (Washington). L'Alhambra de Grenade. 1 v. Au bord de la Tamise. 1 v. Voyage du capitaine Bonneville à l'ouest des Etats-Unis. 1 v. Voyage dans les Prairies des Etats-Unis. 1 v.

Italie (l') pittoresque. 1 v. ill.

Itier. Journal d'un voyage en Chine de 1842 à 1846. 2 v.

Jacob (Alfred) L'Océanie nouvelle, 1861. 1 v.

Jacoillot (Louis). Voyage au pays du Hatschisch. 1 v. La Côte des sables. 1 v. La Côte d'Ivoire. 1 v. Trois mois sur le Gange. 1 v. Voyage au pays des bayadères. 1 v. Voyage au pays des éléphants. 1 v. Voyage au pays des perles. 1 v.

Jacquemond (baron). Description de l'abbaye d'Hautecombe. 1 v.

Jametel (Maurice). Pékin. Souvenirs de l'Empire du Milieu. 1 v. Le Japon pratique. 1 v. ill.

Janet (Claudio). Les Etats-Unis contemporains. 1 v.

Janin (Jules) La Normandie. 1 v. ill.

Jeannel. De Dijon à Brème. 1 v.

Jeannest (Charles). Quatre années au Congo. 1 v.

Joanne (Adolphe). Dictionnaire géographique, administratif et postal de la France, de l'Algérie et des Colonies, 1869. 1 v.

Joanne (collection des Guides). Itinéraire général de la France (1re et 2e parties). 2 v. Auvergne, Dauphiné, Provence, Corse. 1 v. Bords du Rhin, Bretagne, 1 v. Bourgogne, Franche-Comté, Savoie, 1863. 1 v. De Dijon en Suisse. 1 v. Le Havre, Etretat, Saint-Valery, 1872. 1 v. Normandie. 1 v. Paris illustré. 1 v. Les environs de Paris. 2 v. De Paris à Lyon et à la Méditerranée. 2 v. Les Pyrénées. 1 v. La Savoie. 1852. 1 v. Vosges et Ardennes. 1 v. Guide à Marseille. 1 v. Les villes d'hiver du Midi de la France. 1 v. Itinéraire descriptif de l'Allemagne du Nord. 1 v. Itinéraire de l'Allemagne du Sud et du Tyrol, 1853. 1 v. Bade et la Forêt-Noire. 1 v. La Belgique. 1 v. Itinéraire de l'Ecosse. 1852. 1 v. Guide du Voyageur en Espagne et en Portugal. 1 v. Itinéraire de la Suisse, 1853. 1 v. Les Bains d'Europe. 1 v. Itinéraire d'Orient, 1863. 1 v. Itinéraire de l'Orient. Première partie, Grèce et Turquie d'Europe. 1 v. ; deuxième partie, Malte, Egypte, Sinaï. 1 v.
Joanne (Paul). De Paris à Vienne. 1 v.
Johnson. Dans l'extrême Far West. 1 v.
Jolibois (Emile). La Haute-Marne ancienne et moderne. 1 v. ill.
Journal d'un Voyage à Paris. 1657-1658. 1 v.
Jouve (Eugène). Voyage à la suite des armées alliées en Turquie, en Valachie et en Crimée. 1855. 1 v.
Julien (A.). Topographie de tous les vignobles connus. 1 v.
Jurien de la Gravière (vice-amiral). Voyage dans les mers de la Chine. 2 v.
Karamsine. Lettres d'un voyageur russe en France et en Suisse, 1789-1790. 1 v.
Karr (Alphonse). Notes de voyage d'un casanier. 1 v. Promenades autour de mon jardin. 1 v. Voyage autour de mon jardin. 2 v.
Kervegan (Emile). L'Angleterre telle qu'elle est. 1 v.
Kingston. Une croisière autour du monde. 1 v.
Klaproth. Mémoires relatifs à l'Asie. 3 v.
Kœchlin-Schwartz (A.). Un touriste au Caucase. 1 v.
Kohn (Georges). Autour du monde. 1 v.
Kohn-Albrest. Zig-Zags en Bulgarie, 1879. 1 v. Un printemps en Bosnie. 1 v.
Labonne (dr Henri). L'Irlande et l'archipel des Fœroer. 1 v.
Laborde (A. de). Itinéraire descriptif de l'Espagne. 9 v. et atlas. Versailles ancien et moderne. 1 v. ill.
Laboulaye (Edouard). Souvenirs d'un voyageur. 1 v.
La Carrière. Voyage aux pays aurifères. 1 v.
La Chaume (Henri de). Terre-Neuve. 1 v.
Lacombe (P.). L'Angleterre. 1 v.
Laffitte (l'abbé). Le pays des nègres. 1 v. Le Dahomey. 1 v.
Lagarde (Charles). Une Promenade dans le Sahara. 1 v.
La Gironière (de). Vingt ans aux Philippines. 1 v.
Lagny (Germain de). Les chasses sauvages de l'Inde. 1 v.
La Hautière. (V. de). Souvenirs de la Nouvelle-Calédonie, 1869. 1 v.
Lahorty-Hadje. La Syrie, la Palestine et la Judée, 1854. 1 v.
La Hure-Baril (comte de). L'Empire du Brésil, 1862. 1 v.
Lallemand (Charles). Tunis et ses environs. 1 v. ill.
Lamartine (A. de). Voyage en Orient. 4 v. Nouveau voyage en Orient. 1 v.
Lamber (Juliette). Voyage autour du grand Pin. 1 v. Dans les Alpes. 1 v.
La Marmora (Alexandre de). Voyage en Sardaigne, 1839. 1 v. et atlas.
Lamholtz (Carl). Au pays des Cannibales. 1 v. ill.
Lamothe (A. de). Les deux Rome. 1 v. Les soirées de Constantinople. 1 v.

Lamothe (H. de). Cinq mois chez les Français d'Amérique. 1 v.
Lance (Adolphe). Excursion en Italie. 1 v. ill.
Landau. Six mois en Bavière. 1 v.
Lander (Jean). A Paris et en Province. 1 v.
Landrin (Armand). Les Plages de France. 1 v. ill.
Lanessan (A. de). En Tunisie. 1 v.
Langlois (Victor). Voyage en Cilicie, 1852-1853. 1 v.
Lanoye (Ferdinand de). L'homme sauvage. 1 v. (Bibl. des merveilles). Voyage au pôle arctique, 1865. L'Inde contemporaine, 1855. 1 v. Le Nil, son bassin, ses sources. 1 v. La Sibérie, 1865. Le Niger et les explorations de l'Afrique centrale. 1858. 1 v.
Lantier. Œuvres complètes. 10 v.
Larenaudière. Mexique et Pérou. 1 v.
Largeau. Le Sahara. 1 v. Le pays de Richa. 1 v.
La Selve (Edgard). Entre les tropiques. 1 v.
Latour (Antoine de). Les Tolnay, scènes de la vie hongroise. 1 v. Etudes sur l'Espagne. 2 v. Espagne. 1 v. L'Espagne religieuse. 1 v. Tolède et les bords du Tage. 1 v.
Laugel (Auguste). Italie, Sicile, Bohême. 1 v.
Laurent (J.-B.). Voyage à l'île de Majorque, 1840. 1 v.
Lavallée (Théophile). Géographie physique, historique et militaire. 1 v. Les frontières de la France. 1 v.
Laveleye (Emile de). Le Péninsule des Balkans. 2 v.
Lavollée. Voyage en Chine. 1 v.
Le Bon (dr Gustave). La civilisation de l'Inde. 1 v. ill.
Le Brun-Renaud. Les possessions françaises de l'Afrique occidentale. 1 v.
Le Camus (l'abbé E.). Notre voyage aux pays bibliques. 3 v. ill.
Le Cerf (Théodore). L'archipel des Iles normandes, Jersey. 1 v.
Leclerc (Max). Lettres du Brésil. Choses d'Amérique. 1 v.
Leclercq (Jules). Du Caucase aux monts Altaï. 1 v. La terre des merveilles. 1 v. Voyage aux Iles Fortunées. 1 v. La terre de glace. 1 v. Le Tyrol et le pays des Dolomites. 1 v. Un été en Amérique. 1 v. Voyage dans le nord de l'Europe. 1 v. Promenades et escalades dans les Pyrénées. 1 v. Voyage au mont Ararat. 1 v. ill.
Lecomte (Jules). Un voyage d'agrément à Londres. 1 v.
Lee-Childe (madame). Un hiver au Caire. 1 v.
Lefebvre. Voyage en Abyssinie de 1839 à 1849. 2 v.
Lefebvre-Saint-Ogan. Compiègne. 1 v.
Lefeuve (Charles). Interlaken. 1 v. Montmorency. 1 v.
Léger (M.-L.). La Sarre, le Danube et le Balkan. 1 v.
Léger. Le monde slave, voyages et littérature, 1873. 1 v.
Legevat (François). Ses aventures. 1 v. ill.
Legrelle. Le Volga. 1 v.
Leguevel de Lacombe. Voyage à Madagascar en 1841. 2 v.
Leguillon. Voyage autour du monde, 1843. 1 v.
Lejean (Guillaume). Voyage aux deux Nils, 1860 à 1864. 1 v. et atlas. Voyage en Abyssinie de 1862 à 1864. 1 v. et atlas.
Lemay (Gaston). A bord de la Junon. 1 v.
Lemire (Charles). Cochinchine française et royaume du Cambodge. 1 v.
Lemps. Panorama de la Corse. 1 v.
Lenoir (P.). Le Fajoun, le Sinaï et Petra. 1 v.

Lenormant (François). La Grèce et les îles Ioniennes. 1 v. Turcs et Monténégrins. 1 v. La grande Grèce. 1 v.
Lentheric (E.). Les villes mortes du golfe de Lyon. 1 v. ill. La Grèce et l'Orient en Provence. 1 v. ill. La Provence maritime, ancienne et moderne. 1 v.
Leouzon-le-Duc. Vingt-neuf ans sous l'étoile polaire, 1re partie. L'ours du Nord. 2 v. Le Renne. 1 v. La Finlande. 2 v. Les odeurs de Berlin. 1 v.
Leris (G. de). L'Italie du Nord. 1 v.
Lerminier (E.). Au delà du Rhin. 1 v.
Leroy-Beaulieu (Paul). L'Algérie et la Tunisie. 1 v.
Lesaint. L'Isthme de Suez. 1 v.
Lesseps (F. de). Le voyage de Lapérouse. 1 v.
Lestrelin. Les paysans russes. 1 v.
Levasseur (Emile). Les Alpes. 1 v. ill.
Levin-Despaces (L.). Afrique et Africains. 1 v.
Levy (Daniel). L'Autriche-Hongrie. 1 v.
Lhéritier (dr). Plombières. 1 v.
Liégeard (Stéphen). La Côte d'Azur. 1 v. ill. Vingt journées d'un touriste au pays de Luchon. 1 v. Une visite aux Monts Maudits. 1 v. A travers l'Engadine, la Valteline, le Tyrol du Sud et les lacs de l'Italie septentrionale. 1 v.
Lindau (Adolphe). Voyage autour du Japon, 1864. 1 v.
Livingstone (David). Exploration dans l'intérieur de l'Afrique centrale, 1840 à 1854. 1 v. et atlas. Exploration du Zambèse et de ses affluents, 1858 à 1854. 1 v. Le dernier journal de Livingstone. 2 v.
Loti (Pierre). Madame Chrysanthème. 1 v. ill. Fantôme d'Orient. 1 v. Japonneries d'automne. 1 v. Au Maroc. 1 v.
Loviot (Fanny). Les pirates chinois. 1 v.
Lowenstern. Le Mexique. 1 v. Les Etats-Unis et la Havane. 1 v.
Lubomirski (le prince). Les pays oubliés : la côte barbaresque et le Sahara. 1 v. Jérusalem. Un incrédule en Terre Sainte. 1 v. Autour de Jérusalem. 1 v. Un nomade. Les Russes à Samarkand. 1 v.
Luynes (le duc H.-Th.-J. de). Voyage d'exploration de la mer Morte. 1 v. et atlas.
Macartney (lord). Voyage dans l'intérieur de la Chine, 1793-1794. 4 v.
Macedo (A. de). Pèlerinage aux lieux saints. 1 v.
Mackensie-Wallace. La Russie. 2 v.
Mage (E.). Voyage dans le Soudan occidental, 1863-1866. 1 v.
Mahy (François de). Autour de l'île Bourbon et de Madagascar. 1 v.
Malot (Hector). La vie moderne en Angleterre. 1 v.
Malte-Brun (Conrad). Précis de géographie universelle, 8 v. et atlas.
Malte-Brun (V.-A.). Résumé sur l'exploration de l'Afrique centrale de 1850 à 1851. 1 v.
Mandat-Grancey (baron E. de). Souvenirs de la Côte d'Afrique : Madagascar, Saint-Barnabé. 1 v. Une visite chez l'Oncle Sam. 1 v. Chez Paddy. 1 v. La Brèche aux Buffles. 1 v.
Mangin (Arthur). Voyages de découverte outre-mer au xixe siècle. 1 v. ill.
Marcet (Dr A.). Le Maroc. 1 v. ill.
Marche (A.). Trois voyages dans l'Afrique occidentale. 1 v.
Marcot (L.). A travers la Norwège. 1 v.
Marcoy (Paul). Voyage du Pacifique à l'Atlantique à travers l'Amérique du Sud. 2 v. ill.

Margerie (Eugène de). Réminiscences d'un touriste. 1 v.
Marguerite (le général de). Les chasses de l'Algérie et les Arabes du Sud. 1 v.
Marin (Un). Introduction à l'histoire de la géographie. 4 v.
Marin-la-Meslée. L'Australie nouvelle. 1 v. ill.
Markham (Clément B.). Les abords de la région inconnue. 1 v.
Marmier (Xavier). Voyage pittoresque en Suisse, 1862. 1 v. ill. Les Etats-Unis et le Canada. 1 v. En Amérique et en Europe, 1860. 1 v. Les pays lointains. 1 v. Les voyageurs nouveaux. 1 v. Lettres sur la Russie. 2 v. Lettres sur l'Amérique. 2 v. Souvenirs de voyages. 1 v. Amérique, Allemagne. 1 v. Nouveaux souvenirs de voyages. 1 v. Voyage pittoresque en Allemagne, 1859. 1 v. ill. Un été au bord de la Baltique. 1 v. Lettres sur le Nord. 2 v. Lettres sur l'Adriatique. 2 v. Lettres sur l'Algérie. 1 v. Du Rhin au Nil. 2 v.
Martel (E -A.). Les Cévennes. 1 v. ill.
Martineau (Miss). De la Société américaine. 1 v.
Martins (Ch.). Du Spitzberg au Sahara. 1 v.
Mas-Latrie (de). L'île de Chypre. 1 v.
Mathieu de Fossey. Le Mexique 1 v.
Maumoir (C.) et H. **Duveyrier**. L'année géographique, 1878 1 v. Bulletin de la Société de géographie, 1869. 1 v.
Maupassant (Guy de). Sur l'eau. 1 v.
May (Karl). Voyage au pays du diable. 1 v.
Mayer (Henri). Atlas colonial. 1 v.
Mayerberg (baron de). Voyage en Moscovie. 2 v. Bibl. russe polonaise.
Maynard (Félix). Voyages et aventures au Chili. 1 v.
Meignan (Victor). Pauvre Islande. 1 v. Aux Antilles. 1 v. De Paris à Pékin. 1 v.
Menzel. Voyage en Autriche. 1 v.
Mercey (F. de). Souvenirs et récits de voyage en 1857. 1 v. Le Tyrol et le Nord de l'Italie, 1830. 2 v.
Mercier (Sébastien). Tableau de Paris. 1 v.
Mérimée (Henri). Une année en Russie. 1 v.
Mérimée (Prosper). Notes d'un voyage en Auvergne, 1836. 1 v. Notes d'un voyage dans l'ouest de la France, 1838. 1 v.
Meunier (V.). Les grandes chasses. 1 v. ill. (Bibl. des merveilles).
Mezières (A.). En France et hors de France. 1 v.
Michel (Fernand). Dix-huit ans chez les sauvages, 1864. 1 v.
Michel (Francisque). Le pays basque. 1 v.
Michel (Léon). Tunis. 1 v.
Michiels (Alfred). Les chasseurs de chamois. 1 v.
Michon (l'abbé). Voyage religieux en Orient, 1853. 2 v.
Millet (Réné). Souvenirs des Balkans. 1 v.
Milton (vicomte). Voyage de l'Atlantique au Pacifique à travers le Canada. 1 v.
Milton et **Cheadle**. Voyage de l'Atlantique au Pacifique. 1 v.
Mislin (Mgr). Les Saints Lieux, pèlerinage à Jérusalem. 2 v.
Mismer (Charles). Souvenirs de la Martinique et du Mexique. 1 v.
Mœrenhout. Voyages aux îles du Grand Océan. 2 v.
Moffat (R.). Vingt-trois ans de séjour dans le sud de l'Afrique, 1868. 1 v.
Mohammed ben Omar. Voyage au Darfour, 1845. 1 v. Voyage au Ouaday, 1831. 1 v.
Molina. La navigation intérieure de la France. 1 v.
Molinari (G. de). L'Irlande, le Canada, Jersey. 1 v.

Montalivet (comte de). Un heureux coin de terre. 1 v.
Montblanc (comte de). Le Japon tel qu'il est. 1 v.
Montégut (Emile). L'Angleterre et ses colonies australes. 1 v. En Bourbonnais et en Forez. 1 v. Souvenirs de Bourgogne. 1 v. Les Pays-Bas. 1 v.
Montemont (Albert de). Voyages nouveaux. 2 v.
Montifaut. De Paris à Sybaris. 1 v.
Montlaur (de). De l'Italie et de l'Espagne. 1 v.
Moreau (F.). Aux Etats-Unis. 1 v.
Moreau de Jonnes. L'Océan des Anciens et les peuples préhistoriques. 1 v. La Prusse. 1 v. La France avant ses premiers habitants. 1 v.
Morelet (Arthur). Voyage dans l'Amérique. 1 v
Morgan (Lady). L'Italie. 4 v.
Mornand (Félix). Un peu partout. 1 v. La vie des Eaux. 1 v.
Moser (Henri). A travers l'Asie centrale. 1 v. ill.
Mouhot (H.). Voyage dans les royaumes de Siam et de Cambodge, 1868. 1 v.
Mourié. La Guyane française. 1 v.
Mouy (comte Charles de). Rome. 1 v.
Munk. Palestine. 1 v.
Muskau (prince). Mémoires et voyages. 4 v. Chroniques, lettres et journal de voyage. 2 v. Entre l'Europe et l'Asie. 2 v.
Musset (Paul de). Voyage en Italie et en Sicile, 1851. 1 v. Voyage pittoresque en Italie et en Sicile. 1 v.
Nachtigal (Dr Gustave). Sahara et Soudan. 1 v. ill.
Nares. Expédition anglaise au Pôle Nord, 1875-1876. 1 v.
Narjoux. En Angleterre. 1 v.
Nervo (baron de). L'Espagne en 1867. 1 v. Un tour en Sicile. 2 v.
Nettement (Alf. Franc.). Quiberon. Souvenirs du Morbihan. 1 v.
Neukomm (Edmond). Berlin tel qu'il est. 1 v. L'Allemagne à toute vapeur. 1 v.
Ney (Napoléon). Conférences et lettres de P. Savorgnan de Brazza. 1 v.
Neyrat (l'abbé A. H.). Norwège et Suède. 1 v. ill. L'Athos. 1 v. ill.
Niboyet (Paulin). Les mondes nouveaux. Voyage anecdotique dans l'océan Pacifique, 1854. 1 v.
Nicolet (H.). Atlas de géographie physique et agricole de la France. 1 v.
Nicolle (H). Courses dans les Pyrénées, 1855. 1 v.
Niel (O.). Tunisie, géographie et guide. 1 v.
Nisard (Désiré). Souvenirs de voyage. 2 v.
Nitrof. Au pays des Roubles. 1 v. ill.
Nolhac (Stanislas de). La Dalmatie, les îles Ioniennes, le Mont Athos. 1 v.
Nordenskiold (A. L). Voyage de la Vega. 2 v. ill.
Nouvion (Victor de). Extraits des auteurs et voyageurs qui ont écrit sur la Guyane. 1 v.
Oliphaint. La Chine. 1 v. ill. Le Japon. 1 v.
Oliphant (Laurence). La Chine pendant les années 1857-1858 et 1859. 2 v.
Orbigny (Alcide). Voyage pittoresque dans les deux Amériques. 1 v.
Ordinaire (Olivier). Du Pacifique à l'Atlantique. 1 v.
O'Reil (Max). John Bull et son île. 1 v.
Orléans (Prince Henri d'). Six mois aux Indes. 1 v.
Orléans (Robert d'). Souvenirs de voyages. 1 v.
Osman-Bey. Les Imans et les Derviches. 1 v. Les femmes en Turquie. 1 v.
Osmont (comte d'). Dans les montagnes, le Tyrol autrichien. 1 v.

Palgrave (William-Gifford). Une année de voyage dans l'Afrique centrale, 1862-1865. 2 v.
Pallegoix (Mgr). Description du royaume Thaï ou de Siam, 1854. 2 v.
Paris (comte de). Damas et le Liban. 1 v.
Paris-Guide. 2 v. ill.
Paris (Topographie du vieux). Région du Louvre et des Tuileries. 1 v. ill.
Parkmann (F.). Les Pionniers français dans l'Amérique du Nord. 1 v.
Pausanias. Description de la Grèce antique, tr. Clavier. 6 v.
Pauthier (G.). Chine, description historique, géographique et littéraire, 1839. 1 v.
Pavie (Théodore). Scènes et récits des pays d'outre-mer. 1 v.
Payer (J.). L'expédition du Tégéthoff. 1 v. La terre François-Joseph. 1 v.
Pereira da Sylva. Situation sociale et politique du Brésil, 1868
Perret (Paul). Les Pyrénées françaises. 2 v. ill.
Perrin. L'Afghanistam. 1 v.
Perron d'Arc. Aventures d'un voyageur en Australie, 1869. 1 v.
Perrot (Georges). L'île de Crète, 1865. 1 v. Souvenirs d'un voyage en Asie Mineure. 1 v.
Petitot (Emile). Les grands Esquimaux. 1 v. Quinze ans sous le cercle polaire. 1 v.
Petitot (E.). Autour du grand lac des Esclaves. 1 v.
Peuchgaric. La Plata de 1851 à 1854. 1 v.
Peyssonnel. Voyage dans les régences de Tunis et d'Alger. 2 v.
Pezant. Voyage en Afrique. 1 v. Voyage à Pompéi et à Herculanum. 1 v.
Pfeiffer (Mme Ida). Voyage d'une femme autour du monde, 1858. 1 v. Mon second voyage autour du monde. 1 v. Voyage à Madagascar, 1862. 1 v.
Philibert (général). La conquête pacifique de l'intérieur africain. 1 v. ill.
Piassetski (P.). Voyage à travers la Mongolie et la Chine. 1 v.
Picard-Destelan. Annam et Tonkin. 1 v.
Pichat. Géographie militaire du bassin du Rhin. 1 v.
Pichot (Amédée). Voyage en Angleterre et en Ecosse. 3 v.
Pierotti (Ermète). La Palestine actuelle dans ses rapports avec la Palestine ancienne. 1 v.
Pierre (l'abbé). Constantinople. Jérusalem et Rome, 1860. 2 v.
Pina (comte A. de). Deux ans aux pays des Epices. 1 v.
Planchut (Edmond). Le tour du Monde en 120 jours. 1 v.
Plassé. Souvenirs du Pays de sainte Thérèse. 1 v.
Poiré (Eugène). La Tunisie française. 1 v.
Poitou (Eugène). Un hiver en Egypte, 1850. 1 v. Voyage en Espagne, 1869. 1 v. ill.
Poli (vicomte Oscar de). Voyage au royaume de Naples en 1862. 1 v.
Poucel (Benjamin). Mes itinéraires dans les provinces de la Plata, 1864. 1 v.
Poujoulat (B.). Voyage dans l'Asie-Mineure, la Syrie et l'Egypte. 2 v.
Pouqueville. Voyage dans la Grèce. 5 v.
Prejevalski. La Mongolie et le pays des Tangoutes. 1 v. ill.
Premier (mon) voyage en mer. 1 v.
Prévost-Duclos. Un aventure à Tombouctou. 1 v.
Promenades à Tunis. 1 v.
Quatrelles. Un Parisien aux Antilles. 1 v.
Quin. Voyage sur le Danube. 2 v.
Quinet (Edgar). Allemagne et l'Italie. 2 v. De la Grèce moderne. 1 v. L'Italie. 2 v.

Radiguet (Max). Souvenirs de l'Amérique espagnole. 1 v.
Rafenel. Voyage dans l'Afrique ocidentale, 1843-1844. 1 v. et atlas.
Raffray. L'Abyssinie. 1 v.
Raffy. Lectures géographiques. 4 v.
Rambosson (J.). Les colonies françaises. 1 v. ill.
Rameau de Saint-Père. Une colonie féodale en Amérique. 2 v.
Ramond de la Sayra. Cinq mois aux Etats-Unis, 1835. 1 v.
Ramseyer et **Kuhne**. Quatre ans chez les Achantis. 1 v.
Rattazzi (Mme Urbain). L'Espagne moderne. 1 v.
Raumer. L'Angleterre en 1835. 2 v.
Reclus (Elisée). Nouvelle géographie universelle. 17 v. ill. Voyage à la Siera-Nevada de Sainte-Marthe. 1 v. Guide des voyageurs à Londres et aux environs. 1 v. La terre. 2 v. Les villes d'hiver et la Méditerranée. 1 v.
Reclus (Onésime). Géographie. 1 v. Panama et Darien. 1 v.
Regis (Louis). Constantine. 1 v.
Regnault (A.). Voyage en Orient, 1855. 1 v.
Reinach (Joseph). Voyage en Orient. 2 v. La Serbie et le Monténégro. 1 v.
Reinaud. Relation des voyages faits par les Arabes et les Persans dans la Chine et dans l'Inde. 2 v.
Remy (Jules). Voyage au pays des Mormons, 1860. 2 v.
René (H.). Itinéraire de l'Algérie. 1 v. ill. (Guides Joanne).
Renouard (A.). Chez les Turcs, 1881. 1 v.
Revoil (Georges). Voyage au Pays des aromates. 1 v. Excursion d'un chasseur en Amérique. 1 v. Pêches dans l'Amérique du Nord. 1 v. Monaco et Monte-Carlo. 1 v. La vie des bois et du désert. 1 v. Voyage au pays des Kangourous. 1 v. Histoires de chasses. 1 v.
Rey (Guillaume). Voyage dans le Hauron et aux bords de la mer Morte, 1857-1858. 1 v.
Reybaud (Charles). Le Brésil. 1 v. La Polynésie. 1 v.
Rhoné (A.). L'Egypte à petites journées. 1 v.
Richard (Charles). Les mystères du peuple arabe. 1 v.
Richard (le d^r F.). Le Sénégal, 1865. 1 v.
Richard et **Lander**. Exploration du cours du Niger. 1 v.
Rienzy. L'Océanie. 3 v.
Ritter (Karl). Géographie générale, Afrique. 3 v.
Rivière (Louis). Entre l'Inn et le lac de Constance. 1 v.
Robello. Les curiosités de Rome. 1 v.
Robersart (comtesse de). Orient, Egypte, journal de voyage, 1864. 1 v.
Robert (Cyprien). Les Slaves et les Monténégrins. 2 v.
Robert-Fortune. Voyage agricole et horticole en Chine. 1 v.
Robiano (comte E. de). Chili. 1 v. Dix-huit mois dans l'Amérique du Sud. 1 v.
Robida. Les vieilles villes d'Espagne. 1 v. ill. Les vieilles villes d'Italie. 1 v. ill. Les vieilles villes de Suisse. 1 v. ill. La vieille France : Normandie. 1 v. ill. Bretagne. 1 v. ill. Touraine. 1 v. ill.
Robinson. Voyage en Palestine et en Syrie, 1838. 2 v.
Rochas (Victor). La Nouvelle Calédonie, 1862. 1 v.
Rochechouart (comte Jean de). Pékin et l'intérieur de la Chine. 1 v. Les Indes, la Malaisie, le Japon et les Etats-Unis. 1 v.
Rochefort (Henri). De Nouméa en Europe. 1 v.
Roger d'Héricourt. Voyage dans le pays d'Adel et de Thoa, 1841. 1 v.

Rogers (Mary-Eliza). La vie domestique en Palestine. 1 v.
Rommel (dr). Au Pays de la revanche. 1 v.
Rosny (L. de). Variétés orientales. 1 v.
Ross (James). Relation du second voyage à la recherche du passage au Nord-Ouest. 2 v.
Rostang (Mme). Au bord de la Saône, 1863. 1 v.
Rousselet (L.). L'Inde des Rajahs. 1 v. ill.
Rousset (Léon). A travers la Chine. 1 v.
Roussin (Alfred). Une campagne sur les côtes du Japon. 1 v.
Roy. L'empire du Brésil. 1 v.
Rubichon. Voyage dans la régence d'Alger. 3 v. et atlas.
Russel (comte Stanislas). Ma mission en Abyssinie. 1 v.
Russell-Killoug (comte Henry). Les grandes ascensions des Pyrénées. 1 v. Seize mille lieues à travers l'Afrique et l'Océanie. 2 v.
Sachot (Octave). La Sibérie orientale. 1 v. L'île de Ceylan. 1 v. Pays d'Extrême Orient. 1 v.
Saint-Auban (Emile de). Un pèlerinage à Bayreuth. 1 v.
Saintine (Gerardy). Trois ans en Judée, 1860. 1 v.
Saint-Hilaire (Auguste de). Voyage dans le Brésil, 1830-1833. 4 v.
Saint-Julien et **Bardier.** Voyage en Russie et en Sibérie. 1 v.
Saint-Juris. La Seine à travers Paris. 1 v. ill.
Saint-Sauveur (de). Excursion en Crimée, 1837. 1 v.
Salles (Eusèbe). Pérégrinations en Orient. 2 v.
Sand (Georges). Un hiver à Majorque. Spiridion. 1 v. Promenade autour d'un village. 1 v. Lettres d'un voyageur. 1 v. Journal d'un voyage pendant la guerre. 1 v.
Sanderval (vicomte Aimé-Olivier de). De l'Atlantique au Niger. 1 v. ill.
Sangnier (Félix). En vacances. 1 v.
Santarem. Découvertes des Portugais. 1 v.
Saulcy (F. de). Voyage autour de la mer Morte. 1 v. Voyage en Terre-Sainte, 1857. 1 v.
Schlumberger (Gustave). Les îles des Princes. 1 v.
Schrader (F.), E. **Prudent,** E. **Anthoine** Atlas de géographie moderne. 1 v.
Schweinfurth (dr G.). Au cœur de l'Afrique sauvage. 2 v. ill.
Schymse (le P.) A travers l'Afrique avec Stanley et Emin Pacha. 2 v. ill.
Ségur (marquis de). Un hiver à Rome. 1 v.
Seignelay (marquis de). L'Italie en 1671. 1 v.
Serbois (L. de). Souvenirs de voyages, 1864. 1 v.
Serena (Mme Carla). De la Baltique à la mer Caspienne. 1 v. ill. Une Européenne en Perse. 1 v. ill.
Serpa-Pinto (le major de). Comment j'ai traversé l'Afrique. 2 v. ill.
Serrigny (Ernest). De Saint-Dizier à Wassy en chemin de fer. 1 v.
Sibrée (Jules). Madagascar et ses habitants. 1 v.
Siegfred (Jules). Seize mois autour du monde. 1 v.
Simond. Voyage en Italie et en Sicile. 1 v. Voyage en Suisse. 2 v.
Simonin (Louis). Le Grand Ouest des Etats-Unis. 1 v. Le monde américain. 1 v. Les pays lointains, 1867. 1 v. La Toscane et la mer Tyrrhénienne. 1 v. A travers les Etats-Unis de l'Atlantique au Pacifique. 1 v. Les Ports de la Grand-Bretagne. 1 v.

Soleillet (Paul). Avenir de la France en Afrique. 1 v. L'Afrique occidentale. 1 v.
Soltikoff (prince). Voyage dans l'Inde. 1 v.
Speke (John-Hanning). Les sources du Nil, 1864. 1 v. ill.
Spencer (sir John). Haïti ou la République noire. 1 v.
Staël (Mme de). De l'Allemagne. 2 v.
Stahl. De Paris à Baden. 1 v.
Stanley. (H. M.). A travers le Continent mystérieux. 2 v. ill. Comment j'ai retrouvé Livingstone. 1 v. ill. Dans les ténèbres de l'Afrique. 1 v. Cinq années au Congo. 1 v.
Stauben (Daniel). Scènes de la vie privée en Alsace. 1 v.
Stendhal (de). Mémoires d'un touriste. 1 v. Promenades dans Rome. 2 v. Rome, Naples et Florence. 2 v.
Stielers (Adolphe). Hand Atlas. (Atlas universel), en allemand. 1 v.
Strabon. Géographie, tr. Tardieu. 2 v.
Sylvestre. L'empire d'Annam et le peuple annamite. 1 v.
Taine (Hippolyte). Notes sur l'Angleterre. 1 v. Voyage aux Pyrénées. 1 v. Voyage en Italie. 2 v.
Tallenay (Jenny de). Souvenirs de Vénézuela. 1 v.
Tamisier. Voyage en Arabie, 1840. 2 v.
Tanner. Trente années dans les déserts de l'Afrique. 1 v.
Tastu (Mme Amable). Voyage en France. 1 v.
Taunay. Le Brésil. 6 v.
Taylor (baron). Les Pyrénées. 1 v.
Tching-Ki-Tong (le général). Les plaisirs en Chine. 1 v. Les Chinois peints par eux-mêmes. 1 v.
Temple (sir Grenville) et le chevalier. Fable. Relation d'une excursion à Bône, à Guilma et à Constantine. 1 v.
Thierry-Mieg (Ch.). Six semaines en Afrique, 1861. 1 v.
Teste (Louis). L'Espagne contemporaine. 1 v.
Teulé. Voyage à Constantinople et en Perse, 1842. 2 v.
Texier (C.). Au pays des généraux, Haïti. 1 v.
Texier (Edmond). Tableau de Paris. 2 v. ill. Voyage pittoresque en Hollande et en Belgique. 1 v. ill.
Thevet. Les singularités de la France antarctique, avec notes de Gaffarel. 1 v.
Thiercelin (D^r). Journal d'un Baleinier. Voyage en Océanie. 2 v.
Thiers (Ad.). Les Pyrénées et le midi de la France. 1 v.
Thomas-Anquetil. Aventures et chasses dans l'extrême Orient. 1re partie. Hommes et bêtes. 1 v. 2e Le Sport de l'Eléphant. 1 v. 3e La chasse au tigre. 1 v.
Thomson. Au pays des Massaï. 1 v.
Thouin. Voyage en Hollande, en Belgique et en Italie. 2 v.
Thureau (H.). Le Tong-King. 1 v.
Tinseau (Léon de). Du Havre à Marseille par l'Amérique et le Japon.
Tissot (Cl.-J.). Les Fourgs, Franche-Comté. 1 v.
Tissot (Victor). La Suisse inconnue. 1 v.
Tissot (Victor). Voyage au Pays des milliards. 1 v. Les Prussiens en Allemagne. 1 v. Voyage aux Pays annexés. 1 v. Vienne et la vie viennoise. 1 v. La Société et les mœurs allemandes, tr. de l'allemand du Dr Scherr. 1 v. L'Allemagne amoureuse. 1 v. La police secrète prussienne. 1 v. La Hongrie. 1 v. ill. La Russie et les Russes. 1 v. Voyage au pays des Tsiganes. 1 v.

Tissot (Victor) et Constant **Amero**. Les contrées mystérieuses et les peuples inconnus. 1 v. ill. La Russie rouge. 1 v.
Tixier. Voyage au pays des Osages. 1 v.
Topffer (Rodolphe). Voyages en zig-zags. 1 v. ill. Nouveaux voyages en zig-zags. 1 v. ill.
Tour du monde (le). Collection complète depuis 1860. 64 v.
Tourgueneff. En Bulgarie. 1 v.
Tournon (comte de). Etudes statistiques sur Rome et la partie occidentale des Etats romains. 1 v.
Toutain (Paul). Un Français en Amérique. 1 v. Dans les Highlands. 1 v.
Toytot (E. de). Les Romains chez eux. 1 v.
Tremaux (P.). Voyage en Egypte et en Ethiopie. 1 v. Le Soudan. 1 v.
Trivier (E.) Mon voyage au continent noir. 1 v.
Troubetskoy (prince). La Russie rouge. 1 v.
Trumelet. Les Français dans les déserts du Sahara algérien. 1 v.
Turenne (comte L. de). Quatorze mois dans l'Amérique du Nord. 2 v.
Turner. Ambassade au Thibet. 2 v. et atlas.
Ubicini (A). Les Serbes de Turquie. 1 v.
Ujfalvy-Bourdon (Mme). De Paris à Samarkand. 1 v. ill. Voyage d'une femme dans l'Himalaya occidental. 1 v. ill.
Ulbach (Louis). Voyage autour de mon clocher. 1 v.
Urquhart. La Turquie. 2 v.
Valbezen. Les Anglais dans l'Inde. 1 v.
Valery. Voyage historique et littéraire en Italie. 5 v. Voyage en Sardaigne et en Corse. 2 v.
Valois (Alfred de). Mexique, Havane et Guatemala, 1861. 1 v.
Vambery (Arminius). Voyage d'un faux Derviche dans l'Asie centrale. 1 v. ill.
Vandale (Eugène). En Karriole à travers la Suède et la Norwège. 1 v.
Varigny (C. de). L'océan Pacifique. 1 v. Quatorze ans aux îles Sandwich, 1855. 1 v.
Vasco de Gama. Journal du voyage de 1497, tr. par M. Morelet. 1 v.
Vasili (Comte Paul). La sainte Russie. 1 v.
Vattemare (H.). L'Amérique septentrionale et les Peaux-Rouges. 1 v.
Vaugany (H. de). Le Caire et ses environs. 1 v. Alexandrie et la Basse Egypte. 1 v.
Verbrugghe (Louis et Georges). Forêts Vierges. 1 v.
Verne (Jules). La découverte de la terre. Histoire générale des grands voyages et des grands voyageurs. 2 v. Les navigateurs au XVIIIe siècle. 2 v. Géographie illustrée de la France. 1 v.
Vernes (Théodore). Naples et les Napolitains, 1860. 1 v.
Vernes d'Arlandes (Th.). En Algérie à travers l'Espagne et le Maroc. 1 v.
Verschuur (G.). Aux Antipodes. 1 v.
Veuillot (Louis). Rome pendant le concile. 1 v.
Vidal. Le Japon. 1 v.
Vie de village (la) en Angleterre. 1 v.
Vienne (Henri). Promenade dans Toulon. 1 v.
Vigne d'Octon (P.). Au pays des Fétiches. 1 v.
Vigneron (abbé Lucien). Deux années au Sel-Chowan. 1 v. De Montréal à Washington. 1 v.
Vignon (Louis). Les colonies françaises. 1 v.

Villars. L'Angleterre, l'Ecosse et l'Irlande. 1 v. ill.
Villeneuve (de). La Georgie. 1 v.
Vincendon. Iles Taïti. 2 v.
Vinson (Auguste). Voyage de Madagascar, 1865. 1 v.
Violeau (Hippolyte). Pèlerinages en Bretagne. 1 v.
Vitu (Auguste). Paris. 1 v. ill.
Vivien St-Martin. L'année géographique. Etudes sur la Géographie et la Population. 1 v. Histoire de la Géographie. 1 v. Atlas. Le nord de l'Afrique sous la domination romaine. 1 v.
Vogüé (vicomte Melchior de). Syrie, Palestine, Mont Athos. 1 v.
Volney. Voyage en Syrie et en Egypte. 2 v.
Vuillemin (A.). Bassins des cinq grands fleuves de France et d'Europe. 1 v. atlas.
Vuillet. Nouvelle géographique physique. 1 v. ill.
Walknaër. Précis historique et géographique de la Gaule. 3 v.
Waren (comte de). L'Inde anglaise. 2 v. L'Italie et Rome en 1869. 1 v.
Weiss (H.). Au pays du Rhin. 1 v.
Wey (Francis). Rome. 1 v. ill. La Haute-Savoie. 1 v.
Whymper (Edouard). Escalades dans les Alpes. 1 v. ill.
Whymper (Frédéric). Voyages et aventures dans l'Alaska, 1862. 1 v. ill.
Wiener. Pérou et Bolivie. 1 v. ill.
Winckler. Guide de l'architecte et de l'ingénieur à Vienne. 1 v. ill.
Witt (Mme de), née Guizot. Par Monts et par Vaux. 1 v. ill.
Wœlmont (baron Arnold de). Souvenirs du Far-West. 1 v. Ma vie nomade aux montagnes Rocheuses. 1 v.
Wœstine (Iwan de). Voyage au pays des Bachi-Bouzoucks. 1 v.
Wogan (baron de). Six mois dans le Far West. 1 v. Du Far West à Bornéo. 1 v. Voyages et aventures. 1 v.
Wolff (Albert). Voyage à travers le monde. 1 v. Le Tyrol et la Carinthie, 1872. 1 v.
Wrangel. Le nord de la Sibérie. 1 v.
Wricht. Voyage aux Etats-Unis. 2 v.
Wyse (L.-N.-Bonaparte), **Reclus et P. Loza.** Rapports sur la construction du canal interocéanique. 1 v.
Young (Arthur). Voyage en Italie et en Espagne, 1787-1789. 1 v. Voyage en France, 1787-1788-1789. 2 v.
Yriarte (Charles). Florence. 1 v. ill. Venise. 1 v. ill. Les bords de l'Adriatique et le Monténégro. 1 v. ill. Bosnie et Herzégovine. 1 v. La société espagnole. 1 v.
Zaccone (Pierre). De Batna à Tuggurt et au Souf, 1865. 1 v.
Zaleski (Mgr). Ceylan et les Indes. 1 v.

XIII

OUVRAGES EN ALLEMAND

Bolanden (Conrad von). Angele. 1 v. Barbarossa. 2 v. Die aufgekbrarten. 1 v. Fortschrittlich. 1 v. Franz von Sickingen. 1 v. Raphaele. 1 v. Historische novelle uber Friedrich von Prussen und seine zeit. 4 v. Historische, Roman uber Gustav-Adolf 4 v. Die Schwarzen und die Rothen. 1 v.
Gallerie der deckoration Hinrst. 1 v. ill.
Hacklander (J.-B.). Handel und Wandel meine Lehr und Wanderjahre. 2 v.
Hoffmann (Fridolin). Bilder, ræmischen lebens. 1 v.
Lindemann (W.). Bibliothek deutscher classiker. 10 v. Geschichte der deutschen litteratur fur schule and haus. 3 v.
Marlitt (E.). Goldelfe. 1 v.

XIV

OUVRAGES EN ANGLAIS

Aguilar. The mother's recompense. 2 v. Home influence. 2 v.
Anonymes. The clever woman of the family. 2 v. The trial. 2 v. Hamstead hearts. 1 v. Tom Brown School days. 1 v. Frank Fairlegh. 1 v. The young step mother. 2 v.
Betham (Edwards). Holidays in eastern France. 1 v. A year in western Prance. 1 v.
Bible (The Holy). 1 v.
Braddon (Miss E.). Cut by the country. 1 v. One thing Needful. 2 v. Lady Audley's secret. 2 v. Eleanor's victory. 2 v. Te doctor's wife. 2 v.
Bulwer-Lytton. (Sir Edward). The Caxtons. 1 v. My Novels. 4 v.
Butler (Samuel). Hudibras. 2 v.
Byron (lord). Complet Works. 4 v.
Collins (Wilkie). The dead secret. 1 v. Poor miss Finck. 1 v. The woman in white 2 v. Miss or Mess ? 1 v.
Cooper (Fenimore). Excursions in Zwitzerland. 1 v. Novels. 6 v.
Correspondance (the War) of the Daily News, 1870. 3 v.
Cummins (Miss). Mabel Vaugham. 1 v. Il Fureidis. 2 v.
Currer-Bell. Villette. 2 v. Schirley. 2 v.
Dickens (Charles). Dombey and son. 3 v. David Copperfield. 3 v. Hard Times. 1 v. Little Dorrit. 1 v. Nicolas Nickleby. 2 v. Martin Chuzzlewitt. 2 v.
Disraeli (Benjamin). Henriette Temple. 1 v. Vivian Grey. 1 v.
Dixon. Her Majesty's Tower. 4 v.
Doyle (A. Conan). The Doings of Raffles Hart. 1 v.
Elliot (Francis). The Italians. 2 v. Old court life in France. 1 v.
Elliot (Georges). Scènes of clerical life. 2 v. Adam Bede. 2 v.
Ferroll (Paul). Year after year. 1 v.
Field (Mrs). Home sketchs in France. 1 v.
Forbes (Archibald). My experiences of the war between France and Germany. 2 v.
French home life. 2 v.
French pictures in english chalk. 2 v.
Fullerton lady Giorgiana). Constance Sherwood. 2 v. Ellen Middleton. 1 v. A stormy life. 2 v. Grantley manor. 2 v. Too strange not to be true. 2 v. A will and a way. 1 v. Bon Leblanc. 1 v.

Gaskell (Mrs). Lizzie Leigt and others tales. 1 v. Mary Burton. 1 v. Northand South. 1 v. Ruth. 1 v. The life of Charlotte Brontë. 2 v.
German home life. 1 v.
Goldsmith (Olivier). The vicar of Wakefield. 1 v.
Hamerton (Phil. Gilb.). Modern frenchmen live biographies. 1 v.
Irving (Washington) Sketch Book. 1 v.
James (Arabella Stuart). The last of the Mortimer. 1 v.
Jones journey to Paris. 1 v.
Jonhson (Samuel). The history of Rasselas prince of Abyssinia. 1 v.
Kavanagh (Julia). Daisy Burns. 2 v. Hingsley. Hypatia. 1 v.
Kipling (Rudyard). The Light that Failed. 1 v.
Klein (Pastor). The Pastor's narrative or before and after the battle af Wœrth. 1 v.
Knollys (Henri). From Sedan to Sarrebruck. 1 v.
Life of mother Margaret Mary Hallaham. 1 v.
Life of saint François of Assisi. 1 v.
Litton (Sir Henry-Bulwer) Historical characters. 1 v.
Longfelow. Poetical works. 3 v.
Macaulay (lord). Critical and historical essays. 5 v. Speeches. 1 v.
Macdonnel (James). France since the first empire. 1 v.
Macqward (Kath. S.). My story. 2 v.
Marsh. Emilia Vindham. 2 v.
Martin (Théod.). The life of his royal highness the Prince Consort. 5 v. ill.
Montgomery (miss Florence). Thrown Together. 2 v. The fischerman's Daughter. 1 v.
Moore (Thomas). The poetical works. 1 v. Mor leaves from the journal a life in the highlands from 1862 to 1882. 1 v.
Muloch (miss). John Halifax. 2 v. Agath's Husband. 1 v. Life for life. 1 v. The head of the family. 1 v. A noble life. 2 v. A woman's thought about women. 1 v.
Oliphant (Mrs). A country and is family. 2 v.
Pugin. Specimen of the architectural antiquities of Normandy. 1 v. ill.
Ridders (Mrs). Mortomley's estate. 2 v.
Rigby's (doctor). Letters from France, 1789. 1 v.
Robertson. History of the reign of Charles V. 1 v.
Sala (Georges-Augustus). Paris himself agaim in 1878, 1879. 2 v. ill.
Scott (sir Walter). The complete works. 27 v.
Seaton (sir Thomas). From cadet to colonel. 1 v.
Senior (Nassau-William). Conversations with M. de Tocqueville. 2 v. Conversations with distinguished persons during the second empire. 2 v. Conversations with M. Thiers, M. Guizot and others distinguished persons. 2 v.
Shakespeare (William). The plays and poems. 7 v.
Shea (Georges). The nature and form of american government. 1 v.
Spencer (Herbert). Descriptive sociology or groupe of sociological facts. 4 v.
Stretch (L. M.). The beauties of history. 1 v.
Swell (E.). After life. 1 v. The journal of a home life. 2 v.
Tennyson. The poetical works. 1 v.
Thackeray (W. A.). Vanity fair. 3 v. History of Henry Esmond. 2 v. Pendennis. 3 v. The newcomes. 5 v.
Trafford (Mrs Riddel). For above rubies. 2 v.
Trollope (Anthony). Come you fergure. 3 v.

Witehurst. Private journal during the siege of Paris, 1870. 2 v.
Wetherell (Elisabeth) Queechy. 2 v. The wide, wide World. 1 v.
Wood (MM. H.). Vithin the maze. 1 v. Lord Oakburns danghters. 2 v.
Yonge (Charlotte). La comtesse Kate. 1 v. Lady Hester. 1 v. The daisy chain. 1 v. Dynevor terrace. 2 v. Heartsease. 2 v. The heir of Redeliffe. 2 v. The hopes and fears. 1 v. The little duke. 1 v. Kenelth of the resguard of the grand army. 2 v. The thrée brides. 2 v. The Chaplet of pearls. 1 v.

XVI

LIVRES EN ITALIEN

Ariosto (Ludovico). Orlando furioso. 4 v.
Dante Alighieri. L'Inferno, il Purgatorio avec la traduction de Lamennais. 1 v.
Machiavelli (N.). Tutte l'opere. 3 v.
Manzoni (Al.). I. Promessi sposi. 1 v.
Tasso (Torquato). Aminta. 1 v. La Gierusaleme liberata. 2 v.

XVII

REVUES ET PUBLICATIONS PÉRIODIQUES

DONT LA BIBLIOTHÈQUE CONSERVE EN TOUT OU EN PARTIE LES COLLECTIONS

Académie des sciences. Comptes rendus, de 1842 à 1850 et de 1870 à 1884.
Académie des sciences morales et politiques. Comptes rendus de 1842 à 1884 et depuis 1890.
Annales de chimie et de physique, de 1829 à 1851. 6 v.
Annales des sciences naturelles, Zoologie et Paléontologie. 12 v. Botanique. 12 v.
Archœlogische Zeitung de Hübner, en allemand, de 1879 à 1886.
Art pour tous (l'), depuis la fondation en 1861. 31 v.
Bibliothèque universelle, Revue suisse, depuis 1874.
Bulletin d'archéologie religieuse du diocèse de Dijon, depuis 1884.
La Controverse, depuis 1888.
Correspondant (le), de 1835 à 1842 et depuis 1855.
Cosmos (les Mondes), depuis 1883.
Edimburg review de 1871 à 1885.
Fliegende Blœtter. Les feuilles volantes ill., depuis 1887.
Gazette archéologique de Lenormant, depuis 1879. 6 v., publication non continuée.
Graphic (the), revue illustrée anglaise, depuis 1883.
Illustration française (l'), depuis 1882.
Illustrirte Zeitung. Illustration allemande, depuis 1877.
Intermédiaire des chercheurs et des curieux, depuis 1884.
Journal des économistes, depuis 1842.
Journal de la jeunesse (le), depuis 1882.
Journal des Savants, de 1860 à 1878.
Livre (le), de 1880 à 1890, dernière année de la publication.
Magasin illustré d'éducation et de récréation, depuis 1874.
Magasin pittoresque, depuis 1833.
Monde illustré (le), depuis 1885.

Musée des familles, depuis 1877.
Nature (la). Revue illustrée des Sciences, depuis 1877.
Polybiblion. Revue bibliographique universelle, depuis 1874.
Réforme sociale (la), depuis 1883.
Revue archéologique, depuis 1862.
Revue des Arts décoratifs, depuis 1880.
Revue britannique, depuis 1825.
Revue de l'Art chrétien, depuis 1891.
Revue contemporaine, de 1851 à 1870.
Revue des cours littéraires, revue bleue, depuis 1864.
Revue des cours scientifiques, revue rose, depuis 1864.
Revue des Deux-Mondes, depuis 1831, avec les tables.
Revue de Géographie, depuis 1883.
Revue de France, depuis 1875.
Revue historique, depuis 1878.
Revue philosophique, depuis 1878.
Revue des questions historiques, depuis 1866.
Revue des questions scientifiques, depuis 1864.

La Société ne conservant pas, faute de place, la totalité des revues et publications périodiques qu'elle reçoit chaque année, plusieurs de celles qui figurent dans les suppléments annuels ne sont point inscrites dans le présent catalogue général. Il en est de même d'autres revues dont l'existence a été de courte durée ou auxquelles la Société n'a été abonnée autrefois que pendant un temps trop limité pour qu'il y ait utilité à en inscrire les volumes isolés et les séries par trop incomplètes.

SUPPLÉMENT

COMPRENANT LES LIVRES OMIS AU CATALOGUE
GÉNÉRAL, ENTRÉS A LA BIBLIOTHÈQUE PENDANT OU
APRÈS L'IMPRESSION

I

ARCHÉOLOGIE, BEAUX-ARTS, ARTS SOMPTUAIRES

Beraldi (Henri) Raffet, peintre national. 1 v. ill.
Breton (Jules). La Vie d'un artiste. 1 vol.
Castelar (E.). L'art, la religion et la nature en Italie. 1 v.
Corroyer (Ed.). L'Architecture gothique. 1 v. ill. (Bibl. de l'Enseignement des Beaux-Arts).
Girard (Paul). La peinture antique. (Bibl. de l'Enseignement des Beaux-Arts.). 1 v. ill.
Grand-Carteret (E.). Wagner en caricature. 1 v. ill.
Fetis. Biographie universelle des musiciens, supplément par Pougin. 1 v.
Havard (Henry). Les Arts de l'Ameublement. L'Orfèvrerie. 1 v. ill. La Menuiserie. 1 v. ill.
Fournel (Victor). Les Artistes français contemporains. 1 v.
Noel (Edouard) et Edmond **Stoullig**. Annales du théâtre et de la musique. 1891. 1 vol.
Seailles (Gabriel). Léonard de Vinci, l'Artiste et le Savant. 1 v.

II

HISTOIRE, MÉMOIRES ET SOUVENIRS

Allain (E.). L'œuvre scolaire de la Révolution. 1 v.
Amelineau (E.). Les moines égyptiens. Vie de Schnoudi. 1 v.
Armand (trad. Adrien Paul). Episodes de la Guerre de l'Indépendance. 1 v.

Babeau (A.). Le maréchal de Villars en Provence. 1 v.
Barante (baron de) Souvenirs, t. IIe. 1 v.
Baschet (Armand). Histoire du dépôt des archives étrangères. 1 v. Le Duc de Saint-Simon, son cabinet et l'historique de ses manuscrits. 1 v. La jeunesse de Catherine de Médicis. 1 v. Journal du concile de Trente. 1 v.
Berard des Glageux. Souvenirs d'un président d'Assises, 1880-1892. 1 v.
Biart (L.). Quand j'étais petit. 1 v.
Blaze de Bury (Henri). Les Femmes et la Société au temps d'Auguste. 1 v. Souvenirs et récit des campagnes d'Autriche. 1 v.
Bœkl. Economie politique des Romains. 1 v.
Brunel (J. M.). Le général Faidherbe.
Chuquet (Arthur). L'expédition de Custine. 1 v. Mayence. 1 v.
Costa de Beauregard (marquis). Le roman d'un royaliste sous la révolution, souvenirs du comte de Virieu. 1 v.
Daniel (Alfred). L'année politique. 1891. 1 v.
Delrieu. Testament d'un diplomate. 2 v.
Du Bled (Victor). La société française avant et après 1789. 1 v.
Duruy (Victor). Histoire de France. 1 v. ill.
Esquiros (Alphonse). Histoire des Montagnards. 1 v.
Fournel (Victor). Les vacances d'un Journaliste. 1 v.
Fournier (Edouard). L'Autriche et son avenir. 1 v.
Franklin (Alfred). La vie privée d'autrefois : Ecoles et Collèges. 1 v. ill. Les Médecins. 1 v. ill.
Frogier. Histoire de la police de Paris. 2 v.
Furley (John). Les épreuves d'un volontaire neutre. 1 v.
Fustel de Coulanges. Les transformations de la Royauté pendant l'époque carolingienne. 1 v. Histoire des Institutions de l'ancienne France. Les Origines du Système féodal. 1 v.
Gaffarel (Paul). La conquête de l'Afrique. 1 v. ill. Histoire de la découverte de l'Amérique. 2 v. ill.
Goncourt (Edmond et Jules de). L'Amour au XVIIIe siècle. 1 v. La femme au XVIIIe siècle. 1 v. Sophie Arnoult. 1 v. Portraits intimes du XVIIIe siècle. 1 v. Les maîtresses de Louis XV. 1 v. La duchesse de Châteauroux et ses sœurs. 1 v.
Goncourt (Journal des), t. V, VIe et dernier. 2 v.
Grellet-Dumazeau (A.). Les exilés de Bourges, 1753-1754. 1 v.
Guyho (Corentin). L'empire inédit. 1 v.
Harmant (Jacques). La vérité sur la retraite de Langsoon. Mémoires d'un combattant. 1 v.
Hauser (Henri), François de la Noue. 1 v.
Herbé (général). Français et Russes en Crimée. 1 v.
Holte (Frédérick). L'Europe militaire et diplomatique au XIXe siècle. 1 v.
Imbert de Saint-Amand. Marie-Amélie au Palais-Royal. 1 v.
Janson (Jean) L'Allemagne et la Réforme. 3 v. tr. de l'allemand.
Lavollée (René). La morale dans l'histoire. 1 v.
Léger. Histoire de l'Autriche-Hongrie. 1 v.
Littré (E.). Etudes sur les Barbares au moyen âge.
Lockroy (Edouard). M. de Moltke, ses mémoires et la guerre future. 1 v.
Loti (Pierre). Fantôme d'Orient. 1 v.
Mariéjol (F.-H.). Lectures historiques. Histoire du moyen âge et des Temps modernes. 1 v.

Marquardt (Joachim). La vie privée des Romains. 1 v. tr. de l'allemand.
Macdonald duc de Tarente (maréchal). Souvenirs. 1 v.
Maspero (G). Histoire de l'Orient. 1 v.
Maury (cardinal). Mémoires. 2 v.
Melun (vicomte Armand de). Mémoires. 2 v.
Mézières (A.). Vie de Mirabeau. 1 v.
Michelet(J.). La France devant l'Europe. 1 v.
Montesquiou-Fezensac (de). Journal de la campagne de Russie. Souvenirs militaires. 1 v.
Morny (Duc de). Une ambassade en Russie. 1 v.
Neukom (Edmond) et Paul **d'Estrée**. Les Hohenzollern. 1 v.
Orléans (duc d'). Récits de campagne. 1 v. ill.
Pastor (Dr Louis). Histoire des Papes depuis la fin du moyen âge, tr. de l'allemand, t. III et IV.
Plancy (baron de). Souvenirs et indiscrétions d'un disparu. 1 v.
Picard (Ernest), ancien ministre de l'Intérieur. Mon journal, t. I.
Reghellini. La Maçonnerie. 3 v.
Renan (Ernest). Feuilles détachées. 1 v. faisant suite aux souvenirs de jeunesse.
Reyssié (Félix). La jeunesse de Lamartine. 1 v.
Ricard (Mgr). L'abbé Combalot. 1 v.
Rois du jour (les). Masaniello, par le comte de Modène. Jean de Leyde, par A. R. Baston. 1 v.
Saint-Didier (A. T. L. de). La ville et la République de Venise au XVIIIe siècle. 1 v.
Sangnier (Félix). En vacances. 1 v.
Sayn-Witgenstein. Une famille princière d'Allemagne. 1 v.
Sarcey (Francisque). Souvenirs d'âge mûr. 1 v.
Sorel (Albert). L'Europe et la Révolution française. 4e partie. Les limites naturelles. 1 v.
Talleyrand (Prince de). Mémoires, t. IV et V, ouvrage terminé.
Thoumas (général). Mes souvenirs de Crimée. 1 v.
Thouvenel (L.). Episodes d'histoire contemporaine. 1 v.
Thureau-Dangin. Histoire de la monarchie de Juillet, t. VI et VII. 2 v. ouvrage terminé.
Vienne (Henri). Dix jours à Paris du dimanche 25 juillet au mardi 3 août 1850. 1 v.
XXX. La censure sous le second empire. 1 v.
Zeller (Berthold). La minorité de Louis XIII. 1 v.

III

HISTOIRE ET MORALE RELIGIEUSE

Broglie (abbé de). Le présent et l'avenir du catholicisme en France. 1 v.
Digby. Mœurs chrétiennes au moyen âge. 2 v.
Joly (Henri). Le socialisme chrétien. 1 v.

IV

LETTRES

Reichardt (J.-F.). Lettres intimes (Les Prussiens en France en 1792). 1 v.

V

LITTÉRATURE, ÉLOQUENCE, LINGUISTIQUE, POLYGRAPHES

Boissier (Gaston). Saint-Simon. 1 v. Mme de Sévigné. 1 v.
Brunetière (Ferdinand). Essais sur la littérature contemporaine. 1 v.
Fournel (Victor). Les contemporains de Molière. 1 v. La littérature indépendante et les écrivains oubliés. 1 v.
Favart (M. et Mme). Œuvres. 1 v.
France (Anatole). La vie littéraire. IIIe et IVe séries. 2 v.
Janet (Paul). Fénelon. 1 v.
Loti (Pierre). Discours de réception à l'Académie française. 1 v.
Rod (Edouard). Stendhal. 1 v. Etudes sur le XIXe siècle. Giacomo Leopardi. 1 v.
Simon (Jules). Victor Cousin. 1 v.
Société de lecture de Lyon. Catalogue, supplément, statuts. Brochures, don de la Société à celle de Dijon.
Sorel (A.). Madame de Staël. 1 v.
Wiaury (Fernand). Etudes sur la vie et les œuvres de Bernardin de Saint-Pierre. 1 v.

VI

OUVRAGES SUR LA BOURGOGNE

Bouché. Voyage en Bourgogne. 1 v.
Garnier (Joseph). Annuaire départemental 1892. 1 v.
Garraud (abbé). Histoire de la vie et des œuvres du R. P. Joseph Rey. 1 v.
Gascon (Edouard). Histoire de Fontaine-Française. 1 v. ill.
Lavalle (docteur). Histoire et statistique de la vigne et des grands vins en Côte-d'Or. 1 v. et atlas.
Marchant (Dr Louis). La Bourgogne pendant la guerre. 1 v. Catalogue des oiseaux observés dans la Côte-d'Or. 1 v.
Société éduenne. Mémoires, nouvelle série, t. XIX. 1 v.

VII

PHILOSOPHIE, SCIENCES MORALES ET POLITIQUES

Balzac (H. de). Physiologie du mariage. 1 v.
Geoffroy Saint-Hilaire (E.). Notions de philosophie naturelle. 1 v.
Gueroult (A.). Etudes de politique. 1 v.
Lavollée (René). La morale dans l'histoire. 1 v.
Rod (Edouard). Le sens de la vie. 1 v.

VIII

POÉSIE

Banville (Théodore de). Dans la Fournaise. 1 v.

IX

POLÉMIQUE, QUESTIONS ET MŒURS CONTEMPORAINES

About (Edmond). Le xixe siècle. 1 v.
Courcelle-Seneuil. L'héritage de la Révolution. 1 v.
Gozlan (Léon). Mœurs théâtrales. 1 v.
Leroy-Beaulieu (Anatole). La papauté, le socialisme et la démocratie. 1 v.
Palais de justice de Paris (le). 1 v. ill.
Simon (Jules) et **Gustave Simon**. La femme du xxe siècle. 1 v.
Spuller (Eugène). Education de la démocratie. 1 v.
Vacherot (E.). La démocratie libérale. 1 v.

X

ROMANS ET OUVRAGES D'IMAGINATION EN FRANÇAIS OU TRADUITS

Bazin (René). Une tache d'encre. 1 v.
Blandy (S.). Castelvert. 1 v.
Brown (A.). La guerre à mort. 1 v.

Cadol (Edouard). Mademoiselle Raymonde. 1 v.
Gyp. Mariage civil. 1 v.
Maël (Pierre). Charité. 1 v. Le torpilleur 29. 1 v.
Massa (comtesse M. de). Valforest. 1 v.
Mendès (Catulle). Luscignole. 1 v.
Merouvel (Charles). Le docteur Montdore. 1 v.
Mirecourt (E. de). Les mémoires de Ninon de Lenclos. 2 v. Comment les femmes se perdent. 1 v. La marquise de Mirecourt (suite et fin). 1 v.
Musset (Alfred de) et **Stahl**. Voyage où il vous plaira. 1 v.
Perret (Paul). L'Amour et la Guerre. 1 v.
Ruvillon (Emile). Les Antibeb. 1 v.
Rod (Edouard). La sacrifiée. 1 v.
Roguelin (Louis). Sabine. 1 v.
Schultze (Jeanne). Jean de Kerdren. 1 v.
Tany (Paul). La fin du Bonheur. 1 v.
Texier (Edmond) et J. **Le Senne**. La fin d'une race. 1 v.
Theuriet (André). Jeunes et vieilles barbes. 1 v.
Tinseau (Léon de). Mon oncle Alcide. 1 v.
Zeller (B.). Claude de France. 1 v.
Zola (Emile). Les Rougon-Macquard. La Débacle. 1 v.

XI

THÉATRE

Guinon (A.). Deux pièces. 1 v.

XII

VOYAGES, GÉOGRAPHIE ET OUVRAGES DESCRIPTIFS

Deschamps (Gaston). La Grèce d'aujourd'hui. 1 v.
Hugo (Victor). En voyage, France et Belgique. 1 v.
Trotignon (Lucien). De Jérusalem à Constantinople. 1 v.

XIII

REVUES ET PUBLICATIONS PÉRIODIQUES

AUXQUELLES LA SOCIÉTÉ EST ABONNÉE EN 1892

Art pour tous (l'), livré en volume.
Bibliographie de la France.
Bulletin d'histoire et d'archéologie religieuse du Diocèse.
Controverse (la).

Correspondant (le). Deux exemplaires.
Cosmos.
Economiste français (l').
Exploration (l').
Fliegende Blœtter. (Les feuilles volantes), par livraisons mensuelles.
Gazette des Beaux-Arts.
Graphic (The). Revue illustrée anglaise, par livraisons mensuelles.
Illustration française (l'), id.
Illustrirte Zeitung. Illustration allemande, id.
Intermédiaire des chercheurs et des curieux (l')
Journal des Economistes (le).
Journal de la jeunesse. Livré en volume par semestre.
Magasin illustré d'éducation et de récréation, id.
Magasin pittoresque. Livré en volume chaque année.
Monde illustré (le), par livraisons mensuelles.
Mondes (les).
Musée des Familles (le). Livré en volume chaque année.
Nature (la), par livraisons hebdomadaires.
Nouvelle Revue (la).
Polybiblion (le).
Réforme sociale (la).
Revue archéologique (la).
Revue de l'Art chrétien.
Revue des arts décoratifs. En volume.
Revue biblique.
Revue britannique. 2 exemplaires.
Revue des Cours littéraires et scientifiques.
Revue des Deux-Mondes. 4 exemplaires.
Revue catholique des Institutions du Droit.
Revue française.
Revue de géographie.
Revue historique.
Revue philosophique.
Revue politique et scientifique.
Revue des questions historiques.
Revue des questions scientifiques.
Revue des questions sociales et ouvrières.
Revue suisse. Bibliothèque universelle.
Vigne américaine (la) et la viticulture en Europe.
Tour du Monde (le). 2 volumes par an.

ERRATA

P. 125. — **Ainsworth.** Jack Sheppard. 2 v. au lieu de 1 v.
Ancelot (Mme). Une faute irréparable. 2 v. au lieu de 1 v.
P. 16. — **Baschet.** Après les **Archives de Venise,** supprimez. 1 v.
P. 3. — **Chaillon des Barres,** lire **Chaillou des Barres.** Château de Chantillux, lire Chastellux.
P. 80. — **Detour,** lire **Deltour.**
P. 65. — **Duclot** (abbé). 2 v. au lieu de 1 v.
P. 135. — **Du Vallon.** Au lieu de le mari de Simon, lire le mari de Simone.
P. 109. — **Ercilla** (don Alonzo de). 2 v. au lieu de 1 v.
P. 99. — **Ferré** (L.). 2 v. au lieu de 1 v.
Ferron. 2 v. au lieu de 1 v.
P. 31. — **Fournier** (Edouard). Le vieux neuf. 2 v. au lieu de 1 v.
P. 32. — **Gaffarel.** Les campagnes de la première République. 3 v. au lieu de 1 v.
P. 138. — **Genis** (Mme de), lire **Genlis.**
P. 23. — **Girodeau,** lire **Giraudeau.**
P. 73. — **Heine** (Henri). Correspondance. 2 v. au lieu de 1 v.
P. 141. — **Hoffmann.** 10 v. au lieu de 1 v.
P. 118. — **Jeannotte-Bozerian.** 2 v. au lieu de 1 v.
P. 101. — **Labruyère** au lieu de 4e édition Regnier, lire édition Regnier. 4 v.
P. 91. — **Laborde** (L. de). 3 v. au lieu de 2 v.
P. 101. — **Laitena** lire **Latena.**
P. 143. — **Lamothe** (A. de). Les martyrs de la liberté, lire de la Sibérie.
P. 144. — **Lescure** (de). Le château de Barbe-bleue. 1 v. au lieu de 2 v.
P. 48. — **Luther.** Après la conférence avec le diable ajouter. 1 v. Mémoires, etc. 2 v. au lieu de 1 v.
P. 169. — **Kœnitz,** lire **Kaemtz.**
P. 45. — **Mennechet.** 2 v. au lieu de 1 v.
P. 69. — **Nicolas** (Auguste). L'art de croire. 2 v. au lieu de 1 v.
P. 85. — **Nisard** (D.). Histoire de la littérature française. 4 v. au lieu de 1 v.
P. 40. — **Pallan,** lire **Palain.**
P. 120. — **Paris** (comte de). Les associations, etc. 1 v. au lieu de 2 v.
P. 175. — **Richard** (Achille). Eléments d'histoire naturelle. 2 v. au lieu de 1 v.
P. 153. — **Sand** (George). Lucrezia Floriani. 2 v. au lieu de 1 v. La tour de Percenant, lire Percemont.
P. 155. — **Thackeray** (W.). Pendennin, lire Pendennis.
P. 87. — **Tickno,** lire **Ticknor.**
P. 156. — **Touchard-Lafosse.** 4 v. au lieu de 1 v.
P. 59. — **Trevenet** (de), lire **Treverret.**
P. 112. — **Valnaïki** lire **Valmiki.**
P. 122. — **Veuillot** (Louis). Le parfum de Rome. 2 v. au lieu de 1 v.
P. 178. — **Yvorren,** lire **Yvarren.**

COMPOSITION DU CONSEIL D'ADMINISTRATION
pour 1892

MM. CHABEUF, ancien conseiller de préfecture, président, rue Legouz-Gerland, 5.

CLERGET-VAUCOULEUR (Edmond), conseiller à la cour d'appel, vice-président, boulevard Carnot.

CORNEREAU (Armand), juge suppléant au tribunal civil, secrétaire, rue Berbisey, 3.

MEMBRES DE LA COMMISSION

MM. GAFFAREL (Paul), professeur à la Faculté des lettres, premier adjoint au maire de Dijon, rue Lenôtre.

KOCH (Henri), agréé au tribunal de commerce de Dijon, rue Amiral-Roussin.

RIBOT (Paul) ✻, professeur au lycée, membre du conseil municipal, rue Jacotot.

VIALLANES (Alfred), professeur à l'école préparatoire de médecine, rue Saint-Bernard.

BIBLIOTHÉCAIRES

Mlles RECEVEUR (Eugénie), à la bibliothèque et THEVENOT (Marie),

Dijon, imprimerie Darantiere, rue Chabot-Charny, 65

www.ingramcontent.com/pod-product-compliance
Lightning Source LLC
Chambersburg PA
CBHW071944160426
43198CB00011B/1536